親密な関係のダークサイド

The Dark Side of Close Relationships

B.H. スピッツバーグ　W.R. キューパック 編

谷口 弘一　加藤 司 監訳

北大路書房

The Dark Side
of Close Relationships

Edited by
Brian H. Spitzberg
William R. Cupach

THE DARK SIDE OF CLOSE RELATIONSHIPS 1st
Edition,excluding chapter 3,6,& 7 by Brian H.Spitzberg and William R.Cupach
Copyright © 1998 by Lawrence Erlbaum Associates, Inc.
All Rights Reserved.Authorized translation from English language edition
published by Lawrence Erlbaum Associates,part of Taylor & Francis Group LLC.
Japanese translation published by arrangement with Taylor & Francis Group LLC
through The English Agency(Japan)Ltd.

監訳者まえがき

　本書は，1998年に出版された『The dark side of close relationships（親密な関係のダークサイド）』の抄訳である。親密な対人関係に潜む暗やみの部分（ダークサイド）について，嫉妬，うわさ話，片思い，ストーキングなど，さまざまな興味深いがテーマが取り上げられ，詳細な解説が行われている。原書まえがきにもあるとおり，『親密な関係のダークサイド』は，1994年に刊行された『The dark side of interpersonal communication（対人コミュニケーションのダークサイド）』の姉妹書という位置づけになっている。ちなみに，『対人コミュニケーションのダークサイド』のほうは，2007年には，第二版（second edition）が出版されるに至っている。

　翻訳するにあたっては，『対人コミュニケーションのダークサイド』の第二版も候補としてあがったが，内容が非難・攻撃・虐待といったコミュニケーションのダークサイドに特化しており，話題の範囲が少し限られていること，また，同じダークサイドでも，コミュニケーションよりも対人関係にまつわる話題のほうが，日本の読者にも，より興味関心を持ってもらえるだろうと考えたことなどから，原書の出版年は少し古くはなるが，『親密な関係のダークサイド』を選択した。

　本書は，抄訳であるために，原書の以下の3つの章に関しては，今回は省略をしている。

　第3章　（誤）解　Alan L. Sillars（モンタナ大学，コミュニケーション学）：この章では，Sillarsによって，コミュニケーションや対人関係の特性が他者理解や対人認知などの複雑な概念にどのように折り込まれるかが考察されている。彼は，他者理解の本質を検討する過程で，親密な関係における対人認知の重要な特徴を数多く見いだしている。また，彼は，新しい実証的データを用いて，関係葛藤で生じる誤解の共通原因についても議論している。

　第6章　共依存—日常生活に支障のない人と支障がある人との関係における矛盾した特徴　Beth A. Le Poire, Jennifer S. Hallett, & Howard Giles（カリフォルニア大学サンタバーバラ校，コミュニケーション学）：この章では，共依存関係の矛盾した特徴が描かれている。Le Poireらは，共依存に関して関係的な概念化を行っている。彼女らは，統制のような一貫性のない養育に関する理論を用いて，精神的な病気を抱えたパートナー（たとえばアルコール中毒患者）が示す有害な行動を統制しようとする共依存パートナーの試みが，実際には，その有害な行動を強化したり持続させたりすることを主張している。研究と治療の両方に対する重要な示唆が提供されている。

　第7章　恋愛関係における性行為の強制　Brian H. Spitzberg（サンディエゴ州立

大学，コミュニケーション学）：この章では，Spitzbergが，恋愛カップルにおける性的強制の発生に関する多様で豊富な文献をレビューしている。彼は，強制に関する考えを詳しく述べ，その発生を説明するさまざまな理論を入念にレビューしている。さらに，彼は，強制を理解する相互作用的アプローチ（誤解の役割にはっきりと焦点を当てたアプローチ）を解説している。

　これら3つの章に興味関心のある読者は，本書を読んで周辺的な知識を身につけたあとに，ぜひ原書に目を通していただきたい。

　なお，本書は，同じ北大路書房より同時に出版されている『対人関係のダークサイド』とセットになっており，両方に目を通していただくことによって，対人関係にまつわるダークサイド研究の全体像をつかむことができるようになっている。本書は，海外の研究者によるダークサイド研究の紹介であったが，もう一方の本では，国内の研究者によって，失恋，欺まん，いじめ，ドメスティック・バイオレンスなど，ダークサイドに関連する興味深い話題が解説されている。本書を読み終えた読者の方は，ぜひ，もう一方の本も手にとってご覧いただきたい。内容以外にも，2冊をお手元に並べていただくと，1冊だけでは決して見ることのできない「ダークサイド」が浮かび上がってくる仕掛けを用意してあるので，それが何かもぜひ発見していただきたい。

　本書『親密な関係のダークサイド』ともうひとつの書『対人関係のダークサイド』は，ともに，対人関係のダークサイドを客観的に捉えるための認知的枠組みを読者に提供するものである。こうした枠組みは，ダークサイドに対する正しい理解を促進するだけでなく，ダークサイドに対して適切に対処するための助けともなるであろう。

　訳出に当たっては，できるだけ平易で読みやすい文章となるように，最大限の注意を払ったが，もしも分かりにくい表現や内容があったならば，すべては監訳者の責任であるとして，ご容赦いただけると幸いである。最後に，監訳者のいつもながらの無理難題に熱心に耳を傾けてくださり，新しいアイデアや適切な助言，心温まるサポートを私たちに数多く提供してくださった北大路書房の奥野浩之氏に心より感謝を申し上げる。

　　　2008年　御所のそば，初秋の日に

　　　　　　　　　　　　　　　　　　　　　　　監訳者を代表して　谷口弘一

本書と関連本『対人関係のダークサイド』とのテーマ（各章）連関

親密な関係のダークサイド		対人関係のダークサイド
破滅をもたらす魅力（1章） 「面白さ」が「愚かさ」へと変わる **嫉妬・妬み（2章）** 嫉妬・妬みの対人的結果 **うわさ話（3章）** 誰が誰のうわさをするのか？	疑念・誘惑・混乱	**浮気（1章）** 浮気をなぜするか、するとどうなるか？　**だまし・うそ（2章）** どうして人をだましたり、うそをつくのか？ **妬み・嫉妬（3章）** 妬みと嫉妬のちがい　**責任転嫁・自己避難（4章）** 人のせいにしたらどうなる？
離愛（6章） 離愛のプロセス　**片思い（7章）** 求愛者と拒絶者それぞれの経験 **精神的健康（8章）** 対人関係と精神疾患、孤独感、依存症	銷沈・喪失	**抑うつ（5章）** 対人関係のいやな出来事と抑うつ　**苦手意識（6章）** どんな人が苦手？ **失恋（7章）** 失恋の発生から立ち直りまでの道筋
葛藤（4章） 家族・恋愛関係の葛藤パターン **ストーキング（5章）** 追跡者と被害者の特徴	暴力・心痛・虐待	**怒り（8章）** いつ、どんな形で怒りをぶつけるのか？　**いじめ（9章）** いじめをエスカレートさせないためには？ **ドメスティック・バイオレンス（DV）（10章）** DVはどのように発生し、深刻化するのか？
ポジティブな側面とネガティブな側面（9章） 対人関係の2側面の影響力	統合・黙想	**ダークサイドとブライトサイド（10章）** 対人関係の悪いところと良いところ

原書まえがき

　本書は，1994年に出版した『対人コミュニケーションのダークサイド』の続編である。その本のまえがきで，われわれは，「人が効果的にふるまう方法を充分理解するには，困難で，解決が難しく，挑戦的で，つらく，破壊的であるような社会的相互作用に対処する方法を考慮する必要がある」と論じた。この姉妹書では，われわれの焦点を，相互作用から親密な対人関係へと広げている（2つの焦点がオーバーラップしていることは明らかであるけれども）。

　対人関係の良い面と悪い面の両方を研究するもともとの必要性はさておき，われわれは，たんに，ダークサイドのたとえ話が知的な興奮を引き起こすものであることに気づいている。それは，興味をそそり，関心を高め，心をかき立てるものである。また，それは，重要であるがしばしば無視されてきた現象に関する研究を活気づけ，とくに，隠れた禁断の，逆説的で反語的な対人関係の要素を考慮することをうながす。

　本書は，再度，一流の研究者による最先端の研究を収集している。『対人コミュニケーションのダークサイド』と同様に，テーマやアプローチ方法は多様であり，対人関係のダークサイドと見なされる幅広い学際的な領域を含んでいる。テーマの選択は，いくぶん，恣意的なものとなっており，対人関係に関する学際的研究のなかで最新のもののみを集めている。執筆者は，コミュニケーション，心理学，社会学，さらには，それらと同じ起源を持つ学問分野における新進気鋭の学者たちである。

　序章では，対人行動のダークサイドを検討するための哲学的枠組みが提示されている。そこでは，ダークサイドのたとえ話をする目的，前提，意味のいくつかが簡潔に検討されている。われわれは，前書『ダークサイド』の話のつづきをする。ダークサイドに対する人間の興味は尽きることがなく，それ自体が人間の本質である何かを暗示しているということが，行間には，明確に表われているはずである。

　第1章では，Felmleeによって，破滅をもたらす魅力に関する彼女自身の刺激的な研究が紹介されている。また，他人がわれわれを魅了するまさにその特徴が，時として，心の離反や関係崩壊につながることを示した昨今の研究がレビューされている。Felmleeは，こうした現象の理論的説明を試み，関係発達や関係崩壊の理論に対する意義を示している。

　第2章では，嫉妬や妬みのダークサイドについて詳細な視点が提供されている。GuerreroとAndersenは，これらの複雑な感情を，対人感情の幅広い文脈の中に簡潔に位置づけ，嫉妬や妬みの経験や表出によって生じる否定的な精神的・対人的結果に焦点を当てている。彼らは，嫉妬や妬みに対処するために利用されるコミュニケーシ

ョンの方法についても議論している。

第3章（原書では第4章）では，Jaegerらが，対人関係におけるうわさ話の機能や結果について解説している。彼女らは，相互作用の幅広いネットワークとの関連でうわさ話を取りまとめることによって，うわさ話に関するいくつかの通説を支持し，その他の仮説を棄却するデータを提供している。

第4章（原書では第5章）では，MessmanとCanaryによって，恋愛・家族関係における葛藤パターンが考察されている。本章は，スタイル，方法，方略に焦点を当てた多くの葛藤研究とは異なり，葛藤の順序や拡張パターンに関する知見に目を向けている。彼女らは，関係メンバーが共同生産する確立され相互に関連する一連の相互作用の特質や生起に対して，いくつかの新しい洞察を提供している。

第5章（原書では第8章）では，ストーキングや脅迫的な関係侵害に関するわれわれ自身の研究プログラムの基礎となる内容を扱っている。われわれは，とくに，関係接触を望む他人から妨害や嫌がらせを受ける人に関して実証的な証拠をレビューしている。関係侵害の加害者に関する多様なプロフィールを概説した後，われわれは，さまざまな形態をとる侵害行動の特徴や発生を明らかにしようと試みている。さらには，関係侵害の結果や被害者の反応も考察している。

第6章（原書では第9章）では，Weberが，恋愛カップルの破局というテーマに取り組んでいる。彼女は，スタイルとセンスの良さで，関係破局の発生や結果に関して魅力的な物語を作り上げている。彼女は，説得力のある方法で，意志決定プロセスの重要性を主張し，関係喪失の克服（それどころか利益）に関して実践的観察を提供している。

第7章（原書では第10章）では，Bratslavskyらが，片思いの試練と苦難に関する研究をレビューし，拒絶者と求愛者の役割に関連した個々の経験の特徴を記述している。相互依存理論によって，拒絶者と求愛者に対する情緒的結果の相異が説明されている。彼らは，愛情の提供または受領よりもむしろ愛情の相互性が幸福感や充実感には必要であると結論づけている。

第8章（原書では第11章）では，混乱し苦悩する対人関係が，どのようにして，さまざまな精神的健康問題を生じさせるか，逆に，そうした問題から，どのようにして，混乱し苦悩する対人関係が生じるかを示した膨大な数の研究をレビューしている。彼は，心理的側面と関係的側面の複雑な関連を検討し，とくに，統合失調症，抑うつ，孤独感，アルコール依存症，摂食障害について詳述している。そうした障害は，正気を失う感覚や，関係上の立場を失う感覚であることが多い。

第9章（原書では第12章）では，Rookが，対人関係における肯定的・否定的経験の相対的影響を検討した研究の内容を批判的に詳述している。対人関係が個人の精神的・身体的健康に意味のある貢献をすることを示した研究もあれば，対人関係の否定

的側面が利益を無効にしたり，利益よりも勝る傾向があることを示した研究もある。Rook は，これらの研究を注意深く詳細に分析し，説得力のある推断を行う能力を阻害するような方法論的弱点を指摘している。その後，彼女は，これらの制限をもとにして，対人関係における肯定的・否定的出来事の相対的な重要性を検討する将来のより厳密な研究に対して，いくつかの提言を行っている。

まとめると，本書で行われた学問的冒険は，親密な対人関係プロセスに含まれる道徳的・機能的複雑性を解説することを目的としている。この目的は，親密な関係のダークサイドを安定維持させることでもなければ，悪霊として描くことでもない。むしろ，対人関係における日々の行動の重要性を強調することである。そうしたプロセスが対人関係に必要不可欠であることを受け入れることによってのみ，それらの役割を充分に理解することが可能になる。

最後に，索引の準備に際して非常に貴重な支援をしてくれたTonya Felder, Katherine Ferrer, Jacqueline Post, Michelle Schroeder に感謝する。

Brian H. Spitzberg
William R. Cupach

CONTENTS

監訳者まえがき　　i
本書と関連本『対人関係のダークサイド』とのテーマ（各章）連関　　iii
原書まえがき　　v

序　章　暗やみ，残がい，妄想：親密な対人関係のダークサイドへの序説 …… 1

第1章　破滅をもたらす魅力 ……………………………………………… 9

　　魅力のライトサイド　　10
　　崩壊の状況的特性　　11
　　魅力のダークサイド　　12
　　破滅をもたらす魅力：理論　　13
　　破滅をもたらす魅力：過程　　14
　　破滅をもたらす魅力の検証　　16
　　　研究デザイン／先行研究の結果
　　破滅をもたらす魅力のライトサイドとダークサイド　　17
　　破滅をもたらす魅力に影響する要因　　19
　　　理論的主張／新しい研究課題
　　破滅をもたらす魅力の予測因　　23
　　　多変量解析／結果
　　議　論　　27
　　　関係崩壊の責任／身体的魅力特性／性差／経時的プロセス
　　意義と結論　　32

第2章　嫉妬と妬みのダークサイド
　　：欲望，妄想，絶望と破壊的コミュニケーション ……………… 35

　　嫉妬と妬みの区別　　36
　　　望ましい者や特性の所有／関連した感情と認知／歴史的な流れと社会的な意義／まとめ
　　嫉妬と妬みのダークサイド　　47

対人関係における結果：否定的な感情的反応と自己認識／嫉妬にまつわる対人的結果とコミュニケーション／妬みにまつわる対人的結果とコミュニケーション
　結　論　67

第3章　真相を知っているのは誰？：対人関係におけるうわさ話　68

　うわさ話のネガティブな側面　68
　名誉回復の方法　70
　うわさ話の実証研究　71
　　　誰が誰についてうわさ話をするのか？／方法／結果／考察

第4章　対人関係における葛藤パターン　83

　葛藤パターンの定義と検出　84
　　　葛藤パターンの定義／葛藤パターンの検出
　家族の相互作用の研究における葛藤パターン　86
　　　兄弟間の葛藤パターン／親子間の葛藤パターン
　恋愛関係の研究における葛藤パターン　96
　　　否定的感情の返報／Gottmanのパターンの段階／カップルの種類／より複雑な葛藤パターン
　結論：葛藤パターンのダークサイド　106

第5章　強迫的な関係侵害とストーキング　110

　ORIとストーキングの概念化　111
　ORIの発生率と徴候　113
　ORIのダイナミックな性質　119
　追跡者のプロフィール　120
　　　追跡者のタイプ／追跡者の特徴
　被害者の特徴　127
　　　ORIが被害者に与える影響／ORIに対する被害者の反応
　未踏の領域をはっきり描く　132

第6章 失う,ふられる,そして,あきらめる ················· 134
:非婚の離愛に対するコーピング

なぜ非婚の離愛を研究するのか　134
社会的・心理学的視点　134
　結論／意味と価値
非婚の離愛とは　137
あなたの物語とは:関係喪失のアカウント　138
　離愛研究の難しさ／非婚の関係は現実か／アカウントの意義
個人的なこと:離愛を研究するすばらしい理由　143
　離愛のアカウント
離愛の過程　144
　親密性:コストと恩恵の分析／離愛の局面と段階:Weissの別居に関する研究／103件の情事の結末／Duckの地形学的モデル／悲哀の経験／悲哀の課題／意思の疎通と関係解消／何か言って／了解と制御
回復のための方略　169
　剥奪に対する術（すべ）／追想,回顧,思い出された存在／ユーモアと希望／離愛の悲嘆を克服するための方略

第7章 いたずらに愛し,愛されること:片思いの試練と苦難 ················· 179

片思いのシナリオ　181
片思いは,いつ,なぜ,生じるのだろうか？　182
片思いの相互依存性理論　183
沈黙の申し合わせを通じて苦悩が長引くこと　184
片思いの情動的帰結　185
　自尊心／罪悪感と正当化
ふり返ってみると　190
　回想の皮肉／エピソードの解釈／困惑,謎,そして自己認識
結　論　194

第8章 混乱した対人関係と精神的健康問題 ················· 197

精神衛生上の問題に対する対人アプローチの歴史　198
統合失調症　199

　　　　統合失調症に対する初期の家族アプローチ／統合失調症に対する現在の家族
　　　　アプローチ／個人的関係と統合失調症
　　抑うつ　204
　　　　うつ病と社会的スキル／うつ病と孤独感の併存症
　　孤独感　209
　　　　孤独感と個人的関係／孤独感の改善に効果的ではない家族関係／孤独感と社
　　　　会不安
　　アルコール依存症　211
　　　　アルコール依存症と家族関係／アルコール依存症患者の子ども
　　摂食障害　215
　　　　機能不全に陥った家族関係と家庭環境／母と娘の関係／その他の精神衛生上
　　　　の問題との併存症／家族以外の対人関係における障害／摂食障害に見られる
　　　　問題のある対人関係についての理論的説明
　　結　論　221

第9章 対人関係のポジティブな側面とネガティブな側面の検討
　　　　：ダークなレンズを通して？ ……………………………………………… 224

　　対人関係と精神的健康：矛盾する知見　224
　　境界と定義　228
　　　　分析の境界／定義問題
　　ポジティブな相互作用とネガティブな相互作用の影響力の比較
　　　　：方法論的課題　230
　　　　対象集団／ポジティブな相互作用とネガティブな相互作用の測定／結果変数
　　　　の測定／データの分析と結果の解釈
　　提言と結論　241

引用文献　245
事項索引　279
人名索引　283

序章
暗やみ，残がい，妄想：親密な対人関係のダークサイドへの序説

人生とは暗やみのなかの戦いである。　　　　Lucretius（ものごとの本質，紀元前約45年）

　人生とはたしかに暗やみのなかの戦いであるかもしれないが，われわれが暗やみの世界を探索し始めてからここ数年間，人間の行動（あるいは人間の本質）の「ダーク」サイドに関するたとえ話は，われわれをずっと魅了し続けている。われわれは，『対人コミュニケーションのダークサイド』（Cupach & Spitzberg, 1994）という本を執筆することからまず始めた。この本は，コミュニケーション能力のなさ，曖昧な言葉，矛盾，ジレンマ，苦境，違反，プライバシー侵害，だまし，人を傷つける言葉，虐待，普通の家族の相互作用における影の部分などのトピックを扱っていた。われわれのもともとの動機は，社会科学があまりにも楽観的に物事を見ているという思いであった。その証拠に，学部学生用のテキストの多くは，魅力的で，オープンで，正直で，自分に自信があり，主張的で，洞察力があり，ユーモアのセンスがあり，援助的で，協力的で，共感的で，明瞭で，礼儀正しくて，コミュニケーション能力が高いことや，普通の友人関係，異性の恋愛関係，快活な核家族を形成し持続することなどを称賛する内容で埋め尽くされている。われわれの議論は，社会的選好を示すこれらの金言を奪うことではなく，相互作用の機能的構造を検討する際に，道徳的に酔いしれたそうした原理が含む矛盾のいくつかに関して，よりバランスのとれた理解を与えることであった。魅力は時に呪いになり（Tseëlon, 1992），オープンさは時に損害が大きく（Bochner, 1982），正直は嘘つきよりも時に破壊的であり（Barnes, 1994; Bavelas et al., 1990; DePaulo et al., 1996; Rodriquez & Ryave, 1990），自尊心は時に自己陶酔（Gustafson & Ritzer, 1995）や攻撃のもと（Baumeister et al., 1996）になる。主張は人から好かれにくく（Spitzberg, 1993），洞察力のあるリーダーは時に誤った方向にフォロワーを導き（Conger, 1990），ユーモアは時に暴力的，圧制的で（Dundes, 1987; Jenkins, 1994; Keough, 1990），援助は時に苦悩を癒すよりも悪化させ（LaGaipa, 1990; Ray, 1993; Rook & Pietromonaco, 1987），協力と共感は搾取の被害に遭いやすく（Tedeschi & Rosenfeld, 1980），明瞭さは時に最も機能的でないコミュニケーションとなり（Cerullo, 1988; Kursh, 1971;

Nyberg, 1993; Rue, 1994; Tooke & Camire, 1991)，礼儀正しさは圧制の反映であり (Janeway, 1987; Kasson, 1990)，コミュニケーション能力の高さはさまざまな形で相手に向かい火を放つ (Spitzberg, 1993, 1994a)。

友人関係は時に困難に満ちており (Fehr, 1996; Rawlins, 1992; Rook, 1989; Wiseman, 1986)，同性同士の恋愛関係 (Huston & Schwartz, 1995) や新しい家族形態 (たとえば, Altman, 1993) は，「通常の」恋愛関係や家族形態よりも時にかなり機能的である (たとえば, Blount, 1982; Finkelhor et al., 1983; Moltz, 1992; Poster, 1978)。

> 他人への悪意を生じさせる真に暗い自分のダークサイドを受け入れることは難しくても，それらを知ることはできる。そうした悪意の基本要素は，妬み，どん欲，嫉妬である。恋愛生活におけるネガティブな部分が (罪や恐れのために) 否定されたり無視されると，ポジティブな部分も被害を受けることになる。いつものことだが，愛情と嫌悪は厳然と絡み合っている。
> 　　　　　　　　　　　　　　　　　　　　　　　　　　　Berke（1988, p. 12, 13）

道徳的あるいは機能的な意味でダークであると考えやすいものが，実はそれどころか驚くほど価値があるものであるということは，人生のブライトサイドに目を向けることとは正反対のことである。うわさ話 (Bergmann, 1993)，わいせつな話 (Allan & Burridge, 1991)，困惑 (Miller, 1996)，屈辱 (Miller, 1993)，矛盾 (Palazzoli et al., 1978; Weeks & L'Abate, 1982)，自己愛 (Emmons, 1984; Watson & Biderman, 1993)，嫉妬 (Fitness & Fletcher, 1993; Pines & Aronson, 1983; Stearns, 1989)，妬み (Schoeck, 1966)，怒り (Averill, 1993; Canary et al., 1998; Stearns & Stearns, 1986)，攻撃 (Gilmore, 1987; Twitchell, 1989)，暴力 (Spitzberg, 1997; Tedeschi & Felson, 1994)，敵意 (Volkan, 1988)，憎しみ (Schoenewolf, 1991)，後悔 (Landman, 1993)，失敗 (Payne, 1989)，カルト (Festinger et al., 1956; Galanter, 1989; Keiser & Keiser, 1987)，サドーマゾヒズム (Chancer, 1992)，児童虐待 (McMillen et al., 1995)，その他多くの「ダーク」と思われる特性，状態，プロセスは，すべて適応的な可能性を秘めている (Cupach & Spitzberg, 1994; Spitzberg, 1994bを参照)。たとえば，消費者が嘘はないと信じ込み，結果的に歯止めがきかない大規模な搾取の被害に遭うような社会制度と比べると，真に制度的 (かつ理論的) なレベルで，ある程度の嘘や搾取が社会に存在すれば，消費者にある程度の注意が喚起されるため，結果として，あまり大きな搾取は生じないであろう (Schotter, 1986)。対人関係は，明らかにコストと報酬で満たされている (Rook & Pietromonaco, 1987; Sedikides et al., 1994)。Duck (1994) が主張しているように，対人関係に対する広範なアプローチのいずれにおいても，対人関係のダークサイドをたんに理解するだけでなく，それらを対人関係の諸理論や関係システム全体の理解に統合する必要ある。愛情と嫌悪のもつれをほどくことは実際には不可能である。

現代の政治学は，マキアベリの洞察力から非常に多くの恩恵を受けている。……「義務」，すなわち，君主や政治家がふるまうべき方法に従来どおり注意を集中した場合には，そして，実際の政治手法に対して細かく冷ややかな目が向けられて初めてわかるような「状態」について十分理解することはできない。

Albert O. Hirschman（1981, pp. 294-295）

　悪が自分自身あるいは自分の性格以外のものであると考えるならば，人生の一部分や経験できないことを残すことになるであろう。とにもかくにも，ダークで不快なものすべては，真の人生を十分に経験することや各自の個性を表出することにとって重要であると考えるべきである。

Moore（1994, p. 186）

　ダークサイドは，けっして新しい概念ではない（Pratt, 1994）。人間の状態に関する多くの研究者は，次善で（Coupland et al., 1991），非同期的で（Mortensen, 1997），道徳的に曖昧で（Sabini & Silver, 1982），不器用で（Phillips, 1991），挑発的で（Duck & Wood, 1995），不条理で（Lyman & Scott, 1970），やっかいで（Levitt et al., 1996），不名誉で（Goffman, 1963），ゆがんでいて（Peak, 1996），相手を利己的に利用するような（Fillion, 1996; Goldberg, 1993），破壊的で（Fromm, 1973），不愉快で（Berke, 1988），手厳しく（Ferraro & Johnson, 1983; Long & McNamara, 1989; Rosen, 1996），犯罪的で（Katz, 1988），本質的にダークな行動（Adams, 1977）や特性（Anders, 1994; Harper, 1968; Watson, 1995）に対して注意を向けてきた。社会科学でしばしば欠けていたものは，大まかにいうと，矛盾という難題としてダークサイドを検討することだけでなく，それを統合的かつ理論的に解説することである。人間の行動のダークサイドをより完全に理解し評価するためには，そうしたダークサイドの本質に関するたしかな命題を検討する必要がある（つまり，ダークサイドやわれわれはこうあるはずということよりも，ダークサイドやわれわれはどのようなものであるかということを明らかにする必要がある）。ダークサイドのたとえ話は，社会科学に対して，多くのことを暗に明に意味していると思われる。

　多くの暗やみがある。創造的孤独や空想といった暗やみがある。慈愛に満ちた崇拝，願いごとの成就，感謝の祈り，実存的なものと神秘的なもの，人間と神といった暗やみがある。悲惨なできごとに遭ったり，それを見たりすること，人生，希望，美徳などの突然の終結といった暗やみがある。悪事，憂うつ，堕落などの兆候といった暗やみがある。愛情の損失，確実な死といった暗やみがある。

Harper（1968, p. 7）

　実際，多くの暗やみが存在する。多くの暗やみのうちのひとつは，おそらく最もはっきりとしたものである。そのダークサイドは，非機能的で，ゆがんでおり，相手

に苦悩を与える，破壊的な人間の行動である。Charny (1996) とBaumeister (1997) は，そのような特徴を，悪の形態と呼んでいる。悪の形態は，自分自身（または相手）の機能的能力を系統的に減少させるため，非常に特性化している。

第2のダークサイドは，逸脱，裏切り，違反，侵害である。不器用で，無礼で，妨害的な行動は，相手に不快感を与えることがあり，勝手に境界を越える行動は，関係を崩壊させることがある。文化適応によって，一貫性や心地よさに対する選好が形成される。規範的で，常識的で，予測され，期待されるようなことに反した行動は，自立意識と共同意識との間の弁証法的対立の核心部分を狙った追撃のようなものである。ある人にとっての違反行為は，別の人にとっては自由への嘆願でもありうる。規範や選好に違反することは，時にダークサイドの原因となる。

第3のダークサイドは，罪のない人を搾取することである。貴重で有益な資源を過度に搾取したり，無知な人を操ったり，無力な人を残酷に扱ったり，基本的な自由を強制したりすることは，社会生活において数多く存在する根本的な自己中心性や，個人主義の文化的風土のなかで社会福祉を促進することの困難さを反映している。有害なものから自分自身を守る力をほとんど持っていない人に対して危害を加えることは，ダークサイドのもうひとつの原因となる。

第4のダークサイドは，実現されず，強化されず，過小評価され，報われなかった努力である。失った愛，気づかれなかった愛，いうべきだったこと，選択することができた道，後悔やその結果生じる自己批判などは，すべて，自分が創りたかったが，逃してしまったことに痛いほど気づいている世界を表わしている。エデンの園は手の届く範囲にあったが，今では，ヘビに誘惑された世界にダークサイドが広がっている。

5番目のダークサイドは，魅力的でなく，望まれておらず，面白くなく，ひどく不快な人である。魅力的でないと思われている人は，しばしば，ある規範に沿って避けられ，仲間はずれにされ，隔離される。このような象徴的な投獄は，集団のアイデンティティを形成する役割を果たすこともあるが，その一方で，集団から否認された人に対して，地獄のような苦しみを与えることにもなる。

6番目のダークサイドは，人を単なる物と見なすことである。人の基本的人間性を冷酷に扱ったり，個性をないがしろにしたり，個人を物にはっきりとなぞらえたりすることは，すべて，人から生気を奪うことになる。人間は動物であるかもしれないが，象徴化，創造性，ユーモア，内省，概念化，道徳的観点などといった能力が備わっており，無生物のレベルをはるかに越えた可能性を有している。人は，精神が崇高なものであると考える必要はない。しかし，人は，物を越えた価値を自分に見いだすために，単にもの以上のものでなくてはならない。

最後のダークサイドは，矛盾した，弁証法的で，二元論的で，わかりにくい人生の側面である。そうした側面が，どのようなもので，いつ存在しているかはほとんどわ

からない。われわれは，時にそれらの側面をまさにそうしたものとしてを受け入れることを拒み，別のレベルの矛盾を作り出すことがある。矛盾，ジレンマ，弁証法的対立の発見は，われわれが行う象徴化や，愚かさ，誤り，葛藤，気まぐれ，もつれなどに対してわれわれが有する一見無限の受容能力が，非常に複雑であることを明らかにしている。

> われわれが知る限り，人間存在の唯一の目的は，単に存在するだけであるという暗やみに明かりを灯すことである。
> Carl Jung（思い出・夢・思想, 1963, Prott, 1994, p. 260 から引用）

　これら 7 つのダークサイドの「大罪」は，おそらく，包括的でもなければ，相互に排他的でもないであろう。それらは，ダークサイドの地形図のいくつかを示し始めている（とわれわれは思いたい）。しかし，その地形を見ることができたとしても，その地形を適切に横断する方法が十分にわかるわけでは必ずしもない。したがって，ダークサイドの旅に出る人は，2 つの提案を心に留めておくとよい。第 1 に，ダークサイドの旅は，人間の行動の，まだ探索されておらず，影の部分に横たわり，学問的調査の光が当たるのを待っている領域を理解する試みであるということである。第 2 に，ダークサイドの調査は，人間の，お金で動かされ，いらだたしく，悪意に満ちた側面とともに，有徳な側面に対しても注意を払う必要がある。実際，ダークサイドの調査は，悪と思われるものが時に道徳的で機能的な正当性を持つこと，反対に，満足できて，妥当で，公正であると思われるものが時に非難すべきものになったり，人を傷つける傾向を持ったり，破壊的になったりすることを発見するといった皮肉でもある。

　古代の地図では，光が当てられ，よく知られている世界の果ては，「ここを越えると，ドラゴンがいる」という結果の予感によって，しばしば描かれている。ダークサイドの研究は，境界を貫通する努力である。そうした努力は，規律的・道徳的境界における実在しない危険を無視しなくてはならない。研究者は，自分自身の規律的地図や思想上の母国に対する満足を越えて，勇気を持って船を進める必要がある。

> それが本性であり，道徳である。すなわち，創造物のなかで，社会の誰に対しても決して害にはならないような完全に善であるものは何もない。また，完全に悪であるものも何もない。世界のどこかに対しては利益を与えるかもしれない。したがって，すべてのものは，何か他のものと比べて，善か悪ということだけである。それらが置かれている明るさや位置によって。
> Bernard Mandeville（1732, p. 367）

　ダークサイドの研究は，善と悪，または人間の状態のブライトサイドとダークサイ

ドの区別を，結局のところ曖昧にしてしまうことがしばしばある。そうした活動は，道徳的観点とそれゆえ知的重要性にも欠けていることを見いだした人がいる（たとえば，Rawlins, 1997）。議論には2つの要素がある。第1に，レイプ，暴力，きわめて有害な活動（たとえば，危険なセックス）のとなりに，うわさ話や困惑のような調査テーマを並列に並べることは，ダークサイド全般に対する見解やそのなかに含まれるよりダークなテーマの深刻さを矮小化する。第2に，すべてのダークサイドがブライトサイドを持つと仮定し，このブライトサイドが機能主義という観点からのみとらえられるならば，道徳的態度が失われ，倫理的な意見を聞くことなく科学が続けられることになる。しかし，こうした批判は，まったく的はずれであると思われる。

　われわれは，機能主義者の科学的説明が多くの場合どのようなものであるかについて弁明しない。われわれは，本書やまえがきで人間の慣習に対する評価を検討する際に用いた理論的，評論的知識体系の解釈をさらに追究することはできただろう。しかし，そうした理論的知識体系の抑制をこれまでもたらし，必然的に，善と悪という自集団中心主義的な概念を反映するような存在論的見解を，われわれが受け入れなければ，行動の機能性が道徳システムの根底になくてはならないということは明らかである。還元主義的な道徳原理や命題は，理想主義的で素晴らしく感じる。しかし，多様な人間活動をそのような形で操作化することは大きな問題となっており，命題間の関連について単純な評価を行うことができない場合が多い。ダークサイドの研究は，ある部分，そうした道徳上の複雑性やアンビバレンスに対する認識であり，一貫して，われわれに，ダークサイドに対して道徳的侵攻をしないように警戒を発している。

　第2に，人がダークサイドの特徴に気づいたときにのみ，人間の行動の道徳的含意というまさにその問題は，十分に検討されることが可能となる（たとえば，Makau, 1991）。楽観的な解説が教科書，研究，教育を汚染している限り，われわれは，道徳的問題を検討する上で有利な立場を占める広く浸透した思想から逃れることはほとんどできない（Burgoon, 1995; Lannamann, 1991; Parks, 1982,1995）。社会的行動は多機能であり，そうした行動の道徳的判断は，概念的にも実質的にも，その行動の機能とは独立している（Wojciszke, 1994）。したがって，われわれは，人間の行動のダークサイドを詳細に検討し，その機能を見いだすことによってのみ，社会的行動に暗示または明示される道徳的問題の可能性について，正しい認識を発展させることができるのである。

　さらには，生命を脅かすような人間の側面のみがダークサイドという名に値するという見解は，重要な（さらには，日常的な）対人関係における次善の行動として生じる，穏やかな争い，不満足，フラストレーション，怒り，絶望といった出来事を無視している。たとえば，心理的虐待は，身体的虐待よりも，トラウマに対する予測力が高いというMarshall（1994）の知見は，身体的虐待を道徳的に大目に見たりはしない。しかし，身体的虐待は最も重要な問題であるという過度に単純化された命題のもとで，

公共政策の多数の取り組み,社会的資源の支出,ほぼ無限にある心理学的介入は,心理的虐待のダイナミクスをたくみに無視してきた。機能主義者のダークサイド研究に対する(そうした研究が真のダークサイドを軽視しているという理由による)あらゆる批判は,われわれにはとうてい受け入れることができないようなダークサイドとブライトサイドに関する過度に二分された区別を生じさせる。ダークサイドの旅の主要な目的は,ダークサイドとブライトサイドの境界が漠然としていて,科学や道徳的見解が共通して仮定しているような区別はほとんど見られないということを発見することである。

　ダークサイド研究に含まれる道徳的課題もあるであろう。また,そうした研究は,検討すべき現象や研究それ自体のプロセスの両方に関する道徳的課題を提起するであろう。しかし,そのような道徳的議論は,機能主義者が持つような学識によって語られるときに,最も関心が持たれることになると思われる。たとえば,児童虐待の潜在的にポジティブな機能を調査した研究 (McMillen et al., 1995) は,明らかに道徳的課題を提起している(たとえば,そうした研究の実施は,虐待行為の潜在的な正当性を提供するのか?,ポジティブな機能の指摘は,そうした悲惨な行為を根絶する努力を軽視し矮小化するのか,それとも,児童虐待それ自体の行為に対する社会的寛容性を高めるのか?,そのような質問をすることは,父親的温情主義,機能主義,無神経な科学的思想を意味するのか?)。しかし,そうした研究が,虐待という悲劇にかかわらず,回復力や自己実現を示す被害者とそれらを示さない被害者の間の特徴的な差異を明らかにするならば,虐待に対するより適切な介入方法や防止方法が理解されることになり,結果的に,多くの人の苦悩が取り除かれることになる。したがって,これらの研究に対する道徳的非難は,その批判が最も意図するものそれ自体ともめごとをおこす危険がある。意見を述べる機能主義科学者が含まれていない道徳的議論は,議論を単なる状態へと低下させる危険性をはらむ。その結果,そうした道徳的議論は,人間の行動における実際の性質や慣習に対して何の教訓も示すことができなくなる。要するに,思想のない科学は,もし存在するならば,道徳的指針を欠いている。しかし,科学のない道徳は,実質世界から恐ろしいほど乖離している。さらには,そうした二分法それ自体を不必要に仮定することは,共通の土台が最も必要とされる際に,理論と実践の乖離を強調することになる (Parks, 1995)。

> 暗やみは,いつもすぐそばにある。われわれは,暗やみがあいまいであることを知っている。恐れや孤独でいっぱいの冷たい暗やみがある。抱擁や受容といった温かい暗やみもある。……「現実のダークサイド」や「仮想のブライトサイド」がある。……暗やみには,暗やみなりの利点がある。
> 　　　　　　　　　　　　　　　　　　　　　　　　　　Harper (1968, p. 4, 5)

最後に，人は，禁じられたもの，逸脱したもの，破壊的なものに対して誘惑を感じる (Goldberg, 1993; Katz, 1988)。自然，国，関係がこれまで禁じ，タブーとしてきたそうしたものに対して，人の心は惹きつけられる。本書は，時とともに多くの人によって始められた旅やまえがきで真剣に始めた旅のつづきである。本書のトピックは，対人関係のダークサイドに関して，包括的であることや代表的であることを意図していない。実際，われわれは，ダークサイドの次なる旅に向けて暗やみを探索し始めている。おそらく，逆説的ではあるが，多くのよりダークな旅がわれわれを待っていることを願っている。

　　あらゆる自然は，なんじの知らない芸術である。
　　あらゆる偶然は，なんじが見ることのできない方向である。
　　あらゆる不和は，理解されない調和である。
　　あらゆる部分的な悪は，全体的な善である。　　　　　　　Pope（1733, p. 249）

第1章
破滅をもたらす魅力

「……彼の魅力的な特性は一瞬にして彼をひどい人物に変え得る」
ビル・クリントン大統領について書かれたニューヨークタイムズの記事
(Purdum, 1996, p.36)

　2人の人間がお互いにどうしようもなく惹かれあい，親密な関係が始まる。すなわち，最初は魅力から始まるのである。しかしながら，しばしばその関係は幻滅や失意とともに終わってしまう。つまり，関係がうまくいかなくなってしまう。このような場合，恋愛相手に対する見方は，理想化して心酔したものから，腹を立て憤慨したものに変わる。たとえば，離婚した人は，別れのケースについて話すとき，しばしば前のパートナーには好ましくないところがあった，あるいは，望ましいところが欠けていたという (Goode, 1965; Spanier & Thompson, 1984)。このことは，彼らが恋愛相手に対して望んだことを得ることができなかったことを示唆している。何が起こったのだろうか？　何がうまくいかなかったのだろうか？　一度は愛したパートナーを，ネガティブに見るようになるのはどうしてだろうか？

　ここで提案される答えは，ある人たちにおいては，魅力のプロセスがふだん考えられているよりも，単純なものではなく，より矛盾をはらんだものであるということである。この章の中心的な関心事は，われわれを最初に魅了するパートナーの特性と，後に問題となるパートナーの特性との間には，しばしば密接な関連性があるということである。炎へ向かっていく蛾のように，人は，結局は嫌いになってしまう他人のまさにその側面に惹かれる。このプロセスは，**破滅をもたらす魅力** (fatal attraction) と呼ばれている。**Fatal**は，辞書的な意味の「命取り (deadly)」ではなく「結果の予言 (foretelling a sequence)」として用いられている。すなわち，初期の魅力が幻滅で終わる関係の結果を予言している (Felmlee, 1995)。

　この章の目的は，親密な関係における破滅をもたらす魅力のプロセスについて詳細な検討を提供することである。最初に，対人魅力や関係崩壊原因の領域において関連する研究を議論する。次に，破滅をもたらす魅力について理論的説明を行い，このト

ピックに関するこれまでの研究を概観する。そして，幻滅で終わる関係の問題点について新しい情報と分析を提示する。そこでは，破滅をもたらす魅力のダークサイドとライトサイドが検討される。最後に，こうした恋愛の幻滅パターンが，親密な関係の開始と解消に関する理論に対して，どのような意味を持つか議論して終わる。

 ## 魅力のライトサイド

人が他者に惹かれるプロセスは，研究のなかでもかなりの関心が払われてきた。対人魅力には，近接性 (たとえば, Festinger, 1951)，身体的魅力 (たとえば, Hatfield & Sprecher, 1986)，類似性 (たとえば, Newcomb, 1961)，親しみやすさ (たとえば, Zajonc, 1968) を含む，多くの要因が重要な役割を果たしていることが見いだされてきた。

たとえば，広範囲の研究が行われた要因のひとつは，身体的魅力である。このトピックに関連する多くの研究は，**マッチング仮説**が支持されることを示している。つまり，恋愛カップルの間で，身体的魅力が有意に関係しているということである (たとえば, Feingold, 1988のメタ分析参照)。他の研究では，美と善を関連づける社会的ステレオタイプがあることが示されている。このステレオタイプによって，外見が魅力的な人は社会的能力や知的能力と関連する多くのよい特性を持っていると判断される (たとえば, Eagly et al., 1991; Feingold, 1992; Jackson et al., 1995のメタ分析参照)。さらに，身体的魅力の顕現性については性差がある。配偶者選択の研究では，将来の配偶者として，男性は女性よりも，身体的魅力を重視するのに対し，女性は男性よりも，野心的で教育を受けており，知的でパートナーとして信頼できる相手を好むことが示されている (たとえば, Buss, 1944; Sprecher et al., 1994; メタ分析については, Feingold, 1990を参照)。

魅力における類似性の役割もまた，かなりの注意が払われてきた。多くの次元で魅力と類似性の間には関連性がある。たとえば，人口統計学的特性 (たとえば, Surra, 1991)，態度 (たとえば, Byrne, 1971)，過度の性役割への固執 (Smith et al., 1995) といったパーソナリティ特性，認知的複雑性 (たとえば, Neimeyer, 1984) のような認知的特性，社会・認知的スキルやコミュニケーションスキル (たとえば, Burleson & Denton, 1992) である。

それにもかかわらず，魅力プロセスにおける類似性の役割についての研究は批判を免れなかった。たとえば，Rosenbaum (1986) は，類似性が魅力をもたらすというよりはむしろ，他者との類似性の欠如が避けられると主張した (**嫌悪仮説**)。他の研究者も，態度の類似性と魅力の間の関連性は，非常に過大評価されていると述べている (Sunnafrank, 1991)。さらに，研究者たちはまた，他者に魅力を感じ始めるプロセスは対人的文脈において生起すること，ダイナミックな相互作用の観点が魅力の複雑な事柄を理解するためには必要であることを指摘している (Bell et al., 1987; Burleson &

Denton, 1992)。

　段階モデルは，対人魅力の分野において，さらなる進展をもたらした。これらのモデルでは，親密な相手の選択において一連の段階があることが示されている（たとえば，Kerchoff & Davis, 1962; Lewis, 1973; Murstein, 1970）。その段階のひとつは類似性が基盤になっていると大多数の段階モデルが指摘している。たとえば，結婚前の二者の構造的な枠組みについて，Lewis (1973) は，魅力プロセスが「類似性の知覚」ではじまり「二者の結晶化の達成」で終わる5つの段階を経て進行すると主張している。他のモデルでは，Duck (1977) は，態度の類似性は，一連の関係のなかでも早い時期の対人的魅力を予測すると主張している。しかしながら，関係の後の段階では，対人的な構成概念（すなわち，その人の世界観）の類似性が態度の類似性よりもより重要になってくる。

　一般的に魅力研究では，将来的な配偶者がもつ魅力的で好ましい特性や，魅力プロセスが進展する比較的順調で連続的な段階に重点がおかれてきた。

　しかしながら，魅力プロセスにおいて潜在的に問題となるような側面を検討した研究もわずかながら存在する。破滅をもたらす魅力と最も直接関連する2つの例外がある。ひとつは，臨床研究で幻滅の概念を紹介したものである。そのプロセスでは，真剣な関係にある個人が最初に魅力を見出したパートナーの特性に幻滅を感じるようになる（Hatfield & Rapson, 1993）。もうひとつは，結婚カップルを対象として，パートナーの特性のポジティブな側面だけではなく，ネガティブな側面も検討したWhitehouse (1981) の研究である。彼女は，配偶者の最もいらいらする特性が，誇張やほのめかし，あるいは最も魅力的な特性とは逆のものであることを見いだした。これらの例外を除いて，魅力のダークサイドについての知識は，比較的不足している（この本の第2章と第5章　Freeman, 1985; Goldberg, 1993; Tseëlon, 1992 を参照）。

 ## 崩壊の状況的特性

　他の関連研究領域では，いわゆる関係解消における「喪に服す時期」（Duck, 1982）が検討されている。それは，各パートナーがどうやって，またなぜ関係が終わったのかについて表向きの話を作り出す段階である（たとえば，Harvey et al., 1992）。崩壊に対する最も多い理由のひとつは，2人の対人特性についてのある種の非類似性である。たとえば，カップルを対象とした最近の研究では，興味が異なることが，関係解消に対する最も多い理由であった（Sprecher, 1994）。その他の典型的な理由としては，コミュニケーションの問題，自立性や独立性の希求，パートナーの問題的性格（たとえば援助的な態度の欠如，率直さの欠如）などがある（たとえば，Baxter, 1986; Cupach & Metts, 1986; Sprecher, 1994; Stephen, 1987）。これらの理由は，恋愛関係の終わりは，比較

的不透明で予測しにくいことを示している。すなわち，2人の間の相違が表面化したり，コミュニケーションの問題が生じたり，一方が自立を求めたり，望ましくない特性を持っていたりするために恋愛関係が終結するのである。このような理由説明は恋愛の魅力プロセスをより興味深くまた複雑にしている。関係崩壊の理由を検討した後には，たとえば，次のような疑問がわき起こってくる。「なぜ人は，興味関心が異なり，コミュニケーションが難しく，望ましくない特性を持っている人に，最初は魅力を感じるのだろうか？」。ここで示す答えは，状況的な理由ではなく，時には人は最初からそのような潜在的に苦しむ側面に惹かれるというものである。

 ## 魅力のダークサイド

　魅力プロセスは，さまざまな状況において，矛盾したあるいは問題のある側面を抱えている。しかしながら，親密な関係におけるそのようなネガティブな問題は，一般に，研究ではわずかな関心しか払われてこなかった (Duck, 1994b)。当初，対人魅力研究では，**同類交配**（homogamy）の規範，すなわち同類が同類を好むということが示されてきた。それにもかかわらず，数え切れない人々がこの規範を無視し，自身の人口統計学的特性とは異なる人に対して魅力を感じる。すでに結婚している人や，同じ性別の人に対する魅力では，社会規範が無視されている。このような組み合わせは，社会によって，しばしば適切でないと判断される。したがって，そうしたカップルは，自分たちだけの相互作用ではそうでなくても，より広い社会との相互作用では困難に直面しがちである。さらには，ある人が感情的あるいは身体的に自分を傷つける相手あるいは自分に損害をもたらすような相手に対して魅力を感じた場合には，魅力はその人にとって重大なダークサイドを持つことになる (Marshall, 1994; Spitzberg, 1997)。

　このような恋愛関係の開始時点の明らかなダークサイドとは異なり，破滅をもたらす魅力はより微妙なものである。けれども，それはおそらくより多く見られるものでもある。破滅をもたらす魅力では，人はある望ましい特性を持っているためにそのパートナーに惹かれるが，しかし彼らは後にそれと同じ特性を嫌いになるのである。そのような魅力の例としては，ある女性がある男性に「面白くて，楽しい」から興味をもったが，彼の「いつも無分別なところ」を嫌いになる，また，ある男性が自分のガールフレンドを「さわやかで無邪気」なところに魅力を感じたのに，後に彼女の「成熟さの欠如」という問題点を見つけるということなどである (Felmlee, 1995)。このようなケースでは，人が以前の相手について嫌いになった特性は，彼らが最初に魅力を感じたものと非常に密接に関連しているのである。

破滅をもたらす魅力：理論

　なぜこのようなパートナーに対する幻滅のパターンが生じるのだろうか？　少なくとも3つの異なる要因が，破滅をもたらす魅力の生起を説明するのに役立つ。まずひとつには，人の長所と短所はおそらくひとつであり同じであるということである。このような結論は臨床心理学の研究で示されており，そこでは，パーソナリティの影の部分 (Goldberg, 1993; Jung, 1973; Moore, 1992) に関して議論が行われている。Goldberg (1993) の愛情のダークサイドの議論によれば，「正常と病気を区別する境界線は，時におそろしいほど薄い。保護は簡単に所有に変わり，関心は支配に，興味は執着に変わる」(p. 8)。一般的な読み物もまたこのようなメッセージを繰り返している。ニューヨークタイムズのリポーターは，クリントン大統領の評価を以下のようにまとめている。「彼の長所と短所は同じ源泉をもっているだけでなく，どちらか一方が欠けても存在し得ない。現実的な意味において，彼の長所は彼の短所であり，彼の熱心さは彼の無関心である。また，彼の魅力的な特性の大部分は一瞬にして彼をひどい人物に変え得る」(Purdum, 1996, p. 36)。もし長所と短所が解決不可能なほど結びついているということが真実であるならば，このことは，人が他者の長所に惹かれたときには，彼らはその人の影の部分にも同時に出会うことを意味している。このような推論から，人々がパートナーのなかに一度見いだしたまさにその魅力を嫌いになることは驚くことではない。

　破滅をもたらす魅力に関する2つ目の説明は，個人のレベルよりはむしろ二者に対して働くものである。この説明では，親密なカップルは時間が進むなかで自分たちの相互作用システムを発展させるという事実に焦点を当てている (Felmlee & Greenberg, 1996)。また，そのようなシステムは，破滅をもたらす魅力の進展を促進する。たとえば，弁証法的理論家の主張によると，親密な関係にある個人は，自律と結合，新奇性と予測可能性，閉鎖性と開放性のような相反する影響力の組み合わせの間で継続的な緊張に直面する (たとえば, Altman et al., 1981; Baxter & Montgomery, 1996)。このような知見によれば，カップルの経験は両方の影響力の極から同時にひっぱられることになる。つまり，彼らは，自律と結合，新奇性と予測可能性，閉鎖性と開放性といった相反する2つの欲求を同時に感じるのである。したがって，破滅をもたらす魅力が生じるひとつの理由は，個人が弁証法的な影響力の一方の極（たとえば新奇性）を示す特性に基づいてパートナーを選ぶと，彼らは自分たちの関係においてもう一方の極（たとえば予測可能性）が欠けていることを見いだすからである。

　最後に，破滅をもたらす魅力の概念は，意味の構築に焦点をあてた関係理論によっても理解される。たとえば，Duck (1994a) は，人が互いの行動に意味を与えること

は，対人関係の中心的な目的のひとつであり，またこの課題は常に進行し決して完全に終わるということはないと主張した。このような知見に基づけば，破滅をもたらす魅力は，パートナーの特性の意味づけにおける時間的推移と見なされる。その推移は，実際，流動的で常に変化する，ほんの一瞬のものである。

パーソナリティの影の部分，関係に存在する対立した2つの緊張状態，意味づけの可塑性に関する理論的主張は，破滅をもたらす魅力がなぜ生じるかということの説明に役立つ。つまり，なぜ人が最初に惹かれた恋愛パートナーの特性を拒否するようになるのかということの説明を提供する。しかしながら，これらの主張はそのような魅力に含まれる長期的な心理プロセスに関する疑問に答えることはできない。パートナーの好ましい特性におけるネガティブな側面は，なぜすぐに拒否されないのだろうか？　破滅をもたらす魅力は時を経てどのように展開するのだろうか？

 ## 破滅をもたらす魅力：過程

破滅をもたらす魅力で幻滅が生じることを示すいくつかのシナリオがある。これらのシナリオは以下のようにラベルづけされる。時が教えてくれる，すっぱいぶどう，ばら色のめがね，人々の喜び，親しみは軽蔑をはぐくむ，である。

◉時が教えてくれる

破滅をもたらす魅力のプロセスについて想定できることのひとつは，最初，人は他者のある側面に惹かれるが，関係を形成してある程度時間が過ぎるまで，それらの特性のネガティブな側面を見いだすことができないということである。このようなことは，人々が恋愛関係の始まりにおいて，自分の「最もよい面」を見せようとしたり，あまり魅力的でないパーソナリティ要素を隠したり，変えようとする場合に生じる。しかし，長期的にはそうした外面を維持することはできない。

◉すっぱいぶどう

第2の可能性は，われわれは，一度は親密になった関係が終わることによって発生した認知的不協和（Festinger, 1957）を，以前のパートナーの性格を中傷することによって減らそうと試みるというものである。もちろん，彼らは，破滅をもたらす魅力とは定義されないような多くの方法を用いて，前のパートナーを中傷することができる。しかしながら，ネガティブな見方で以前のパートナーの魅力的な特性をとらえ直すこと（すなわち，破滅をもたらす魅力）は，パートナーがまったくそのような特性を持っていなかったと主張したり，あるいは，パートナーが長所とまったく関係のない短所を持っていたと主張することよりも，認知的に容易だろう。

● ばら色のめがね

　第3の可能なシナリオは，人は他者の長所に非現実的なまでに惹かれ，最初からそれが短所と関連していると気づいていても，そのような短所を無視したり，軽くみたりするというものである。しかしながら，夢中な気持ちが色あせると，他者の短所を無視したり，それと関連する関係の緊張状態を見逃すのが困難になる。すなわち，破滅をもたらす魅力が明らかになってくるのである。明らかな短所は，他のものよりもおそらく無視するのが難しい（たとえば，自分とは異なる短所や極端な短所）。そのため，とくにこのようなケースの場合に，恋愛対象に対する幻滅が生じやすい。

● 人々の喜び

　破滅をもたらす魅力について，その他に可能な説明としては，人は関係のなかで実際に変化し，自分の魅力的な特性を短所にするような方法で変わるかもしれないというものである。たとえば，人は，パートナーの魅力的な特性や行動を褒めたり注意を向けることによって，その特性や行動を無意識的あるいは意図的に強化すると仮定しよう。その結果，パートナーはその特性や行動を強めたり拡充したりしようとする。たとえば，誰かが自分の恋人がユーモアを好きなことに気がついたとする。すると，たくさんの冗談をいい，面白おかしくふるまう。それが彼を愚かに見せるのである。他には，ある女性が，最初に彼女の知性と自信のあるふるまいに魅力を感じたボーイフレンドに，さらにそれを印象づけようと試みると，横柄さや「何でも知っている」という態度がにじみ出るようになってしまうということがある（共依存の関係における矛盾した強化については原書第6章を参照）。

● 親しさは軽蔑をはぐくむ

　最後の可能性は，時間の経過によるパートナーの特性の飽和効果であり，パートナーのかわいらしい特性は，古くなりまたわずらわしいものになるというものである。関係段階モデル（たとえば，Huston et al., 1986）や感情理論（Berscheid, 1983）によると，反復活動や親しい活動に対する動機づけは時間経過とともに減少し，かつて報酬的であった事柄も時を経てその強化価値が失われる。

　これまで議論されたさまざまな理論的主張は，なぜ破滅をもたらす魅力が起こるのか，また，そうした魅力の進展プロセスで何が起こるのかについての説明に役立つ。しかしながら，このタイプの幻滅がどのように拡がってゆくのか？　破滅をもたらす魅力は，相当な数のカップルに起こっているのか？　これらの疑問に答えるために，われわれは，恋愛関係にある人を対象として行った実証的な先行研究を紹介する。

破滅をもたらす魅力の検証

研究デザイン

ウエストコート大学の3つの一般教養科目のひとつに出席している301名の調査対象者（女性200名　男性101名）が，過去の恋愛関係についての情報を提供した。6名はホモセクシャルな関係を報告した。収集されたデータにおける学部生の人種の割合は比較的多様であり，白色人種の回答者は全体の半分以下であった。43％が白色人種／白人，23％がアジア系アメリカ人，20％がメキシコ系アメリカ人／ラテン系，10％がアフリカ系アメリカ人／黒人，その他4％であった。

回答者には，最近の真剣な恋愛関係で終焉を迎えたものについて問われる質問紙が配布された。続いて，一連の自由記述の質問紙に回答するように求められた。破滅をもたらす魅力が生じたか否かを決める2つの質問が用いられた。「その人に対して**最初に魅力を感じた特性について記述してください**」と「その人について**最も魅力的ではないと感じた特性は何か思い出してください**」である。これらの2つの自由記述の質問に対する答えは，評定者によって一般的なカテゴリーである「好かれた」または「嫌われた」パートナーの特性として分類された。

先行研究の結果

先行研究（Felmlee, 1995）では，男性と女性の両方で，魅力として最も多く言及された4つの特性カテゴリーは以下のとおりであった。多かった順に，「身体的」（27.5％，魅力的，目，セクシーなど），「楽しさ」（17.8％，楽しさ，面白さなど），「配慮」（15.6％，配慮，親切，丁寧など），そして「有能さ」（11.7％，知性，自信がある，力強いなど）である。一方，彼らが好まなかった特性として，最も頻度が多かったのは，「自己中心的」（28.3％，自己中心的，鈍感など）であり，つづいて，「不安定」（22.5％，独占欲，不安定など），「信頼できない」（12.1％，不誠実，幼稚など），「身体的」（10.7％，魅力がない，不十分など）であった。

回答者が報告した以前のパートナーの最も魅力的でない特性が，最初に魅力的であると報告した特性と同じであるか（たとえば同義語），あるいはネガティブに再解釈されたものであるときに，破滅をもたらす魅力であると定義された。たとえば，傲慢は自信という特性のネガティブな解釈であるとみなされた。各ケースは，著者と2人の独立した評定者によって評価され，評定者間の信頼性は，301のケースに対して$\kappa = 1.76$であった。

破滅をもたらす魅力は，301名のうち88名において生じていた（29.2％）。これは，

回答者のうちの3分の1よりもやや少ない人たちにおいて、「好まない魅力」としてリストされた特性のうち少なくともひとつは、最初に魅力的だと報告した特性のうちのひとつかそれ以上と直接的に関連しているということである。破滅をもたらす魅力は、パートナーの特性の全カテゴリーにおいて生じていた。しかし、いくつかのタイプは、他のものよりもより顕著であった。χ^2検定の結果、親密な相手の特性が、「楽しさ」（面白い、楽しいなど）、「有能さ」（知性、自信など）、「刺激的」（刺激的、自然など）、「気楽さ」（のんびりなど）、あるいは「差異性」（興味の違いなど）のカテゴリーに入った場合には、これらのカテゴリーに入らなかった場合よりも、より有意に破滅をもたらす魅力になりやすかった。「類似性」（共通の興味、価値観の類似など）、「身体的」（魅力、笑顔など）のカテゴリーに入った特性は、後で嫌われる傾向（すなわち、破滅をもたらす魅力）が有意に少なかった。

したがって、先行研究は破滅をもたらす魅力が、恋愛関係の相当数において生じること、また、多くのパートナーの特性が魅力の幻滅を起こしやすいことを示している。しかしながら、われわれは未だに、これらのタイプの恋愛関係にどんな影の部分があるのかはわかっていない。そこで次のセクションでは、破滅をもたらす魅力のライトサイドと、それと対応するダークサイドについて行われた新しい研究について概説する。

 ## 破滅をもたらす魅力の
ライトサイドとダークサイド

親密な関係におけるポジティブな要素とネガティブな要素の組み合わせは無数にあることが、データ分析から明らかになっている。次に、最も一般的な3つについて記述する。

●面白さが愚かさに

破滅をもたらす魅力に反映された最もよくあるパーソナリティのダークサイドは、ライトサイドの面白さと対応した愚かさである。このタイプの魅力のひとつは、ある女性がパートナーの「とても面白くて自然体」なところに惹かれたというケースである。しかし、彼女は、振り返ってみると、「彼が自分の体を床に投げ出したり、本当に**奇妙な行動**をとって公の場で私を当惑させた」ために、彼を嫌いになったと述べた。他には、ある女性がパートナーの「私は気にしない……とにかく楽しい」という態度に惹かれたが、後に彼女は彼の「未熟さ」を嫌いになったというケースもある。これらのことから、楽しく、ユーモアのある関係のダークサイドは、軽率さや真剣さの欠如であることがうかがえる。

●力強さが傲慢さに

また，威張り散らす行動がネガティブな特性として言及されるという破滅をもたらす魅力の事例も多い。たとえば，ある男性は，以前のガールフレンドに，彼女が「強い性格で信念がある」から惹かれていた。しかしながら，彼は彼女が「ずうずうしく，下品で，威張りちらし，いつも主導権をとった」ために嫌いになった。他の例としては，ある女性は「ずうずうしくてタフガイ気取り」と後に判断した男性に「意思が強固」であるとして当初は惹かれた。このようなケースでは，ずうずうしい行動やいばりちらす行動は，力強いという長所と結びついた短所と考えられる。

●自発性が予測不可能に

破滅をもたらす魅力で，自発的なパートナーに現われるパーソナリティのダークサイドは，予測不可能性あるいは無責任さである。このケースのひとつの例としては，ある女性が「自発的な」以前のボーイフレンドを，「気まぐれだ」として嫌うというものである。他の例としては，ある女性は彼が「衝動的」であるために興味を抱いたが，後に彼女は彼の「風に吹かれるまま」という傾向によって気を悩まされたということがある。

このデータでは，他にも多くのポジティブおよびネガティブなテーマが生起している。そのいくつかは，表1-1に示した破滅をもたらす魅力の事例にみることができる。先述した事例のように，これらは，回答者が示した最初は惹かれたが後に嫌いに

表1-1 パートナーの魅力的な特性とそれと対応する嫌われる特性についての自由記述に基づく，破滅をもたらす魅力のライトサイドとダークサイド

ライトサイド	ダークサイド
守ってくれる	息がつまる
自信がある	神のようなふるまい
とっぴなパーソナリティ	ヒッピーすぎる
自分に対する強い関心	嫉妬深い，所有しすぎる
自発的，面白い	無責任
意志が強い，粘り強い	横柄なふるまい，執着的
シャイで用心深い	不安定
非常に独創的	共通の関心がない
性について開放的	性について断らない
リラックス	いつも遅刻する
年上	円熟しすぎている
成功していて，集中的	仕事にとらわれている
褒めてくれる	表面的
ユーモアのセンスがある	ジョークを言い過ぎる
かわいらしくて，敏感	いい人すぎる

なったパートナーの特性である。

まとめると，議論された結果は，魅力のダークサイドを明確にする証拠を示しているといえる。しかしながら，これらの証拠は，どの破滅をもたらす魅力が特に問題であるのかという条件を同定することはできていない。次のセクションでは，この種の幻滅が生じる可能性に影響を与える要因について議論し，またそれらの要因の効果について検討する。

 破滅をもたらす魅力に影響する要因

理論的主張

破滅をもたらす魅力がもつ皮肉なそして潜在的にイライラするような性質を考慮すると，そうした魅力が起こりやすい，または起こりにくい状況を理解することは重要である。破滅をもたらす魅力の傾向に影響を及ぼすいくつかの要因がある。そのうちの4つについて議論する。

● 類似性と差異性

破滅をもたらす魅力の生起可能性に影響するひとつの要因は，魅力が類似性に基づいているのか，あるいは差異性に基づいているのかということである。先述したように，対人魅力の主要な決定因は類似性である（たとえば，Newcomb, 1961）。しかしながら，パートナー間の類似性は，もしそれが，結果的に関係において過剰な予測可能性となったり，あるいは，わずかな興奮と挑戦になるならば，ダークサイドを持つことになるだろう。魅力の基盤としての類似性もまた，それが個人を衰弱させたり，あるいは関係を機能させなくするものであった場合には問題となる。たとえば，非常に内向的な2人の関係は，おそらく開放的なコミュニケーションの不足に苦しむことになるだろう。

しかしながら，類似性は多くの点で報酬的であるために魅力の役割を果たす傾向がある。他者との類似性は，自分自身のものの見方を確証し（Byrne & Clore, 1970），他者が自分を好きになってくれるという期待を促進する（Aronson & Worchel, 1966）。したがって，自分自身の特性と似ている恋愛相手の特性は，好意的に評価される傾向がある。さらに，人は自分自身とパートナーに共通した特性を検討するときあまり厳しくないため，類似した特性は，後に否定的な解釈がなされる対象になりにくい。これらの理由により，破滅をもたらす魅力は，人が自分自身の特性と似ている他者の特性に惹かれる場合には，比較的起こりにくいと考えられる。

いくつかのケースでは，将来的な配偶者の差異性は魅力的なものとなる。なぜなら

ば，それが拡張された自己意識をもたらしたり（Aron & Aron, 1986），ユニークさや特別感といった感覚をはぐくむ（Snyder & Fromkin, 1980）ためである。しかしながら，差異性は類似性よりも，魅力の源泉となることはかなり少ない（Byrne, 1971）。また，差異性は強い嫌悪感と結びついており（Byrne, 1971），しばしば離婚や別れの原因として引き合いにだされる（Hill et al., 1976; Spanier & Thompson, 1984）。

　明らかにカップル内の差異性は，しばしば問題となり，その理由は数多くある。ひとつには，類似性と違って差異性は自分自身の世界観に異議を唱えたり，また魅力を感じた非類似の他者が拒否的になるのではないかという恐れを引き起こす。第2には，パートナー間の差異性は，意見の不一致や葛藤を引き起こすため，やっかいなものである。たとえば，異なるコミュニケーションスキルは，2人が意見の不一致を解決することを困難にさせる（Burleson & Denton, 1992）。最後に，パートナー間における人口統計学的特性，性格，態度の不一致は，カップルはさまざまな社会人口統計学的特性において似ていることが期待されるために，家族や友人からその関係を持つことに強く抵抗される（Kerchoff, 1974）。

　カップル間の差異性に内在する問題のために，自分自身の特性とは異なると思われるパートナーの特性は，幻滅を引き起こしやすい。最初に惹かれた差異性は，時間の経過にともなって我慢できなくなる可能性が高い。実際，関係初期に魅力的であった差異性は，すぐに気づかれやすく，その程度も大きいと考えられるため，とくに破滅をもたらす魅力となりうる。大きな差異性は大きな意見の不一致を引き起こし，幻滅のプロセスを促進する。

● **極端な特性**

　幻滅の生起可能性に影響する第2の要因は，パートナーの魅力的な特性の強さあるいは極端さである。とくに，激しい性質をもつパートナーの長所は，それと明確に関連する短所を持ちやすい。たとえば，非常に自信のある人は，ある程度自信があるという人よりも，かなり傲慢になりやすい。同様に，おそらく異常に控えめな人は，やや控えめな人よりもより不安定である。さらに，人がパートナーの極端な特性に惹かれたときは，ひとつの関係の次元が他の次元を犠牲にして強調される。（たとえば，もし魅力の基盤が恋愛相手の極端な独立性に基づくものであるならば，）その関係は，結合よりもむしろ自律を重視するであろう。弁証法的理論家によれば，そのような自律の過度の重視は，もっと結びついていたいあるいは依存したいという望みを生むであろう。言い換えれば，親密なパートナーの強く極端な特性は，とりわけネガティブな側面を持ちやすく，破滅をもたらす魅力を引き起こしやすい。

●非典型的なジェンダーの特性

先行研究では,非典型的なジェンダーの特性が破滅をもたらす魅力において過度に言及されるという主張が検討された。非典型的なジェンダーの特性は,伝統的なジェンダーステレオタイプとは異なるパーソナリティ特性である。たとえば,男性における穏やかさや表現力,あるいは女性における自信と主張性である。こうした非典型的なジェンダーの特性は,一般的な文化において広く支持されていないために,とくに幻滅されやすい。しかしながら,研究結果によると,非典型的なジェンダー特性は,破滅をもたらす魅力において過度に言及されることはなかった。また,非典型的なジェンダーの特性よりも,むしろジェンダーに典型的な特性をもつ親密なパートナー(たとえば,攻撃的な男性,配慮的な女性)に惹かれることが,結果的に幻滅を生じさせていた (Felmlee, 1998a)。

●破滅をもたらす魅力に関する複数の指標

先行研究によれば (Felmlee, 1998a),ある人たちは,後に嫌いになるパートナーの魅力的な特性(すなわち破滅をもたらす魅力)を数多く報告する傾向がある。それらの多くは同一の一般的特性の類義語やその変化語である。たとえば,ある男性は最初に惹かれた女性の特性として,多くの身体的特徴をあげた(顔,足,髪,体など)。しかしながら,彼は後にその関係が「身体的すぎる」ことや「愛情ではなく欲望」しかないことが嫌になった。この女性の魅力として多くの身体的特徴を報告することは,彼が彼女に極端に身体的魅力を見いだしていたことを示している。このように,破滅をもたらす魅力において同一の一般的特性(たとえば身体的魅力)を示す複数の特徴が言及される傾向は,パートナーの極端な特性に対する魅力が幻滅を引き起こしやすいという主張に対してさらなる証拠を与える。とくに,このケースはまた,身体的特徴が破滅をもたらす魅力の源泉となり得ることも示している。

新しい研究課題

多くの興味深い疑問が,破滅をもたらす魅力に関する研究において答えられないまま残っている。ここでは2つを検討する。ひとつは,破滅をもたらす魅力におけるパートナーの好ましい身体的特性の役割である。もうひとつは,関係崩壊に対する責任がどのように関係に影響するのかということである。

●身体的―性格的特性

破滅をもたらす魅力に対する多数の予測因を検討した先行研究では,パートナーの身体的でない特性(すなわち性格)に関するデータのみを使用していた (Felmlee, 1998a)。同様の影響力が,恋愛パートナーの身体的特性による破滅をもたらす魅力の

生起可能性にも作用するかどうかは明らかではない。しかしながら，ここで議論されるデータにおいて最も一般的な魅力のカテゴリーは，男性と女性どちらにおいても身体的特性である。また，これまで見てきたように，身体的特性による破滅をもたらす魅力はたしかに生起する。たとえば，極端さや差異性のときに確認された影響力がパートナーのすべての特性（パーソナリティーだけでなく身体的特性も含む）による破滅をもたらす魅力の生起可能性にも作用するかどうかを検討することは重要である。また，かつて魅力的であった恋愛パートナーの特性は，それが身体的でない特性よりも身体的特性である場合に，後に嫌われやすくなる（すなわち破滅をもたらす魅力となる）かどうかを検討することも興味深い。

　理論的には，個人のある身体的特性，たとえば一般的な身体的魅力のようなものは破滅をもたらす魅力を引き起こすであろう。このような破滅をもたらす魅力の例は，パートナーの身体的な美しさに惹かれるが，その人が自分の美しさを引き立てる化粧や洋服に時間やお金を使うことを理解しない人である。他の例としては，パートナーのボディビルダーのような体格に惹かれるが，その人がジムで過ごす時間を不愉快に思う人である。

　一方で，パートナーの身体的特性は，その多くは変えることが難しいので，パーソナリティ特性よりも時間経過による再解釈がなされにくい。ある身体的長所は，対応する身体的短所を必ずしも持っているわけではない。たとえば，かわいい目やきれいな髪には，パートナーにはっきりとわかるネガティブな側面があるわけではない。すなわち，人は目がかわいすぎるとか髪がきれいすぎると思われることは少ない。このことは，一般的にいって，美しさがダークサイドを持たないといっているわけではない。身体的魅力はポジティブな意味と同様にネガティブな意味（たとえば，うぬぼれや俗物）も持っている (Freeman, 1985)。また，身体的魅力は，ある種の烙印として機能する。その烙印によって，美しい女性は飾り物とみなされる (Tseëlon, 1992)。しかしながら，これらのネガティブな側面は，身体的魅力に惹かれる人よりも，身体的魅力を持っている人において，より顕著になるだろう。

●関係崩壊は誰の責任か？

　われわれは，関係の終焉が双方によるものではないことを知っている。しばしば，カップルのうちの1人がもう一方よりも関係崩壊を望み，また，一方が関係を終わらせようとする (Vaughan, 1986)。カップルのうちどちらが関係を終わらせようとするかは，幻滅の生起可能性に影響を及ぼすと考えられるが，この問題は今まで検討されてこなかった。

　破滅をもたらす魅力における関係崩壊の責任の役割について，2つの異なるシナリオを描くことができる。ひとつは，パートナーの一方が，関係を終わらせようとする

場合である。もう一方の人はおそらくパートナーの長所を批判することによって，関係崩壊の犠牲者になることを正当化するだろう。このような状況での破滅をもたらす魅力は，おそらく「すっぱいぶどう」のケースである。データから一例を示すと，ある女性は彼のほうが関係を終わらせたと述べた。その理由として，「彼が以前の恋人と寄りを戻して，そのことを共通の友人から聞いた」ことを挙げた。彼女は，彼が「私に熱烈な関心を抱いたから」最初は魅力を感じたが，振り返ってみると，彼がとても不誠実で不真面目であるということと同じくらい「嫉妬深くて，所有欲が強い」ことが嫌いであったと述べた。彼のほうが関係を終わらせたという事実によって，この女性は，彼の自分に対する「強い関心」という最初のポジティブな特性を，嫉妬というネガティブな特性として再解釈したのだろう。

　2つめは，彼自身あるいは彼女自身が関係を終わらせようとする場合である。このシナリオでは，彼あるいは彼女が相手の長所のダークサイドに気づくようになったからこそ，その人は関係を終わらせたかったのかもしれない。実際，関係崩壊の責任を負う人は，とくにパートナーの魅力特性に幻滅することがある。こうした事実は，上記のケースが破滅をもたらす魅力において顕著になる可能性を示唆している。そのひとつの例として，ある男性はガールフレンドとの関係を終わらせて，彼女の「未成熟なところ」が嫌いであったと述べた。一方で，彼は，最初に彼女に惹かれたのは「彼女が新鮮で無邪気であったから」と報告した。無邪気さという彼女の特性に対するこの男性のネガティブな評価は，彼が彼女とつき合うことをやめるひとつの理由になったと思われる。

　この章の次のセクションでは，実証的なデータの分析を通して，これらのいまだ答えが出ていない問題に取り組む。先述したデータ（Felmlee, 1995）から身体的特性とパーソナリティに関する新しい情報を取り出して，破滅をもたらす魅力について分析を行った。この分析では，パーソナリティによる破滅をもたらす魅力に対して作用する影響力が，別のパーソナリティや身体的特性による破滅をもたらす魅力においても認められるかどうかが検討された。この調査では，関係崩壊の責任というもうひとつの要因の役割についても検討する。

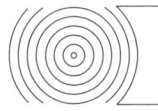

破滅をもたらす魅力の予測因

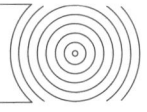

多変量解析

　宿命的な魅力の予測因は，多変量ロジスティック回帰分析で検討された。分析の単位は，各回答者によってリストされた魅力的な特性であり，従属変数は，その魅力的な特性が後に嫌になったかどうか（すなわち，破滅をもたらす魅力）で測定された。

最終的なサンプルは，301名の回答者がリストした1,416の身体的なパートナーのポジティブな特性と，非身体的なパートナーのポジティブな特性から構成された。従属変数が名義変数（破滅をもたらす魅力かそうでないかの2件法）で分布にも偏りがあったため，最小2乗法ではなくロジスティック回帰分析が用いられた。独立変数には以下の測度が含まれていた。最初の5つはさまざまな理論的問題を検討するためのもので，残りの3つはコントロール変数である。

●関係崩壊の責任

この変数は，崩壊の責任が破滅をもたらす魅力の生起可能性に及ぼす効果を検討するために用いられた。回答者は「その関係を終わらせたのはどちらですか？」という自由記述の質問に答えた。この質問に対する答えは，5つのカテゴリーに分類された。**完全にパートナー**（1）：「彼女」や「相手」など14.8％，**大部分がパートナー**（2）：「大部分が彼女／彼」など4.9％，**両者**（3）：「お互い」や「われわれ2人」など24.8％，**大部分が回答者**（4）：「私，しかし2人は同意した」など9％，**完全に回答者**（5）：「私自身」など46.5％。

●パートナーの極端な特性

この変数は，極端な記述や強い書き方で書かれたパートナーの魅力的な特性の程度を測定するものである。「かなり」，「非常に」，「信じられないくらい」などの極端な形容詞が使われていた場合には，2の値をつけた（12.6％）。「とても」，「本当に」，「随分」などのもう少し控えめな形容詞が使われていたら1の値をつけた（10.9％）。パートナーのポジティブな特性に何も特別な修飾語が用いられていない場合は0の値（すなわち**極端ではない**）をつけた（76.5％）。2人の評定者（男性1名，女性1名）が魅力的な特性に関する同一の記述を読み，3つのカテゴリーを決定した。評定者間の信頼性は$\kappa = .79$であった。

●パートナーの特性の差異性

この変数は，魅力的な特性が**差異性**のカテゴリーに入るかどうかを測定した。回答者がパートナーの魅力的な特性を記述するときに，「違う」や「ユニーク」といった言葉を使った場合には，1の値（**差異性**）をつけ（1.1％），そうでなければ0の値をつけた（98.9％）。

●パートナーの特性の類似性

この変数は，魅力的な特性が**類似性**のカテゴリーに入るかどうかを測定した。回答者がパートナーの魅力的な特性を記述するときに，「同じ関心」や「共通の価値観」

といった言葉を使った場合には，1の値（**類似性**）をつけ（5.2%），そうでなければ0の値をつけた（94.8%）。

◉パートナーの身体的特性

身体的特性あるいは身体的特徴といった魅力的な特性は1の値をつけた（27.5%）。非身体的特徴（すなわちパーソナリティ特性）は0の値をつけた（72.5%）。別の2人の評定者（男性1名，女性1名）によって，この身体的特性カテゴリーの妥当性が，先述の**差異性**および**類似性**カテゴリーの妥当性とともに検討された。評定者間の全体的な信頼性は $\kappa = .82$ であった。

◉女性の回答者

この変数では，回答者が女性であった場合には1の値をつけ（69.9%），男性であった場合は0の値をつけた（30.1%）。

◉関係の継続期間

この変数は関係の全継続期間を月単位で測定した（$M = 9.5, SD = 18.9$）。

◉特性の数

この変数は，回答者によって言及された魅力的特性の総数である（$M = 5.6, SD = 2.3$）。破滅をもたらす魅力を経験する傾向は，個人が報告するパートナーの魅力的な特性の数と直接的に関係している可能性がある。そのため，この変数は，パートナーのポジティブな特性を多くリストしたために生じる破滅をもたらす魅力の高いリスク傾向を統計的にコントロールするために用いられた。

結 果

表1-2に示すように，多変量分析において他の変数をコントロールしたときでさえも，関係崩壊の責任は，破滅をもたらす魅力の生起可能性の増加と有意に結びついていた。自分が関係を終わらせようとしたと述べた回答者は，相手が関係を終わらせようとしたと述べた回答者よりも，約1.8倍，最初に惹かれた特性を後で嫌いになっていた（すなわち，破滅をもたらす魅力）。したがって，関係を終わらせようとする人はそれを受け入れる人よりも約2倍，破滅をもたらす魅力を経験していた[1]。

---

1. 「関係崩壊の責任」変数の値が1変化する場合のオッズ比は1.15であり，これは，その変数の値が1変化すると破滅をもたらす魅力の生起可能性が1.15倍になることを示す。変数の値が4変化する場合のオッズ比は1.8であり，値が1（完全にパートナー）から5（完全に回答者）に変化すると破滅をもたらす魅力の生起可能性は1.8倍になる。

表1-2　1,416個のパートナーの身体的・非身体的な魅力的特性に関するロジスティック回帰分析における破滅をもたらす魅力の予測変数の効果

独立変数	パートナーの身体的・非身体的な魅力の特性		
	β	標準誤差	exp（β）
回答者の関係崩壊の責任	.14*	.07	1.15
パートナーの特性の極端さ	.71***	.10	2.03
パートナーの特性との差異性	1.43**	.55	4.17
パーソナーの特性との類似性	−1.60*	.73	.20
パートナーの身体的魅力	−.94***	.26	.39
女性回答者	.49*	.22	1.64
関係の継続期間	−.01	.01	.99
特性の数	.01	.04	1.01
定　数	−3.14	.38	
モデルの χ^2	100.89***		

注：*$p<.05$, **$p<.01$, ***$p<.001$

　他の新しい発見として，「身体的特性」変数の係数の符号が負で数値もかなり高いことから，身体的特性はパーソナリティ特性と比較して，あまり破滅をもたらす特性とはならないことが見いだされた。また，その効果量も大きかった。すなわち，破滅をもたらす魅力の生起可能性は，パートナーの魅力的な特性が非身体的よりも身体的なものであるとき約3分の1程度に減少した。

　さらなる結果としては，回答者がパートナーの特性を記述する形容詞において控えめではなく極端な言葉を用いたとき，また，彼らがパートナーの特性を「違っている」あるいは「ユニーク」であると見なしているとき，破滅をもたらす魅力の割合が増加することが明らかとなった。しかしながら，相手の魅力的な特性が回答者自身のそれと似ているときには，破滅をもたらす魅力の生起可能性は減少する。これらの効果量は，すべて大きかった。すなわち，特性が（極端ではないに対して）極端であるとき，あるいは特性が（差異性なしに対して）**差異性**のカテゴリーに入るとき，破滅をもたらす魅力の生起可能性は4倍になった。しかしながら，パートナーの特性が（類似性なしに対して）**類似性**のカテゴリーに入るときには，破滅をもたらす魅力の生起可能性は約5分の1程度に減少した。したがって，パートナーのポジティブな特性が極端であるか，差異性があるか，類似性があるかどうかが，破滅をもたらす魅力の生起可能性に大きな影響を持つのである。

　最後に，効果量は大きくはないが，女性は男性よりも破滅をもたらす魅力を約1.6倍経験しやすかった。さらに，多くの魅力的特性に言及した回答者は，わずかな特性を取り上げた人よりも破滅をもたらす魅力に陥りやすい傾向があるとはいえなかった[2]。関係の長さについては，短い関係が長い関係よりも破滅をもたらす魅力を経験

しやすいという傾向は見られなかった。ただし，今回のサンプルでは，関係の期間の範囲が比較的限定されていたことに注意する必要がある[3]。本データでは，性別を除いて，コントロール変数は破滅をもたらす魅力の生起可能性に影響を与えていなかった。

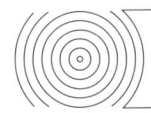

議論

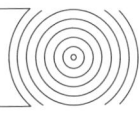

この章で報告された発見は，破滅をもたらす魅力という現象の姿を明確化することに役立つ。第1に，個人的なケースの例示は，破滅をもたらす魅力にはライトサイドとダークサイドがあることを示している（たとえば，守ってくれる　と　息が詰まる）。このような結果は，人の長所と短所が同じ源から発しているという可能性を補強するものであり，またこのパーソナリティの影の部分が，なぜ破滅をもたらす魅力が起こるのかということの説明に役立っている。さらには，これらのライトサイドとダークサイドは，弁証法的観点によって議論された，関係性におけるいくつかの相反する影響力を思い出させる。たとえば，自発性と予測不可能性というポジティブとネガティブな特性は，破滅をもたらす魅力を経験する関係では，新奇性と予測可能性という弁証法的影響力の間で緊張が生じることを示唆している。リラクゼーションと動機づけ（たとえば，おだやかさと怠惰）のような，これまで確認されていなかった新たな弁証法的影響力の間で緊張が生じる可能性も，本データを用いた研究によって明らかにされている（Felmlee, 1998b）。

第2に，破滅をもたらす魅力の予測因に関する統計的分析の結果は，提示された理論的主張を確証した。これらの結果によると，人は相手の極端なあるいは自分とは異なる特性に惹かれたときに，（予測されたとおり）とくに破滅をもたらす魅力を経験しやすい。しかしながら，類似性に基づく他者の魅力は破滅をもたらす魅力とはなりにくい。このような結果は，パーソナリティによる魅力のみの限定的データから得られた先行研究の知見（Felmlee, 1996）を再確証するものである。ここで報告した分析によれば，恋愛パートナーの魅力的な身体的特性やパーソナリティ特性が極端なあるいは自分と違うものと見なされたとき，（パーソナリティだけでなく身体的特性も含む）

2．個人内の相関誤差をコントロールするために，各回答者を判別するダミー変数を回帰モデルに投入した分析も行った。その際，独立変数が冗長となるために，回帰モデル内の変数をいくつか削除した（特性の数，関係崩壊の責任など）。一般的な結論として，回帰モデルに含まれた変数（類似性，差異性，極端さ）の効果は，本章で報告した結果と変わらなかった。

3．今回のサンプルは，結婚生活20年のカップルと比較すると，せいぜい中程度の継続期間を持つ関係であった。より継続期間の長い関係が含まれていたなら，破滅をもたらす魅力は，その大部分が継続期間の短い関係において見いだされていたであろう。一方で，長所と短所が実質的に同じ特性である場合には，破滅をもたらす魅力は，継続期間の短い関係だけでなく継続期間の長い関係においても見られるであろう。言い換えると，人は，何年が経った後でも，当初惹かれたパートナーの長所のダークサイドを嫌いになることがある。

すべてのタイプの魅力が破滅をもたらす魅力になる可能性が高い。

パートナーの極端な特性は，いくつかの理由からとくに幻滅されやすい。第1に，極端な特性は，先述したように，適度な特性よりも内在的により問題をはらんでいる。たとえば，正直さのような特性であっても，それが見境なく現われると，無遠慮で機転がきかない行動になるであろう。言い換えれば，極端な長所は限界を持っているということである。第2に，ある人がパートナーの特性を極端であるとラベリングすることは，それらの特性が自分自身の特性とは異なると判断することを意味している。たとえば，ある女性がパートナーを非常に面白いと述べたときには，自分自身は彼よりもユーモアが足りないと思っているであろう。先述したように，差異性はパートナーの魅力となり得るが，2人の葛藤の源にもなり得るのである。最後に，パートナーの極端な特性は，弁証法的影響力の間で生じる関係緊張が不均衡であることを示唆している。すなわち，パートナーの極端な開放性は，それがいかに魅力的であったとしても，その人との関係は，弁証法的対極に位置する閉鎖性に欠けていることを意味している。

関係崩壊の責任

ここでの統計的分析は，関係崩壊の責任という，これまで検討されていなかった関係幻滅の決定因についても検討している。回答者が相手や両方ではなく自分自身のほうから関係を終わらせようとしたと述べた場合に，破滅をもたらす魅力はより生じやすい。このことは重要な結果である。なぜなら，破滅をもたらす魅力が，単に，別れを告げられた人がパートナーの魅力的な特性をネガティブな見方でとらえる（たとえば，すっぱいぶどう仮説）というケースだけではないことを示しているからである。破滅をもたらす魅力は，自分自身が関係を終わらせようとしたときにも多く見られるのである。

このことは，別れを告げられた人がパートナーを好意的に見るということを意味するのではなく，単に，破滅をもたらす魅力となるような形で相手の嫌いな特性を表明しないということを意味している。たとえば，彼女が昔の恋人と寄りを戻してしまったある男性は，彼女は「ウソをついた，裏切った，自分を騙そうとした」と不満を述べていた。また，彼から別れを切り出されたある女性は，彼は「自分勝手で，気まぐれで，ひねくれもので，性的に全く満足できなかった」と振り返りながら述べていた。しかしながら，これら2人が最初に惹かれたパートナーの特性（たとえば，身体的特性）は，彼らが嫌いになった特性とは関係がなかった。パートナーに対するこうしたネガティブな評価は，認知的な再解釈（たとえば，すっぱいぶどう）であり，もともとの魅力的な特性を再評価したわけではない。

回答者のほんの一部だけ（19.9％）がパートナーに関係崩壊の責任があると報告し

たことについても指摘しておく必要がある。このようなケースにおいて破滅をもたらす魅力を見いだすためにはより多くの調査対象者が必要であろう。さらに，もし別れを告げられた人が，パートナーの当初魅力的であった特性を嫌いな特性として見直すとしたら，破滅をもたらす魅力は，関係崩壊後しばらくの間は生じないであろう。とくに，関係崩壊が予想していなかったことである場合，その原因が明確になり固まるまでにはある程度時間がかかる。本章で取り上げたデータの時間的枠組みは短かった。関係崩壊後，その理由を長期にわたって追跡する研究は，幻滅がどの時期に現われるのか，また，その時期が関係崩壊の責任の有無によって異なるかどうかを明らかにするのに有効であろう。

身体的魅力特性

さらに，多変量解析は，身体的魅力がパーソナリティ特性よりも破滅をもたらす魅力になりにくいことを明らかにした。この結果に対する説明のひとつは，パーソナリティ特性と違って，好ましい身体的特性ははっきりとネガティブに解釈されることが少ないという事実に基づく。たとえば，ある回答者は，「水着姿がすてきだ」という理由で彼女に惹かれたと述べていた。このケースが破滅をもたらす魅力となるには，彼はこの特性をネガティブに解釈し，「彼女は水着のときに，とてもよく見えすぎた」と振り返りながら述べなければならなかった。言うまでもなく，彼はそんなことは言わなかった。また，過剰な美しさを示す言葉はほとんどないことにも留意する必要がある。よい人すぎる人は意気地なしであり，主張的すぎる人はずうずうしい，気楽すぎる人は怠惰であるなどの例はあるが，とても外見がよい人についてはどうだろう？　うぬぼれた人？　美の女王？　そこにはいくつか可能な答えがあるが，どれも明確ではない。こうしたことから，破滅をもたらす魅力が身体的魅力においてあまり見いだされないのであろう。さらに，破滅をもたらす魅力である身体的魅力はいくつか存在したが，それらはセクシュアリティに基づくものであった。すなわち，少なくとも女性にとっては明らかにネガティブな再解釈がなされた特性である（つまり，だらしのない女）。

上記のことは，身体的魅力特性が問題を含んでいないと言っているのではない。たとえば，そのような関係にある回答者が，パートナーは「知性」や「個性」が乏しかったと振り返りながら不平を言うことは珍しいことではなかった。もし広く定義するならば，これらのケースも破滅をもたらす魅力とみなすことができるだろう。このことは，そうした恋愛にある人が彼らの望んだもの（美しいパートナー）を得るだけで，ほかには何も得ていないということとある意味同じである。すなわち，最初にパートナーの身体的特性に惹かれることのダークサイドは，パートナーのあるパーソナリティ特性（明確ではあるが初期の魅力としては無視される特性）が乏しいということで

ある。

性差

 他の結果としては，女性がいくぶん男性よりも，最初に魅力を感じたパートナーの特性を嫌いになりやすい，すなわち破滅をもたらす魅力を経験しやすいことが示された。このような結果が生じた理由のひとつは，データ収集プロセスの副産物として，男性回答者が女性よりも，魅力を感じたパートナーの特性を記述する際に，曖昧で一般的な言葉，たとえば「見た目」や「性格」などを使用する傾向があったということである。具体的ではないパートナーの特性，たとえば「性格」のようなものは，一様に**破滅をもたらす魅力でない**とカテゴリー化された。そのため，破滅をもたらす魅力を経験しているとカウントされる危険性は，女性よりも男性のほうが少なかった。男性回答者のこうした精度の低さは，関係に固有の愛情と不満のプロセスに彼らがあまり気づいていないことを示している。あるいは，男性が女性よりも自分たちの関係について分析したり，関係崩壊の細かな理由を作り出すことに費やす時間が少ないことを意味している。

経時的プロセス

 この章で明らかになったことは，破滅をもたらす魅力の経時的プロセスである。章の前半部分で，いくつかの想定される仮説が述べられた。それには，時が教えてくれる（パートナーの短所が表面化するまでには時間がかかる），すっぱいぶどう（関係崩壊後，パートナーはネガティブに評価される），ばら色のめがね（夢中になることは，パートナーに対する好意的な評価を生む），人々の喜び（人はパートナーを喜ばせるように変わる），親しさは軽蔑をはぐくむ（時間にともなって特性はその魅力を失う）が含まれていた。ここで示された結果は，これらの異なる仮説の評価に用いられた。
 第1に，もし時が教えてくれるという仮説が正しいとすれば，時間の経過にともないパートナーの欠点が表面化するにつれて，破滅をもたらす魅力が生じるであろう。もちろん，パートナーの欠点が明らかになるまでの時間間隔は，人によっても，また特性によっても異なる。パートナーのなかには，欠点を隠すことが上手なパートナーもいる。また，パートナーの欠点を早く見抜く人もいる。さらに，欠点が早く現われやすい特性もある。しかしながら，欠点に気づくにはある程度の時間が必要であると考えることはもっともなことであろう。もしそうであるならば，関係期間は総体的に破滅をもたらす魅力の生起可能性と関連があるはずである。しかし，関係の長さは直線的にも曲線的にも宿命的な魅力の生起可能性と有意な関連は認められなかった。短期間の関係は，中程度の期間および長期間の関係と同じくらい破滅をもたらす魅力を

経験しやすかった。すなわち，これらの結果から，学習仮説（時間が教えてくれる）は支持されなかった。

　第2に，すっぱいぶどう仮説は，別れを告げられた人に対してとくに適用できるであろう。なぜなら，認知的不協和は，パートナーから拒否された人においてとくに高まる傾向があるからである。しかしながら，ここで報告された結果によれば，破滅をもたらす魅力はパートナーが関係を終わらせようとした場合に顕著になることはなかった。実際には，このような状況で破滅をもたらす魅力が起こることは非常に少なく，自分自身が関係を終わらせようとした場合に起こりやすかった。もちろん，回答者自身に責任があると報告された関係崩壊のなかには，実際には，パートナーによって引き起こされた関係崩壊もいくつか存在する可能性がある。こうしたケースの破滅をもたらす魅力はすっぱいぶどうの一例となる。しかしながら，それらの誤った報告を除いても，一般的にこれらの結果はすっぱいぶどう仮説を支持しない。

　もし，ばら色のめがね仮説が正しいとすれば，破滅をもたらす魅力は，別れを告げられた人よりも別れを告げた人においてとくに頻繁に見られるだろう。別れを告げた人は，別れを告げられた人とは異なり，夢中にならず，またパートナーの魅力的な特性のダークサイドによく気がつく。破滅をもたらす魅力は，関係崩壊の責任が両者または相手にあるときよりも，自分自身にあるときに，より多く見られた。したがって，ばら色のめがね仮説は支持された。

　他の研究もまたこの3つの仮説についての証拠を示している。実験的研究では，将来の配偶者に夢中になっている人は相手を正確に評価することはできるが，その評価は夢中になっていない人が行う評価よりもよりポジティブになることが明らかにされている（Gold et al., 1984; McClanahan et al., 1990）。同様にTennov（1979）は，大多数の男女は**リメランス**（limerence：夢中になることに関する彼女の用語）状態のときに，パートナーの欠点を正確に同定できることを見いだしている。彼女によると，リメランスを経験しているときには，恋愛パートナーのネガティブな特性は確認されていても無視されている。

　しかしながら，本研究では，最後の2つのシナリオ（人々の喜び，親しみは軽蔑を育む）に答えることができる情報はほとんどない。ここで示された横断的データからは，パートナーが自分の行動を時間とともに修正したかどうかを確認することはできない。すなわち，これらのデータを分析することによって，人々の喜び仮説を立証したり否定したりすることはできない。また，パートナーの好ましい特性が時間とともに強化価値を失うかどうか，そのためにいらいらするようになるかどうか（すなわち，親しさは軽蔑をはぐくむ）を確認することもできない。これらの仮説を直接検討するには，さらなる研究が必要である。

　まとめると，破滅をもたらす魅力の経時的プロセスに関する5つの想定された仮説

のうち，実証的な支持が得られたのは，ばら色のめがね仮説だけである。しかし，いずれの仮説も完全に否定されたわけではない。これらのさまざまな仮説について厳密に検討するためには長期的な研究が必要である。たとえば，親密なパートナーのポジティブおよびネガティブな評価に関する長期的な情報を得ることができれば，人は関係初期からパートナーのダークサイドに気づいているかどうか，それを無視しなくなるのはいつからか，あるいはそれを無視しなくなるのかどうかといった疑問に対して完全に回答をすることができる。

意義と結論

　本章で議論された研究結果は多くの重要な理論的意義を含んでいる。第1に，これらの結果は魅力のダークサイドを明らかにしている。対人魅力プロセスは，かならずしも上昇的で直線的なものではない。われわれは後に嫌悪感を抱く特性に基づいて，他者に惹かれることがある。このことは，破滅をもたらす魅力を持つ相手を選んだために，関係の非常に早期からすでに悪い結果を運命づけられている人にとっては，関係進展の段階モデルが当てはまらないことを示している。

　ここで報告された結果はまた，正反対の2人が惹かれ合うかどうか（たとえば，Winch, 1955）についての理論的討議を活気づける。回答者が，自分とは似ていないあるいは異なる相手に惹かれたと報告したケースもあるが，これらは類似性が魅力の基盤となったケースよりも稀である。さらに，差異性は類似性よりもより破滅をもたらす魅力となりやすい。また，差異性に惹かれた人が報告するその特性のダークサイドは「奇妙」ということである。このことはカップル間で相互理解が欠けていることを示している。もちろん，進行・進展中の関係において，正反対の2人がどの程度惹かれ合うかはわかっていない。また，相補性のようなある種魅力的な差異性は，あるカップルにおいては両立可能なこともある。しかしながら，ここで報告された関係崩壊に関するデータから導き出された結論は，正反対の2人は最初魅力を感じるが，後に相手を拒絶するということである。

　これらの結果が影響を持ち得るもうひとつの領域が，関係崩壊に関する研究領域である。関係崩壊に関して数多くの理由説明が存在することは，関係崩壊が状況的であり，人にはコントロールできないものであることを示唆している。しかしながら，破滅をもたらす魅力に関する研究によると，大部分のカップルでは，人は後にわずらわしさを感じるような特性を持つ相手を選ぶことによって，関係崩壊における扇動的な役割を果たす。このようなケースは，関係崩壊の**既存運命**モデル（Pre-Existing Doom model: Duck, 1982）において示されたように，いくつかのカップルは，関係初期から崩壊を運命づけられていることを示している。

関係崩壊における潜在的な葛藤状況も，これらの結果に顕著に表われている。ここで特定された破滅をもたらす魅力のダークサイドからは，以下のことがわかる。（関係崩壊の理由や意見の不一致において見られる）相手に対する共通の不満には，真剣さの欠如，横柄な振舞い，予測不可能で無責任な行動などがある。もちろん，難題は，パートナーに対するこれらの不満が最初魅力的であった特性と密接に関連していると思われることである。そこで，本章で議論してきた見解に基づくと，そうした不満やそれに関連する二者間の葛藤は関係の初期段階から予測できていたという興味深い可能性が提起される。

しかしながら，パートナーの好ましい特性が問題として現われるのは，カップルが直面する状況においていくつかの重要な変化が生じた後だけであろう。たとえば，ある人の厳しい評価と決断力はおそらく関係の初期には魅力である。しかし，ひとたび，この関係が現実の価値観に関する葛藤状況におかれると（たとえば，失業したために一方の義理の親と同居することを決める），その魅力は突然に，2人を分裂させるような特性になる。言い換えれば，さまざまな正当な理由によって最初に魅力を感じた特性のいくつかは，ある特定の状況において2人の意見の不一致が生じたときには，破滅をもたらす魅力になる。

ここで注意すべきことは，破滅をもたらす魅力が，恋愛関係の崩壊に限定されるものではなく，進行中の安定した関係においても生じることである。すなわち，2人ともあるいは一方が，最初は魅力を感じた特性をすでに嫌いになっているという事実にもかかわらず，関係をそのまま続けるカップルもいる。そのようなケースの場合，魅力的な特性は破滅をもたらす魅力になっているのであるが，関係全体がそうなっているわけではない。こうしたケースが生じる限りにおいて，今後の研究課題は以下のようなものとなる。「あるカップルは，どのようにして親密な関係をうまく維持しているのだろうか，同時に，お互いの魅力的な特性のダークサイドを認識したままでいるのだろうか？」

最後に，恋愛関係ではおそらく別のタイプの矛盾も生じる。それは，ある意味では破滅をもたらす魅力とは反対のものである。そのような状況では，人は将来の配偶者の当初嫌いであった特性に惹かれるようになる（すなわち，破滅をもたらさない嫌悪）。たとえば，ある人物のユーモアのセンスは，一見すると攻撃的なものと解釈され得るが，繰り返し接した後には，魅力的な要素があることがわかる（たとえば，恋人たちの予感（*When Harry Met Sally*）という映画の中の，ビリー・クリスタルが演じるハリーに対する，メグ・ライアンが演じるサリーの反応を参照）。多くの場合，将来のパートナーに対する最初のネガティブな反応は，未来の相互作用を終わらせてしまうために，先述したようなケースが起こる可能性を消失させる。すなわち，人は問題となっている特性のライトサイドを決して受け入れることはないために，潜在的

な関係のいくつかは最初からうまくいく見込みがない。しかし，拒否された2人が最初のネガティブな反応を乗り越えることができれば，時間とともに彼らはお互いの欠点のライトサイドを評価し始めることに気づくであろう[4]。

結論として，対人魅力のダークサイドに関する研究はその表面をなではじめたばかりである。破滅をもたらす魅力は，親密な関係に固有の多くの矛盾やあいまいさのひとつである。議論を深めるには，既婚および未婚カップルを含む幅広いサンプルや長期的な時間枠組みを用いて，破滅をもたらす魅力あるいは別の魅力のパラドックスに関するインタビュー研究を行う必要がある。しかしながら，本章の主張と発見は，魅力プロセスが思った以上にダークで矛盾している状況の一端を示すものである。また，これらの状況は，パートナーの魅力的な特性が一瞬にしてそのパートナーをひどい人物に変え得るという意見に十分な真実があることを示唆している。

謝　辞

Larry Cohen, Bill Cupach, Scott Gartner, Brian Spitzberg の本章への貢献に感謝いたします。

---

[4]. これらの見解に基づくと，より一般的な傾向は以下のようになる。情動に関する理論（Berscheid, 1983）と一致して，興奮を引き起こす特性は，本来ネガティブであることが多い（社会的進化の過程で，人は日常生活における妨害物を潜在的な脅威と見なすようになった）。しかしながら，そのような特性は，認知的に価値が転換することがある。

第2章
嫉妬と妬みのダークサイド
：欲望，妄想，絶望と
破壊的コミュニケーション

「感情がなければ，暴力を起こす動機もないのです」
『スター・トレック』より，カーク船長に対する異星人ミスター・スポックの言葉
(Wincelberg, 1966)

ニューヨーク・タイムズの見出しに「テキサス州，嫉妬から元恋人を殺害した男を死刑に（1995年10月15日付）」と掲載された。その後の数か月間，テレビのニュースはO. J. シンプソンの嫉妬と家庭内暴力について取り上げた。テレビでは，恋人の妻に危害を加えた少女（エイミー・フィッシャー），自分が崇拝していた人気者の少女を刺殺した女子高校生（テレビ番組「最高の友達」より），カリフォルニアの上流社会ラ・ホーヤ（訳注：サンディエゴ郊外にあるリゾート地）で夫とその秘書であり恋人である女性を殺害した主婦（ベティ・ブロデリック）に関するドキュメンタリー番組が作られた。元恋人の嫉妬に狂った強迫的な暴力行為を描いた「危険な情事」や，自分の兄である王ムファサと自分の甥であるシンバに対するスカー（訳注：スカーは兄ムファサに王座を追放された）の妬みに焦点を当てた「ライオン・キング」などの映画は，大きな興行収入をあげている。ミスター・スポック（訳注：SFドラマ「スター・トレック」の中で，ミスター・スポックらバルカン星人は容易に感情を抑え，論理的な思考を行う異星人として描かれている）が20世紀の地球に住んでいたら，感情にまかせた犯罪に関する報道は，人間のあり方に対する彼の考えを裏づける無数の逸話となっていたことだろう。それどころかミスター・スポックは，嫉妬と，その類似概念である妬みを，人間の暴力を引き起こす引き金だと考えたかも知れない。

幸いなことに，嫉妬や妬みといった感情は，必ずしも暴力と結びつき，個人や対人関係にとって否定的な結果をもたらすわけではない。実際，これらの感情は肯定的な結果をともなうこともある。嫉妬は，愛と好意を示すことができる。また，嫉妬はどれだけ他者のことを気にかけているかを気づかせることにも役立つ。SaloveyとRodin（1985）が言ったように，「嫉妬は，理にかなった，健康的な感情でありうる。非合理的な嫉妬の感情は，独占と不安定さの現われではなく，時には，他者を気にか

けていることや献身的であることの印として捉えられることがある」(p.29)。Pines (1992) は，嫉妬は人々にパートナーの存在が当たり前だと思わせることを止めさせ，以前に増してパートナーに情熱を感じさせ，お互いにより深くかかわりあえるよう自分たちの関係を再検討させることもあると論じた。加えてPinesは，嫉妬には対人関係に関与する意思表示の働き，感情を増幅する働き，関係を保つ働きがあると指摘した。

妬みにも，同様に，自己向上と達成につながるなど肯定的な結果がともなう。Parrott (1991) は，**悪意のある** (malicious) 嫉妬と**悪意のない** (nonmalicious) 嫉妬を区別した。彼は，アリストテレスも妬みを「他者から良いものを奪おうとさせる」妬みと，「自分自身を向上させる」妬みに区別していたことを指摘した (p.9)。Smith (1991) は「建設的で進歩的であろうとする衝動の土台として正確な社会的比較を使うことができる者がいる一方で，破壊的で悪意に満ちた感情に圧倒されてしまう者もいる理由を理解することは，重要な社会心理学的課題である」(p.96) と論じた。

嫉妬と妬みには潜在的な利点もあるものの，この2つの感情は多くの状況で個人と個人の持つ関係に否定的な結果をもたらしてしまう。嫉妬や妬みを感じやすい者は，しばしば恐怖や怒りといった否定的な感情を体験し，自分の対人関係や達成状態を心配する。さらに稀な例では，嫉妬や妬みを感じやすい者は身体的な暴力もふるう傾向がある。WhiteとMullen (1989) は，恋愛嫉妬に潜む否定的な結果をまとめ，次のように言った。「嫉妬には，背信や不義への憤怒，重要な対人関係への脅威，屈辱，強い両価的な性衝動の喚起，関係間での対人葛藤の拡大，不確実性，欲求不満，無力感が伴う」(p.233)。

本章では，嫉妬や妬みの体験，およびその表現が，個人や対人関係におよぼす否定的な効果に焦点を当てることで，これらの感情のダークサイドに注目する。まず嫉妬と妬みを区別し，これらの感情を歴史的，社会的文脈のなかに位置づけることから始める。そして，嫉妬と妬みのさらに暗い結果をとりあげる。暗い結果には，怒り，恐怖，悲しみの感情，自他比較に基づく否定的な自己評価，自尊心が低下する体験といった個人内の反応や，信頼の喪失，競争性，攻撃的コミュニケーション，暴力といった個人間の結果が含まれる。また，嫉妬や妬みを処理するために，どのようなコミュニケーションが用いられているかについても簡単に論じる。

嫉妬と妬みの区別

一般的に嫉妬と妬みは関連した感情だと考えられているが，それぞれ明確に異なった概念である。研究によると，人々は嫉妬のほうをより広義の概念と捉えており (Smith et al., 1988)，典型的な嫉妬の状況（たとえば，現在つき合っている恋人が，元恋人と長電話する）における感情を表わすときだけでなく，妬みの状況（たとえば，

仕事で，いつも自分より勝る者がいて動揺する）における感情を表わすときにも，嫉妬という言葉を優先的に使うことがわかっている。嫉妬を感じた者は，妬みを含め，他にもさまざまな感情を抱くことがわかっている。PinesとAronson（1983）は，嫉妬を喚起させる可能性のある9種類の人物（たとえば，家族の一員，自分に似ている知人，あまりよく知らない嫌いな者，など）がかかわる状況に対して，どの程度嫉妬を感じると思うか尋ねた。その結果，最も強い嫉妬を感じると報告されたのは，妬んでいる知人であった。

　研究は，嫉妬が妬みに比べてより典型的な感情であると示している（Shaver et al., 1987）。嫉妬（jealousy）と熱情（zeal）という単語は共通の語源を持ち，熱意と激しさが嫉妬感情の一部であることを示唆している。嫉妬は，ほとんどの場合，怒り，恐怖，悲しみの感情体験をともなう。反対に，たとえ他の誰かのように魅力的でありたいと願っても，その者に憤りを感じたり，自分が魅力的でないことに悲しくなったりはしないように，妬みは嫉妬に比べて情熱的ではなく認知的な感情である。嫉妬がより広義な言葉であるがゆえに，とくにここ数十年の間，社会科学者たちが妬みよりも嫉妬に注目してきたのも当然といえよう（Parrott, 1991）。

　嫉妬と妬みという類似概念には，他にもいくつか重要な区別がある。2つの感情は，望ましい者や特性を所有している対象，同時に感じる感情や認知，これらの感情の体験や表出に対する社会の捉え方，などの点において異なっている。

望ましい者や特性の所有

　関係所有（relationship possession）という概念は，嫉妬と妬みを区別するのに役立つ（Bryson, 1977; Salovey & Rodin, 1989）。一般的に嫉妬は，ある者がすでに所有していて，価値づけている対人関係が失われる危険を感じたときに生じる。恋愛嫉妬の場合，恋人たちはパートナーと共有している愛や独占性を失うことを恐れる。しかし，嫉妬は恋愛関係に関する嫉妬のみに限られるわけではない。友人，同僚，あるいは家族の間でも嫉妬は生じる（Parrott, 1991）。下の例について考えてみよう。

　　　サラとテレサは親友である。2人は，週末の時間を一緒に映画やナイトクラブに行ったり，あるいはただ話し合ったりしていた。ある日，テレサがロンという男性に出会って，彼との恋愛に夢中になった。テレサとの関係を失うことを恐れるサラを尻目に，テレサはサラと過ごすよりも長い時間をロンと過ごすようになった。

　　　スティーブは，大きなテレビ局の副プロデューサーである。彼は自分の仕事を心から楽しみ，とくに上司のプロデューサーが番組構成を彼の裁量に任せていたので，自分の地位に誇りも感じていた。ところが，新入りプロデューサーのリタが面白い番組を作り，上司を感激させた。

ボブとサマンサは，結婚して5年目で第1子を授かった。息子が生まれ，サマンサが子どもの世話に忙しいため，ボブは自分が無視されているように感じ始めた。彼にとっては，サマンサの愛情は今やすべて子どもに向けられているように感じられたのである。

　これらの例はすべて，日常的に嫉妬を起こす可能性のある状況を表わしている。それぞれの例でサラ，スティーブ，ボブは脅威を感じる可能性が高い。すなわち，彼らが価値を置いているもの，たとえば友人と過ごす時間，楽しんでいる仕事，配偶者からの注意などが，奪われる，あるいは変わる危険にさらされている。それぞれの状況で，嫉妬を感じる可能性のある主人公たちは，自分が価値を置いている関係をすでに「所有している」ものの，その関係が失われたり，望まないように変えられてしまう危険を感じていることに注意してほしい。つまり，嫉妬には，あらかじめ存在していた自己と対象との望ましい関係に対する脅威がかかわっている。
　それに対して妬みは，本人は価値を置く対象を所有していないが，所有することを望んでいる場合に生じる。その対象は，誰かとの対人関係，物理的な所有品，権力や社会的地位，知識，ユーモアや美しさなどの個人的な特性などがありうる。Parrott (1991) は，妬みは「他者が持っているものを自分が持っていないとき，それを望むか，あるいは他者がそれを持っていないことを望んだとき」(p.4) に生じると説明した。妬みは，自己概念の重要な領域で，否定的な自他比較が生じたときに最も強くなる (Salovey & Rodin, 1989; Salovey & Rothman, 1991)。妬みは，「強く見る」と訳すことができるラテン語の inuidre という言葉に由来し，必ず自己の状態と気になる他者の状態との比較をともなう。
　自己を他者と比べる場合，たとえそれが否定的なものであっても，多くの場合妬みを感じることはない。たとえば，オリンピック競技を見るときなど，短距離走選手の速さや体操選手の長所に憧れるが，必ずしも彼らを妬むわけではない。このことは，とくに，自分には重要でない領域で，他者が技術を持っている場合に当てはまる。言い換えれば，ほとんどの者は世界レベルの選手たちと競争しようとは思わないし，そうすることを望まない。むしろ，彼らの芸当を楽しむことを期待し，彼らの成功に喜びを感じ，敗北に落胆する。仮に妬みを感じたとしても，それは憧れや悪意のない類の妬みであることが多い。反対に，もしあなたが，そこそこ成功した40代後半のプロゴルファーだったとしたら，高水準の成功をおさめ，国際的に有名になったタイガー・ウッズのような若い選手には比較的妬みを感じるであろう。この場合，アイデンティティにとって非常に関係のある領域について比較が行われる。
　続いて以下に示す例は，否定的な自他比較と妬みを引き起こしやすい状況を表わしたものである。

ジムは授業のためにとてもがんばって勉強していた。彼は医学部に入りたいため，良い成績を取ることは重要であった。しかし，彼の同宿人であるマークは，あまり勉強しないのにもかかわらず，ジムより良い成績を取る。

クリスティーンはライアンに恋しているが，ライアンは彼女のことを気づきもしない。彼は，美人で社交的な，最近つき合い出したばかりのヴィクトリアに夢中であった。

ランディは家計を支えるために一生懸命仕事をしていた。彼は，裕福な家族から資産を受け継ぎ，あまり稼ぐ必要のないジョンに憤りを感じていた。

これらの例ではいずれも，妬みを抱いている者が所有したいと望んでいるもの（知識，好きな者からの好意，裕福さと気楽な人生）を，他の誰かが所有している点に注目してほしい。このような状況では，妬みを抱く者とライバルとの間に，水面下で否定的な比較が生じている。

また，妬みが生じるには，何かを望んでおり妬みを感じている者と，望む対象を所有しているライバルがいれば十分だ，ということにも注目してほしい。嫉妬の場合は，必ず「三角関係」において生じる（Parrott, 1991, p.16; Farrell, 1980も参照）。ただしこれは，三角関係において妬みと嫉妬が同時に生じないということではない。実際，例にあげたクリスティーン，ライアン，ヴィクトリアの例は，恋愛の三角関係で妬みが生じることを表わしている。ところが，この例においてクリスティーンはライアンの好意を手に入れてはおらず，彼女はライアンを虜(とりこ)にするヴィクトリアの能力に妬みを感じる可能性がある。言いかえれば，クリスティーンはできればヴィクトリアに取って代わりたいと願っている。そして，これは妬みを感じている者に共通した願いである。同様に，自分の恋人が第三者と関係を持つことなどないとわかっていても，恋人が他者の誰かの外見を良いと言うことに妬みを感じる。たとえば，自分の妻が映画俳優をかっこいいと言ったとしよう。夫は妻がそのハンサムな映画俳優に会うことなどありえないと思い，妻との関係を失うことを恐れる理由などないとわかっている。それにもかかわらず，夫は俳優の魅力的な外見に妬みを感じる可能性が高い。つまり，たとえ嫉妬と妬みが別の現象だとしても，これらは同時に生じることがある。

関連した感情と認知

これまでの研究は，嫉妬と妬みが質的に異なる感情体験であることを示している。嫉妬の定義の多くは，脅威に由来する恐怖の感情を中心になされている。WhiteとMullen（1989）は恋愛嫉妬（romantic jealousy）を，ライバルが割り込んでくることや，割り込む可能性による「自尊心，恋愛関係や恋愛関係の質の喪失，または，自尊

心や恋愛関係への脅威に続く思考，感情，行動の複合体」(p.9) と定義した。一方，妬みの定義のほとんどは，切望と憤りの感情に焦点が当てられている。たとえばSmithら (1990) は，妬みの体験の中核となる感情は劣位と憤りであることを示した。Parrott (1991) は，妬みは，しばしば切望，劣位，憤り，罪悪感，憧れの感情によって構成されていると論じた。Berke (1988) は，「妬みは，驚異的な劣位の感覚，無能感と無価値感によって引き起こされた強度の緊張，苦痛，悪意」(p.19) とした。

以下のSmithら (1988)，ParrottとSmith (1993) の研究がこれらの区別を明らかにしている。Smithら (1988) は，嫉妬と妬みについて人が抱いている概念を検討した。彼らの研究は，人は嫉妬を，疑い，拒否，敵意，喪失への恐怖，痛みと関連づけていることを示していた。これらの嫉妬感情と，嫉妬感情に対する反応には三角関係がかかわっている。嫉妬を感じた者は，自分とライバル関係にある者がいることを疑い，ライバルのせいで拒否されていると感じ，ライバルにパートナーを取られることを恐れる。一方，妬みは，劣位，不満足，自己批判，向上への意欲とより強く関連していることを見出した。これら妬みの反応が起きるには，2者間で比較が起きることのみが必要となる。

ParrottとSmith (1993) は，嫉妬と妬みがさらに質的に区別されることを実証した。嫉妬は，妬みよりも強い感情であると感じられることが多い。そのため，この研究では回想場面と想定場面に対する自己報告によって感情の強度を統制した。感情の強度を統制すると，嫉妬と妬みの重要な違いがいくつか現われた。嫉妬は，妬みに比べて，(a)裏切られた，疎外された，疑わしいという感覚を含んだ**不信**（distrust），(b)心配，不安，脅かされた感覚を含んだ**恐怖**（fear），(c)対人関係の状態に関して困惑した感覚を含んだ**不確実性**（uncertainty），(d)無視された，見捨てられたという**孤独感**（loneliness）の4つの領域で高得点を示した。妬みには，次の4つの特徴がみられた。妬みを感じた者は，とくに，(a)自分の感情に対する**非難**（disapproval），(b)他者が所有しているものに対する**切望**（longing），(c)自己を向上させようとする**動機づけ**（motivation），(d)侮辱され，劣っているという感覚を含む**貶め**（degradation）などを多く体験していた。不安は，嫉妬と妬みの両方に関連しているようであった。しかし，嫉妬に由来する不安は，自己の対人関係や地位の状態の不確実性により焦点が当てられていたのに対し，妬みに由来する不安では，認知された他者と比べた自己の劣位性に焦点が絞られていた。

関連する感情や認知が異なるというだけでなく，嫉妬と妬みは，もともと異なる感情から派生している可能性もある。Ciabattari (1988) は，嫉妬と妬みがそれぞれ愛と憎悪に由来するものであるという興味深い仮説を提唱した。この仮説によると，嫉妬は，究極的には憎悪に結びつくかもしれないが，人が誰かを愛し，その者との関係を守りたいと望んだときに初めて生じる。反対に妬みは，誰かが自分の所有していない

ものを持っていることに憤ったり憎んだりすることに由来する。この仮説が正しければ，嫉妬と妬みの働きは大きく異なる。肯定的な側面では，嫉妬を感じた者は対人関係を守り，維持しようとし，妬みを感じた者はライバルと争うために自己を向上させようとする。否定的な側面では，嫉妬を感じた者は過剰に独占的になり，パートナーへの要求が多くなり，妬みを感じた者は自分を劣っていると感じさせた他者に対して殴りかかるかもしれない。依然，Ciabattariの仮説には科学的な検証が待たれる。

歴史的な流れと社会的な意義

　嫉妬と妬みは異なる社会的な意味づけを持つが，それはこの2つの感情の意味が発展してきた歴史的文脈が部分的に異なっているためである。以下の節では，嫉妬と妬みの両方が社会的意義を持ち，かつ攻撃と暴力に結びつく可能性があるということを示す。さらに，嫉妬と妬みは社会から頻繁に非難されているが，妬みのほうが弱い強度で感じられ，最悪の結果に結びつきにくいにもかかわらず，一般的に嫉妬と比べて悪者扱いされていることも示す。Parrott (1991) が言うように「妬みに対して敵意を抱くことは社会的に許されていないが，嫉妬に対して敵意を抱くことはしばしば許されている」(p.79)。

●嫉妬に対する矛盾した社会の見方

　一方で嫉妬を良くないものとしながらも，他方で正当化もするという矛盾は，シェイクスピアの『オセロ』のような演劇，ビゼーの『カルメン』のようなオペラ，ゾラの『獣人』のような小説にみられるように，数世紀にわたって多くの作家の興味を集めてきた。このような歴史的な作品や，嫉妬による暴力のメディア報道は，嫉妬は危険で制御できない感情であるというメッセージを社会に送っている。嫉妬そのものも「緑色の眼の怪物（訳注：シェイクスピアの悲劇『オセロ』にて，旗手イアーゴが嫉妬に狂った者をこのように表現したことに由来する）」と擬人化されている。嫉妬が制御できない感情であるという認識はあまりに強く，アメリカの裁判所では，嫉妬の情念から配偶者を殺害した者は，心神喪失状態にあったと主張することもできる。また，嫉妬に狂って殺人を犯した者は，計画的殺人罪ではなく，事故を予測できた過失致死罪の判決を受ける例もある (Delgado & Bond, 1993)。SaloveyとRodin (1989) によれば，事故を予測できた過失致死罪の法的な定義は「適当な説明や理由が存在する，強度の精神的，感情的混乱により引き起こされたすべての意図的な殺人」(p.239-240) である。このような例は，嫉妬が抱える矛盾のひとつである。すなわち，嫉妬による暴力は非難されるべきであるが，時には正当化できるという矛盾である。

　嫉妬は常に諸刃の剣とされてきた。これは愛を一方，妄想を一方にたとえた表現であり，ある人間関係では肯定的に受け取られ，また別の人間関係では悲惨なものとさ

れてきた。Korda (1992) の「不死者たち」は，ケネディ大統領とマリリン・モンローの交際疑惑に関する作り話である。この物語のなかで，2人は互いの配偶者であるジャッキー・ケネディとジョー・ディマジオから嫉妬や疑惑を向けられた人物として描かれていた。ある場面で，マリリン・モンローが他の男のことを話すと，ケネディは嫉妬のふるまいを見せた。

「あなたは嫉妬してるのよ。」彼女は叫んだ。
「あぁ，そうさ，その通りだ。」
「あなたは…，あぁ，あなた，心配しないで。私は男性が嫉妬するのが好きなのよ。」
「そうなのか。ジョーはどうなんだ。君はいつも，ジョーが嫉妬するって文句を言ってるじゃないか。」
「あぁ，あなた，彼は私の夫よ。嫉妬した夫なんて何も楽しいことないわ。でも，恋人が嫉妬するのは，それとはまったく違うのよ。」(p. 65)

マリリン・モンローのように，多くの人々は自主性と関係性から派生する矛盾に対して，両価的な態度をとっている (Baxter, 1988を参照)。もしかしたら嫉妬は，夫婦関係では個人の自主性に対して不当で不要な束縛であると認識され，不倫関係では愛と結びつきを象徴するのかもしれない。

社会は嫉妬に対してつじつまの合わない，両価的で当たり障りのない態度をとってきた。Clanton (1989) は，リーダーズ・ガイド誌（注釈：アメリカ国内で発表されたさまざまな分野における定期刊行雑誌の索引）に1945年から1985年までに掲載された嫉妬に関する学術雑誌の詳細な分析を行った。彼は，そのなかに大きく異なる2つの流れを発見した。1945年から1965年までは，嫉妬は「愛の証」と捉えられていた。Clantonがまとめたところによると，この間「ほとんどの有名な論文において，ある程度の嫉妬は自然で，愛の証であり，結婚に必要なもの」(p. 182) とされていた。また，理性的でない嫉妬の感情表現は避けるようにも留意されていた。とくに女性は，自分たちの嫉妬の表現を抑制し，夫の嫉妬の表現は愛と好意の表われであると解釈するように言われていた。この見方は，嫉妬がパートナーをつなぎ止め，関係を守る働きをもつという考えに沿っている (Buss, 1988参照)。DelgadoとBond (1993) が言うように，「歴史的に，嫉妬には肯定的な価値が置かれてきた」(p. 1337)。

1970年から1980年の間，著名な雑誌において，嫉妬は「人格の欠陥」とされていた (Clanton, 1989)。この時期，人々は嫉妬することに対して罪悪感を抱き始めていた。嫉妬は，人を信頼できず，疑い深く，不安定で，感情を自分で制御することができない証拠とされた (Stearns, 1989)。さらに，いくつかの論文では「男性と女性が『自由化した』関係を持つ時代になって嫉妬は時代遅れ」(Clanton, 1989, p. 183) とされた。その

ような自由化した社会では，嫉妬は，異常で，妄想的で，非合理で，関係に否定的な効果しかもたらさないとされた。Stearns (1989) は，この時代の風潮について「時代の純然たる大波に対抗するように，少数の雑誌は嫉妬の利点を見つけていた。それは，せいぜい暗雲に対する銀色の染み程度に過ぎなかった」(p.121) としている。

では，今日ではどうなのであろうか。現代的な態度もまた，嫉妬に対して両価的で矛盾をはらんだものである。われわれは嫉妬に嫌悪感を抱くと同時に魅了される。最近，嫉妬は以前にも増して頻繁に論文のトピックに取り上げられている。さらに，1990年代に入って爆発的に広まった嫉妬にまつわるドキュメント番組やトークショー番組が，時に破壊的であるこの感情に対する社会の関心を集めさせた。これらの番組において，嫉妬は依然として人格の欠陥であると表現されている。それはおそらく，このような表現が嫉妬の劇的で否定的な結果をうまく表わしており，話を面白くするためであろう。しかし，エイズに対する関心が高まった90年代は，70年代や80年代よりも一夫一婦制に価値が置かれていた (Brehm, 1992)。愛情をともなった婚姻関係と安全な性行為に対する新たな強調によって，多くの状況における嫉妬が正当化された。実際，婚外交渉における安全でないセックスは，三角関係にある三者すべての感情的，身体的な健康に悪影響をもたらす。

これらを総合すると，嫉妬に対する社会的，歴史的な視点には矛盾が生じていることがわかる。嫉妬は妬みより強く，暴力性をはらんでおり，人格の欠陥であるとされることが多いが，それでも社会的に認められていた時代があった。Aune と Comstock (1995 ; Comstock & Aune, 1996) は，恋人同士が嫉妬の体験と表現を良くないものとしながらも，自分たちの恋愛関係には嫉妬が生じてもよいと考えていたことを明らかにした。同様に，Fitness と Fletcher (1993) は，実際に多くの人々は「嫉妬が身近な関係に関して破壊的で受け入れられない感情であるという一般的な通念と異なり，恋愛関係にある相手がときどき不安になったり嫉妬することに対して，互いに理解したり許したりしている」(p.957) と報告した。

嫉妬は，ジレンマを生み出すという点でも矛盾をはらんでいる。Stearns (1989) によると，人々は「嫉妬を軽蔑し，一度は幼稚で時代遅れの感情である」としながらも，依然として抗うことのできない，時に正当化できる感情であると感じている」(p.129)。恋愛関係にみられる嫉妬の体験や表現は，いたって自然なものである。嫉妬する相手を許容できる理由のひとつは，自分自身が嫉妬深い考えや感情を経験したことがあるためである。実際，あらゆる類の嫉妬，そのなかでもとくに感情的で行動的な嫉妬は，カップル同士で相関することが知られており，これは嫉妬を感じやすい者同士が惹かれあっている，もしくは，お互い嫉妬し合っている可能性を示唆している (Guerrero et al., 1993)。

道理に合わないかもしれないが，嫉妬を感じた者は自分を裁いてもらうことよりも

パートナーの保障と理解を求めているのかもしれない。とはいえ，嫉妬が暴力的，強迫的になると，ほとんどの者は相手の嫉妬を受け入れられなくなる。実際，DelgadoとBond (1993) は，殺人を正当化する理由として，多くの者は金銭的な問題に比べて嫉妬を選ぶことがないことを明らかにしている。それにもかかわらず，司法システムや習慣的な知識は，破壊的で，抑えられない行動を起こした嫉妬に狂った恋人に対し，一定の社会的受容と個人的共感を与える。DelgadoとBondは，嫉妬を，「過ちに対する最も古い言い訳」(p.1338) と呼んだ。WhiteとMullen (1989) は，「いわゆる『情緒犯罪』と呼ばれるものは，常に，攻撃者に対する魅力と大きな共感の念を呼び起こしてきた」(p.231) とした。ある者が，「君が彼女を殴ったことは理解できるよ。彼女はあの男と寝たことで君をひどく傷つけたんだろう」と友人に言うとき，あるいは裁判官が「一時的に嫉妬に狂って」と人を傷つけた被告に無罪を言い渡すとき，われわれの社会は二重のメッセージを送っている。それは，強く嫉妬を感じた者は不安定で興奮しやすいが，われわれはその者の痛みを理解し共感しなければならないというものである。このようなメッセージには，身近な対人関係にとって非常に危険な含意がある。なぜならば，嫉妬しているときには攻撃的な行動を他者に許してもらおうと期待しているからである。

●妬みに対する矛盾した社会の見方

嫉妬と同様，妬みも何世紀にもわたって作家たちを魅了してきた。アリストテレス (1886) は次のように言った。

> 妬みは，自分と類似した他者の明らかな成功に対して感じる一種の痛みとして定義される。それは，個人的利益のためではなく，ただたんに，他者が成功しているために感じる痛みである。妬みの発生に関して言えば，妬みを引き起こすものは，これまでにすでに明らかにされている。というのも，われわれがその名声にあこがれたり，それ自身を熱望するようなすべての功罪や財産，われわれに名声へのあこがれを生じさせるすべてのもの，成功のためのすべてのさまざまな才能は，ほとんど例外なく，妬みの当然の対象となるからである。(p.158-159)

シェイクスピアの悲劇『ジュリアス・シーザー』では，ローマの政界に妬みが蔓延している様子が描かれている。聖書では，創世記に妬みに関する記述がいくつかある。たとえば，ある一節には，ヤコブが息子の一人ジョセフに長いチュニカ（訳注：古代ギリシャの着衣）を作ったときのことが書かれている。ジョセフの兄弟たちはその着衣を見て，自分たちの父がジョセフを愛していることを知り「挨拶もしないほどジョセフを憎んだ」（創世記37章3節，新約アメリカ聖書）。後年，その兄弟たちの憎しみは，

エジプトで奴隷を売ろうとするミデアン人にジョセフを売り渡すことにつながる。

　さらに聖書には，道徳的に許されないものであるという現代の妬みに対する見方の基礎がみられる。具体的には，十戒（訳注：神が預言者モーセに与えた掟）の1つに，人の妻や所有物を欲してはならないと記されている。また妬みは，7つの大罪（訳注：キリスト教徒により人間を罪に導く可能性があると見なされてきた欲望や感情）のひとつに数えられている。Parrott (1991) によると，妬みを感じやすい者は，嫉妬を感じやすい者に比べて，恥，困惑，罪悪感，罪深さ，非難されることへの心配を感じやすいという (Parrott & Smith, 1993も参照)。このことは，いまだに妬みが社会的に非難され，道徳的に咎められるべき感情であることを表わしている。嫉妬が相手の不義に対する正当な憤りから来るものと認識されているのに対し，妬みは自己の欠陥に由来するものと認識されているためであろう。

　アメリカやイギリスのような個人主義的で資本主義的な国では，妬みはとくに広まりやすい。個人主義は，自然と人々に自分と他者を比べさせる。SaloveyとRodin (1989) が言うに「競争的な文化では，所有欲，地位，他者からの愛情を求める個人主義的な関心はしばしば妬みと表現される」(p.241)。研究者ら（たとえばBurke et al., 1988; Tracy, 1991）も，競争性は北米の経済，政治，社会政策の重要な要であるとしている。さらに，資本主義は，異なる社会的立場の人々を同じ社会で交流できるようにし，比較を避けられないものにした。その結果，競争と妬みは，自己を昇華させ，出世の階段を昇ろうとする装置となった (Tracy, 1991)。実際，自己中心世代と呼ばれた1980年代（訳注：第二次世界大戦後のベビー・ブーム時代に生まれたアメリカ人が社会人となった時代）に，Ciabattari (1988) は「90年代は妬みの時代になるのか」(p.47) と問うている。

　アメリカ独立宣言ではすべての人々は平等に創られたと唱えられているが，われわれはそうではないことを自らの経験から知っている。人は個性豊かな特性や才能をもともと持っていたり，獲得したり，または所有したりする。Parrott (1991) も次のように言った。

　　　人間が平等でないというのはあたりまえだ。たしかに，ある程度の不平等は不正ゆえに生み出されたかもしれないが，たとえ公正な世界だとしても，ある者は他者より美しく生まれ，ある者は他者より才能を授かり，ある者は他者より公然と多くのものを所有できる。これらの人々の違いを無視することなど考え難い。妬みを引き起こす状況の一般性を考えれば，妬みが偏在していることと，その影響力が大きいことは認めざるを得ない。(p.8)

　法律や政策は，多くの社会において人々を妬みから守り，一定の平等を守るために

作られている（Schoek, 1969を参照）。もちろん、これらの法律や政策がどれだけ公正であるかは考え方による。積極的差別是正措置などがよい例である。積極的差別是正措置の支持者たちは、このような政策がアメリカ人すべての機会均等には必要であり、そうでなければ少数集団が他の集団と同じ土俵に立てないことを説いている。積極的差別是正措置に反対する者は、この政策は特定の不当な志願者たちに不当に利益を与え、逆差別を生むために不正であると考えている。ここで問題となっているのは明らかに、いかにすれば人々に平等、かつ公平な機会を与えられるかということである。

対人関係において、妬みはしばしば自分勝手でささいな問題とされている。友人や恋人は、何かを成し遂げたときに喜んでもらえることを期待している。もし、そこでわれわれが妬みを感じたら、この否定的な感情のため、友人や恋人の期待を裏切ることになる。妬みは、成功の喜びを共有して確かめ合うのではなく、友人や恋人の達成を認めさせず、気分をくじいてしまう。興味深いことに、妬みと誇り（7つの大罪のうち2つ）は、場合によっては関連している可能性がある。SaloveyとRothman (1991) は、しばしば人が称賛されることを迷惑に感じ、過度にほめられると困惑することを指摘した。称賛を控え目に受け取ることや賛美に困惑した反応をすることには、周囲の妬みを減少させる働きがあるのかもしれない。前述したように、ある研究者たちは悪意のある妬みと羨望の妬みを区別している。自慢するような者は周囲に悪意のある妬みと敵意を喚起させやすいのに対し、謙虚な者は周囲に羨望の妬みと好意を喚起させやすい。

これらの知見は、多くの者が妬みを社会的に適切でない感情だと捉えていることを示している。しかし同時に、現代社会はしばしば人々を互いに比較させ、妬みを避けられないものとしている。嫉妬のように妬みも、暴力、敵意と政治的な陰謀に結びつく（Schoeck, 1969）。嫉妬のように妬みも、人々を矛盾した状況に追い込む。多くの社会で人々は称賛され、仲間から好ましく比較されるよう努力し、その一方で、称賛され過ぎると他者からの妬みを生じさせ、恨まれたり嫌われたりすることになりかねない。

まとめ

嫉妬と妬みは、望ましいものの所有者、同時に感じられる感情、感情体験にともなう認知、社会の捉え方といった点において異なる。ところが、どちらもその本質では同じような特質を共有している。両方とも人の欲望を中心に展開する感情である。嫉妬は、脅威に直面して現存する関係を守ろうとすることに欲望の焦点があり、妬みは、自分が所有しておらず、かつ欲しいものに欲望の焦点がある。そして、どちらも否定的な結果に結びつくことがある。

嫉妬と妬みのダークサイド

　嫉妬と妬みには前述した肯定的な結果があるものの，個人と個人の持つ関係にとって無数の否定的な結果に結びつくことがある。この節では，これらの感情の最も一般的な否定的結果について検討する。この否定的な結果には，複数の否定的な感情反応，嫉妬と妬みにともなう否定的な自己認識，対人関係における否定的な結果，破壊的コミュニケーション行動などが含まれる。

対人関係における結果：否定的な感情的反応と自己認識

　嫉妬と妬みは，通常，怒りや悲しみといった異なる感情体験から構成されているために，混成された感情だと考えられている。これらの感情がとても強く否定的であれば，嫉妬や妬みを感じている者は，ますます恐怖，疑惑，不安定な状態などに陥る。Bryson (1991) は，嫉妬による1つの共通した反応について論じた。それは無力感，不確実性，混乱，不適当な感覚，恐怖，不安，抑うつ，搾取された感覚を含む**感情的な荒廃**（emotional devastation）である。感情的な荒廃を経験している者は，日常生活の事柄に対処することができず，1人になると泣くと報告されている。したがって，嫉妬による感情の荒廃は「嫉妬による強度の感情的結果」(p.180) にともなう認知的，感情的，行動的な反応のすべてにわたる。あまりに感情的な荒廃がひどい場合，嫉妬を感じた者は自分を疑い，日常生活の他の事柄に対処できなくなり，嫉妬し続け，不確かで，疑い深く，理性的でない状態が続くことが多い。

　妬みも，とくに妬みを感じた者が自己の短所と満たされない欲望にこだわり続けた場合には，感情的な荒廃につながる。Parrott (1991) の研究は，妬みによる感情的な荒廃と呼んでいるものには，最低でも5つの異なる感情がかかわっていることを示している。それらは，(a)阻止された欲望，(b)劣等感による悲しさと苦痛，(c)優勢だと認知した他者に対する怒りと憎しみをともなった，その他者の主体に焦点化された憤り，(d)取り巻く状況や運命の不正に対して感じられる一般的な憤り，(e)ライバルに悪意を感じることに対する罪悪感である。

　非難も，妬みによる感情的な荒廃の本質的な特徴であり，感情的に荒廃した者たちは，自分の問題に関して自分を含めた他者すべてを非難する。「まったく自分の思い通りにいかない」「なにもうまくいかない」「みんなが私を追いかけて来る」などの物言いは，妬みに脆弱になったあかしである。他者に比べて自分は成功できないという認知だけでなく，妬みを抱く者はさらに，妬んだ他者に対する憤りと一般的な憤りも感じる。結局，妬みを感じた者が，他者が何もしなくても自分より勝っており，運命と取り巻く状況が不正で，他者について行けないと信じている限り，自分を向上さ

せようとする試みも無駄なものと感じるであろう。このような者にとっては，自己を向上させようとして拒絶や否定的な自他比較にさらに直面するよりも，あきらめたり，より恵まれた他者に対して憤りを感じることのほうが簡単なのである。

　嫉妬と妬みに関連した感情について表2-1にまとめた。これらの感情の大部分が否定的なものであるため，嫉妬と妬みの体験は感情的に荒廃することがある。嫉妬には情熱，愛，誇り，感謝が，妬みには憧れや好意などの肯定的感情がともなうことがあるが，嫉妬と妬みの両方に中核となる感情は恐怖，怒り，悲しみである。

●恐　怖

　恐怖の感情は嫉妬と妬みの両方にしばしばともなうが，2つの感情ではともなう恐怖の種類が異なる。**嫉妬による恐怖**（jealous fear）は，妬みによる恐怖より一般的である。嫉妬による恐怖は，見捨てられることや対人関係を喪失することの恐怖（White & Mullen, 1989）と，対人関係の状態に対する不確実性（Bringle, 1991）という互いに関連した2つの原因から生じている。一方，**妬みによる恐怖**（envious fear）は，失敗すること，疎外されること，望ましくない未来の結果の予期，自己に対する不確

表2-1　嫉妬と妬みに特徴的な感情的反応

嫉　妬	妬　み
1 パートナーやライバルに対する怒り，激怒，憎悪（A, ASI, B2, KR, P1, P2, S2, SSK, TM, WM）	1 ライバルに対する怒り，憎悪，憤り（BS, CBL, P2, S1）
2 関係の崩壊や変化の可能性に対する恐怖，不安，狼狽（A, ASI, B2, CS, P1, P3, SSK, TM, WM）	2 自己の劣等感に由来する苦痛と不安（CBL, P2, SI, SKP, SR2）
3 実際の関係喪失，あるいはその可能性に対する悲しみや悲嘆（WM）	3 自己の短所に由来する悲しみ，不満，絶望感（BS, CBL, P2, S1, SKP, SR1, SR2）
4 裏切られたことによる苦痛（B1, B3, SKP）	4 他者に悪意を抱いたことに対する罪悪感（BS, P2, PS, SR1）
5 ライバルとパートナーの関係，およびライバルの肯定的な特徴に対する妬み（CS, WM）	5 ライバルが持っている価値あるものを自分は永遠に手に入れられないのだという絶望感
6 性的興奮や情熱の高揚（B2, PA, WFR, WM）	6 切望や満たされない欲望（BS, P2）
7 パートナーに対する愛，感謝，誇りといった肯定的感情（A, B1, GA）	7 ライバルに対する憧れと好意（P2）

注：A＝Arnold（1960）; ASI＝Ausubel, Sullivan & Ives（1980）; B1＝Baumgart, 1990; B2＝Bohm（1961）; B3＝Bryson（1991）; BS＝Bers & Rodin（1984）; CBL＝Campos, Barrett, Lamb, Goldsmith, & Stenberg（1983）; CS＝Clanton & Smith（1977）; GA＝Guerrero & Andersen（1998）; KR＝Klein & Riviere（1964）; P1＝Panskeep（1982）; P2＝Parrott（1991）; P3＝Plutchik（1980）; PS＝Parrott & Smith（1993）; PA＝Pines & Aronson（1983）; S1＝Smith（1991）; S2＝Solomon（1976）; SSK＝Shaver, Schwartz, Kirson, & O'Connor（1987）; SKP＝Smith, Kim, & Parrott（1988）; SR1＝Salovey & Rodin 1984）; SR2＝Salovey & Rothman（1991）; TM＝Teismann & Mosher（1978）; WFR＝White, Fishbein, & Rutstein（1981）; WM＝White & Mullen（1989）.

実性に関する不安から生じている（Parrott, 1991, p.13）。

　恐怖は自己防衛の欲求に根ざしている。自分の相手を失うことは，個人から生物的な資源（たとえば，子孫を残す能力），対人関係的な資源（たとえば，愛情豊かな，気遣いのある共感），個人的な資源（たとえば，自尊心や社会的地位）を奪うことになる。おそらく安心や共感を喚起するために，恐怖はしばしば言語的（Rimé et al., 1991），非言語的（Ekman et al., 1972）に伝達される。嫉妬による恐怖の場合は，とくに統合的コミュニケーション（Andersen et al., 1995）が使われると，共感と関係修復が喚起される。

　もちろん恐怖は，恐怖症に結びつくような非現実的で想像上の脅威に基づいていることが多い。WhiteとMullen（1989）は，嫉妬の反応のなかでもとくに重要で，暗いものである不貞妄想（infidelity delusion）（訳注：恋人や配偶者が不貞を犯しているという妄想）の治療に助言を提供した。彼らによる治療法の総括は，抗精神病投薬，電気痙攣療法，精神力動的アプローチ，認知行動療法を含んでいた。言うまでもなく，妄想的な嫉妬と通常の嫉妬では，対処するために異なる方法が必要である。

　嫉妬と妬みが恐怖に関連している理由を理解するには，原型論（訳注：数々の感情を，多数の者に共有される典型的な概念と，そのまわりに派生した不確実な事例の集合との総体と捉えて分類していく立場）の視点も役立つ。Sharpsteen（1991）は，典型的だとされる恐怖の喚起状況は，同時に嫉妬と妬みも喚起しやすいと論じた。たとえばShaverら（1987）は，社会的に疎外される脅威，喪失や失敗の可能性，統制や有能感の喪失が一般的に恐怖を喚起する状況であると報告している。嫉妬と妬みの体験の中核には，自尊心に対する脅威の認知がある。嫉妬の体験には，対人関係に対する脅威の認知も特別にともなっている。したがって，一般的な脅威が恐怖反応を引き起こし，より特殊な脅威（たとえば，個人の対人関係や自尊心に脅威を与えるような脅威）が，恐怖のみではなく嫉妬や妬みを生み出す。

● 怒　り

　怒りは，嫉妬体験のなかであまりに強力な部分であるため，Bryson（1991）は怒りを感情的な荒廃とは別の反応に分類した。**嫉妬による怒り**（jealous anger）には，パートナーやライバルに対する怒りの感情と，パートナーに裏切られた失望の感情と，復讐したいという感情の3つが含まれる。

　嫉妬による怒りは，裏切られたという感情との関連が非常に強い。たとえば恋愛関係が終わるとき，恋敵にとって替わられる場合にはとくに怒りが生じることが多い。Mathesら（1985）は，悲しい出来事，どうしようもない運命，相手からの拒否，相手に別の恋人ができたために恋人を失うという4つのシナリオに対する感情的な反応について検討した。怒りは拒否の状況と恋人に別の恋人ができた状況において比較的強

かったが，とくに後者の状況において強かった。Bryson (1991) の比較文化研究によれば，裏切られたと感じた者はパートナーに対して，疑ったり，怒ったり，冷たくしたり，関係を解消したり，パートナーを詮索したりすることが多いことが示唆されている。

ある研究によると，嫉妬を感じた者はライバルよりもパートナーに対して，怒りを感じることがわかっている (Mathes & Verstraete, 1993; Mullen & Maack, 1985; Paul et al., 1993)。とりわけ，その怒りが激しい敵意に満ちていたり，暴力的である場合には，その傾向はより顕著なものとなる (White & Mullen, 1989)。たとえばDalyとWilson (1983) は，嫉妬を感じた者はライバルよりも配偶者に対して怒りと暴力を向けていたことを発見した。Paulら (1993) は，少なくとも以下の4つの理由によりパートナーが怒りと攻撃の的になるとした。

1．嫉妬を感じた者はパートナーの近くにいる。
2．ライバルではなく，パートナーこそが約束を破り，背信行為を働いた者と認知される。
3．ライバルは，パートナーがすでに誰かと関係を持っているということを知らないかもしれず，人を傷つけるような行為をしていることにまだ気づいていないかもしれない。
4．嫉妬を感じた者は，自分がパートナーの魅力に惹かれていながら，同じ魅力に惹かれたライバルを責めることが難しいかもしれない。

それにもかかわらず，ライバルが嫉妬を感じた者に近い友人であるときは，怒りがライバルに向けられやすいようである。Parker (1994) は，嫉妬を感じた者がライバルをよく知らなければ，ストレスは通常，恋愛関係に限られると論じた。ライバルが嫉妬を感じた者の友人であった場合は，ストレスはその社会的ネットワークのすべてに波及する。たしかに，ライバルが親しい友人であった場合には，おそらく裏切られ侮辱されたと感じるために，嫉妬を感じた者は社会的ネットワークにあまり援助を求めないことをParkerは発見した。Parkerがまとめたように，背信と怒りの感情は「恋愛関係において，近しい友人がライバルになったときに強められやすい」(p.26)。

これらの知見を考え合わせると，嫉妬を感じた者は，身近な関係にある相手に裏切られたと感じると，怒りを感じやすいということを示唆している。ライバルが誰かわからないときは，怒りは自分のパートナーに最も向けられる。一方，ライバルが友人であれば，怒りはその友人とパートナーの両方，あるいは社会的ネットワーク全般に向けられやすい。もちろん，嫉妬を感じた者のなかには，パートナーを遠ざけてしまうような行動をした自分自身へ怒りを向ける者もいる。

妬みを感じた者が怒りを体験するとき、それは通常、裏切られたという感覚よりも憤り、憎しみ、葛藤に根ざしている。ParrottとSmith (1993) が示したように、嫉妬と妬みは両方とも敵意を喚起するが、敵意の種類は2つの感情で異なっている。嫉妬を感じた者は「裏切りに対する怒り」を感じる傾向があるのに対し、妬みを感じた者は「憤りと恨み」を感じる傾向がある (p.907)。Parrott (1991) も、「悪意のある妬みと怒りに共通点が多いことは明らかである。実際、この2つの違いは本来、敵意が正当化されるか否かという点だからである」(p.10) と論じた。

妬みによる怒りと憤りは、個人、集団、一般的な事物に向けられるが、妬みは怒りや敵意の感情とは別に体験されることがある。Parrott (1991) が言ったように、「人は、美しいという理由で美人に怒りを感じるのではなく、特定の人を美しくさせるという理由で運命に怒りを感じることがある」(p.11)。身近な対人関係において、普段、ある程度の憧れ、畏敬、悪意のない妬みが生じるとは思っているが、怒りと憤りが生じるとは思っていない。たとえば、友人とボーリングやテニスなどをしているときに、負けが込んで誰かが怒り出したりしたら、それは「悪いスポーツ」と呼ばれる。

妬みによる怒りも葛藤から生じる。Smith (1991) が主張したように、誰かが達成した目標や望んでいた状態に自分は到達することができないと感じたとき、妬みは怒りになる。この葛藤は、簡単に望ましい状態に到達したように見えるライバルに向けられることが多い。認知的不協和理論が予測するように、人は何かの目標に向けて努力したが達成できず、同じ目標を他の誰かがあまり努力せず達成するという事実を受け入れることが難しい。妬みを感じた者は、この不協和（とそれにともなう葛藤）を解消するためにライバルの短所を探す。また、自分への好意を奮起させようとライバルを嫌う理由を探す（たとえば、「彼女はすごいテニス選手かもしれないけれど、私ほど頭が良かったり、きれいだったりはしないわ」）。たとえばSaloveyとRodin (1984) は、妬みを感じた者はライバルとの交流に不安を感じたと報告し、ライバルとの友情を深めたがらず、ライバルのさまざまな特性を蔑(さげす)んでいることを発見している。

●悲しみ

恐怖と同じように悲しみも、嫉妬と妬みを経験する人々に共通の感情的反応であるが、2つの感情では悲しみの種類が異なる。嫉妬による悲しみは、価値を置く関係を失う可能性と、そのような喪失にともなう孤独感に由来している。妬みによる悲しみは、自己の劣等感、絶望感、無力感に由来する。

いくつかの研究で、悲しみは嫉妬より妬みのほうに関連が深いことが示唆されている。その根拠として考えられているのが、悲しみは、嫉妬の体験と並行して感じられているのではなく、嫉妬の体験の後に生じているというものである。WhiteとMullen (1989) は次のように表わしている。

悲しみはほとんどの嫉妬の体験に現われる。消耗しきって抜け殻となった未来に対する恐怖は，通常，悲しみと結びつく。嫉妬は，重要な関係の喪失を受け入れた状態ではなく，それを恐れている状態で感じるものである。希望が断たれたときに初めて悲しみに包まれるため，嫉妬における悲しみはまだ和らげられる余地がある。本来嫉妬は，受動的で悲しい受け入れによって感じるのではなく，未来と，その未来を変えることに向けられた興奮と活性化の状態で感じる感情である。(p.180)

さらにWhiteとMullenは，嫉妬による抑うつは罪悪感，無価値感，怒り，疑惑に関連しているとした。これらの無価値感は，嫉妬を感じた者に，自分は裏切られても仕方がないと信じさせることがある。

Sharpsteen (1991) の研究も，強い悲しみは嫉妬と並行して感じられるというよりも，嫉妬の後に続いて感じられることが多いという議論を支持している。Sharpsteenは，原型論的な立場から，嫉妬は「怒り，悲しみ，恐怖の珍しい混合物」だが，悲しみはおそらく嫉妬体験のなかに占める割合が三者のなかで最も少ない (p.36) と主張した。Shaverら (1987) の原型分析によると，悲しみに共通した先行状況は価値を置く関係の喪失と愛する者との離別の状況であり，その結果は，悲しみが関係喪失の後に起こるという見解に沿うものである。

悲しみの測定尺度には，いまだに共通して嫉妬に関する項目が含まれている。たとえばBringle (1991) は，嫉妬を喚起するような状況において「悲しみは高いレベルの関与と関係喪失，あるいは関係解消の**可能性**の結果生じる」(p.111) と論じた。Mathesら (1985) は，嫉妬によって生じる悲しみの感情は，対人関係による報酬を失うことに起因すると論じた。たしかに，嫉妬を感じた者はパートナーへの信頼を失ったと感じ，たとえ関係が続いたとしても「二度と同じようには戻らない」と感じることが多い。したがって，関係喪失の可能性と関係による報酬の減退のため，嫉妬には一定の悲しさがともなう。

悲しさは，妬みの体験にとって中核的で重要な部分のようである。Shaverら (1987) は，悲しさの典型的な先行状況には，疎外や排除，欲しいもの，望むもの，求めるものが手に入らない，現実が期待に追いつかない，といった望ましくない結果が含まれていることを発見した。したがって，特定の課題に失敗する，他者のせいで拒否される，期待したより少ない称賛を受けるといった状況は，すべて悲しみを喚起する可能性を秘めている。ここにライバルもかかわっている場合（たとえば，成功した者が他者に受け入れられたり，称賛を受けるなどしていたら），しばしば妬みが喚起される。したがって，悲しみと妬みの両方を喚起する状況は数多く存在するように思われる。妬み体験の中核には，否定的な自他比較と，その結果，自己の短所に注目するという現象がみられることを考えれば当然といえよう。さらに，何かを手に入れた

いという激しい欲望と，それに続く目標に到達できないという失望は，まるで悲しみと絶望を促進するお膳立てのようである。端的に言うと，妬みを生み出す自己反省的な過程は，同時に悲しみと不満の感情を喚起することが多い。

　嫉妬と妬みを感じた者が，抑うつ行動を取ったり，とても低い自尊心を維持し続けたりするときには，とくに悲しさがともないやすくなる。嫉妬に対する反応について研究したBryson (1976, 1991) は，嫉妬の下位因子として**内罰傾向** (intropunitiveness) と名づけられるものを発見した。この因子に高い得点を示した者は，自分の嫉妬感情を内在化し，関係抹消や悪化の可能性を自分自身のせいにしていた。このような者たちは，嫉妬したことでパートナーやライバルに否定的な感情を向けるのではなく，自分を罰すると報告した。このような自己に向けられた苦悩は，抑うつや強い悲しみの感情に結びつきやすい。FitnessとFletcher (1993) の原型論的な研究では，嫉妬は抑うつと自己に対する否定的な感情と関連していた。

　低められた自尊心も，嫉妬や妬みによる悲しさの体験に拍車をかけやすい。SaloveyとRodin (1985) の調査によると，嫉妬や妬みを感じやすい者は自分自身の意見をあまり持っておらず，「理想の」自己よりも「現実の」自己の方が劣っていると見ており，有名度，名声，富，権力的な地位，美しさといった目に見える達成物や地位の象徴などに価値を置く傾向がある。ParrottとSmith (1993) は，嫉妬と妬みは両方とも低い自尊心，悲しみ，無力感，絶望と関連すると報告した。しかし，その説明原理は嫉妬と妬みでは異なっている。嫉妬では，低い自尊心は予期された拒否と喪失によってもたらされることが多い。一方，妬みでは，低い自尊心は劣等感と切望によってもたらされることが多い。

●まとめ

　嫉妬と妬みの体験は，しばしば否定的な感情的反応や自己認識を生み出す。嫉妬の場合，通常，見捨てられることや関係喪失，関係の不確実性による不安，認知された裏切りに対する怒り，価値ある関係が失われるかもしれないという予期などによって恐怖を感じることが多い。妬みの場合，拒否されることを恐れ，認知された劣等感によって生じる不安や絶望を体験し，状況を改善できる術が見つからない場合には悲しみと絶望感を感じる。どちらの場合にも否定的な自他比較が行われるため，しばしば自尊心が低下する。嫉妬を感じた者は一般的に，パートナーがライバルより自分を劣った人物であると見ていると信じる。妬みを感じた者は，望みもしない自他比較を自分自身で行う。

　嫉妬と妬みは，しばしば激しい内的混乱を生み出すが，これらの感情は個人内に限られた現象ではない。どちらも社会的な交流，あるいは社会的比較によって生じ，通常は対人関係に何らかの影響をもたらし，対人的コミュニケーションで感じられる。

以降の節では，嫉妬と妬みを表現するために使われる破壊的コミュニケーションを含め，これらの感情による否定的な対人的結果をいくつか紹介する。まず，嫉妬に関係した対人関係における結果とコミュニケーション行動の検討から始める（表2-2は，これに類するコミュニケーション方略を並べたものである）。

嫉妬にまつわる対人的結果とコミュニケーション

●不確実性，疑惑，不信

恋愛嫉妬は，不確実性，疑惑，不信という相互に関連した3つの個人内の体験にかかわっている。パートナーがライバルと関係を持っているのではないかと疑ったり，パートナーを信じなかったりすると，しばしば人間関係における強い不確実性を感じる。同様に，自分の人間関係が不確実である場合に，自分のパートナーがライバルと関わる可能性が高いと感じることがある。これに疑惑と不信も加わりやすいが，疑惑が確信に変わり，不確実性が減少したときに不信は最も激しいものとなる。WhiteとMullen (1989) が言ったように，「悲しいことに，嫉妬が感じられると，信頼は放棄されることが多い。嫉妬は，パートナーの過去の行いと未来の意図そのものを疑わせてしまう。パートナーの貞節が問題とされ，それゆえにその者を信じることができない」(p.233)。同様にBuunk (1991) は，嫉妬はパートナーの不貞に対する感情的な反応であるが，多くの者はそれを嫉妬ではなく，怒りと呼ぶことを報告した。これは，通常，不貞が関係間の信頼を損ねるような，忠義に反した裏切りだと認知されているためである。

関係の不確実性，疑惑，不信は，否定的な評価を受けやすいコミュニケーションを増やしてしまう。その例に，監視と警戒，ライバルとのコミュニケーション，所有の印，回避の4つがあげられている（表2-2参照）。

監視行動は，しばしば不確実性を減らし，関係を守るために使われる。たとえばGuerreroとAfifi (1997) は，ライバル関係による不確実性を減らしたいと感じている者が監視行動に従事し，ライバルになる可能性のある者にパートナーを近づけないことを発見した。PfiefferとWong (1989) によれば，**認知的嫉妬**（cognitive jealousy）とは，疑い深い思考と心配の混ざった嫉妬で，**行動的嫉妬**（behavioral jealousy）とは，パートナーにどこで何をしていたのか質問したり，突然パートナーを訪ねて誰といるのか確認したり，浮気の証拠を探すためにパートナーの持ち物を探るような一連の監視行動を伴った嫉妬である。ほかにも，多くの嫉妬の定義において疑念と行動的な嫉妬は不可分に関連し合っている。Buss (1988) はパートナーを監視したり，隠したり，時間を独占したりといった，いくつかの監視行動や恋愛相手の保留行動について論じた。これらの警戒行動は，嫉妬を感じた者が，パートナーが他者と関係し合う可能性を疑ったり心配したりしたときに行われやすい行動である。

表2-2 不確実性，不信と疑惑に関連した否定的なコミュニケーション行動

行動と定義/例

監視と警戒

1. **監視/注意** パートナーの行動を確かめ，ライバル関係の実態に関する不確実さを低減しようとする行動。たとえば，パートナーを詮索したり，個人的な持ち物を探ったり，突然訪れて相手の所在を確認する，など。
2. **隠匿/制限** パートナーを隠そうとする，あるいはライバルになる可能性のある人とパートナーの接触を制限する行動。たとえば，ライバルになる可能性のある人にパートナーを紹介することを拒む，ライバルがいるパーティーにパートナーを連れて行くことを拒む，など。
3. **パートナーの時間の独占** パートナーが嫉妬を感じた人と過ごす時間を最大化し，パートナーが嫉妬を感じた人以外の人と過ごす時間を最小化しようとする行動。たとえば，パートナーの時間を使い切るような，一緒に行う活動を計画する。パートナーの自由時間をすべて自分と一緒にいるように強制する，など。

ライバルとのコミュニケーション

1. **情報探索** ライバル自身やライバル関係についてさらに知るために，ライバルとコミュニケーションを取る行動。たとえば，その人がどのような人物であるのか特定するためにライバルと話したり，ライバルにパートナーとの関係を尋ねる，など。
2. **ライバルへのパートナーの卑下** ライバルにパートナーを求める気を削ぐ目的で，事実であろうとなかろうと，パートナーに関する否定的な情報を開示する行動。たとえば，ライバルに，パートナーがあまり頭が良くなくてイライラさせられ，その人と関係を持つことが悪い体験であることを伝える，など。
3. **ライバルの脅迫** 攻撃的コミュニケーション，敵意や警告を使うことでライバルを脅迫する行動。ライバルをにらむ，威嚇する，殴ると脅す，など。
4. **ライバルへの暴力** ライバルやライバルの所有物に直接物理的危害を加える行動。たとえば，ライバルを押し出す，ライバルの車をめちゃめちゃにする，など。

所有の印

1. **所有の言語的印** 自分とパートナーの関係を主張するような言語コミュニケーション。たとえば，パートナーを「主人」，「妻」，「彼女」などと紹介し，ライバルに自分とパートナーがどれだけ愛し合っているかを自慢する，など。
2. **所有の身体的印** 関係の表示として働く非言語的コミュニケーション。たとえば，他の人がいるときに手をつなぐ，ライバルになる可能性のある人の前でキスをする，など。
3. **所有的装飾** 関係を表わす物を使用すること。たとえば，パートナーに指輪やレターマンズ・ジャケット（訳注：自分のイニシャルを入れた服。アメリカで恋人に送る習慣がある。）を着てほしいと言う，見える所にパートナーの写真を飾る，など。

回避

1. **物理的，感情的退避** パートナーから遠ざかること。たとえば，パートナーと過ごさない，パートナーへの気持ちをなくす，など。
2. **状況回避** 嫉妬を喚起する状況を避けること。たとえば，嫉妬が生じるであろう場所に行くことを拒む，ライバルがいるであろう場所を避ける，など。
3. **コミュニケーションの忌避** パートナーとのコミュニケーションを避ける。たとえば，パートナーの近くで無口になる，パートナーに電話しなくなる，など。

注：各カテゴリの名前と具体例はBuss (1988) とGuerrero et al. (1995) より引用

ライバルとのコミュニケーションも，しばしば不確実性の減少と恋愛相手の警戒にかかわっている。GuerreroとAfifi (1997) は，ライバル関係に由来する不確実性を減らしたいと思っている者は，しばしばライバルと直接コミュニケーションすること（たとえば，パートナーとどれだけ長く知り合いでいるのか尋ねる，パートナーに近づかないように言う）を発見した。Bryson (1976, 1991) は，嫉妬を感じた者は，時にライバルと対峙してでも情報を求めようとすることがあると報告した。また，嫉妬を感じた者は，ライバルが自分のパートナーに下心を抱くことを防ぐために，人前でパートナーをけなしたりもする。たとえば男性が，自分の恋人がわがままで，怠け者で，はては性病であるとライバルに言うこともある (Buss, 1988)。さらに，嫉妬を感じた者がライバルに言語的な攻撃，威嚇や身体的暴力を加えて脅すという例も稀にある。

ライバルになる可能性のある者を退けるため，パートナーを所有しているという印も使われる。興味深いことに，所有しているという印はカップルがどれだけ互いに夢中で親しいかを示す働きもある。たとえば，結びつきの印（たとえば，手をつなぐ，結婚指輪を付ける）は，関係を持つパートナー同士の愛情と気遣いを反映している。しかし，これらの印は，パートナーが「すでに誰かのものである」ことを示す公的な信号としても機能する。嫉妬を感じた者は，疑惑と不信を抱いたときにパートナーとの関係を公にひけらかすことがある。この場合，所有の印は，自分のパートナーを手に入れられるかもしれないというライバルの側の不確実性を減らすよう意図されている。Buss (1988) は，所有を示す三種類の印として言語的，身体的，および装飾的な印を挙げた（表2-2参照）。PintoとHollandsworth (1984) は，パートナーに新しい友人を作らせないようにする，パートナーと非常に長い時間過ごす，といった所有を表わすいくつかの方法について論じた。恋人を所有しがちな者は，たとえわずかの間でも恋人から離れて1人になると孤独と心配を感じる。高いレベルの疑惑と不信ゆえに，恋人を所有しがちな者はパートナーをより広い社会的人間関係から引き離し，自分の近くに置いておかなければいけないという際限のない必要に駆られる (Pinto & Hollandsworth, 1984)。

最後に，不確実性と疑惑は，ときにパートナーとの積極的なコミュニケーションを回避させることにつながる場合もある。Schaapら (1988) は，統計的な効果は小さいが，嫉妬と葛藤を回避する傾向に関連性を発見した。具体的には，嫉妬を感じた者は対人関係における問題について話したがらず，物理的にも感情的にも葛藤を起こすような状況を回避した。AfifiとReichert (1996) は，嫉妬と回避の関係を説明するために，不確実性低減理論の枠組みを用いた。彼らによると，嫉妬は強い不確実性を喚起する状況である。実際，彼らの研究は，嫉妬が不確実性を減らそうとする動機づけを促進することを示している。またAfifiとReichertは，半信半疑な嫉妬を感じた者は，おそらくパートナーの反応が信じられないために，自分のパートナーとのコミュニケ

ーションを避けることも発見した。

◉報復，葛藤，暴力

このように嫉妬は強力な感情であり，深い痛みと裏切られたという感情を生み出す。そのため，嫉妬を感じた者はときに攻撃的，作為的，暴力的な行動をとることがある（表2-3参照）。Buunk（1991）は，強力な嫉妬感情と攻撃行動の関連について論じた。彼は具体的に次のように論じた。

> 正常で，満足のいく関係であれば，問題解決と妥協，相手の意向を考慮に入れることに積極的であるのが常である。しかし，パートナーがはっきりと他者に興味を示した場合，協力的であろうとする傾向はなくなってしまう。（中略）そして，（嫉妬を感じた）人の態度は，（中略）競争的で攻撃的になっていくようである。(p.165)

Schaapら（1988）は，5つの対人葛藤スタイルと嫉妬の関連について検討した。彼らは，嫉妬が攻撃的葛藤スタイルと最も強い正の相関関係にあること（$r = .78$），と同時に妥協（$r = .42$），なぐさめ（$r = .40$），回避（$r = .27$）とも正に相関していることを発見した。Buunk（1991）が論じたように，嫉妬は問題解決と負の相関関係にあ

表2-3 報復と葛藤に関連した否定的なコミュニケーション行動

行動と定義/例
攻撃的コミュニケーション
1 分配的コミュニケーション　パートナーへの直接的で攻撃的なコミュニケーション。たとえば，パートナーに怒鳴ったり，議論したり，パートナーの行動を責めたり非難したりする，など。
2 能動的隔て　パートナーへの攻撃を伝える間接的なコミュニケーション。たとえば，パートナーをわざと無視したり，冷淡にしたり，距離をおいたり，愛情をなくす，など。
画策の企図
1 対抗嫉妬誘発　自分を嫉妬させたパートナーを嫉妬させようとする試み。たとえば，パートナーを嫉妬させるために，他の人とデートやセックスをすると脅す，あるいは第三者と悪ふざけをする，など。
2 罪悪感喚起　自分を嫉妬させたパートナーに自分の行動に対する罪悪感を抱かせようとする試み。たとえば，泣いてパートナーにどれだけ自分が心を痛めているか伝えたり，パートナーが去るのならば自分を傷つけると脅したりする，など。
暴力的行動
1 パートナーに対する暴力　パートナーを何らかの方法で物理的に傷つける行動。たとえば，パートナーを叩いたり，パートナーが「醜く」見えるように髪を切る，など。
2 物に対する暴力　物理的なものに向けられた直接的な攻撃行動。たとえば，ドアを強く閉める，食器を投げる，パートナーの持ち物を家から投げだす，など。

注：各カテゴリの名前と具体例はBuss（1988）とGuerrero et al.（1995）より引用

ることもわかった（$r = -.21$）。

　嫉妬を感じた者は，ときに自分のパートナーに復讐しようと強く感じることがある。Bryson (1976, 1991) は，自分に嫉妬感情を引き起こしたパートナーに仕返ししようとする**反応的報復**（reactive retribution）について論じた。反応的報復には，対抗して相手の嫉妬を誘う，他者に性的に積極的になる，他者の前でパートナーを非難する，パートナーに仕返しするために他者とデートする，などといった行動が含まれる。GuerreroとAfifi (1997) は，仕返しは，嫉妬状況における潜在的な目標であると論じた。彼らによると仕返しは，葛藤，怒り，痛みのはけ口となり，「あいこにする」(p.8) ことで公平さを取り戻す働きがある。

　一般的な報復の方略には，攻撃的コミュニケーション（aggressive communication）や画策（manipulation）の企図が含まれる。GuerreroとAfifi (1997) は，パートナーと公平になりたいと望んでいた者は，パートナーと言い合う，非難する，無視をする，相手に罪悪感を抱かせる，反対に相手に嫉妬させるなどの行動をとることを発見した。Buss (1988) は，怒る，パートナーを無視する，関係を終わらせると脅す，パートナーに怒鳴る，コミュニケーションをやめるなどを含む**罰方略**（punishment strategy）をあげた。

　不幸にも，嫉妬を感じた者は，ときに言語的攻撃，画策，暴力などに訴えることもある。対人関係における暴力の流行りと，近年における劇的な判決例の公表により，嫉妬は暴力の主要な要因であると見られてきた。Hansen (1991) は，包括的な文献研究の総括で，「北米における夫婦間殺人の大部分は，男性の性的な嫉妬が主要な原因かもしれない。同様に，多くの研究で，死には至らないが妻に対する暴力の動機として嫉妬が挙げられている。」(p.225) と結論づけた。多くの研究が，アメリカとイギリスにおける暴力の主要な先行要因が嫉妬，金，アルコールの3つであることを示していた（概要についてはDelgado & Bond, 1993を参照）。StetsとPirog-Good (1987) は，嫉妬が恋人に対する女性の暴力を2.4倍まで増加させることを発見した。恋人への暴力について文献の総括を行ったSugarmanとHotaling (1989) は，恋愛関係における暴力の理由として「回答者が嫉妬を原因にあげることができたすべての研究で，嫉妬は最も回答の多い理由だった」(p.12) という驚くべき結論に至った。同様にLaner (1990) は，嫉妬が，高校生と大学生のカップルのパートナーへの暴力を促進する要因の中で最も強いもののひとつであることを発見した。さらに，カップルが「嫉妬こそ『本当の』問題であり，暴力は，その問題に対して生じる『いつもの』，あるいは予想できる反応」(p.320) であると考えていることもわかった。

　前述のとおり，嫉妬状況における暴力は，歴史的に社会によって認められた行動であり，それゆえに止めにくく，許されがちであった。この不運な状況は，一部の人々がなぜ暴力的な嫉妬を耐え忍ぶのか説明できるかもしれない。一方で幸運なことは，

嫉妬と暴力との関連が弱まっている根拠があるということである。アメリカにおける嫉妬による殺人の発生率は1970年代半ばから減少を始め，1964年の時点で全殺人の10.7%であり，1987年には2%までになった (Delgado & Bond, 1993; Stearns, 1989)。最も大きい下げ幅は1975年から1976年にあり，そのときには7.3%から2.8%にまで減少した。1975年から1987年までは3%以下にとどまり，この頃には以前よりも嫉妬が暴力の動機として正当化されなくなっていた (Stearns, 1989)。

　嫉妬による暴力は，想像上の，あるいは実際の不貞関係によって生じる。不貞妄想による病的な嫉妬に関する著作のなかでMowat (1966) は，イギリスの「異常者の精神病院」と呼ばれたブロードムーア精神病院（注釈：1863年にイギリスのバークシャイアに設立された有名な精神病院）に収容されていた患者の殺人の歴史について次のように記している。「これらの妄想に取りつかれ嫉妬した男性は，自分の妻や不倫相手が不貞をはたらいたとして非難し続ける。殺人犯のうち男性30名と女性6名が，自分たちのパートナーの不義を非難していた」(p. 92)。嫉妬と暴力との関係について数々の研究をまとめたWhiteとMullen (1989) は，病的に嫉妬深い人々は，「まわりにあるもので，不貞の手がかりを感じさせる可能性のあるすべて」(p. 226) に過敏であると結論づけた。彼らはまた，嫉妬による暴力がどのような意味の連想によってもたらされるかについても表わしている。たとえばWhiteとMullenは，ある女性が，夫が飲み屋の女中と浮気をしていると思い込んでいたため，ビールを出すよう求めた夫を襲った事例を報告している。また別の女性は，夫の浮気相手の胸ぐらをつかんで夫に近づかないように言ったとき，浮気相手の首が締まり，息をしようとむせぶような音を立てた。嫉妬していた妻は，その激しい息づかいを浮気相手が夫とセックスをしているときの息づかいと関係づけたため，さらに暴力的になった。

　このようなあからさまな例を見せられると，嫉妬は生物的に暴力に結びついているかのようにも思えてくるが（嫉妬にかかわる社会生物学的要因に関する議論についてはGuerrero & Andersen, 1998を参照），実際はそうではない。毎日何千例も起こる嫉妬の事例のうち，暴力に結びつくものは稀である。しかし，必ずしも嫉妬が暴力を引き起こすわけではないが，嫉妬は暴力に先立つ要因である。Hupka (1991) が指摘したように，アメリカの総人口の37〜50%が婚外交渉を経験しているが，嫉妬により殺人を犯す確率はアメリカ人男性人口の0.01%以下である。Guerreroら (1995) は，暴力は嫉妬に対する反応としては相対的に稀であることを発見した。それにもかかわらず，殺人のうちの多くが嫉妬によって引き起こされている。これが，嫉妬のもうひとつの矛盾である。恐怖，怒り，悲しみという特殊な組み合わせを持つ感情は嫉妬のほかにあまりない。ほんの一握りの人において，この感情の荒廃が極端な暴力に結びつく。

　一部では，関係を警戒したり，パートナーに対する画策のために暴力や言語的な攻撃が使われる。Paulら (1993) は，好むか好まないかにかかわらず，攻撃的行動は，と

きに機能的に働くことがあると論じた。彼らは，嫉妬による攻撃が人々に罪悪感を抱かせ，自らの行いを反省させる可能性があると論じた。さらに，批難された相手が後悔を示さなかった場合，嫉妬を感じた者は未来にも同じような裏切りが起こりうると判断して関係を解消する。攻撃に備わったこのような機能があるにもかかわらず，Paulらは「身体的な攻撃が関係を強める確率は低い。むしろ関係を強めるのは感情的な痛みかもしれない」(p.403) と警告した。著者たちは，長期的には感情的痛みも関係に害を与えると考えている。

● 関係（不）満足

　上にあげた能動的隔て，分配的なコミュニケーション，画策の企図，脅迫，回避，暴力といったコミュニケーション行動は，関係の満足感に特定の否定的な打撃を与えることがこれまで明らかにされている。嫉妬は，一般的に関係の不満足感と関連している。たとえば，最近行われた2つの研究 (Andersen et al., 1995; Guerrero & Eloy, 1991) から，認知的嫉妬は関係満足と頑健な負の相関関係があることがわかった。認知的嫉妬と関係の満足感との間の因果関係はこれから明らかにされなければならないが，自分の二者関係に不満を感じている者は，自分のパートナーも同様に不満を抱いていると考えやすく，そのためパートナーが他者と関係を持っている，または他者に興味があると考えがちである。また，否定的な感情反応と攻撃，画策などが起こったときには，とくに，嫉妬体験自体が関係の不満足感をもたらす可能性もある。そうならば，嫉妬と関係の不満足感との関係には，双方向の因果が働いているかもしれない。

　嫉妬は常に破壊的であるわけではない。これまでの研究では，しばしば嫉妬状況から生まれる**統合的コミュニケーション** (integrative communication) を行うカップルは，安心感を得て，自分たちの関係に新しい発見をすることを示している。嫉妬感情を打ち明け，責めずに相手に問いかけ，2人の将来について話し合う統合的コミュニケーションは，しばしば，腹を割った会話や関係の満足感を促す (Andersen et al., 1995)。特定の状況では，否定的な感情を表出することが関係の幸福感を促進する。Andersenらは，怒り，葛藤，悲しみといった嫉妬にかかわる感情が，単独で伝えられたり，あるいは分配的なコミュニケーション，能動的隔て，回避などとともに伝えられたりした場合に，関係の満足感が低下することを発見した。ところが，統合的コミュニケーションによって問題について話している最中に否定的な感情が表出されると，関係の満足感は最も高い値を示すことも発見した。統合的コミュニケーションにおいて否定的な感情を表出することは，パートナーに，嫉妬を感じた者を正直で，誠実で，思いやりがある者であると見せるのかもしれない。

　嫉妬に対するコミュニケーション反応には，他に，**補償的回復行動** (compensatory restoration behaviors; Guerrero et al., 1995参照) と呼ばれているものがあり，これも関係の

満足感にかかわっている可能性がある。補償的回復行動には，パートナーを失わないように自己や関係を向上させることを目的とした方略が含まれている。Guerreroらは，自分の外見を向上させようとする方略や，できるだけ良いパートナーであろうとする方略を補償的回復行動の例にあげた。Buss (1988) も，資源表示（たとえば，パートナーに貢いだり贈り物をする），性的誘惑（たとえば，パートナーの性的な要求に応じる），外見の向上（たとえば，化粧をしたり，最新の服を着る），愛と気づかいの強調（たとえば，特別にほめたり，愛情深くなったり，協力的になったりする）といった同様の手段について論じている。これらの行動は愛，気づかい，関係に対する関心を表わすため，ときに関係の満足感を促進する。しかし，これらの行動がパートナーを取り戻そうとするご機嫌取りの試みと映ったときには逆効果になってしまう (Guerrero et al., 1995)。

Buss (1988) によってあげられたもうひとつの手段である**服従**（submission）と**格下げ**（debasement）は，このようなご機嫌取りの試みと受け取られやすい方略である。服従と格下げは，パートナーを喜ばすために変わることを誓う，パートナーが言うことになんでも従う，パートナーの希望に譲歩する，パートナーの「奴隷」になるなどの行動である (p.299)。仮に関係を適切に保てたとしても，これらの行動は自尊心を低めてしまう可能性が高い。

妬みにまつわる対人的結果とコミュニケーション

●否定的自己評価への対処

妬みは，何らかの否定的な自他比較によって引き起こされるため，友人，家族，恋愛相手といった身近な対人関係が，妬み，ライバル意識，競争性の温床になる。この現象を説明する2つの理論的枠組みがある。それは社会的比較理論と自己評価維持理論である (Messman, 1995; Salovey & Rodin, 1989)。

Festinger (1954) の社会的比較理論は，人には自己を評価する動機づけがあり，他者と比べることで自己を評価するという原理に基づいている。これまでの研究や理論は，これらの自他比較が対人ネットワークのなかで最も頻繁に行われることを示している。たとえばFestingerは，人は自分と似ている他者と比較する傾向があると論じている。DakinとArrowood (1981) は，自分と能力の点において比較的似ている他者と最も比較しやすいことを実証し，社会的比較理論を支持した。類似していることは多くの友人関係の要となっているため，自他比較が対人関係のなかで起きることは理解できる。また，人は友人を身近にいる競争的な比較対象にしながらともに時間を過ごす。

社会的比較理論の前提をいくつか受け継いだ自己評価維持理論 (Tesser & Campbell, 1982) では，とくに西洋文化において，多くの者の行動には肯定的な自己評価への動

機づけがあるという視点に立っている。この理論によると，肯定的な自己評価は自己内省と他者比較の過程を通して生じる。自己内省は，目標達成に対する自分の期待に達しなかったときや，それを超えたときなどといった特定の状況下で生じることが多い。TesserとCampbell（1982; Tesser, 1986）は，自己評価のための内的基準を持つことに加え，とくに身近な他者の成功や失敗を自己内省の比較基準として用いると論じている。たとえば，仲の良い友だちが突然お金を稼いだとしたら，自分の経済的な状況に疑問を感じるであろう。

自己評価維持理論の検証を行ったSaloveyとRodin（1984）は，次の3種類の条件のもとで，妬みが最も強くなることを発見した。

1. 否定的な自他比較が必ず行われている。
2. 妬みを感じる可能性のある者は，強く自己に関連のある領域で，この否定的な自他比較が行われている。
3. 妬みを感じた者とライバルは能力において似ている，または身近な対人関係にある。

これらの条件が当てはまると妬みを経験する確率が高く，妬みを感じた者は否定的な感情を緩和するための対処行動を起こす必要が出てくる。SaloveyとRodin（1988, 1989）は，妬みに対する3つの対処行動をあげた。それらは，(a)感情の表出を避ける，忙しくする，他者に助けを求めない，といった**自己依拠**（self-reliance），(b)自己の肯定的な性質に注目し，自分自身のために良いことを行う**自己支援**（self-bolstering），(c)目標を自己にとって重要でないものにするために，目標の重要性を再評価する**選択的無視**（selective ignoring）である。これらの対処方略に関連したコミュニケーション行動は，ライバルとのコミュニケーションを回避したり，正の強化を与えてくれる者たちと長い時間を過ごしたり，自分の能力が秀でている活動に従事したり，自分の達成したことについて他者に話したりする行動である。

激しい妬みの感情を感じた者は，ライバルに対して否定的な行動を取ることがある。SaloveyとRodin（1984）の発見によると，妬みを感じた者はライバルとのコミュニケーションを避けるだけでなく，ライバルの悪口を言うようである。たとえば，妬みを感じた者は，他者にライバルの否定的な特徴を教えることがある。もし，他者がこの否定的な評価に賛成し，妬みを感じた者に好意を示したら，最初の否定的な自他比較による痛みが和らげられる。もちろん，このようなコミュニケーション行動は，妬みを感じた者とライバルとの関係に否定的な結果をもたらすことになる。

● **競争的行動**

競争とコミュニケーションとの関連性に関する新しい研究によると，回避とライバ

ルへの悪口は，妬みを感じた者が感情に対処するためにとる数ある方略のうちの2つに過ぎないことがわかっている（Messman, 1995, 1996; Messman & Cupach, 1996を参照）。Messman（1995）は，人が自己評価のために社会的比較を行ったときに競争が生じると論じた。自他比較が否定的なものであれば，人は妬みを感じる可能性が高い。Messmanは競争とコミュニケーションとの関連について検討するため，学生たちに競争だと思う典型的な行動を記述するよう求めた。これらの記述内容を分析した結果，Messmanは5つの包括的な類型を発見した。それらは反抗的行動，成功志向行動，比較行動，反社会的行動，文脈依存的な行動である。これらのなかで反抗的行動と反社会的行動は，とくに対人関係における否定的な結果と結びつきやすいようである。これら2つの方略についてさらに詳細に議論する（表2-4参照）。

　反抗的行動は自他比較を促進する。自己の優位性を表現したり自慢したりする者は，とくに悪意のある妬みの対象となりやすい。このような者は自尊心が低いことが多く，自分を優位に見せたいという強い欲求を感じるのであろう。SaloveyとRodin（1988）が見いだしたように，人は妬みに対して自己支援によって対処することがある。優位性の表現や自慢などのコミュニケーション行動は，言うまでもなく自己支援の一部である。

　妬みを感じた者は，他者をけなすことによっても良い気分になろうとする。他者をけなす者は，自分自身を優位とみなすのではなく，他者を劣位とみなす。しかし結果は同じである。妬みを感じた者は他者を犠牲に自己像を補ったのである。人をけなすことには，特定の技術や能力の重要性を認知的に減らす選択的無視の方略もともなう場合がある。その例として，あなたが切望していたすばらしい賞を，身近な友人や同僚の誰かが受賞したような場面を思い浮かべてほしい。あなたは，あなたより友人のほうが価値ある人間であると考えるよりも，その賞は重要でなかったと自分に言い聞かせるだろう。SaloveyとRodin（1984）も，これに関してよい例をあげている。それは，彼らの同僚が，嫉妬に関する論文が優れた学術雑誌に掲載されたことをSaloveyらに知らせる場面である。Saloveyら自身も嫉妬の研究をしているため，この知らせによって自分たちは妬みを感じるだろうと考えた。自己の肯定的な特徴を維持し，同僚の論文が掲載された脅威を減らすため，SaloveyとRodin（1989）は雑誌の価値を低めたり，その雑誌の編集者に研究の問題点を指摘する手紙を書いたりするだろうと考えた。ここでもし嫉妬を感じた者が一歩悪い方向へ進み，同僚にこれらの考えを言葉にして伝えた場合（たとえば，「どうせ，あんな雑誌たいしたことないよ。」や，「～の問題点は修正したほうがいいんじゃないか。」），相手をけなし始めることになる。

　これとは別に，しばしば競争的とされる行動は，**不正行為**（subterfuge）である（Messman, 1996）。この方略を使うことで，ライバルが今より優れ，社会的ネットワークのなかで肯定的な自己イメージを維持することを意図的にさまたげようとする。た

表2-4 対人関係上の否定的結果に関連した競争的行動

行動と定義/例
反抗的行動： 否定的な自他比較を促進する行動
優位性の表現 他者より自分が優れていることを示すような行動。たとえば，他者の前で人に注意する，など。
けなし 他者を自分より劣ったものに位置づける行動。たとえば，他者の考えを軽視したり，無視したり，笑ったりする，相手が何かを達成したときには「それは幸運だった」と言い，相手の達成したことは「大したことじゃない」と言う，など。
自慢 自己の達成に対して過度の注目を集めるような行動。たとえば，自分が達成したことについて他の人に言う，他の人にたくさんもらった給料を見せる，など。
攻撃性 他者に挑戦したり，威嚇したりする言語的，非言語的行動。たとえば，誰かに頻繁に反対して言い争いがちになったり，他の人を睨んだりする，など。
不誠実/画策 否定的な自他比較をさせるために企てる行動。たとえば，うそくさくしたり，うわべだけ丁寧にふるまったり，わざと褒めたりする，など。
不正行為 ライバルの肯定的イメージを低減させることが目的の意図的な行動。たとえば，他者にライバルに関する否定的な偽りの情報を伝えたり，ライバルが集中力を失ってうまくできないようにしたり，ライバルがズルをしたように見せかけたりする，など。
反社会的行動： 競争心，あるいは妬み脆弱性を表わす行動
社会的疎隔 ライバルに向けられた，興味の無さと回避を表わす行動。たとえば，ライバルとの直接のアイコンタクトを避ける，ライバルが言うことに注意を向けない，社会状況でライバルから遠ざかる，など。
一般的不安/防衛性 不安や防衛を表わす行動。たとえば，課題を行うときに神経質になったり，競争課題を行うときだけ特に真剣になったり，うまくいかないと防衛的に行動する，など。
非協力的努力 集団と一緒に働きたがらないことを表わす行動。たとえば，同じ集団内の他の人がうまくやりだすと急に仕事をやり出す，集団内の他者がうまくいくよう助けることを拒む，他者と一緒にではなく，一人で仕事をすることを好む，など。
自己焦点づけ 自己陶酔を表わす行動。たとえば，共同研究について話す際に主語に「われわれ」を使う代わりに「私」を使ったり，特定の方法でものごとを行うようにこだわったり，議論を独占したりする，など。

注：この表は，Messman (1996) の競争意識の研究から引用

とえば，妬みを感じた者はライバルの評判を傷つけようとする可能性がある。このような方略はおそらく，とくに強い妬みやライバル意識を体験した場合に最も使われやすい。**ライバル意識**（rivalry）は，両者とも価値ある対象を手に入れておらず，両者ともそれを手に入れようと尽力している点で妬みとはやや異なる（Bryson, 1977; Salovey & Rodin, 1989）。その状況が妬みをともなおうがライバル意識をともなおうが，他者にライバルよりも良く評価してもらいたいときや，ライバルに復讐したいときなどには不正行為が使用されやすい。

　最後の2種類の反抗的行動である**攻撃性**（aggressiveness）と，**不誠実**

(inseourity) や**画策**（manipulation）は，競争的な姿勢が反映されたコミュニケーション方略である（Messman, 1996）。攻撃性は，挑戦的で，しばしば威嚇的に見られ，それゆえ競争と自他比較に結びつきやすい。不誠実や画策は，他者に肯定的な評価をさせようとするか，他者自身に否定的な評価をさせようとすることである。たとえば，それとなく称賛を求める者は肯定的な自己像を促そうと画策しており，反対に，うわべだけ丁寧にしたり，よそよそしくしているような者は，相手の言うことに価値がないと示す画策をしている。

　Messman（1996）は，さらに4つの反社会的行動を示した。このなかでまず，**社会的疎隔**（social distance）は，ライバルに興味がないことを示し，ライバルとのかかわりを避けることである。この方略は，人がライバルとこれからのかかわりを避けたがることを発見したSaloveyとRodin（1984）の研究とも対応している。自分を否定的に比べてしまう他者に直面したとき，人が起こす自然な反応はその者を避けることである。それにより，自分自身を否定的に感じることを避ける。2つめの反社会的行動である**一般的不安**（general anxiety），または**防衛性**（defensiveness）は，妬みやすさと高い競争性を持つ者に伴いやすい行動である。競争する状況をあまりに真剣に捉えてしまう者は，重要な課題を行っているときは神経質になりやすく，課題がうまくいかなかったときは防衛的になりやすい。残り2つの反社会的行動である**非協力的努力**（noncooperative efforts）と**自己焦点づけ**（self-focus）は，他者と協力する意欲のなさと，他者との交流で自分が最も優れていたい，あるいは自分がリーダーでありたいという欲求を表わしている。この2つの目標は一見矛盾しているように見えるが，競争的な人々が他者から離れたがっていると同時に，自分の達成に気づいてもらいたがっていることを考えれば理解できる。

　上にあげた反抗的行動と反社会的行動のすべてが，対人関係における否定的な結果に結びつく。Messman（1996）の成功志向目標の類型に含まれる行動も，否定的な結果をもたらす。たとえばMessmanは，誰かと金をかける，あからさまに誰かの立場に対して挑戦する，集団内の人々に勝つことがすべてだと言う，といった行動について論じた。これらの行動は特定の技術や領域と自己との関連づけを強め，その結果，妬みに結びつくことがある。さらにこのなかの一部の者は，自分が競争に負けたとき，自分や自分のパートナーまでも動揺すると報告した。このような成功志向の行動は，集団の調和と結束よりも葛藤と分離を促進しやすいようである。

●関係（不）満足

　妬みとライバル意識は，身近な対人関係で見られることが多い。そのため，妬みの思考，感情，行動がどのように関係満足に影響を及ぼすのか，という疑問が生じるのは当然である。先に論じた行動の多くが対人関係に悪影響を与えることは明白だと思

われる。優位性の表出や自慢などの行動は他者を不快にさせやすい。また，妬みと誇りは7つの大罪のうちの2つであると一般的に理解されているため，言葉で自己の優位性を主張するような者は，自分に自信があるというよりも傲慢(ごうまん)に見られる。他者をけなす行動，攻撃性，不誠実や画策は，他者に防衛的な態度をとらせることとなり，関係の不満足感を招きやすい。簡単に言うと，多くの者は，常に反対したり，けなしたりするような者の周りにはいたがらない。このようなやり取りは，ある者に対しては自他比較による肯定的な自己評価を促すかもしれないが，別の者にとっては自分自身のことをより低く評価させてしまう。

　MessmanとCupach (1996) は，反抗的行動や反社会的行動の多くが対人関係に否定的な影響を及ぼすという見解を実証した。彼らの研究では，競争的コミュニケーション，面子維持（互いにどのように自分を呈示するか），絆(きずな)の強さについて友人間で回答を求めた。その結果，友人が同性であっても異性であっても，悪意のある競争的行動は対人的結束と負の関係にあった。**悪意のある競争**（malevolent competition）は，「私の友人は，私より優位に立とうとする」「私の友人は，私がうまくいったことに対して『嬉しくなさそう』に応じる」「私の友人は，一緒にゲームをしているとき，あたかも私がズルをしているように見せかけることがある」「私の友人は，私がうまくいくよう祈るときに，よそよそしくする」などの項目を使って測定されていた。

　しかし，特定の競争的行動は友人との絆(きずな)と正の相関がみられた。具体的には，達成を目的とした競争的行動は，肯定的な人間関係が促進されるようである (Messman & Cupach, 1996)。このような行動には，さらに努力して良くなりたいということ，自慢することなく個人の達成を他者とわかち合うこと，友人の達成について尋ねることが含まれる。興味深いことに，これらの行動は自他比較をもたらすかもしれないという点では競争的だが，勝ち負けよりも達成を，葛藤よりも対人関係の絆(きずな)を強調した形で書き表わされている。

　最後に，悪意のない羨望の妬みが好意と関係の満足感に結びつくことに留意したい。このような妬みは，争点となっている能力，才能，個人特性が二者のうち一方の人のみに重要とされている場合に生じやすい。たとえば，数学が苦手な夫は，自分の妻が財務に詳しく，投資の明細表を適切に作れることをとても誇りに思うかもしれない。友人同士で，勉強と運動など異なる領域で互いに成功を自慢し合うかもしれない。このような場合，お互いに望ましい特性を持っている相手に憧れていることが多い。加えて，相手の達成による栄光を浴びている可能性もある (Salovey & Rodin, 1989を参照)。このような場合，相手が優れた才能や価値を持っている人物であるという考えに加え，その相手が自分を仲間として選んだという認知が自己評価を肯定的にさせる可能性が高い。同様に，親密な関係にあるパートナーが肯定的な個人特性と能力を持っている限り，そのパートナーは関係をさらに満足させる報酬をもたらすことができる。

結　論

　本章では主に嫉妬と妬みのダークサイドに焦点を当ててきたが，これらの感情には明るい面があることも明らかになったであろう。嫉妬と妬みは，関連し合っているが別の概念である。両方の感情体験は，怒り，恐怖，悲しみという似かよった一群の感情をともなっている。ところが，これらの感情が喚起される原因は嫉妬と妬みでは異なっている。嫉妬と妬みのうち，より広義の意味を持つ嫉妬は，価値を置く関係が失われることを予見する恐怖，裏切りへの怒り，関係を失う可能性に対する悲しみに関連している。一方妬みは，自己に対する怒りと他者に対する憤り，劣等感からくる恐怖，自己の失敗と短所に関する悲しみに根ざしている。嫉妬も妬みも，肯定的な感情よりも否定的な感情により関連が深いものの，肯定的な感情との関連を見過ごすべきではない。嫉妬は愛と感謝を示すことができ，つまらなくなった恋愛関係にロマンスをもたらし，相手をどれだけ気遣っているか，あるいは関与しているかを気づかせる助けになる。妬みは，憧れと自己向上をもたらすことができる。

　同様に，嫉妬と妬みはときに破壊的なコミュニケーションに結びつき，究極的には関係の破壊をもたらすものの，あるときには，これらの感情は相互理解と絆を導き出す。したがって，嫉妬と妬みがどのように表出されるかが関係の満足感を高める鍵となる。嫉妬によりパートナーの行動を監視して不信を表わし，相手の自由を奪う者や，言語的あるいは物理的攻撃を通して怒りを表わす者は，パートナーを遠ざけやすい。同様に，けなしたり，自慢したり，画策したり，ごまかしたりするような否定的な競争的行動によって妬みに対処する者は，しばしば関係を疎遠にし，その結果，より強い憤りと劣等感を感じる。しかし，これらの感情の全貌は，一見したように暗いものばかりではない。嫉妬を感じた者が，直面した状況に対して落ち着いた建設的なやり方でパートナーと話し合えば，2人の関係に対する新しい理解が得られるだろう。ときに嫉妬は，関係が危うくなったり，間違った方向に向かったときに，パートナーに対する愛と関心を表現させ，2人の関係を修復する。妬みも，とくに自己を向上させる動機づけの手段として使われた場合には機能的である。このように，多くの者の感情と同様，嫉妬と妬みも暗く非機能的な側面と，明るく機能的な側面の両方を持っている。この複雑な感情の両面を理解することは，研究者，臨床家，および人間関係を大切に思うすべての人々にとって重要な道のりである。

謝　辞

　競争に関する自身の研究内容を私たちに話してくださり，本章の競争に関する記述部分に対して有益なコメントを与えてくださったSusan Messmanに感謝いたします。

第3章
真相を知っているのは誰？
：対人関係におけるうわさ話

なぜ，うわさ話は3つの矛先をもつ舌のようだと言われるのか。それは，うわさ話が，3人の人間を傷つけるからである。その3人とは，うわさ話を言いふらす人自身，それを聞いている人，その話題にのぼっている人である。

『バビロニアン・タルムード』（Babylonian Talmud）より

このことわざは，対人関係のダークサイドにおけるうわさ話のはたらきを顕示している。うわさ話は，人々の評判や名声（reputation）に傷をつけかねない。より興味深い点は，うわさ話が，その話し手，聞き手，および話題にのぼるターゲットという三者間の関係を壊す可能性があることである。道徳的な問題としてのうわさ話の特徴は，古今の哲学者や神学者から多くの注目を集めてきた。社会問題としてのうわさ話の特徴は，礼儀に関する多くの論文において散見される，うわさ話に対する非難の記述や，事実に基づかずに他人の話をすることに対する制裁を記録した人類学的研究から推察される。うわさ話は関係を崩壊させる力をもっているので，無力な人々でも，危険な剣を振りかざすことができるのである。Spacks (1985) には，以下のようなくだりがある。「誰かの写真を撮ると撮られた者の魂を危険にさらしてしまうという考えと同じように，誰かの悪口を言うと言われた者に何か悪いことがもたらされるという見解が，理屈抜きで語られている。……誰しもが，言葉がもつ危険な魔力を使いうる。これは，そうする以外は無力な者のための武器であり，（よく言われているとおり）暗い片隅で使われる武器である。」(p.30)

うわさ話のネガティブな側面

中世は，とくにうわさ話が多かった時期のようであり，同様に，うわさ話に対する厳しい非難も多かった。Schein (1994) によれば，こうした非難は，うわさ話のなかで，誹謗中傷をしたり，秘密を漏らしたりしないように警告する聖書の文章や，悪意，嫉妬，欺きといった罪のなかにうわさ話を位置づけた新約聖書の文章による影響を受

けていた。うわさ話は，根拠がなくてくだらないという特徴から，7つの大罪のひとつである「怠惰」と同列に扱われた。さらに，うわさ話は，騎士道的な愛に関する文学作品において，恋愛の敵として登場した。具体的には，理想的な恋人は思慮深く，彼の恋愛に関して友人たちにうわさ話をせず，さらに，彼の愛が，他人からうわさ話のターゲットにされることを防ごうとまでするのである。うわさ話は，寓話的表現では「毒舌（evil tongue）」と呼ばれ，嘘を言うことにより嫉妬を煽り，恋人同士の仲を引き裂くものであった。うわさ話の題材は多岐にわたっているが，最も一般的なトピックは恋愛，とくに不倫や浮気の関係のようであった。中世の社会では，ニュースや，その社会での厳格な行動規範が，主に口頭によるコミュニケーションによって伝達されており，こうした社会構造が，うわさ話の影響力を強めたようである。具体的には，「うわさ話は，しばしば真実として，また，既定の厳格な行動規範として受け取られた。そのため，うわさ話によって，人々の評判や社会的地位が崩壊し得た」(p. 151) という記述がある。こうした時代において，うわさ話をすることに対する制裁は厳しく，その種類は，水責め，足かせ，その他の羞恥刑から，おしゃべりを止めさせるために鉄釘を口の中に放り込むという拷問の類にまで及んだ (Emler, 1994)。

　幸いにも，うわさ話に対する，法律上正当と認められた制裁はなくなったが，うわさ話に対する道徳的な禁制は本質的には残ったままである，といくつかの文献で述べられている。Thomas (1994) が指摘しているように，うわさ話は，広く知れ渡った情報にかかわる内容であるはずだが，道徳的問題としてのうわさ話の根幹は，不当なプライバシーの侵害にあることを示唆する文献もある。Bok (1984) によれば，われわれが耐えうるうわさ話のタイプや量に関して言明はできないが，われわれ1人ひとりが道徳的規範をもっているので，各自の規範に反するうわさ話が，個々人にとって道徳的問題となる。Bokは，とくに非難に値するうわさ話の3つのカテゴリーを選出している。すなわち，秘密の暴露，虚偽の事実の吹聴，プライバシーの著しい侵害である。これら3つのカテゴリーによって，うわさ話が定義され，単なるおしゃべりと区別されるのである。たとえば，Bergmann (1993) は，**うわさ話**について，「自分の隣人に関する，意地悪で，非難めいた，卑劣な話」(p. 26) というドイツ語の定義を引用している。

　うわさ話に関する英語の定義では，その無意味さや瑣末さといった性質に，より焦点が当てられている。オックスフォード英語辞典によれば，**うわさ話をすることは**，「もっぱら他人のことについて無益なおしゃべりをして，陰口をたたくこと」(Simpson & Werner, 1989, p. 700) と定義されている。アメリカンヘリテージ辞典では，うわさ話は，「取るに足らない根も葉もない，通例，私的で興味本位な内容の風評，むだ話」(Morrs, 1981, p. 569) と定義されている。うわさ話について，その無意味さや瑣末さといった性質を非難する文献もある。たとえば，Heidegger (1962) は，うわさ話があ

まりにも瑣末な内容であるがために，人間の存在の奥深さを理解するためにまったく役立たないと考えた。さらに，うわさ話によって，人々は，話題にのぼっている彼または彼女についてすでに何もかもわかっているようなつもりになり，その結果，人間の存在に関する思考が蝕まれる，とHeideggerは論じた。Bok (1984) は，うわさ話が，その無意味で瑣末な内容によって，うわさ話のターゲットの生活を卑しめるため，道徳上問題がある，と指摘した。

うわさ話は，女性がするものだという固定観念があり，女性のうわさ話は，男性のうわさ話よりも意地悪なものだという共通認識がある (Tebbut, 1995)。うわさ話の意味の変化に関する歴史的な分析によって，うわさ話が主として女性がするものだと認識されるようになるにつれて，いかにその誹謗抽象的な意味合いが強まったかが明らかにされている（たとえば，Rysman, 1977; Tebbutt, 1995）。「年齢にかかわらず，女性の力は舌にある」(Tebbutt, 1995, p. 19) というウェールズ地方の古いことわざからもわかるように，伝統的に社会のなかで権力のない女性が，うわさ話を好む性質のために，矛盾しているが，社会のなかで恐れられていたのである。

名誉回復の方法

上記の見出しの言葉は，Emler (1994) に由来している。Emlerは，うわさ話にかかわる悪い評価が本当に正しいのかどうかという問いを扱おうとしてきた多くの哲学者や言語学者，社会学者のなかの1人である。方法はさまざまであるが，それぞれの研究者が，うわさ話の名誉回復のために，うわさ話のネガティブな側面のひとつあるいはそれ以上の見直しを試みている。

Ben-Ze'ev (1994) は，うわさ話が本質的に有益な活動であるという仮定について哲学的に分析している。お金や学術的発表といった外的報酬ではなく，創造性や知的好奇心によって動機づけられる理知的な思考と同様に，うわさ話は一般的に，表面的な目的ではなく，その活動自体に価値がある。Ben-Ze'evは，われわれ自身の生活をより理解し統制できるようにするために，他者の生活に関するある種の根本的で人間的で私的で立ち入った詳細を把握することにおいて，うわさ話が果たす役割を強調した。また，うわさ話に参加することは，親密で情緒的な結びつきを特徴とする閉鎖的集団に受容されたいという欲求，いわゆる**同族欲求**（tribal need）を満たす。Ben-Ze'evは，うわさ話が常に道徳にかなった活動であるわけではないということを認めていたが，悪質な活動でもないということを示そうとした。

発話や会話形態における性差を検討している社会言語学的研究は，うわさ話のポジティブな側面を明らかにしている。これらの研究は，うわさ話のポジティブな影響に焦点を当てるだけでなく，女性の話し方をより好意的に描いている。男性は目前の課

題に集中する傾向があるが，他方女性は，関係性により多くの注意を払うことを示唆する研究がある（Eagly, 1987を参照）。また，男性の会話を個人主義的かつ競争的と特徴づける一方で，女性の会話はより協調的で相互支援的とする研究もある（たとえば，Spender, 1980）。個人の生活の私的な詳細に焦点を当てたうわさ話は，協調的で，相互支援的な集団活動を特徴としたコミュニケーションスタイルの本質的な要素と捉えられる。そして，そうしたうわさ話は，うわさ話に参加している者同士の友情関係を構築したり維持したりするために使われる（Tannen, 1990）。

うわさ話の機能に関する社会心理学的分析がいくつか行われており，うわさ話は，無意味で瑣末という性質とはほど遠く，対人的にも，個人的にも有益な機能を果たしていると結論されている。Gluckman（1963）は，うわさ話が社会集団の団結を維持する手段となっていることを示唆している。うわさ話により，個人は社会的制裁を恐れて集団規範に背かないようになり，集団の団結が維持される。うわさ話は，さまざまなかたちで，他の集団，あるいはより大きな社会に対してさえも対抗して，集団を一致団結させる術となっている。Gluckmanによれば，うわさ話をする権利は，集団の一員であることを保証するものであり，部外者は，うわさ話には参加しないはずである。なぜなら，部外者がうわさ話に参加すると，強い非難を受けることになりうるからである。その一方で，ある部外者との間でうわさ話が交わされた場合，その個人が集団の一員であることによって得られるすべての権利をもったメンバーとして受け入れられたという確かな証となる。

LevinとArluke（1987）は，うわさ話をする目的について，以下のように述べている。第1は，自尊心や集団内での地位を向上させるため，第2は，他者と比較して自分の意見や信念を評価したいという欲求を満たす情報を，合理的かつ簡単な方法で入手するため，第3は，集団内の凝集性を確立したり維持したりするため，第4は曖昧で不安が高い状況を明確にするため，第5は，より単純に，楽しんだり，くつろいだりするため，である。RosnowとGeorgoudi（1985）は，個人的および対人的なレベルではたらく一般的なうわさの機能について，（いくつかの重複部分があるが）以下の3点を挙げている。それは，情報提供，影響力の行使，娯楽である。Emler（1994）は，うわさ話を通して行われる評判のやり取りは，われわれの実社会において，複雑で手の込んだ適応手段であることを示唆している。

うわさ話の実証研究

うわさ話に対するネガティブな評価に関するいくつかの側面が研究者によって検討されてきたが，うわさ話やうわさ話をすることについてのわれわれの知識は，まだ十分ではない。われわれは成人期に非常に頻繁にうわさ話に従事することや（Emler,

1994; Levin & Arluke, 1985），うわさ話は児童や青年の間で最も顕著な社会的作用（social processes）のひとつとみなされること（Gottman & Mettetal, 1986）が明らかにされた。われわれの人生には，ネガティブな内容をより重視する場合もあるが，うわさ話のなかで伝達される情報が，完全にネガティブであることはまれである。大学生の間で実際に交わされているうわさ話の量や内容，その話され方を研究したLevinとArluke（1987）では，うわさ話において，ネガティブ情報とポジティブ情報が同程度に話されており，情報の約半分が，明確にはネガティブでもポジティブでもないことが見いだされた。うわさ話の評価的内容は，年齢によって変化するようである。GottmanとMettetal（1986）は，8歳から12歳までの間，うわさ話には主にネガティブな評価が含まれているが，一方，青年の間では，同じ人物に関するうわさ話に，ポジティブな評価とネガティブな評価の両方が含まれていることを明らかにした。うわさ話は頻繁に行われるが，うわさ話をする傾向には個人差がある。Nevoら（1994）は，うわさ話をする傾向が，社会的望ましさ，性別，職業選択と関連していることを見いだした。具体的には，うわさ話をよくすると自己報告した者は，社会的承認欲求が低く，女性が多く，人間関係志向的な職業に興味を持っていた。

　うわさ話に関する実証研究の少なさは，部分的には，その秘密裏な性質が原因となっている可能性がある。SabiniとSilver（1982）によれば，われわれはみなうわさ話をするが，するべきではないと感じている。それゆえ，われわれは，ひそかにうわさ話をする。RosnowとGeorgoudi（1985）は，プライバシーと情報の保護の感覚が，うわさ話にとって欠くことのできない前提条件であると指摘した。実証的検討を行う際に，研究者は標本となるうわさ話を見つける，あるいは，自分自身または他人がしているうわさ話について快く話してくれる人を見つけるという困難な課題に直面する。Levinらは，大学のキャンパスにおいて交わされている会話を計画的に盗聴したり，新聞のゴシップ記事を標本抽出したりすることによって，前者を成し遂げた（Levin & Arluke, 1987）。Emler（1994）は，日誌法を用いて，誰が，誰に対して，何を話したかについての情報を収集した。Nevoら（1994）は，他者の成功や恋愛関係などについて友人に話すといった，うわさ話と捉えられうる行動の頻度を測定するうわさ話傾向尺度（Tendency to Gossip measure）を開発した。これらの方法のそれぞれが，うわさ話の秘密裏な性質をさまざまな方法で扱っているが，各方法間で，うわさ話にかかわるその他の本質的な前提条件，すなわち，うわさ話が広まりうる一般的な状況を反映しうる程度が異なっている。

　社交性は，うわさ話のもうひとつの前提条件である（Rosnow & Georgoudi, 1985）。うわさ話は，見知らぬ者同士や，あまり親しくない者同士の間ではめったに起こらない。したがって，うわさ話の研究は，うわさ話を交わしあう者同士の友好的な親密関係の程度が特徴づけられる状況において実施されるべきである。第3のうわさ話の前提条

件は，共通する準拠枠（frame of reference）である（Rosnow & Georgoudi, 1985）。この共有された準拠枠には，うわさ話の内容の理解に必要な背景的知識だけでなく，共有された価値観や態度が含まれる。

われわれの研究では，うわさ話が好きな人の特徴に関する先行研究の知見が矛盾していることをふまえ，うわさ話をする人とうわさ話のターゲットになる人々の性格特性を検討することとした。われわれは，女子大学生の社交クラブ内のうわさ話を研究することを選択した。なぜなら，社交クラブのさまざまな特徴によって，うわさ話が生起するための前提条件が提供されるからである。社交クラブとは，大学内にいくつか存在する，閉鎖的な集団である。構成員は若い女性であり，各集団には連帯感や一体感が備わっている。共有された準拠枠が，事実上確実に存在する。なぜなら，女性たちは，自分自身の目標や価値観と類似した目標や価値観をもつ社交クラブを選ぶ傾向があり，さらに，新入会員となることを誓う過程によって，社交クラブ内に広く浸透している価値観や目標が個人のなかに定着するからである。社交クラブは，通常小さな集団なので全員がお互いのことを知っており，その比較的閉鎖的な性質によって，プライバシーを提供し，大きな都会の大学での騒々しく慌ただしい生活から個人を守っている。

誰が誰についてうわさ話をするのか？

うわさ話をする人の特徴を記述しようとした先行研究では，一見矛盾した人物像が描かれている。たとえば，社会的に孤立している者，集団の中で最も人気がない者，自分に価値がないと思って劣等感を抱いている者，対人不安が高い者，他者からの尊敬を希求している者，友だちを作るあるいは注目を集めるというように他者から評価されるためにうわさ話をする者などがある（Ben-Ze'ev, 1994; Levin & Arluke, 1987を参照）。反対に，うわさ話をする人は，敏感で，好奇心が強く，社会に関心を持っており，一方，うわさ話をしない人は，他者の私生活に関心がなく，うわさ話をするような友人がいないともいわれている（Levin & Arluke, 1987）。したがって，うわさ話をする人について，一方では他者とのかかわりが少ない，あるいはまったくなく，他者の目に映る自分自身の価値を高めるために，他者に関する意地悪な情報を伝えるとされている。また，他方では，うわさ話をする者は，社会に関心を持っており，他者の生活に深くかかわっている，というように他者の評判を落とすことを楽しむとは思えない人柄が示されている。これらの本質的に異なる主張は一見正しいようにも思えるが，残念なことに，これらの見解を支持する直接的な証拠はない。

うわさ話のターゲットには，誰がなるのであろうか。テレビや新聞・雑誌などのゴシップ記事やトークショーおよび「話題の人」に関する特集の見出しは，有名人の日常生活か，一般人にまつわる驚くべき出来事のいずれかの内容である（Levin & Arluke,

1987を参照)。うわさ話のターゲットは妬みの対象であることが，Ben-Ze'ev (1994) によって示唆されている。たいていの場合，うわさ話のターゲットは，その参加者がよく知っている者であるが，陰で話題になっているその個人に関して，話されていること以外はあまり知られていない，と考えられている。

　本研究の目的は，うわさ話をする人と，そのターゲットになる人の性格特性について実証的に検討することである。うわさ話をする人は，人間関係に問題を抱えており，仲間に入りたいためにうわさ話をしているのであろうか，それとも，他者とのつきあいを楽しんでおり，うわさ話が人づきあいのなかで欠かせないものになっている人なのであろうか。これらの見解の両方が，直感的には正しいように思えるが，実証的に性格特性を検討することによって，われわれは，これらの一見矛盾する知見を確認して修正する。

方 法

　まず，規模の大きい公立大学の社会奉仕クラブに連絡し，クラブのメンバーから「コミュニケーション・ネットワーク」に関する研究を実施する許可を得た。36名のメンバーが研究に参加し，情報提供者となった。彼らに対して無記名の質問紙調査を2回実施し，クラブのメンバーに関する情報や自分自身の情報について回答を求めた。彼らの年齢は，通常の大学生と同じ18～22歳であり，彼らの多くが大学構内にあるクラブの寮もしくは大学の寮に住んでおり，その他の者は大学外に住んでいた。

●第1調査

　最初に実施された無記名式の質問紙調査では，社交クラブ内の他者に関する多くの事柄が尋ねられた。第1調査の目的は，以下の3点であった。第1は，誰が誰についてうわさ話をしているのかを確認すること，すなわち，どの人が最も頻繁にうわさ話をしているか，また，誰が頻繁にうわさ話のターゲットになっているのかを検討することであった。第2は，クラブ内の友人グループや交友パターンを調べること，つまり，クラブ内の個々人の相対的な人気を検討することであった。第3は，クラブ内の個々人が好かれている，あるいは好かれていない程度を検討することであった。最初の調査票を返送した15名は，当該クラブ内のうわさ話の程度を検討するための匿名の情報提供者とされた。

　回答者には，最初に143個の形容詞のリストと社交クラブの全メンバーのリストが提示された。回答者は，各メンバーの名前の横に，その人によくあてはまる形容詞を記入するように求められた。記入する形容詞の個数はまったく指定されなかった。次に，回答者は，社交クラブの各メンバーに関して，その人がクラブ内の誰についてのうわさ話をよくしているのかを尋ねられ，うわさ話のターゲットとなっているメンバ

一の名前を記入するように求められた。ある特定の人が誰かについてうわさ話をすることがないと感じる場合には,「当てはまる人はいない」と回答するように教示された。各個人がうわさ話をする程度を確認するために,回答者は,各個人が一般的にうわさ話をする傾向について,0（**一度も，あるいはほとんど，うわさ話をしたことがない**）から100（**いつもしている**）までの尺度上で示すように求められた。その後,回答者は,各メンバーについて,クラブ内で親しくしている友人の名前を挙げるように求められた。全体的に,ある特定のメンバーがうわさ話のターゲットとしている人や,親しくしている友人について,不明確な場合は推測して最も妥当だと思われる内容を回答するか,もしくは,まったくわからないことを報告するように教示された。調査票の最後に,回答者は,自分の言葉でうわさ話について定義するように求められた。定義の詳細さは回答者の裁量に任せられた。調査票の後半は,うわさ話の性質に関する一般的な認識や,うわさ話が関係性を強めたり壊したりする可能性について扱うように計画されていた。

　第1調査の調査票は,社交クラブの月例会の場で,筆者らの1人がこの研究について「コミュニケーション・ネットワークに関する調査」と紹介し,十分な説明に基づく同意（informed consent）を参加者から得た後に,配布された。彼らは,自分の部屋で1人きりのときに調査票に回答し,添付された封筒に密封して,社交クラブの寮の前に設置された箱（取り出しやのぞき見ができないようになっている）に2週間以内に提出するよう教示された。回答者が最初の調査票を提出した時に,彼らは2回目の調査票を受け取った。2回目の調査票は,切手が貼られた宛先記入済の封筒を用いて調査者に郵送されることになっていた。

●第2調査

　第2調査の調査票は,うわさ話をする人を特徴づけると考えられるさまざまなパーソナリティ特性の尺度から構成された。他者からの承認欲求は,Marlowe-Crowneの社会的望ましさ尺度（Marlowe-Crowne Social Desirability scale）によって測定された。この得点が高いほど,重要他者からの承認を求めようとする動機づけが強いことを示す。したがって,この得点が高い個人は,その目的を志向した行動をとるはずである（Crowne & Marlowe, 1964, p.39）。自尊心は,Rosenberg（1965）の自尊心尺度（Self-Esteem scale）によって測定された。Rosenbergの尺度の妥当性の検討では,自尊心が低い者は,自己拒否感や自己不満感が強く,自己卑下的であり,社会集団の中では重要ではない立場にいることが多いと示唆されている。これは,一部の先行研究で論じられていたうわさ話をする人の特性と類似している。特性不安の測定には,Taylorの顕在不安尺度（Manifest Anxiety scale; MAS）が使用された（Taylor, 1953）。Rosnow（1991）らは,不安と流言（rumor）への関心（Anthony, 1973）やある流言を

誰かに伝達する傾向 (Jaeger et al., 1980) との間の関連を一貫して実証してきた。流言に関する結果がうわさ話にも当てはまるかどうかが問題となるが，流言は，うわさ話と同様の特徴をいくつか有している現象である。なお，第2調査では，その回答が第1調査で得られた情報と関連づけられるように，記名回答が求められた。しかしながら，回答内容は絶対に公開されないことが保証された。

参加者には，第2調査の調査票が送られた2週間後に督促状が送られた。さらに，研究実施者の1人が次の月例会に参加し，全メンバーに対して，第1調査に回答していない場合でも，第2調査の調査票に回答するように求めた。31名のメンバーから第2調査の調査票が返送され，有効回収率は86%であった。

●測度の作成

さまざまな測度が，第1調査から作成された。その大半は，15名の情報提供者の平均評定値を算出して得られた各メンバーに関する得点であった。得点化の詳細は，Jaegerら (1994) に記載されているため，以下では簡単な説明にとどめる。

好ましさ

各メンバーの特徴を示すために使用された143個の形容詞は，ある先行研究において好ましさの評定に用いられたパーソナリティ特性語であった (Rosnow et al., 1969)。社交クラブのそれぞれのメンバーに関する好ましさ得点は，匿名の情報提供者が各メンバーの特徴を説明するために使用した特性語の好ましさに関する平均評定値を用いた。得られた平均値の分布範囲は，下限値が-6.9 (**最も好ましくない**)，上限値が26.0 (**最も好ましい**) であった。

うわさ話をする人

各メンバーのうわさ話をする傾向の得点 (うわさ話傾向得点；a gossiping tendency score) は，誰が誰についてのうわさ話をするかに関する，情報提供者からの報告を基に算出された。情報提供者によって報告された，各メンバーが社交クラブ内の誰についてうわさ話をしているかに関する回答をもとに，うわさ話のターゲットにしている他者の人数の平均値 (情報提供者間の平均) を算出してうわさ話傾向得点とした。うわさ話傾向得点の分布は，メンバーを**高群**，**中群**，**低群**に群分けするために3分割された。分割点は，同一群内の個人の類似性がより高くなるように微調整された。その結果として，うわさ話傾向得点に関して，**低群**は14名，**中群**は13名，**高群**は9名となった。

うわさ話のターゲット

上記と同じ内容をもとに，各メンバーがうわさ話のターゲットとされる傾向を表わす別の得点が算出された。これは，各メンバーがうわさ話のターゲットとして名前を挙げられた回数の平均値 (情報提供者間の平均) である。得点分布を三分割する値を基準に，各メンバーは，うわさ話のターゲットになりやすいかどうかを示す，**高群**，**中群**，**低群**に分割された。上記と同様に，分割点は，同一群内の個人の類似性がより高くなるよう

に微調整された。

人　気

誰が誰と親しくしているかに関する情報提供者からの報告に基づいて，各メンバーが親しくしている友人として選択した人数や，各メンバーが他のメンバーの友人として選択された回数を求めた。これらのデータをもとにソシオグラムを作成し，社交クラブ内に存在する小さな友人グループを特定した。

結　果

以下では，まず，うわさ話をする人とうわさ話のターゲットになる人の性格特性について述べる。次に，誰が誰についてうわさ話をするのかに関する詳細な分析について述べる。考察では，社交クラブのメンバーによって回答された，対人関係におけるうわさ話に関するいくつかのテーマについて論じる。

●うわさ話をする人

社会的承認欲求や自尊心および不安等のパーソナリティ特性や，知覚された好ましさや親しくしている友人の数および他のメンバーの親しい友人として選ばれた回数等の集団内での人気の指標について，うわさ話傾向得点に関する高群，中群，低群間の違いが検討された。いくつかの変数に関して，特定の線形関係があるという仮説がたてられた。たとえば，うわさ話には非難的な内容が含まれるため，頻繁にうわさ話をする人は好ましさが低い人物であり，社会的望ましさも低いと予測された。また，流言を広める人（rumormongers）に関する先行研究の結果をふまえて，うわさ話をする人はより不安が高いと予測された。

上記の仮説を単純に検討するために，t 検定や F 検定によって群間比較を行った。特定の線形関係に関する予測は，「1，0，−1」あるいは「−1，0，1」という λ の重みづけ係数によって表わされた。群間の効果のうち，ある特定の線形関係には基づかない自由変動にかかわる平方和（SS）と比較して対比の結果を評価する簡便な方法は，単純に，各群の平均値とそれぞれの重みづけ係数 λ の平方相関を求めることである。これにより，一定の対比によって説明される群間平方和の割合が得られる。すなわち，群間の違いのうち，重みづけ係数 λ とともに変動する割合を抽出することができるのである。(Rosnow & Rosenthal, 1996a, 1996b)。われわれは，それぞれの対比と，無作為に選ばれた対比から理論的に導出される値とを比較することによって，各対比がいかにうまくいっているかを直感的に捉えようとした。3水準の場合（たとえば，不安—低群，中群，高群），無作為に選ばれた対比によって説明される群間平方和の期待値は，$1/2\,df$ すなわち50％である。

うわさ話をする傾向と社会的承認の間の予測された負の線形関係によって，群間平

方和の84％が説明された。しかしながら，うわさ話傾向低群（$M = 19.67$）は，中群（$M = 14.91$）や高群（$M = 14.29$）よりも社会的承認欲求が高いという関係のほうが，（事実上すべての群間平方和を説明する）よりよい予測であった。（$F(1,29) = 5.74$, $p = .02$, 推定効果量$r = .41$）。うわさ話傾向低群と高群との間の比較に関する効果量は，$r = .36$であった（$t(27) = 2.01$, $p = .03$（片側検定））。

自尊心に関する比較では，有意な結果はまったく得られず（すべて，$F < .25$），線形対比では，群間平方和の7％しか説明されなかった。うわさ話傾向得点に基づく各群の自尊心得点の平均値は，高群が31.00，中群が31.64，低群が30.75であった。うわさ話傾向に対する線形予測因としての不安によって，群間平方和の71％が説明された。実際には，うわさ話傾向高群（$M = 17.14$）と，低群（$M = 12.33$）および中群（$M = 12.09$）との間の違いによって，事実上すべて（99％）の群間の変動が説明された（$F(1,27) = 5.16$, $p = .03$, 効果量$r = .40$）。

好ましさに関しては，うわさ話をすることが最も少ない低群（$M = 18.76$）が，中群（$M = 12.75$）や高群（$M = 10.25$）よりも，より好ましく評定された（$F(1,33) = 6.85$, $p = .01$, 群間平方和の95％が説明された）。しかしながら，いずれの群もネガティブには評定されていなかった。うわさ話傾向中群は，高群や低群よりも人気が高いようであった。具体的には，親しい友人の数に関して，中群（$M = 3.08$）は，高群（$M = 2.11$）や低群（$M = 1.64$）よりも，より多く報告されていた（$F(1,22) = 8.24$, $p = .007$, 群間平方和の95％が説明された）。

●うわさ話のターゲット

この集団では，うわさ話をする傾向と，うわさ話のターゲットとして名前があげられる頻度との間に強い関連がみられた（$r = .76$）。この高い相関のため，われわれは，うわさ話のターゲットとなる傾向とさまざまなパーソナリティ特性や人気に関する測度との間に，先述したような関連を予測した。

うわさ話のターゲットとして名前があげられる頻度が最も少ない低群（$M = 19.73$）は，ターゲットとなる頻度が中程度の中群（$M = 15.63$）や最も多い高群（$M = 14.36$）よりも，社会的承認欲求が高かった。この線形関係によって，群間平方和の92％が説明された（$F(1,27) = 4.85$, $p = .04$）。うわさ話のターゲットとして名前があげられる頻度に基づく3群間には，事実上，自尊心の程度に差はみられなかった（低群$M = 31.64$, 中群$M = 30.38$, 高群$M = 31.18$）。うわさ話をする程度に基づく群間比較の結果とは違い，うわさ話のターゲットになる傾向は不安と無関連であった（高群$M = 13.09$, 中群$M = 13.88$, 低群$M = 13.27$）。

最も頻繁にターゲットになる者（高群）は，中群や低群と比較して，あまり好ましく思われていなかった（高群$M = 8.90$, 中群$M = 15.68$, 低群$M = 19.37$, $F(1,33) =$

10.80, $p = .002$,群間平方和の97%を説明,効果量推定値$r = .50$)。他者からうわさ話のターゲットにされることは,親しい友人の数と関連していた。すなわち,最も頻繁にうわさ話のターゲットにされる者(高群)は,中群や低群よりも親しい友人の数が多かった(高群$M = 2.85$,中群$M = 2.64$,低群$M = 1.33$,$F(1,33) = 4.52$,$p = .04$,群間平方和の85%が説明された)。

●うわさ話をすることと交友関係

社交クラブ内で目標や価値観が共有されているとしても,クラブ内にはより小さな友人グループができやすい。誰が誰を友人として選んだかを示すソシオメトリック・マトリックスから,程度の差があるが相互に結びついた友人集団,すなわち派閥(cliques,ここでは,お互いに友人として選び合った3人以上の**集団**と定義された(Festinger et al., 1950を参照))の数や,交友のある友人同士を把握することができた。メンバーのうわさ話をする傾向を検討した結果,2つのグループのまとまりがはっきりと浮かび上がった。一方のグループは,社交クラブ内の他のメンバーたちとつながりがなく,この派閥のメンバーは,うわさ話をしたり,うわさ話のターゲットになったりすることがめったになかった。他方のグループは,社交クラブ内に存在する,少なくとも2つ以上の他の識別可能な派閥とつながりがあり,このグループの人が,社交クラブのメンバーについて,最も頻繁にうわさ話をしていた。

メンバーたちがうわさ話のターゲットにするのは,親しい友人なのか,友人ではない者なのか,その両方なのかについて検討した。誰が誰についてうわさ話をしているかを検討するために,第1調査の調査票における情報提供者の回答をもとに,各メンバーにとってうわさ話の特定のターゲットとなっている者が確認された。第1調査の回答をもとに確認された,うわさ話をしている者とそのターゲットに関するうわさ話のパターンを,彼らの友人関係と重ね合わせた結果が図3-1である。この図から,親しくしている友人も,社交クラブ内の他のメンバーと同じように,うわさ話のターゲットにされていると解釈された。

◎ 考　察

うわさ話を研究しようとしたわれわれの最初の試みでは,社交クラブが研究対象として選択された。なぜなら,そうした環境は,頻繁にうわさ話が交わされる必要条件を備えていると考えられたためである。われわれは,対人関係が現在継続している閉ざされた組織に入り込むため,また,われわれは,彼らの連帯感や一体感を壊したくなかったため,慎重に調査を実施しなければならなかった。その結果,うわさ話に関して,尋ねることができなかった事柄がいくつかあった。われわれが,メンバーのプライバシーの尊重を重視したことにより,うわさ話の「より興味深い」側面のいくつ

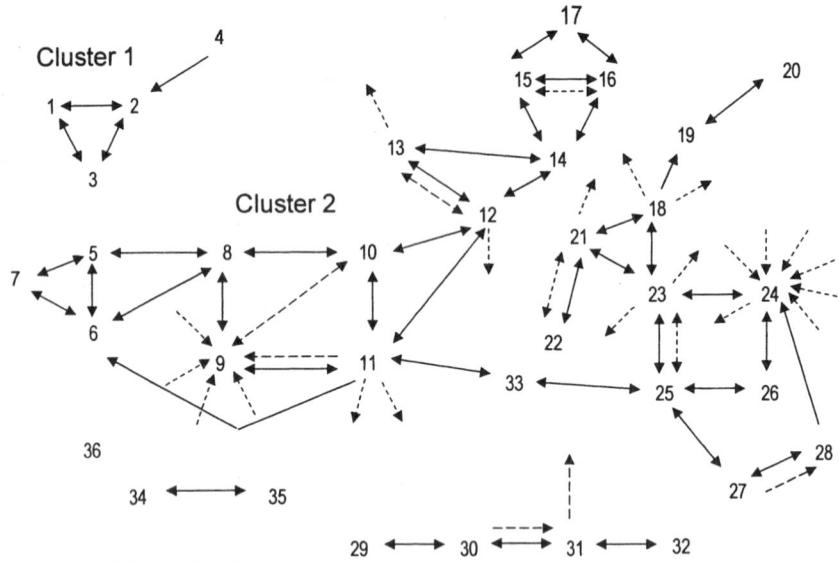

図3-1　交友関係の状態からみた，うわさ話をする人とうわさ話のターゲット
　注：破線はうわさ話をする者とターゲットとされる者のパターンを示している。数値間にひかれた矢印は親しい友人をターゲットとしたうわさ話を，終点が示されていない外向きの短い矢印は友人でない者をターゲットとしたうわさ話を，始点が示されていない内向きの短い矢印は友人でない者からうわさ話のターゲットとされているメンバーを，それぞれ示す。

かを見いだすことができなかった。また，われわれが選んだ環境によって，われわれの結果の一般性が制限された。それでもなお，本研究の結果は，先行研究のなかにみられたうわさ話をする人の特性に関する一見矛盾した知見を解釈するために役立つと考えられる。

　頻繁にうわさ話をする人は，めったにうわさ話をしない人や，うわさ話をする頻度が中程度の人よりも好ましく思われている程度が低かった。情報提供者は，他のメンバーのうわさ話をする傾向について報告する前に，好ましさの評定をするように求められたため，上述したあまり好ましくないという評定が，うわさ話と関連づけられた結果として生じている可能性は低い。うわさ話を頻繁にする者はあまり好ましく知覚されていなかったけれども，彼らの自尊心が低いわけではなかった。実際に，この社交クラブ内のメンバーの自尊心は，一様に高かった。他者から気に入られるためにうわさ話をするという予測に反して，本研究では，うわさ話を頻繁にする者は，うわさ話をあまりしない者よりも，社会的承認欲求が低かった。頻繁にうわさ話をする者は，他のメンバーよりも不安が高かった。不安に関するこの結果は，不安の高い者ほど，見知らぬ他者についての流言を伝達する傾向が高いという研究知見と整合していた

(Jaeger et al., 1980)。

　本研究は，関係性がうわさ話をするという活動の基盤となっていることを示唆している。うわさ話をするためには，うわさ話のターゲットとなる人や，そのうわさ話に一緒に興じる人が必要である。ソシオメトリーの分析によって，うわさ話をするという活動は，この社交クラブ内で最も人気がある（しかし，必ずしも最も好ましい必要はない）メンバーの派閥から広がっていくことが示唆された。この派閥には，この社交クラブ内のキーマン，すなわちより活動的で，より強い影響力をもったメンバーが含まれているようである。こうした個人は，とくによくうわさ話をしており，また，うわさ話のターゲットになることも多かった。しかしながら，全体的に，親しい友人の数に関しては，中程度にうわさ話をする者が最も多く，一方，うわさ話をあまりしない者は最も少なかった。この社交クラブでは，うわさ話をする人はまた，うわさ話のターゲットとされることが多かった。そのため，全体的に，うわさ話のターゲットの性格特性は，うわさ話をする人の性格特性と類似していた。うわさ話のターゲットに頻繁にされる女性は，そうした機会が少ない者と比べ，あまり好ましく思われていなかったが，彼女らの自尊心は他の者よりも低くはなく，社会的承認欲求は他の者よりも低かった。頻繁にターゲットとなる者は，社交クラブのなかで親しくしている友人がより多く，また，他者の親しい友人としても選ばれることがより多かった。

　調査票の最後に，回答者は，彼らにとってうわさ話とは何かを記述するように求められた。たった9名しか回答しなかったけれども，彼らの回答は複雑で，しばしば矛盾するうわさ話の性質や対人関係におけるうわさ話の役割が示されていた。明示的なものも，非明示的なものもあったが，およそ半分の記述がうわさ話に関するネガティブな側面を示していた。明らかにネガティブな回答として，たとえば，うわさ話とは，「誰かが他者について悪く言うこと」や「悪意のある言葉」という定義がみられた。暗にうわさ話のネガティブな側面が示されている回答としては，うわさ話とは「当人のいないところで」他者について話すことというものがあった。その他の回答では，うわさ話は，時に「制止できなくなる」ことがある基本的に無害な活動として示されていた。たとえば，「無邪気なうわさ話と評判を落とそうする悪意との境界線に必ず近づいてしまう人がいる」などである。また，「何となく誰かと話すこと」という回答にみられるように，うわさ話は親密な対人関係を構築し維持するために使われうる，社会的な接着剤（social glue）のようなものともいえる。その他には，「仲間と一緒になって，その日起こったことや面白い話について話すこと，としか言えない」という回答もあった。

　われわれの理論的検討と実証的検討は，うわさ話の性質が複雑であることを示唆している。誰かに向けられたあらゆる行為と同様に，うわさ話はそのターゲットを傷つけ，そして，親密な対人関係を破綻させる可能性がある。さらに，うわさ話の話し手

の評判が疑問視され，対人関係が壊れることもある。それにもかかわらず，うわさ話をすることは一般的な活動であり，参加している者は楽しんでいるようである。加えて，個人や，親密な人間関係の構築と維持にとって有用な役割を果たしている。うわさ話は，人間関係のダークサイドの一要素ではあるが，同時に，親密な人間関係の構築と維持においてポジティブな役割も果たしているのである。

第4章
対人関係における葛藤パターン

　将軍に危険をもたらす5つの特性がある。死ぬ覚悟ができている将軍は殺されやすい。生き延びることに没頭している将軍は捕らえられやすい。怒りやすい将軍は恥をかきやすい。厳格な将軍は不評を買いやすい。民衆を愛する将軍は悩まされやすい。

孫子『孫子兵法』1991

　約2000年前に書かれた『孫子兵法』(The Art of War) は，国家間の戦争だけでなく対人関係にも応用できる，葛藤（他者との意見の対立，不一致）の本質を示している (Sun Tzu, 1991, p.8)。『孫子兵法』は，主に，戦争は感情に動かされることなく冷静に行われるべきであるという考えに基づいている。したがって，将軍に危険をもたらすとされる上記の特性は，よい将軍には見られない。「よい将軍は別である。彼らは殺されることはなく，生き延びることを期待しない。彼らは出来事に応じてふるまい，すぐに怒ったり，困惑したりはしない。……彼らは戦略によって行動するかしないかを決め，彼らは喜んだり，いらだったりはしない」(p.66)。

　本章の内容は，対人葛藤を処理するとき，人は悪い将軍と似ていることを示している。葛藤が生じる相互作用のパターンに焦点を当てると，落ち着きや冷静さを欠いた，戦略的ではない態度で，お互いにやりとりしていることがわかる。葛藤時の行動は，自滅的な感情反応を反映することもある。

　本章では，親密な対人関係の研究テーマとして代表的な，葛藤が生じる相互作用のパターンについて説明する。とくに，家族関係や恋愛関係での標準的な葛藤パターンについて説明する。この説明は，恋愛関係での葛藤，続いて家族葛藤に着目した過去30年の研究（たとえば，Raush et al., 1974）に基づいている。会話分析や談話分析の手法により，葛藤パターンを示した数々のすぐれた研究成果（たとえばAlberts & Driscoll, 1992; Grimshaw, 1990）が報告されている。しかし，本章では主に量的データに基づいた分析による研究を説明する。本章では，暴力，意見の食い違い，相互依存に関する，興味深く，重要ないくつかの研究の紹介を省く。代わりに，日常的に見られ複雑な特徴をもつ，葛藤時の相互作用を明らかにする (Canary et al., 1995)。

研究結果を説明する前に,葛藤パターンの性質と研究手法を明確にすることから始める (Watt & Van Lear, 1996も参照)。この葛藤パターンに関する議論をもとに,家族関係,恋愛関係の葛藤パターンの研究を説明する。最後に,葛藤パターンの研究と親密な対人関係のダークサイドに関する研究との関連について述べる。

葛藤パターンの定義と検出

葛藤パターンの定義

多くの実証的研究に従い,**パターン**(pattern)を,ある相互作用で繰り返される,両者の行動の連続のしかたとして定義する (Raush, 1965; Street & Cappella, 1985も参照)(訳注:行動の連続は,AとBの相互作用での,Aの行動→Bの行動→Aの行動→……という,両者の個々の行動の連なりを指す。また,本章では,相互作用は二者間のやりとりを指す)。葛藤パターンに関する研究の多くは,相互作用での両者の行動の連続のしかたに着目している。行動の連続は,ラグ1,一次ラグ(訳注:ラグは時間のずれを意味し,基準となる時点での行動の直後の行動を,ラグ1,一次ラグという),あるいは幕間とよばれることもあり,これら2つの行動の連続(訳注:相互作用のある時点での,一方の行動と,もう一方の反応)を示す際に用いられる。一次ラグは,パターンを示す,基本的で的確なまとまりとなる。研究者は,相互作用のなかで見られたすべての一次ラグの連続のうち,少なくとも5%以上となるものを,行動の**繰り返し**(recurring)として着目することが多い (Gottman, 1979)。後述する研究で紹介するように,一次ラグは,問題のない対人関係と問題のある対人関係の,葛藤時の行動パターンの違いを明確に示す。実際,一次ラグのパターンは高次ラグのパターン(訳注:いくつかのラグを合わせたパターン)より,両者の関係の質を予測するのに適していることを示した研究もある (たとえばMargolin & Wampold, 1981)。葛藤パターンは一次ラグより複雑である。しかし,コミュニケーションのパターンに関する研究として,一次ラグ以上を扱わなければならないわけではない。また,一次ラグの非常に複雑な枝分かれを確認し,高次ラグのパターンを示した研究者もいる (たとえばGottman, 1979; Revenstorf et al., 1984)。

また,連続する葛藤や葛藤パターンを論じる際に,**返報性**(reciprocity)という用語が用いられることが多い。Schaap (1984) は,以下の3つの返報性を提唱した。(a)**同時的返報性**(simultaneity-based reciprocity)は,相手の行動の即時的返報を指す(たとえば,両者がしかめ面をする)。(b)**統計的情報に基づく返報性**(baserate-based reciprocity)は,ある相互作用での両者の行動頻度を指す(たとえば,15分間の会話中の夫と妻の協力的行動の合計)。(c)**付随的返報性**(contingency-based reciprocity)

は，一方の行動に続くもう一方の行動を指す。普段は，人は相手と同じように振る舞わず，異なる行動によりやりとりをしている。返報性は，二者のやりとりを，**対称的**（symmetrical），あるいは**補完的**（complementary）な観点から説明するもので，対称的反応，補完的反応は，Bateson (1935) によって最初に定められたと，Rogers (1981) は述べた。Batesonは，対称的に他者の行動をまねる反応（たとえば，提案—逆提案）や，望ましい（補完的な）反応（たとえば，提案—提案への同意）を示すため，これらの反応を定めた。相互作用の多くのやりとりは対称的である。しかし，本章では，パターンや行動の連続を説明するにあたり，行動の返報が生じることを仮定しない。

葛藤パターンの検出

ある相互作用での両者の行動頻度や，両者の行動頻度の相関といった統計的情報に基づいた分析では，葛藤パターンを間接的にしか示すことができない。たとえば，Birchlerら (1975) は，両者の行動頻度から肯定的，否定的行動の割合を示し，相関によってカップルが特定の反応パターンをしている程度を示した。しかし，行動頻度などの統計的情報を用いる研究で相互作用する者の自己報告によって行動のデータを得るときには，問題が生じる。相互作用での自己の行動は歪んで知覚されやすいため，葛藤時の行動は偏って見積もられやすいからである（Canary et al., 1995）。葛藤パターンを検討するには，行動頻度などの統計的情報を用いる場合でも，実際の相互作用を観察するのが望ましい。

統計的情報を示す指標は，相互作用パターンを十分に表わしているわけではない（Cappella, 1987）。相互作用での行動の返報性は，同種類の行動を相手に返すという，一般的な返報性の議論で用いられる意味とは異なる（Gottman, 1979）。さらに，二者の行動頻度の相関では，それぞれの行動が相互作用のどの時点で表出されたのかを明らかにできない。情報やシステムに関する理論家が主張するように，相互作用での両者の行動には，相手から見ると単なる行動の出現以上の情報が含まれる（たとえばBateson, 1979; Gottman, 1979）。同様に，Vuchinich (1984) は，「社会的性質や影響力を決定するうえで，発言の言語的，連続的構成は重要である」(p. 217; Circourel, 1980; Goffman, 1981; Labov & Fanshel, 1977も参照）と論じている。

また，行動の連続のしかたを考慮すると，目的変数を予測できる程度が，統計的情報を示す指標のみで予測するときよりも高まる。たとえば，Raush (1965) は，問題のない子どもと問題のある子どもとのやりとりを比較した際に，子どもどうしの会話の移り変わりの約30%が，そのやりとりで一方が前にとった行動によって説明されると報告した。また，MargolinとWampold (1981) は，夫婦間の相互作用について検討し，行動の連続に関する変数（たとえば，両者のそれぞれの行動が肯定的か，否定

的か)を用いると,行動頻度のみで予測するときよりも,夫婦の関係に関する変数を予測できる程度が統計的に有意に高まることを示した。すなわち,結婚適応感は8％,好ましい変化は15％,相手の行動への満足感は8％,相手の行動への不満足感は15％(訳注：Margolin & Wampold (1981)では11％と記載されていた),予測できる程度が高まった。この結果は,行動頻度に関する変数を分析に用いた後に,(同じ行動に着目する)行動の連続に関する変数を分析に用いて得られたものであるため,行動の連続に関する変数は夫婦の関係に関する変数に対して十分な予測力を持っていることを示している。また,パターンを行動の連続のしかたと定義する限りにおいて,他の変数を考慮しても行動の連続は目的変数を予測できる程度が大きい重要な変数となる(たとえばBillings, 1979)。関係に対して行動の連続が持つ必要不可欠な性質を踏まえ,次の2つの節では,家族関係と恋愛関係における行動の連続に着目した,葛藤の研究を説明する。

家族の相互作用の研究における葛藤パターン

クリーバー家やブラディー家のような,かつてテレビに登場した家族は,申し分なく幸せに描かれていて,愛情,尊敬,支援を示してやりとりしていた。たしかに,このような家族の相互作用は一般的である。しかし,最近テレビに登場している家族を見るとわかるように,家族のすべての相互作用にこのような肯定的側面が見られるわけではない。家族の相互作用に存在し続けるダークサイドには,敵意的,攻撃的,論争的,敵対的行動を含む葛藤がある。実際,他の社会的集団より,家族間では多くの葛藤が生じるだろう (Shantz & Hobart, 1989)。家族関係は他の対人関係より,境界を越えた侵害が多い (Petronio, 1994; Vuchinich, 1984)。家族と生活しているだけで,あらゆる相互作用,とくに葛藤を経験する機会が増える。

人間にとって初めての葛藤経験は,家族との間で起こる。**葛藤における行動** (conflict-interaction behavior) は,両親や兄弟との初期の相互作用で学習され,子どものときに発達する社会的行動を象徴している (Dunn, 1983)。子どものときの葛藤経験は,個人的,社会的発達に影響を与える (Shantz & Hobart, 1989)。この発達に関する考察に基づくと,家族内での葛藤がもたらすとくに悪い結果は,以下のときに生じる。それは,子どもが通常の葛藤パターンとして,無益で,不適切で,問題があり,暴力的な行動を学習し,その後の関係でも学習した行動をとるときである。

葛藤の処理のしかたは,問題のない家族と問題のある家族との間で異なるようである。問題のある家族では,相対的に柔軟でない葛藤パターンが見られる特徴があるという結果が得られている (Doane, 1975)。Courtrightら (1980) は,「通常の家族はそうでない家族に比べ,コミュニケーションのパターンが柔軟であることが確認されてい

る」(p.199) と述べている。また，BochnerとEisenberg (1987) は，「問題のない家族は，問題が生じたときに，その問題を深刻化させない解決方法を見つけ出すことができる」(p.557) と述べている。まとめると，家族の相互作用には，対人関係のダークサイドを探求できる状況が多く見られる (Stafford & Dainton, 1994)。葛藤に対する行動パターンの研究は，家族生活のダークサイドを明確に示している。

家族葛藤の研究は非常に多く存在するが，Dunn (1993) は，実際の相互作用を観察した家族葛藤の研究は相対的に少なく，相互作用パターンとその結果を扱う研究はとくに少ないと述べた。また，ShantzとHobart (1989) は，兄弟葛藤時の方略に関して，「葛藤を解決する過程に焦点を当てた研究はほとんど見られない」(p.83) と論じている。それでも，兄弟葛藤や親子葛藤を観察した研究から，家族内での葛藤パターンの性質がうかがえる。これらの研究の結果は次節で説明する。しかし，これらの研究については，2つの制約を述べておく必要がある。第1に，主に相互作用での発言などを記述したもので，相互作用パターンとその結果との関連を調べた研究が非常に少ない点である。第2に，**葛藤**（conflict）が，子どもに指示を従わせる試み，口論，敵対，けんかなどの闘争的（否定的）行動を含むものとして，広く定義されている点である。

兄弟間の葛藤パターン

子どもにとって，兄弟間の相互作用は，家族の相互作用の少なくとも半分を占める (Bank & Kahn, 1975; Lawson & Ingleby, 1974)。Dunn (1983) は，アメリカとイギリスの子どもの80%に兄弟がいて，「兄弟間の行動は，攻撃行動を引き出し，その攻撃行動を行い続けることにとくに大きな影響力をもつ」(p.799) と述べている (Patterson, 1975; Wiehe, 1990も参照)。DunnとMcGuire (1992) は，Raffaelliの発言を引用し，兄弟関係は仲間関係に比べ，葛藤に寛大であるが，怒りと攻撃を含む特徴があると論じた。Vuchinich (1984) は，家族の夕食時の葛藤で，兄弟は対立しているときは敵意を抑えず，その敵意を直接的に相手に向けやすいことを示した。

兄弟葛藤の研究によると，兄や姉が弟や妹への行動を決定しているようである (Shantz & Hobart, 1989)。たとえば，Abramovitchら (1980) は，小学校入学前の36組の兄弟の様子を観察している (Abramovitch et al., 1979; Pepler et al., 1981も参照)。子どもの行動は，**闘争的**（agonistic），**向社会的**（prosocial），**模倣的**（imitative）に分類され，それらの行動に対するもう一方の反応も同様に分類された（表4-1参照）。その結果，兄や姉は闘争的行動を多くしていることが明らかとなった。さらに，闘争的行動に対する反応パターンから，兄や姉は弟や妹に服従せず反撃しやすいことが示された。この反応パターンを補完するように，兄や姉の闘争的で否定的行動に対し，弟や妹は反撃せず服従しやすかった。小学校入学前では，兄や姉は，葛藤を引き起こし，また，

表4-1 小学校入学前の兄弟の行動の分類の概要

カテゴリー	定　義
\multicolumn{2}{c}{闘争的行動}	

カテゴリー	定　義
身体的	
身体的攻撃	叩く，押す，引っ張る，突き飛ばす，蹴る，噛む，つねる，髪の毛を引っ張るなどの主張的な身体的接触
物に関連する事柄	
物の争い	物をめぐっての争い
言語的	
命　令	強い口調で述べられた指示や命令（威嚇的な表情の表出や身振りがその後に続く場合がある）
侮辱—非難	からかう，名前を叫ぶ，好意的でない意見を言う
威　嚇	傷つけようと発言する，おもちゃを奪う
告げ口	悪い行為を母親に告げ口する
向社会的行動	
物を与える，共有する	物を自発的，あるいは求めに応じて与える（たとえば，自発的に，あるいは求めに応じて，子どもがすでに遊んでいる物を他の兄弟と共有する）
協力や援助	2人でする動作をする（たとえば，説明や身体的援助）
要　求	おもちゃなどを求める
賞賛や賛成	兄弟やその者の行動に対する賛成や賞賛の言語的発言
励ましや元気づけ	兄弟が困っているときの，言語的，あるいは身体的慰め
身体的好意	特に肯定的な身体的接触
笑顔や微笑み	兄弟への笑顔や微笑みの表出
接　近	闘争的な意図のない，兄弟への0.5m以内への移動
模　倣	
	別の部屋や部屋の他の場所に，兄弟の後について移動する，10秒以内に兄弟の行動と同様の行動をする（まりつきのように，行動が明らかに環境によって引き起こされたものは記録しないため，相対的に特殊な行動の模倣の例が記録された）
反　応	
闘争的行動に対して	
服　従	泣く，叫ぶ，ぐずる，引き下がる，休止を求める，物を諦める，従う
反　撃	直接的な言語的，あるいは身体的な闘争的反応（上の闘争的行動のカテゴリーに従う）
反応なし	闘争的行動の結果，その後の行動に変化が見られない
向社会的行動に対して	
肯定的反応	肯定的受容（上の向社会的行動のカテゴリーに従う）
否定的反応	叩く，引っ張るなどの身体的拒絶，あるいは「やだ」「あっちに行って」などの言語的拒絶
反応なし	向社会的行動の結果，その後の行動に変化が見られない

注："Sibling interaction in the home," by R. Abramovitch, C. Corter, and B. Lando, 1979, *Child Development*, 50, p.1000.より引用。Copyright © 1979 by The Society for Research in Child Development Inc. Reprinted with permission.

弟や妹の闘争的行動に強力に反応することにより，弟や妹に対する影響力を発揮するようである。これらの研究で明らかにされた葛藤パターンから，少なくとも小学校入学前の兄弟間の相互作用は，不均衡で補完的であることがわかる（Dunn, 1983を参照）。

　兄や姉には，弟や妹との葛藤時により高度なコミュニケーションができるという有利な点もあるようである。たとえば，DunnとMunn（1987）は，兄や姉は，弟や妹との口論のなかで，自分の主張の理由を述べることができることを示した（弟や妹も成長したときに，自分の主張の理由を述べることができるようになる）。Phinney（1986）は，5歳児の，兄弟（兄や姉は6歳から9歳，弟や妹は2歳から4歳）との葛藤パターンと，仲間との葛藤パターンを検討した。そして，相手の主張に対する返答を，**単純な発言**（simple moves）（相手の主張を単に拒絶，否定した反論），**複雑な発言**（elaborated moves）（説明，理由を述べた反論，相手の反論への質問，単純な繰り返しパターンを変える発言; p.50）に分類した。DunnとMunn（1987）と同様に，Phinney（1986）は，子どもの年齢が高いほど，複雑発言をしている場合が多いことを示した。また，5歳児は，弟や妹の単純な反論にも，兄や姉の複雑な反論にも返答していないことを明らかにした。Phinneyは，以下のように説明している。5歳児は，弟や妹の正当でない発言に無理に応じる必要性を感じない一方で，兄や姉の知識に圧倒されてしまう。兄弟の年齢差によって，葛藤が生じる相互作用のパターンが不均衡になることは明らかである。Phinneyが示した以下の会話例は，兄（デビッド，6歳8か月）と妹（ユディト，5歳）の口論での，明確な影響力の不均衡を示すものである（Aは主張，Eは複雑な発言，Sは単純な発言）。

　　(A) デビッド：いいかい，これは僕のテントだよ。
　　(E) ユディト：そして私のよ。（前の発言に反論したのではなく修正したため，複雑な発言とされた）
　　(E) デビッド：違うよ，使わせてあげただけだよ。
　　(S) ユディト：私のでもあるわ。
　　(S) デビッド：違うよ，貸してあげただけだよ。
　　(E) ユディト：貸してもらったから，お兄ちゃんと私の2人のよ。
　　(E) デビッド：でも，僕のだったから僕が使うよ。
　　(E) ユディト：私はママがテントを立てるのを手伝ったわ。それがいやだったの？
　　(S) デビッド：違うよ。(p. 55)

　上記の会話は，兄弟葛藤の別の特徴を示している。一方の複雑な発言の後にはもう一方の複雑な発言が続きやすく，一方の単純な発言の後にはもう一方の単純な発言が続きやすかった（Phinney, 1986）。一方が用いた発言は，もう一方の発言に大きな影響を与えていることは明らかであった。この結果は，家族葛藤時に，一方の発言が，も

う一方の発言の選択肢を制限し,ある程度方向づけることを示した他の研究の結果と一致していた。たとえば,Vuchinich (1984) は,一方がはっきりと否定的発言をすると,もう一方も遠慮ない発言を返しやすいことを示している。二者間の発言に関連が見られることは,親子関係に焦点を当てた研究でも確認されている。

親子間の葛藤パターン

子どもにとっては,兄弟との相互作用だけでなく,親との相互作用でも,葛藤が生じることが多い。親子間の相互作用の研究では,とくに2種類の葛藤に焦点を当てている。Eisenberg (1982) は,「子どもの発達に関する研究の伝統的主眼点として,…葛藤が『親によるしつけ』または『子どもが指示に従わないこと』により生じると特徴づけている点があげられる」(p.21) と述べている。

たとえば,Rocissanoら (1987) は,母親が子ども (16〜20か月) に自分の指示を従わせようとする場面での,両者のそれぞれの発言の対応について検討した。Rocissanoらは,葛藤時の両者の会話は,相互作用のそれぞれのやりとりで関連し,パターン化されていることを示した (Phinney, 1986も参照)。具体的には,Rocissanoらは,実験室での遊戯の合間に子どもにお茶会の手順を教えるように母親に求め,この様子を録画した。会話は,**対応的会話**(synchronous)(相手の前の話題を続ける),**非対応的会話**(asynchronous)(相手の話題に触れずに別の話題を始める)に分類された。子どもが母親の指示に従ったかについても記録された。Rocissanoらは,子どもが母親に従うことは対応的会話の特別な場合であると考えた。そして,子どもが母親と対応的に会話しているが,母親の指示に従っていない例として,以下の会話文を引用した。

 母親 :ママにお茶をくれる?
 子ども:(クリーム入れをかき混ぜ,母親に向けてスプーンを握っている)
 母親 :いいえ,ママはクリームじゃなくて,お茶がほしいの。
 子ども:(クリーム入れをかき混ぜた後,母親にスプーンを差し出しながら)だめ,ママはクリームを食べて! (p.700)

系列分析(訳注:相互作用での個々の行動のつながりを量的に分析する手法)により,Rocissanoら (1987) は,子どもは非対応的に会話しやすいことを示した。しかし,母親が対応的に会話をすると,子どもは続いて対応的に会話しやすかった。さらに,母親の会話が非対応的なときより対応的なときに,子どもは母親の指示に従いやすかった。「母親が子どもの注意の変化に柔軟に対応すると,子どもは母親の指示に従いやすく,会話を続けようとしやすかった」(p.702) と,Rocissanoらは述べている。

(以下の会話で示されているように)母親が柔軟に会話すると,子どもとの葛藤を効果的に処理できる。また,子どもが母親の指示に従うときは,母親が子どもの働きかけに応じているという特徴がある。

　　母親　：お茶を入れてちょうだい。
　　子ども：(スプーンをティーポットに入れ,そのままにしておく)
　　母親　：じゃあ,お茶を混ぜてみようよ。(かき混ぜる動きをする)
　　子ども：(スプーンでポットのなかをかき混ぜる)(p.703)

　他の研究も同様に,子どもが親の指示に従うかは,子どもに対する親の指示のしかたと関係があることを示している。すなわち,親が子どもに肯定的に指示を与えると指示に従いやすく,否定的に指示を与えると指示に従いにくい(Lytton, 1979; Lytton & Zwirner, 1975も参照)。Lyttonはまた,指示を与える前の親の行動が,指示に対する子どもの反応に影響を与えていると論じた。Lytton (1979) は,指示を与える前の親の行動といった先行要因と,子どもが指示に従うかとの関係を明らかにするために,親が男児(2,3歳)にしつけをする場面を観察した。家庭での様子を観察し,子どもに対する親の指示と,指示を与える前の親の行動を分類した(表4-2参照)。指示に対する子どもの反応は,**従う**(compliant),**従わない**(noncompliant),**該当せず**(neither)に分類された。

　Lytton (1979) は,親の子どもへの指示と,指示を与える前の親の行動との組み合

表4-2　しつけをする場面での親の行動に関するLyttonの分類の概要

カテゴリー	例／記述
子どもに対する親の指示のしかた	
命令／禁止	直接的命令(肯定的命令,否定的命令を含む)
提案	「〜したいの?」という発言
理由を説明した指示	理由を説明した命令や禁止
指示を与える前の親の行動	
乱暴な行動	叩く,あるいは身体的拘束を加える
否定的行動	不快感の表明,批判,脅威を与える,子どもの提案の拒絶
肯定的行動	愛情や承認の表明,抱きしめる,笑顔,子どもと一緒に遊ぶ,子どもの要求に応じる
普通の行動	感情があまり含まれていない種類の行動(たとえば,普通の会話,食べ物以外の物を子どもに差し出す,養育活動など)

注："Disciplinary encounters between young boys and their mothers and fathers: Is there a contingency system?" by H. Lytton, 1979, *Developmental Psychology*, 15, p.257.より引用。Copyright © 1979 by American Psychological Association. Reprinted with permission.

わせで，子どもが親の指示に従うかへの影響が決まることを示した。とくに，親が指示を与える前に子どもを叩くなどの暴力的行動をしていると，親が命令や禁止を告げても，子どもは従いにくかった。また，親が指示を与える前に子どもに愛情を示すなどの肯定的行動をしていると，「子どもは，命令や禁止といった親の指示に従うようになり，指示に従わないことが少なかった」(p.261)。Lyttonの結果から，一次ラグのみに焦点を当てると，葛藤時の相互作用パターンの他の側面を見落とす可能性があることがうかがえる。しかし，他の研究では，子どもが親の指示に従うかについては，親の指示のしかたのみと関連しており，先行要因とは関連が見られていない。

たとえば，Fletcherら (1996) は，母親と十代の子どもとの間にみられる，普通の発言，および葛藤を含んだ発言を観察した。発言は，**否定的発言** (negative) (命令や非難，反論や不満)，**肯定的発言** (positive) (問題解決，手助け，解決，評価)，**普通の発言** (neutral talk) に分類された。マルコフ分析 (訳注：一定間隔の事象の連鎖である，マルコフ連鎖に基づく分析) により，子どもに対する親の指示と子どもに指示を与える前の親の行動との関連について検討された。その結果，親の指示のしかたと，子どもが指示に従うかについてのみに関連が見られた。Fletcherらは，以下のように述べている。「親子はやりとりのなかで徐々に柔軟に相手に対応するようになり，やりとりでのそれぞれの発言が密接に関連していた」(p.293)。また，母親の発言は子どもの発言と比べ，柔軟で肯定的であることも示された。たとえば，子どもの発言内容にかかわらず，母親は子どもより否定的発言が少なかった。Fletcherらは，以下のように述べている。「母親は肯定的発言が多く，子どもは母親の発言と同様の発言を多くしていた。すなわち，母親の否定的発言に対して子どもは否定的発言を返し，母親の普通の発言に対して子どもは普通の発言を返し，母親の肯定的発言に対して子どもは肯定的発言を返していた」(p.284)。葛藤時には，親子とも否定的発言が増え肯定的発言が減ったが，「母親はそれでも肯定的発言を，子どもは否定的発言をしやすかった」(p.285)。

これらの結果は，この節の最初に示した結果と合わせると，葛藤時の柔軟性が発達するにつれて成熟することを示している。相互作用での多くの行動は青年期までに成長するが，葛藤処理にはさらに成熟が必要になるようである (Selman, 1980も参照)。たとえば，Vuchinich (1984) は，以下のように述べている。「両親は，あいまいな情報によって敵意を遠回しに伝える。このことは，両親がはっきり敵意を示すのを避けているのと比べると，子どもの発言は未成熟であることを示している」(p.231) また，親子間研究の結果は，葛藤時に親が肯定的発言を用いることで子どもが従うようになり，親の否定的発言が子どもの否定的発言につながることを示している。しかし，子どもが指示に従うかよりも大きな観点から，親子葛藤を検討した研究はほとんどない。

Eisenberg (1992) は，子どもが親の指示に従わないことは親子葛藤のひとつの形で

しかなく，「子どもは，自分自身が母親の指示に従わないときより，母親が自分の意見を聞いてくれないときに，交渉について多くのことを学ぶだろう」(p.25) と述べている。Eisenbergは，4歳の子どもとの日常会話を録音するように母親に求めた。録音された会話は，自発的葛藤（反論するための発言）と，直後の両者のやりとりについて分類された（表4-3参照）。その結果，子どもが母親に従わないことによる意見の不一致が，親子葛藤の多くを占めているわけではないことが示された。母親が子どもに反論することも多く，母親が子どもの意見を聞かないことは子どもが母親に従わないことよりも多く見られた。

親子葛藤に関する他の研究と同様に，Eisenberg (1992) は，一方の発言ともう一方の返答との関連を示した。とくに，一方が否定的感情を含めて発言したときと，意見の理由を説明したときには，もう一方が自分の意見の理由を説明しながら返答をすることが多かった。Eisenbergは，「自分の意見の理由を示すと，自分の立場を相手に考慮させることができる」(p.38) と考察している。さらに，意見の対立が生じるパターンから，発言に暗示された情報に両者が敏感であることが示唆された。たとえば，Eisenbergは以下のように述べている。「一方が許可の要請をしたときや行動の要請をしたときにもう一方が反論すると，お互いに意見が対立することは少なかった。しかし，一方が意図の表明をしたときにもう一方が反論すると，お互いに意見が対立す

表4-3 母親と子どもの葛藤行動に関するEisenbergの分類カテゴリー

反論を受けた発言の種類	
行動の要請	直接的，あるいは間接的な，要請や禁止（たとえば，母親の「こっちに来て手をつなごうよ」という発言）
許可の要請	「〜してもいい？」という発言
意図の表明	ある行動をしようとする考えを述べる発言（たとえば，子どもの「もっと食べたい」という発言）
事実の発言	事実を述べる発言（たとえば，母親の「ホタルだよ」という発言）
葛藤に関する話題	
育　児	食事，入浴，服の汚れに関する口論
所有物／権利	物に触れること，所有，順番に関する葛藤
破壊的／攻撃的	物音を立てる，散らかす，不愉快な行動などの，不親切で攻撃的な行動に関する口論
規則やマナー	危険な行動，礼儀作法，幼児言葉を用いないこと，家庭内の規則を述べるといった，規則に関する議論
援　助	援助や自立の要求に関する葛藤
その他	他のカテゴリーに入らない葛藤

注："Conflicts between mothers and young children," by A. R. Eisenberg, 1992, by Wayne State University Pressより引用

ることが多かった」(p.39)。Eisenbergは，ある種の発言は相手に対する影響力や相手の発言の選択権を調整し，両者はその調整に気づいているかのようにやりとりをしていると論じた。とくに，一方が**許可の要請**（request for permission）（相手に対する影響力を調整する発言）をしたときにもう一方が反論すると，反論された側は相手に反論を切り返すことは少なかった。しかし，一方が**意図の表明**（statement of intent）（相手に対する影響力を調整しない発言）をしたときもう一方が反論すると，反論された側は相手に反論を切り返すことが多かった。

　Eisenberg (1992) の結果は，親子葛藤における影響力の差も示している。たとえば，（子どもが母親の指示に従わないことで生じる葛藤と比べ）母親が子どもの言うことを聞かないことで生じる葛藤では，お互いに意見が対立することは少なかった。また，子どもが母親の指示に従わないときは，葛藤があいまいなまま終わることは少なかった。Eisenbergは，「母親の反論と子どもの反論では，葛藤パターンへの影響が異なっていた」(p.32) と論じている。母親が子どもに反論するときは，子どもが母親に反論するより葛藤が生じにくかった。さらに，母親の反論がはっきりとした否定的内容のときには，子どもは母親に反論しにくかった。母親の発言は子どもの発言よりも影響力があるという特徴がある。

　しかし，母親の影響力は完全なものではない。母親が反論の際に理由や代案を示さないと，母親の反論に対し子どもは反論を切り返しやすかった。母親の主張に理由があることに子どもは敏感であり，子どもは他者との葛藤時に「単に『だめ』と言うだけではいけない」という社会的規則を認識していると，Eisenberg (1992) は説明した (p.37)。子どもにも，事実に基づいた反論をする能力があるようである。子どもが事実に基づいた反論をすると，母親は子どもに応じやすい。社会的学習理論に基づき，Patterson (1979) は，子どもの威圧的行動（たとえば，叫ぶ，叩く，文句を言う）を母親が罰すると，子どもが威圧的行動を続けやすくなることを示した。皮肉なことに，ある種の威圧的行動（たとえば，親に不満を述べる，親を無視する）を示す子どもは，親の否定的行動を50％以上も低減させた。

　家族全体のやりとりを扱う研究では，家族葛藤での影響力の性質をさらに示している。Vuchinich (1984) は，家庭での夕食時に生じた葛藤での，家族間の相互作用で見られた一次ラグを検証し，以下のことを示した。一方の親がもう一方の親に反論する（訳注：たとえば父親が母親に反論する）のに比べ，子どもが両親に反論することは少なかった。子どもは父親より母親に対して反論しがちであった。父親の反論に対し，子どもははっきりと反論を切り返すことはほとんどなかった。しかし，母親の反論に対しては，子どもははっきりと反論を切り返すことも多く見られた。両親への反論に関する子どもの性差も見られている。青年期に荒々しい行動を増加させた息子の主張に対し，母親はあまり支配的でない反応をするが，父親はより支配的な反応をすると，

PaikoffとBrooks-Gunn (1991) は説明している。Vuchinichが**影響力の差** (power difference) とよんだ別の性差は，息子は娘より両親に反対しやすいことである。葛藤にかかわる人数が増加すると，影響力の差の関係が複雑になることは明らかである。

研究の焦点が二者関係（たとえば，母親と子ども）ではなく家族全体にあるときは，家族葛藤における相互作用は，影響力と無関係なことに関しても複雑になる。たとえば，Vuchinichら (1988) は，家族の夕食時の会話を録画し，葛藤時の発言を分類した（表4-4参照）。その結果，葛藤の当事者ではない第三者が葛藤の結果に影響をおよ

表4-4 第三者の介入に関する分類カテゴリーの要約と例

カテゴリー	例
敵 対	(1) 敵対している人，(2) なし
味 方	(1) 味方している人，(2) なし
役 割	(1) 言い争いをしている人（いつも2人），(2) 第三者
相手の発言	(1) 葛藤の持続，(2) 屈服・妥協，(3) 撤退，(4) その他
第三者の発言	(1) 葛藤の持続，(2) 支配，(3) 仲介・情報，(4) 気晴らし，(5) 介入なし
結 果	(1) 妥協，(2) 服従，(3) 行き詰まり（撤退）

例

以下の葛藤は，母親が娘の日曜日の計画に反対するところから始まる。1列目は敵対する人，2列目は味方する人，3列目は役割，4列目は発言を示す。

1	2	3	4	
D	f		c	M (to D)：また厄介な事を。土曜日におばあちゃんの家に行くってわかってるでしょ。
M	f		c	D (to M)：私が行かなきゃダメって言ってなかったわ。
D	f		c	M (to D)：ママの言うことがわかるでしょ。
D	M	t	c	F (to D)：ママと言い争うのはやめなさい。行くんだよ。
M	f		c	D (to M)：でも何週間も前から土曜日のことは決めていたんだよ。
No	No	t	m	S (to F)：お姉ちゃんは午前中遊んで，午後におばあちゃんの家に行くのはどう？
S	f		c	D (to S)：黙っててよ。問題を起こすだけだから。
D	f		c	S (to D)：助けてあげようと思ったのに。
No	No	t	a	F：そんなこと聞きたくないよ。黙ってなさい。[2，3秒の沈黙]
No		t	d	M (to F)：バクスターさんは大きなトマトを見せてくれたの？ F (to S)：そうだよ，それがどうかした？ （この事例はここで終わる）

注："Family Members As Third Parties in Dyadic Family Conflict: Strategies, Alliances, and Outcomes," by S. Vuchinich, R. E. Emery, and J. Cassidy, 1988, *Child Development*, 59, p.1296.より引用。Copyright 1988 by The Society for Research in Child Development. Reprinted with permission.
　例では，M＝母親，F＝父親，S＝息子，D＝娘，f＝言い争いをしている人，t＝第三者，c＝葛藤の持続，a＝支配，m＝仲介・情報，d＝気晴らし，No＝どちらの側にもつかない発言

ぼすことが示された。たとえば，第三者が葛藤を持続させる発言によって介入すると，第三者が他の発言をしたときと比べ，葛藤は長く続いた。また，第三者が葛藤に介入すると，家族葛藤の最終的な結果が変化した。たとえば，第三者が介入すると，葛藤の当事者たちは相手の主張に従うことは少なく，葛藤を解消する発言が多くなった。

　Vuchinichら（1988）は，家族葛藤での返報パターンも示した。とくに，一方が葛藤を含む発言をすると，もう一方も葛藤を含む発言をしやすかった。また，一方が葛藤を含まない発言をすると，もう一方は葛藤を含まない発言をしやすかった。後者の傾向は，葛藤を含まない発言に対する第三者の反応にも見られた。しかし，Vuchinichらは，「第三者は葛藤を含む発言をあまり返報しない」（p.1300）と論じている。

　さらに，返報パターンは，葛藤の結果と結びついているため，普通の家族がよく起こる葛藤に対してどのように柔軟に対応するのかを示している。たとえば，葛藤が含まれる発言が返報されている事例では，発言はあまり長く返報されていなかった。第三者の介入がない葛藤では，葛藤が含まれる発言の返報が平均で3.7回しかなかった。また，Vuchinichら（1988）は，多くの葛藤（64.5％）があいまいなまま終わっていたと報告した。したがって，葛藤時の一方の発言をもう一方は返報しやすいが，葛藤が含まれる発言の返報は長く続かず，お互いに葛藤を避けることが多いと考えられる。Vuchinich（1987）は，上手な葛藤処理には，家族の口論を終わらせるために，葛藤をあいまいにすることが必要であると結論づけた。普段から葛藤を避けようとすることは，教科書では「不健康」とされているが，家族間での葛藤処理には一般的である。葛藤を避けることは，恋愛関係でもしばしば行われているようである。

恋愛関係の研究における葛藤パターン

　この節では，恋愛関係と密接な関連のある葛藤パターンを検討する。**恋愛関係**（romantic involvement）は，性的な結びつきのある対人関係を示す用語である。したがって，葛藤と論争のパターンを示すために，結婚している者だけでなく，交際，婚約，同棲している者も扱う。家族と同様に，カップルは日々の生活のなかで葛藤を経験することも多い。しかし，日常の葛藤は，相手を傷つけるけんか，口論，衝突を生じさせる原因となる。

否定的感情の返報

　問題のあるカップルは問題のないカップルと比べ，否定的に発言することが明らかにされている（Gottman, 1979; Schaap, 1984）。また，行動パターンの点から見ると，問題のあるカップルは否定的発言をお互いに返報することも示されている（Gottman, 1994; Schaap, 1984）。否定的発言の返報は，対称的なやりとりを反映している。たとえば，

夫の「ジャックについて何も言うな」という発言は，妻の「あなたもジルについて何も言わないで」という発言によって対称的に返報される。このような返報は，カップルがパターン化された会話を繰り返す，**交流反復**（transactional redundancy）の例である（Courtright et al., 1980）。

一方の発言に対するもう一方の発言の関連が明確であるとは限らない（Sillars & Weisberg, 1987）。否定的発言の返報は，**否定的反動**（negative reactivity）（Margolin & Wampold, 1981, p.555）として現われることもある。たとえば，一方の攻撃的発言にもう一方が防衛的発言を返すように，一方の否定的発言にもう一方が非対称的な否定的発言を返すときである（Ting-Toomey, 1983）。以下の例は，否定的反動（94-103行）に加え，お互いに関連がないように見える発言（103-108行，データはMikesell, 1996より）を示している。

（カップル17）
94夫：何したか見てみろよ。このさまを見てみろよ！
95妻：ええ，自業自得よ。
96夫：いいや……
97妻：誰でもけんかするわ。
98夫：自業自得なんかじゃない。
99妻：けんかするわよ。
100夫：いいや……
101妻：ええ，誰でもけんかするわ。だってけんかしなかったら……
102夫：ああ，でも人前ではけんかなんてしない。あのとき15人はいたよ。
103妻：私は気の早い女よ。気にしないわ。
104夫：でも僕は気にするよ。
105妻：みんなが周りにいたのには気づいていたわ。
106夫：僕は気にするよ。
107妻：周りの人はあなたの家族だったけど，私はあの人たちがどう思うかは気にしてなかったわ。
108夫：僕は気にするんだよ。
109妻：私は気にしないわ！
110夫：それじゃあ，僕は君の家族がどう思うかは気にしないよ。

カップルのやりとりに関する研究で，Billings（1979）は，結婚生活に問題のあるカップルと問題のないカップル12組ずつの，一連の相互作用での発言を比較した。Billingsは，両者のそれぞれの発言を，友好―支配，友好―服従，敵意―支配，敵意―服従の4種類に分類した。友好―敵意の次元が支配―服従の次元より影響力がある

という結果を考慮して，Billingsは，夫が妻に冷ややかな発言をするときと，妻が夫に冷ややかな発言をするときの，お互いの敵意的発言の割合を計算した。その結果，以下のことが示された。問題のあるカップルは（問題のないカップルに比べ），「お互いに否定的発言が多く，肯定的発言が少なかった。……系列分析により，問題のあるカップルでは否定的発言が多く返報されていたが，問題のないカップルでは否定的発言はあまり返報されていないことが示された」(p.374)。また，問題のあるカップルでは，やりとりするにつれて敵意的発言の割合が増大していた。Billings (1979) は，これらの結果を点グラフで示した。このグラフは，それぞれの点が敵意の割合を示している（訳注：点グラフはそれぞれの点を結ぶ線を書き足すため，折れ線グラフと類似している）。このグラフは相互作用時の葛藤の推移を示しており，一般的な手法として用いられる（たとえばGottman, 1994, p.159）。問題のないカップルと問題のあるカップルの敵意的発言の割合を比較したBillingsの結果は，図4-1に示されている。

先行研究をもとに，Gottman (1979) は，批判，不満，防衛，拒否といった否定的発言を返報することで，関係満足感を低下させ，関係の安定性を損ねると結論づけた。しかし，Gottman (1979, 1994) は，葛藤時に，肯定的感情をともなって，相手の意見

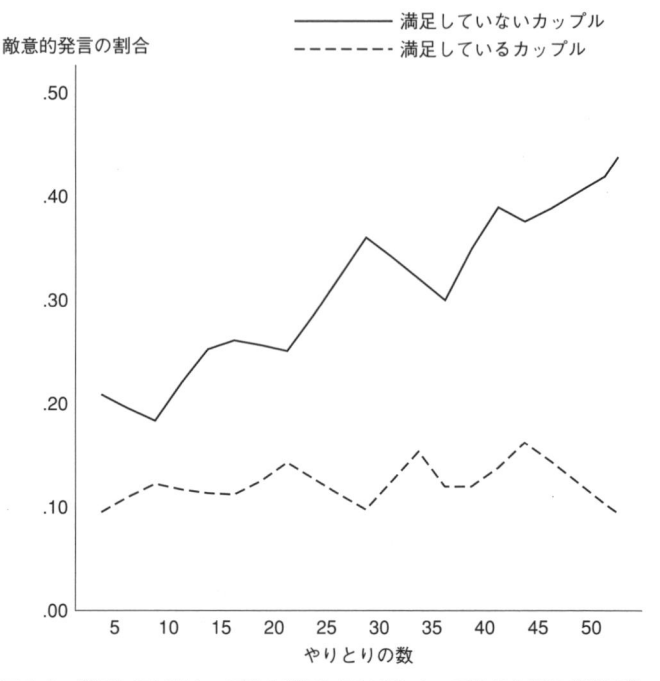

図4-1 満足しているカップルと満足していないカップルの会話における敵意的メッセージの割合の比較。Billings（1979, p.374）を改編。

に同意する発言や問題解決に関する発言などの肯定的発言を返報することは，関係満足感を必ずしも高めるわけではないと述べている。同様に，Schaap (1984) は，先行研究を整理し，(問題のないカップルに比べ) 問題のあるカップルは，否定的発言を返報していることを示し，さらに肯定的発言も多く返報していることを示した。

Gottmanのパターンの段階

先述したように，Gottmanは，カップル相互作用評定システム（Couples Interaction Scoring System）を用い，カップルが問題解決をする相互作用を分類していくつかの葛藤パターンを明らかにした。カップル相互作用評定システムは，夫婦相互作用記号化システム（Marital Interaction Coding System）を参考にしたものであり（観察的記号化システムの説明は，Markman & Notarius, 1987を参照），表4-5にその要約が示されている。Gottmanが確認したパターンは，**議題設定**（agenda building），**議論**（arguing），**交渉**（negotiating）の3つの段階で見られる。それぞれの段階で，カップルは，自分の意見を述べ，相手の意見に同意するかを述べ，自分の意見の理由を説明するとされている。

●議題設定

議題設定の段階では，3つの行動パターンが見られる。すなわち，相手の同意を確かめる**確認**（validation），相手が不満を返す**不満の切り返し**（cross-complaining），相手の心（相手が考え，感じていること）や相手が自分の意見に同意するかを推測する**気持ちの探索**（feeling probe）である。問題のないカップルでは確認が最も多く見

表4-5 カップル相互作用評定システムの要約

AG	同意（agreement）：直接的な合意，責任の受容，応諾，賛同，意見の変化
DG	不同意（disagreement）：直接的な発言，「そうだけど」という答え（不同意の理由を述べるための最初の同意），理由づけのある発言，命令，明確に従わないことを述べる発言
CT	コミュニケーションのための会話（communication Talk）：問題に話を向ける発言や問題を明確にさせる発言，コミュニケーション過程に関する発言
MR	心の読み取り（mindreading）：行動の説明や予測，信念，感情，態度のような相手の内的状態に関わる考え
PS	問題解決（problem Solving）／情報のやりとり（information exchange）：解決方法の提示（明確なものも不明確なものも含む），信念や関係する行動についての情報の提示
SS	自己総括（summarizing self）：表明した自分の意見に関する説明
SO	他者総括（summarizing other）：相手や両者の行動の整理
PF	問題についての気持ちの表明（express feelings about a problem）：一般的な個人的問題や関係についての言及

注：Gottman (1979), pp.82-86, Notarius and Markman (1981), pp.114-119を改編

られ，問題のあるカップルでは不満の切り返しが最も多く見られる。この結果は，Albert (1988) の不満に着目した研究と関連している。Albert は，問題のあるカップルは相手の性格について不満を言いやすいが，問題のないカップルは相手の行動について不満を言いやすいことを示した。また，問題のないカップルは（問題のあるカップルと比べ），相手の意見に同意しやすいことも報告した。さらに，問題のあるカップルでは，相手の心の読み取り（気持ちの探索）の発言に同意していないことが多いことを示した (Gottman, 1979, p.115)。たとえば，「君はとても緊張していて，ストレスをためているみたいだよ」という発言に対し，相手は，「ええ，そうかもしれないわ。今日は大変だったわ」ではなく，「そんなことないわよ，今日は大変だったのよ」と返事しやすいだろう。

議論の段階の行動パターンには，いくつかの不同意の反応がある。この段階では，相手の意見への不同意と感情の表明が最も一般的である。Gottman (1979) は，この段階で問題のないカップルと問題のあるカップルとの明確な違いは，メタコミュニケーション（コミュニケーション過程に関する発言）であると論じた。メタコミュニケーションは，肯定的感情をともなうと相手を満足させる。一方，否定的感情をともなうと相手を失望させる (Gottman, 1982)。

最後に，交渉の段階のパターンには，お互いに同意する**合意**（contracting sequences）や，相手と提案や解決法をやりとりする**逆提案**（counterproposal sequences）がある。Gottman (1979) は，問題のないカップルは合意しやすい一方，問題のあるカップルは問題を解決させようとする相手の提案に同意せず，逆提案をしやすいと述べた。

> たとえば，問題のあるカップルは，一方が気持ちを表明するともう一方も気持ちを表明しやすく，一方が問題を解決させようとする発言をするともう一方も問題を解決させようとする発言をするように，類似した行動を返報しやすい。一方で，問題のないカップルは，相手の発言を聞くときと相手に話すときの非言語的行動を調整し，同意を述べる際に否定的感情を示さないようにしている。問題のあるカップルの行動は似ているが，問題のないカップルは行動パターンを調整し，それぞれの段階の議論をうまく行う。(p. 112)

Gottman (1980) は，問題のあるカップルと問題のないカップルの違いは，葛藤時の同意であると論じている。「問題のないカップルと問題のあるカップルとでは結婚上の問題を解決する方法が異なるという結果から，**同意情報**（agreement codes）が問題を解決するために重要であると考えられる。つまり，問題のないカップルは，同意情報をやりとりのなかに入れている」(p.957)。Gottmanの解釈から，議論中に行わ

れる互いの意見への同意を含んだやりとりを識別することができれば，2人の意見の一致の進展が，関係満足感や葛藤中の他者の評価とどのような関連を持っているかについて検討することが可能となるであろう。

カップルの種類

Fitzpatrickら（たとえばFitzpatrick, 1988a, 1988b; Witteman & Fitzpatrick, 1986）は，現代の結婚しているカップルにはいくつかの種類があると論じた。**伝統型**（traditionals）は，伝統的な性役割の信念を持ち，相互依存的で，個人の欲求よりも両者の関係で得られる幸福に価値を置く。**独立型**（independents）は，平等主義の信念を持ち，相互依存も自立もともに好み，将来の個人的目標を目指して行動する。**分離型**（separates）は，伝統的な価値観を保つために，感情的な相互依存や葛藤を伴わず結婚する。**混在型**（mixed）は，二者が異なる価値観をもつもので，約40％のカップルが当てはまる（Fitzpatrick, 1988a）。最も一般的な混在型は，分離型の夫と伝統型の妻である。表4-6は，カップルの種類別の葛藤パターンを示した結果である[注釈]。

表4-6に示されるように，伝統型カップルの葛藤パターンには，（同意ではなく）問題を解決させようとするための確認，合意に加え，メタコミュニケーションや気持ちの探索が見られた。伝統型カップルは，一方が同意しないともう一方も同意しなかった。Fitzpatrick（1988a）は以下のように述べている。「伝統型カップルは，普通の会話ではお互いに補完的であるため，葛藤時に主導権を放棄しようとしない。……葛藤時には，伝統型カップルは他のカップルと比べ，同意の発言はあまり見られず，相手の情報を探索する発言をしやすい」（pp.129-130）。この結果は，伝統型カップルは葛藤が生じている議論では衝突を避けるようにふるまい，相手と調和する情報を好むことを示した，BurggrafとSillars（1987, 研究1）の結果とは少し異なる。

独立型カップルにも，確認のパターンが見られた（表では，妻の問題への気持ちの表明に対し，夫が同意していることが示されている）。しかし，確認のパターンが見られるには妻の同意が重要であることを，Gottman（1979）は示した。Fitzpatrick（1988b）は，独立型カップルには，**不満の切り返し**（cross complaining sequences）のパターンが多く見られることも示した（葛藤に関する話題について，夫が否定的感

注釈　Gottman（1994）は，（質問紙ではなく）カップルの葛藤時の実際の相互作用を観察し，問題のない3種類のカップルと，問題のある2種類のカップルを示した。Gottmanは，問題のない種類のカップルは，Fitzpatrickの示した種類と類似していると論じた。確認指向カップル（validating couples）は，相互依存と，葛藤処理の際に肯定的でも否定的でもない感情を維持する点で伝統型カップルと類似している。次に，不安定カップル（volatile couples）は，葛藤に関与しやすい点で独立型カップルと類似している。葛藤最小化志向カップル（conflict minimizers）は，回避によって距離を維持しようとする点で分離型のカップルと類似している。Gottmanは，その他に2種類のカップルがあり，これらのカップルでは，防御，撤退，相手への軽蔑が見られるために問題があるように思われると指摘した。

表4-6 異なる種類のカップルで用いられるパターン

			パターン			
確認	合意	メタコミュニケーション	不満の切り返し		不同意	気持ちの探索

伝統型

確認	合意	メタコミュニケーション	不満の切り返し	不同意	気持ちの探索
HPF*WPS (.387)	HPS*WAG (.165)	HPS*WPS (.298)	HCT*WCT (.089)	HDIS*WDIS (.155)	HMR*WAG (.184)
WPF*HPS (.381)	WPS*HAG (.178)	WPS*HPS (.352)		WDIS*HDIS (.188)	HMR*WDIS (.184)

独立型

確認	合意	メタコミュニケーション	不満の切り返し	不同意	気持ちの探索
WPF*HAG*WPF (.120, .170)	WPS*HAG (.075)		HPF*WPF (.122)		

分離型

確認	合意	メタコミュニケーション	不満の切り返し	不同意	気持ちの探索
WPF*HPS (−.143)	WPS*HAG (.072)		HPF*WPF (.208)		HMR*WAG (.080)
			WPF*HPS (−.143)		WMR*HAG (.092)

分離／伝統（混在型）

確認	合意	メタコミュニケーション	不満の切り返し	不同意	気持ちの探索
WPF*HAG*WPF (.244, .311)	WPS*HAG (.145)				
	HPS*WPS (−.065)				

注：H＝夫，W＝妻，PF＝問題についての気持ちの表明，AG＝同意，PS＝問題解決／情報のやりとり，CT＝コミュニケーション過程に関する発言，DIS＝不同意，MR＝心の読み取り。Fitzpatrick（1988b），p.251より採用。

（訳注：表に記載された数値は，カップル相互作用評定システムに基づいて得点化された値であり，統計的に有意な値が記載されている。なお，本文の表の数値に記載ミスが確認されたため，訳者がFitzpartrick（1988b）を参照して修正した。）

情を表明すると，妻も否定的感情を表明していた）。これらの結果は，独立型カップルは葛藤を合理的に処理し，相手が話題を避けようとすると話題に直面するように反応しやすいことを示した，BurggrafとSillars（1987）の結果を補強するものである。後者の結果は，独立型カップルは問題を直接的に評価しようとし，相手の話題からの回避に否定的反応をするという見解と一致する。

表4-6によると，分離型カップルの夫は，妻の問題に関する発言に対して，確認の発言をすることや，不満を切り返すことは少ないようである。分離型カップルの夫と妻は，同意を好むが，その可能性はあまり大きくない。最もよく見られるパターンは，否定的感情のやりとり（不満の切り返し）のようである。分離型カップルの会話

は，相手が不満を表明すると激しい議論になる。この結果は，BurggrafとSillars(1987, 研究1と研究2)でも得られている。すなわち，分離型カップルは葛藤時に対立的行動を返報し，合理的発言をしないようである。

最後に，混在型カップルは，夫が妻に同意するときは，確認や合意のパターンが見られるようである。BurggrafとSillars(1987)も，混在型カップルは，合理的に行動し，対立的に行動することは少ないと報告している。まとめると，これらの結果は以下のことを示している。すべてのカップルで，回避的行動は回避的行動，合理的行動は合理的行動，批判的行動は批判的行動といった，返報的行動が見られやすい。しかし，カップルの種類によって，葛藤での相互作用に違いが見られる。

より複雑な葛藤パターン

先述したとおり，行動の連続は，より複雑な葛藤パターンを作るために結びつけられる。Gottman(1980)は以下のように述べている。「相互作用の時間経過を調べる現実的方法は，相互作用での1つひとつのやりとり（一次ラグ）の連鎖のしかたを明らかにすることから始め，長いやりとりのデータが利用でき，……長い時間単位を扱う新たな分類が採用されたときに，その長いやりとりの連鎖のしかたを調べる方法である」(p.952)。

一次ラグを用いて複雑なパターンを発見した研究者もいる。彼らは，相互作用のなかの個々の一次ラグを繰り返し結びつける方法，最初の一次ラグの後に続く両者の行動の連鎖を明らかにする方法，一次ラグ以上を分析に含める（すなわち，同時に2つ以上の行動の連続を分析する）方法などを用いている。それぞれの方法により，それぞれの反応が相互作用のどの時点で表出されたのかを理解できるが，欠点も見られる。たとえば，単に行動の連続を繰り返し結びつけることは，葛藤に含まれる複雑さを過小に表現することになるかもしれない (Sillars & Wesiberg, 1987)。また，(Gottmanが行ったように) 一次ラグを結びつけることは，系列分析の重要な仮定に違反している (Poole et al., 1987; Revenstorf et al., 1984)。さらに，連続する複数の行動を扱うことで，分析対象が少なくなってしまう。批判的にいえば，複雑な行動の連続を扱う研究は，研究の蓄積がないため，非常に詳細な検討が必要になると思われる。多くの研究は探索的であるが，複雑な葛藤パターンを量的に検討することは，将来的に大きな成果が得られると期待される。

先述したように，行動の連続を検討すると，葛藤が生じているカップルのコミュニケーションで両者がパターン化された会話を繰り返していることが示される。たとえば，Ting-Toomey(1983)は，以下のように論じている。「直面—直面，直面—防御，不満—防御，防御—不満の発言が返報的に連鎖しているパターンは，問題のあるカップルに特徴的なパターンである」(p.305)。たとえば，一方(A)の直面的発言(訳

注：他者の意見を批判する発言）に続いて，他方（B）の防御的発言（訳注：自分の意見を主張する発言）が0.33，直面的発言が0.16の確率で起こると予測される（一次ラグ）。続いて，Aの直面的行動が0.27（二次ラグ），Bの防御的行動が0.28（三次ラグ），Aの直面的行動が0.15の確率で起こると予測される（四次ラグ）。Ting-Toomeyは，両者の不満—防御が続く（すなわち，不満—防御—不満—防御—不満…），11の発言の連鎖を示した（それぞれの行動が起こる確率は偶然よりも大きい（$z=1.96$））。しかし，問題のないカップルではこのような否定的発言の連鎖は見られず，単純で，肯定的発言の連鎖が見られる。

　行動の連続は，複雑に枝分かれしている。図4-2は，Gottmanの交渉段階での問題のないカップルと問題のあるカップルの，葛藤パターンの違いを示している。この例はGottman（1979）から引用したもので，（夫ではなく）妻が問題の解決方法を提示したときの両者の発言の推移を示している。最初に，図4-2の上の，問題のあるカップルのパターンに着目してほしい。妻が解決方法を示したときには，夫は，不同意（そして妻も同意しない），もしくは，自分の意見の提示（逆提案）の反応を示すことが多い。

　図4-2の下には，問題のないカップルのパターンが示されている（Gottman,

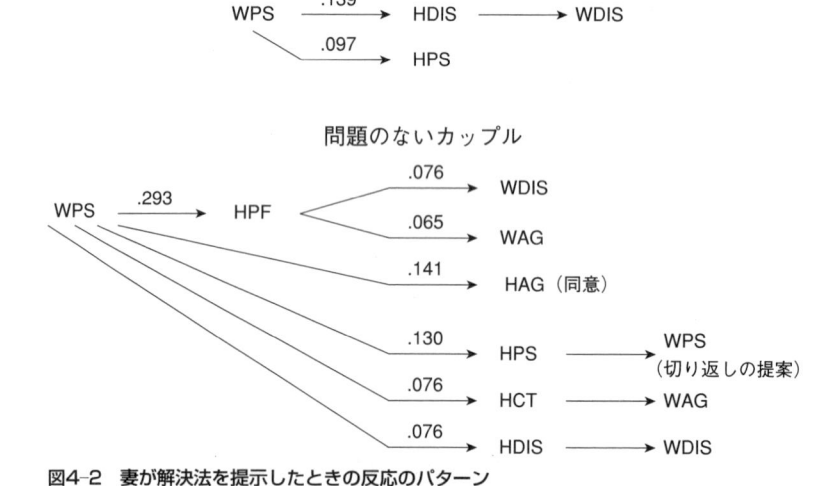

図4-2　妻が解決法を提示したときの反応のパターン
　　　　Marital interactions, experimental investigations, by J. M. Gottman（1979, p.117）より引用。Copyright 1979 by Academic Press. Reprinted with permission.
　　　　（訳注：表に記載された数値は、カップル相互作用評定システムに基づいて得点化された値であり、統計的に有意な値が記載されている。記号の意味は、表4-6と対応している。）

1979)。問題のないカップルでは，5つのうちの2つの反応パターンは問題のあるカップルと似ているが，より変化に富んでいる。妻が解決の提示をしたときには，夫は以下の5つの反応をすることが多い。それは，問題に対する気持ちの表明（妻はそれに同意する場合もあればしない場合もある），同意（合意），自分の意見の提示（逆提案），メタコミュニケーション（そして妻はそれに同意する），不同意（そして妻も同意しない）といった反応である。妻が問題の解決方法を提示したときのパターンは，Gottmanによって報告された複雑な葛藤パターンの一例である。

同様に，ラグの連鎖のしかたを示すために，Revenstorfら（1984）は，3つから5つの行動の連続を結びつける，行動の生起確率をたどる樹状図（訳注：行動の起こる確率を木の枝のように示した図）を考案した。Revenstorfらは，確率の樹状図を用い，問題のあるカップルの治療前と治療後の，妻の問題に関する発言に続く反応パターンの違いを示した。

たとえば，妻から最初に問題に関する発言があったとき，2つのパターンが見られる可能性が高い。これらのパターンは，問題（P）に対する肯定的発言（＋），否定的発言（－），そしてつなぎ語（v）（訳注：「ああ」「ええと」など，会話の間をとるために使われる語）の分類を用いた，夫婦相互作用記号化システムによって示される。妻から最初に問題に関する発言があったとき，問題のある治療前のカップルでは，夫の反応として，肯定的発言も否定的発言も多く見られた。夫が否定的発言をすると，妻のつなぎ語や両者の否定的発言が続くことが多かった。また，治療後のカップルは，妻から最初に問題に関する発言があったとき，夫は否定的発言をすることは少なく，肯定的発言や，つなぎ語を使うことが多かった。そのうえ，最初に肯定的発言やつなぎ語を使うと，問題に関する詳しい発言や肯定的発言が続くことが多かった。

Revenstorfら（1984）は，確率の樹状図を用いて得られた結果には，一次ラグのように他のラグが反映されていないため，確率の樹状図による分析を信頼していなかったようである。他の著者たちは複雑なパターンを信頼できると考えているが，Revenstorfらは以下のように述べている。「われわれはそのように考えるのをためらっている。これらのデータからは，先行する出来事とラグでの反応との間に起こった事柄が明らかにならないからである。行動を連鎖させる際に，条件付き確率（訳注：ある条件の下でその事柄が起こる確率）が考慮されていない。先行するラグの確率分布を考慮せず，直前のラグでの出来事でのそれぞれの反応が起こる確率を求めている」(p.174)。代わりに，Revenstorfらは，複雑な葛藤パターンの特徴を示すために，問題の拡大と縮小に関する「一般化相互作用パターン」を提唱した (pp.174–180)。この方法は，葛藤時の肯定的発言と否定的発言の割合を示した，Billings（1979）やGottman（1994）の手法と類似している。

また，単に1つ以上のラグを合成する研究者もいる。Revenstorfら（1984）は，3

つ，4つ，5つのラグを合成し，葛藤時の行動の連続を検討した。彼らは，ある特定のパターンはあまり起こらないことを示した。たとえば，両者が否定的発言をしたあとに肯定的発言をすることは，問題のある治療前のカップル，治療後のカップル，問題のないカップルではほとんど見られない。共通していたのは，否定的発言の連鎖（たとえば，－－－－－），「うん，だけど」のような発言の連鎖（すなわち，＋v－）を示すパターンであった。さらに，治療前のカップルに見られて，治療後のカップルや問題のないカップルには見られないパターンがいくつかあった（たとえば，否定的発言が相手につなぎ語で返されたときに，肯定的発言を続けるという，P－v＋のパターン）。

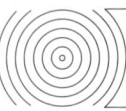

結論：葛藤パターンのダークサイド

　葛藤パターンは対人関係の相互作用のダークサイドの一部を描いている。なぜなら，相互作用のパターンは当事者たちが状況に対処できず，お互いに気づかぬうちに葛藤が推移していることを示しているからである。たとえば，相手の否定的発言をお互いに返報しているならば，関係が悪化してしまう。しかし，葛藤パターンの特徴に気づくと，関係を悪化させないように，葛藤パターンを調整することができるようになる（Gottman, 1980）。たとえば，SillarsとWilmot（1994）は，問題のないカップルは（問題のあるカップルと比べ），以下の点で葛藤パターンの変化に対してバランスを保っていると述べた。それは，**行動的変動**（behavioral fluctuation）（多様性），**話題の持続性**（topical continuity）（話題数），**対称性**（symmetry）（類似した反応を返報するか非対称的に反応するか），**安定性**（stationarity）（パターンの時間的変化），そして**自発性**（spontaneity）（受動的反応か戦略的反応か）の点である。すなわち，葛藤パターンに特徴的な性質を理解することは，恋愛関係を維持させる議論のしかたを知るための手助けとなる。SillarsとWilmotは，葛藤パターンに適度の多様性，持続性，対称性，安定性，自発性があることが，2人の関係を幸福にすると論じた。同様に，家族葛藤の研究では，反応の柔軟性は家族生活を良好にするとされている（たとえば，Fletcher et al., 1996; Rocissano et al., 1987）。

　葛藤時のすべての否定的行動が，問題のある家族や問題のある恋愛関係でのみ起こるという印象を与えないように，以下の点について強調する。葛藤時の否定的行動パターンのいくつかは，問題のない家族や恋愛関係にも見られることが多い（Millar et al., 1984; Sillars & Weisberg, 1987も参照）。本章の説明を踏まえると，いくつかのパターンは他のパターンより，より悪い結果をもたらす可能性がある。

　まず，兄や姉は，自分の行動を通して弟や妹を支配しているようである。たとえば，Abramovitchら（Abramovitch et al., 1979; Abramovitch et al., 1980）は，小学校入学前では，

兄や姉は弟や妹に対抗することがその逆より多く，葛藤時に兄や姉は弟や妹に屈しないことを示した。また，兄や姉は弟や妹に比べ自分の主張の理由を説明できるというDunnとMunn（1987）の報告は，兄や姉は弟や妹より議論の能力の点で有利なことを示唆している。Phinney（1986）は，弟や妹は知識や能力を持った兄や姉に圧倒されるので，兄や姉との葛藤時に意見を主張できないと論じた。子どもの成長差による影響力の不均衡によって，兄や姉が影響力を発揮している。このように人を操ることは大人のコミュニケーションには非倫理的と見なされるが，兄弟間には一般的に見られるようである。

　兄弟の葛藤パターンのその他の特徴は，葛藤時に攻撃的で暴力的行動が見られることである。Abramovitchら（Abramovitch et al., 1979; Abramovitch et al., 1980）は，葛藤時に，兄弟は相手に対し，身体的攻撃，物を使った格闘，侮辱，威嚇を行っていると論じた。Corsaro（1981）は，子どもの葛藤にありふれたことは，大人には残酷で闘争的な行動であると述べた。HayとRoss（1982）は，けんか相手に対する反応について，以下のことを示した。相手に対する行動のうち，「僕のだよ」「だめ」といった命令は53%，暴力的接触は17%であった。しかし，優しく触る，物を提供するといった肯定的反応は23%しかなかった。同様に，Abramovitchらは，兄弟葛藤での反応には，泣く，ぐずる，物を手放す，従う，身体的あるいは言語的に争う，回避するといった行動が含まれることを示した。これらの反応的行動に，肯定的行動，向社会的行動が含まれない点に注意してほしい。また，身体的攻撃といった，兄弟に反抗するためによく行われている暴力的行動のいくつかは，大人には禁じられる行動である。たとえば，兄や姉は弟や妹の歯を折ってしまうことがあるが，大人がそのような行動をすると暴行罪になる。

　普通の親子葛藤に現われる悪いパターンは，大人のほうが高いコミュニケーション能力を持ち，戦略的で操作的な葛藤処理ができることによって生じる。本章で説明した研究では，子どもを指示に従わせるために親が自分の行動を意識的に選んでいるのかについては検討されていない。親は子どもとは葛藤を処理する方略が異なるようである。この方略の違いは研究結果からうかがえる。たとえば，Rocissanoら（1987）は，親が子どもの前の話題を続けるという対応的会話を用いることで，子どもを指示に従わせようとしていることを示唆している。また，Lytton（1979）は，親が指示を与える前のやりとりで肯定的にふるまうと，子どもがその指示に従いやすいことを示した。さらに，Fletcherら（1996）の研究は，母親が肯定的にふるまうことは，子どもに指示を従わせる方略であることを示している。親が自分の指示に従わせるために方略を用いることは必ずしも悪いわけではないが，子どもを操るために方略を用いるならば，倫理的に問題があるだろう。また，親に操ろうとする意図はなくても，子どもは操られていると感じるようになり，親や他人を信じなくなるかもしれない。親との

議論で自分の意見を通すことができない子どもは，他者と交渉する方法を学ぶことができず（Eisenberg, 1992），自尊心が低下する。

恋愛関係同様，家族関係の明らかに悪い相互作用パターンは，否定的行動を返報するパターンである。問題のある家族関係や恋愛関係では長期にわたって否定的感情の返報が見られるが，否定的感情の返報自体はすべての関係で見られるものである（Dunn, 1983; Fletcher et al., 1996; Gottman, 1979; Schaap, 1984）。たとえば，Kiecolt-Glaserら（1993）は，否定的行動は，問題のない結婚したばかりのカップルにおいても多く返報される（$r=.74$）ことを示した。

否定的行動を長期間にわたり返報し続けることは，関係を破壊することにつながると指摘する研究者もいる。彼らは，とくにシステムが崩壊を避けようと自己制御する点から説明している。たとえば，Wilmot（1988）は，問題のあるカップルのコミュニケーションを，非常に不安定で，相手を犠牲にしながら時間をかけて否定的なものになっていくという，増大と縮小のらせんとして論じた。同様に，Rogersら（1980）は，問題のないカップルには会話中の感情を調整する「安定値」があり，「安定値」の範囲で感情を変動させている（p.208）と述べた。また，Gottman（1994）は，葛藤時に，カップルは肯定的発言と否定的発言のバランスを維持する必要性を論じた。そして，問題のあるカップルは肯定的行動と否定的行動を同じくらいしているのに対し，問題のないカップルは否定的行動よりも肯定的行動を5倍多くしていると説明した。さらに，BochnerとEisenberg（1987）は，家族の相互作用を説明する際に，問題のある家族は否定的発言を返報し続けるだけではなく，相手を疑うようになり，相手の発言の隠された意図や相手の問題点を探すようになると述べた。しかし，問題のないカップルでも，相手の否定的行動を返報する傾向がある点を強調しておく。

恋愛関係で柔軟性に乏しい対称的でないやりとりが生じる共通の葛藤パターンは，一方が葛藤に関する話題を議論したいと思っているが，もう一方がその話題を避ける，**要求―撤退のパターン**（demand-withdrawal pattern）である。一方が話題に直面しようとしているのに，もう一方が話題を避けるという傾向は一般的なようである。

研究者たち（Christensen & Heavey, 1990; Heavey et al., 1993; Sagrestano et al., 1998）は，自己報告データと観察データを用いて，要求―撤退のパターンが見られる理由に関して，2つの観点から検証した。**個人差**（individual difference）の観点は，女性は共同意識があり，男性は道具的であるというステレオタイプに着目している。女性は共同意識があり関係志向的なので男性と議論しようとするが，男性は（道具志向的なので）その話題を議論するのを避ける。**構造的**（structural）な観点は，問題となる事柄への不平等さに着目している。つまり，労力を平等にするために相手に自分の意見に従ってもらいたい人は，話題への直面を求めて相手にふるまいやすい（たとえば家事や育児の手助け; Christensen & Heavey, 1990）。しかし，現状を変えたくない人は，性

別にかかわらず，話題を避けやすい。男性は結婚で大きな利益を得るので，利益を維持するために相手との議論を避けやすいと想定される（たとえば食事，家の掃除，愛情; Sagrestano et al., 1998）。

この研究の結果は非常に一貫していた。相手に従ってもらいたい人は，性別にかかわらず，話題への直面を求めて相手にふるまいやすかった。夫婦間で要求―撤退の立場が入れ替わる場合があることを考えると，相手が従ってもらいたいと思っているときに話題を避けることは，人の一般的な傾向であるといえる。Sillars と Wilmot (1994) の考察が正しければ，（非対称的な）要求―撤退のパターンを返報し続けることで，関係がうまくいかなくなるだろう。関係が不均衡になるだけでなく，不均衡なパターンが続くと，将来の問題に対応できなくなってしまう。

これまでに，親密な関係における相互作用のダークサイドが一般的で広く見られることを示してきた。葛藤パターンの付加的な（そして最も残酷な）側面には，ときには些細であるが相手に対して大きな影響をもたらすという特徴がある。たとえば，Gottman (1979) やRevenstorfら (1984) の研究が示すように，あるひとつの行動がその後の行動を導く可能性は，確率的には低い。この結果と，葛藤に関する研究ではときには相互作用での5％の行動しか扱っていないことを合わせると，カップルは，幸せな生活を目指しているとき，葛藤パターンが与える小さいが重大な影響に気づかずにやりとりしていることも多いといえる。また，Sillars と Weisberg (1987) は，葛藤の生じる相互作用での両者の行動は，客観的に見ると秩序だっていないことが多いと述べた。その瞬間の感情にとらわれた人にとって，葛藤時には葛藤パターンを十分に理解することができないかもしれない。したがって，最初の『孫子兵法』の話に戻ると，葛藤時に，人はときには哀れな将軍になるといえる。

最後に付加的に示す比喩は，対人関係に現われるダークサイドを検討する方法を展開させるものである。具体的にいうと，葛藤パターンや関連するすべてのコミュニケーションのパターンは，ダンスに似ている (Frank Millar, 私信, 11月17日, 1984)。より具体的にいえば，2人でダンスをする方法を知るには，ダンスの相手がステップを調整し，足を動かし，音楽がかかっている間それらを繰り返す方法をしっかり知る必要がある。もちろん，ダンスを独学で学ぶことはできる。しかし，相手が同じような補完的な動きをしないと，自分の動きが正しいのかを判断できないだろう。残念なことに，葛藤に関する問題は，音楽は騒がしくリズムが熱狂的になることがあるように，葛藤を予行練習できないことである。そして，うまくいかない人は，同じ愚かなステップを何度も繰り返してしまいがちである。

第5章
強迫的な関係侵害とストーキング

　一方的な愛の結末として，自己や他者に対して暴力的な行動に出ることは，太古の昔からあった。
　　　　　　　　　　　　　　　　　　　　　　　　　　　　　　　　　Meloy, 1992, p. 19

　　別れてからおよそ3週間後に，彼は私の家に電話をかけてくるようになった。私たちは4年間つきあっていた。彼は私に隠れて別の誰かと（3回も）出かけていたので，私は永遠に関係を終わらせることに決めた。始めのうちは2，3週間に1度，電話がかかってきた。電話の内容は友好的なものだったが，私には苦痛であった。「電話するのは，君が心配だから」と，彼は言った。私が非常に激しく別れようとしていたことが心配なのだという。彼は他の人たちとつきあいながら，2，3週間に1，2回，電話をかけ続けてきた。それから，彼は私の家のそばを車で走るようになった。おそらく，4，5回はドアの前まで来ていた。現在，別れてから14か月が経ち，彼にはつきあって8か月になる彼女がいる。それなのに彼は私に電話をかけたり，家のそばを車で走ったりする。電話をかけてくる回数は，だいたい1週間に1度から毎週5，6回になり，そして毎晩数回かかってくるようになった。たいてい2，3週間に1度は，家のそばを車で走っているのを見かける。数週間前から彼の電話には出ていない。留守番電話があるし，電話機には発信者番号通知サービスがついているので，彼からの電話だとわかる。夕暮れに電話が鳴り始めると，私はたいてい部屋の電気を消して，不在を装う。すると彼は，いつも家の前を車で通り過ぎていく。これはもう容易に予測できるパターンとなった。この14か月の間，私は彼に繰り返し「放っておいて」と頼んでいる。彼に対して礼儀正しくしてきたし，意図的にそのように接してきた。しかし何の効果もないようだ。だから今では私は彼の電話にもでないし，こちらからかけることもしない。彼の行動にとても脅威を感じる。彼の異常なまでの行動がおさまらないので，私はやや怯えている。しかし，このような行動に毎日，対処しなければならないことに，怒りも感じている。不幸なことに，この男は私の勤める会社の社長になった。一度だけ私を解雇すると脅した。彼は私の職歴を破滅させる力をもっていることも知っている。そのため私は，彼の電話を無視するほかに方法がない。彼に対して何か行動を起こすと，今よりもっと悪い結果になってしまうかもしれない（仕事を失ったり，悪い評判が立ったりなど）。私は，会社での自分の立場をうまく変えることができたので，現在，彼とは違うオフィスにいる。彼との接触を最小限にするために，私はそうしたのだった。

この話は，以前つきあっていた彼からハラスメントを受け続けている，38歳の女性が語ってくれた。これは，望まない交際を強く求められ，困らされ，苦しめられ，ハラスメントを受け，脅迫され，そしてストーキングされている人びとから聞いた，多様な話のひとつにすぎない。予備的な調査から，このような迷惑な追跡行動が想像以上に起こっており，脅威的であることがわかった。著名人がストーキングされているというセンセーショナルな事件がメディアに登場し，またドメスティック・バイオレンスに対する関心が増加したことで，最近は激情型犯罪についても，公共の意識が高まってきた（Lowney & Best, 1995参照）。今や一般書をひもとけば（Gross, 1994; Lardner, 1995; Markman & LaBrecque, 1994; Olsen, 1991; Orion, 1997; Schaum & Parrish, 1995），人を殺す観念にとりつかれるという，ぞっとする話が載っている。しかし，このような公表されている深刻なハラスメントの事件は，氷山の一角でしかない。迷惑な追跡行動は，複雑かつ微妙な方法で現れる。嫉妬，一方的な愛，離婚といったありふれた経験のなかにも，大いに潜んでいる。

この章では，**強迫的な関係侵害**（obsessive relational intrusion: ORI）という現象を研究するための基礎を築いてみたい。まず強迫的関係侵害という現象と，その同類であるストーキングの概念化から始める。ORIを示す人びとがもつ一般的な4つの側面と，迷惑な追跡行動の出現を描写し，さらに，迷惑な追跡を受けている人びとへの影響や反応も検討したい。最後に，ORIの後遺症やORIの効果的な対処方法に光をあてるようにデザインされた研究プログラムの指針を示して，この章を終える。

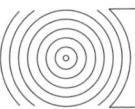

ORIとストーキングの概念化

われわれはORIを次のように定義している。「物理的または象徴的なプライバシーに対して，迷惑な追跡や侵害を繰り返し受けているという感覚。それは，親密な関係になることを強く願っている，そして（または）そう思い込んでいる見知らぬ人や知人によって行われる」。この概念化には，いくつかの重要な要素がある。第1に，ORIは相互につながりを求めるような関係からは生まれない（Morton et al., 1976を参照）。追跡者とその対象者は根本的な関係において相容れず，つながりと自律性という点で対立している（Baxter, 1990; Goldsmith, 1990）。追跡者は，つながり，親密さ，相互依存という欲求を押しつけるのに対して，その犠牲者は自律性をもちたいと願っているし，（少なくとも追跡者の）不当な要求から解放されたいと思う。この弁証法的な緊張は，すべての人間関係の形成と継続に特有のものであるが（レビューとしてBaxter & Montgomery, 1996），この弁証法をうまく対処できないことが，強迫的で迷惑な追跡の中心的問題である。

第2に，ORIはふつう1つの出来事に関連づけられるものではない。むしろ，強迫

的侵害はいくつかの機会にわたって繰り返される。ハラスメントや強要といった行為は，それ自体は強迫的でない。強迫的というのは，侵害者が相手に釘づけになっているという事実を反映している。彼の思考や行動は，執着的で思い込みが強く，しばしば病的である。追跡は，相手からの報復性がなくても，相手からの抵抗があってもしつこく続く。追跡者が相手から注意や愛情を得ようと努力すればするほど，結果的に，時間の経過にしたがって侵害の激しさは増す傾向がある。この章でわれわれが関心をもつのは，復讐に燃えたりスターに夢中になったりする瞬間ではなく，このような侵害的な行動である。迷惑な侵害のダイナミクスは，個人の精神病理という内面はもちろん，部分的には2人の関係のなかにも見いだされる。このように，ORIを完全に理解するためには，追跡者と対象者の間で生じる多様な随伴行動（contingent actions）を，時系列で調査する必要がある。

第3に，物理的と同様，心理的，象徴的な侵害が可能である。自律性に圧力をかけたりプライバシーに踏み込んでくることは，侵害の重要な徴候であり，さまざまな心理的虐待にもつながっていく（Follingstad & DeHart, 1997）。人やその所有物に攻撃や脅威を加えることは，目に見える形のハラスメントといえる。しかし，心理的，象徴的なスペースに対する迷惑な侵害は，目に見える形の脅威がなくても起こるし，同時に被害者を疲弊させることもできる。重要なことは，侵害の背景には，必ず侵害者側のある種の行動がある。そして，このような強迫的関係侵害やストーキングの行動レパートリーは広い（表5-1を参照，Coleman, 1997; Lindsey, 1993; Wright et al., 1996）。

ストーキングは典型的に，ORIの深刻なタイプである。**ストーキング**は一般的には，「自分自身の安全を脅かす他者によって繰り返される，故意で悪意がある尾行やハラスメント」と定義される（Meloy & Gothard, 1995, p.258）。ORIの極端なエピソードは，ストーキング行動を含んでいるが，法的にはストーキングにならないハラスメントや侵害もある（ストーキングの法的な定義や反ストーキング法（anti-stalking statutes）の効力についての議論は，以下を参照のこと。Anderson, 1993; 司法支援局, 1996; Diacovo, 1995; Hueter, 1994; Jordan, 1995; Morin, 1993; Moses-Zirkes, 1992; 国立司法研究所, 1993; Perez, 1993; Strikis, 1993; Welch, 1995）。ORIはストーキングよりも広範な侵害的行動を含む。国立司法研究所（1996）の報告書では，以下のように述べられている。

> ストーキングは，個々には合法的と思われる一連の（1つ以上の）行為によって構成される独特の犯罪である。たとえば，花を贈る，ラブレターを書く，職場の外で待つなどは，それ自体は犯罪ではない。しかし，それらの行為が恐怖や危害を与える意図と結びついたとき，違法な行動パターンとなるだろう（p.1）。

ストーキングはさまざまな潜在的動機に由来する行動パターンである。追跡する側

が，親密になりたいという欲求によって動機づけられている場合，ORIの徴候である。しかしいくつかの事例では，ストーカーが被害者を追跡する理由として，（事実はどうあれ）被害者が自分に対して何らかの罪を犯したと思い込んでいる場合がある。そのような事例では，ストーカーの被害者に対するアタッチメントは，愛情や恋愛感情とは対照的に，相手を迫害する気持ちや怒りである (Harmon et al., 1995)。そのような動機は，復讐という幅広い問題についての研究を連想させる (Stuckless & Goranson, 1992)。ストーカーのなかには，相手を傷つけることをだけを意図している者もある（たとえば暗殺者；Holmes, 1993）。社会病質的なストーカーは，相手との交際を深めることに興味がない。彼らは，自分の攻撃基準をたまたま満たす人物を追跡する (Evans, 1994)。この章では，厳密に社会病質的，迫害的なハラスメントには焦点をあてない。その代わり，人間関係のつながりを求める強迫的侵害に議論を集中してみたい。しかし，愛情と迫害という２つの動機は，区別しにくいことも認識している。恋する気持ちを拒絶され，それが翻って，迫害的になったり深い怒りになることもある。

ORIの発生率と徴候

ORIの本質は，相手の望んでいない人間関係を築こうとするところにある。定義上，**人間関係というものは個人間の接触を必要とする**。追跡者は，意図する相手とふつうの対面相互作用をするのに障害が出てくると，利用可能なすべての手段を用いてコミュニケーションをとろうと考える。追跡者は相手と接触するために，数多くの媒体を用いる。たとえば，電話 (Katz, 1994; Leets et al., 1995; Murray, 1967; Murray & Beran, 1968; Savitz, 1986; Sheffield, 1989; Smith & Morra, 1994; Warner, 1988)，手紙 (Dietz, Matthews, Martell et al., 1991; Dietz, Matthews, Van Duyne et al., 1991)，そして現在では電子メールである (Ross, 1995)。追跡者は，相手の自宅や職場にとつぜん出現し，しばしば対象者をひそかに見張る。

ORIの最も露骨な形態として，ストーキングは研究者から最も関心を集めている。しかし，驚くべきことに，ここ10年以内に50の州で何らかの反ストーキング法が可決されているにもかかわらず，被害の程度に関する信頼できるデータはわずかしかない。いくつかの専門家の意見は，推定値に関して最小限の根拠しかない。たとえば，多くの著者らが繰り返し「この国では今も約20万もの人が誰かをストーキングしている」と見積もっている (Cohen, 1993, p.5)[1]。この推定値は，ストーキングの専門家で法精神科医であるPark Dietzに拠るようだ。彼は，５％の女性が生涯の一時期にストーキングされると主張している (Puente, 1992)。しかしこのような推定値に，正確な根拠があるのかは謎である。同様にLandau (1996) は「1992年に，1500人の女性がかつての夫や恋人にストーキングされ殺された」(p.14) と大胆に主張した。この出所不明の統計

値は，オプラ・ウィンフリー・ショー（訳注：昼のトーク番組）の記録から得られたものである。ストーキングやORIに関する信頼できる科学的な推定値が，明らかに必要である。

これまでの最も重要な記述的研究は，国立司法研究所（National Institute of Justice : NIJ）と疾病対策センター（Centers for Disease Control : CDC）が主催したものである。NIJとCDCを代表して，政策研究センターは全国の男女各8,000名をサンプルとして，ストーキング経験に関する電話調査を行った（Tjaden & Thoennes, 1997）。その結果，ストーキングはこれまで予想されていた以上に，至るところで起こっていることが明らかになった。アメリカの成人では，8％の女性と2％の男性が，人生のある時点でストーカーの被害にあったことがある。毎年，アメリカでは170万人の人がストーカーの犠牲になっていると推定される。ストーカーの被害者の大部分は女性（78％）で，加害者の大部分は男性（87％）である。一般的に，女性は以前の親密なパートナーからストーキングされる傾向にあり，男性は見知らぬ男性や知人からストーキングされる傾向にある。未確認ではあるが，かなりの数の子どももストーキングの対象になっている（McCann, 1995）。

大学生をサンプルとして，ストーキングの蔓延度について研究した付加的資料がある。たとえば，Gallagherら（1994）は，アメリカとカナダの全国学生人事部長会（National Association of Student Personnel Administrators）に所属する1,100の大学を調査した。4年制大学504校を代表する学生課長会（the Chief Student Affairs Officers; CSAOs）のデータによると，CSAOsの34.5％が「過去1年で1つあるいは複数のストーキング事例を調停しなければならなかった」（p.42）という。このうち15％は追跡者に対する注意で十分であった。しかし多くの事例で，より強い制裁が必要であった。「18％の人は学生寮に近づくことを禁止され，31％は停学や退学といった制裁処分のために考査委員会に出頭させられ，そして15％は他の介入が失敗に終わったあと，停学や退学に処せられた」（p.42）。CSAOsの報告によると，「1991～92年度の間に，57人の学生が追跡者によって傷つけられ，1人の女性追跡者は強烈な恋愛感情（fatal attraction）を書き残したあとに教会に放火し，5人の学生が強迫的な追跡者に殺された」（p.43）。とくに大学生を対象にした研究のなかで，McCreedyとDennis（1996）は，東部の学部学生760名から回答を得た。その結果，これまでストーカーの被害にあったのは6％強だけだった。しかし，西部の学生に尋ねた2つの研究

1．国立司法研究所（1996）の報告書は，「アメリカ合衆国におけるストーカーの推定値は，2万人～20万人まで幅がある」（p.4）と述べている。この報告書は，「20万という数字は最大幅をとった数字で，たとえばハリウッドスターや議員に脅迫メールを送る人たちも含まれる。この数字から公的な人物についての事件を外すと，ストーカーの推定値は顕著に減少する」（p.15）という。これに反して，20万という数字は，問題をかなり過小評価しているのではないかと，われわれは思っている。というのも，強迫的関係侵害の多くは，法的な狭い意味でのストーキングにおさまらないからである。最近，政策研究センターが（国立司法研究所と共同で）行った全国調査によると，ストーキングはかなり蔓延していた（Tjaden & Thoennes, 1997）。

では,「これまでストーカーの被害に遭ったことがあるか」と直接的に聞くと,27%の人が「はい」と回答した (Fremouw et al., 1997; Nicastro et al., 1997)。

Hall (1996) の調査によって,ストーキング行動の強迫的な性質が明らかになった。彼女は,100名以上のストーカー被害者を対象にした研究で,17%が1～6か月間,23%が6か月～1年間,29%が1～3年間,13%が5年以上ストーキングされていたことを見いだした。政策研究センターによって行われた全国調査では,ストーキングの平均期間は1.8年だとわかった。さらに,見知らぬ人からのストーカー被害 (1.1年) よりも,親密なパートナーあるいはかつて親密だったパートナーからのストーカー被害 (2.2年) のほうが長いことも判明した。

Kurt (1995) によると,「あるストーキング行動はドメスティック・バイオレンス (DV) の一形態をとって現われる。少なくともそれは,一種の対人関係的威圧として解釈できる」(p.221; Coleman, 1997も参照)。国立司法研究所 (1996) の最近の報告では,次のように述べている。「DVにあったと回答した女性の一部は,ストーキングの80%近くは身近な状況で生じると考えている。しかし目下のところ,どれくらい多くのストーカーとその被害者が,かつて親密な関係にあったのか？ あらかじめストーキングされていて,そのあと殺害されたという人はどれくらいいるのか？ どれくらい多くのストーカーがDVと部分的に重なりあうのか？ といったことに,しっかりと信頼できるデータはほとんどない」(p.3)。それにもかかわらず,ストーキング行動の最も劇的な様相は,DVの統計から示唆される。アメリカだけでも毎年40万を超える保護命令 (protective orders) が出されている。それは,DVの被害者から最もよく求められる (Biden, 1993)。FBIの推定では,1990年に殺害された女性のうち,30%は夫や恋人からのDVによるものである。ここから,接近禁止命令 (restraining orders) の重要性と無力さが示される (Cohen, 1993, p.10; Flowers, 1994にも引用)。さらにある推定 (Beck et al., 1992) によると,パートナーに殺害された女性のうち90%は,殺される前にストーカー被害に遭っていた[2]。デトロイトとカンザスシティでなされた研究によると,「親密なパートナーに殺害された人のうち90%は,少なくとも1回は警察に電話しており,しかもそのうちの半数以上が5回以上電話をかけていた」(Cohen, 1993, p.8)[3]という。Bradburn (1992) によると,「身体的虐待を理由に夫と別れた女性のうち約50%が,その元夫から尾行され,ハラスメントを受け,暴行されている」(p.271)。Harrell と Smith (1996) は,配偶者や恋人の一時的接近禁止命令 (temporary restraining orders) を得た女性335名を対象にした研究で,21%の人が

---

2. われわれは,この「パートナーに殺害された女性のうち,90%はストーカーに遭っていた」という推定値が載っている原著をつきとめることができなかった。ストーキング研究においては,方法論を無視した推定値がいい加減に反復される傾向があるので,この推定値は注意して読むべきである。
3. われわれは,この「親密なパートナーに殺害された人のうち,90%は警察に通報していた」という推定値が載っている原著をつきとめることができなかった。それゆえ,この推定値も注意して読むべきである。

命令から3か月以内に,「追跡やストーキングを受けた」と報告していることを見いだした。この割合は1年以上も安定したままであった。

　ストーキング事例における暴力の傾向について,信頼できる証拠は概して乏しい。報告されている研究のサンプルは非常に小さく,代表性を欠いており,断定的な結論を導くにはリスクがある。さらに,ストーキングの背景にある動機はかなり多様だ。Meloy (1996b) は,過去10年にわたって報告された強迫的尾行者の臨床研究を体系的にレビューし,予備的なデータを得ている。いくつかの大規模な研究 (Harmon et al., 1995; Meloy & Gothard, 1995; Zona et al., 1993; 全対象者142名) では,脅迫事件やその後に生じた実際の暴力事件についての統計を報告している。それによると,強迫的尾行者の半分が,人や所有物あるいはその両方に対して脅迫を行っていた。しかし彼らのうち75%は,その後に暴力をふるわなかった。この知見は,政策研究センターのそれと一致する。全国の確率サンプルでも,ストーキング被害者のうち,加害者から目に見える脅迫を受けたのは半分以下であった (Tjaden & Thoennes, 1997)。Meloy (1996b) は,「脅迫はおそらく過少報告されている。実際は75%増だろう」という。もちろん,脅迫していなかった追跡者がとつぜん暴力をふるうこともありうる。しかしこれは,報告されている論文ではまれである。被害者のなかには,殺される前に強迫的に追跡されていた場合もあろう。しかしそのようなストーキングは,決して報告されてこなかった。さらに,ストーキングの一部としての暴力あるいはストーキングの結果としての暴力は,まだ十分に証明されていないにもかかわらず,関連するという明確な証拠がある。政策研究センターの研究では,夫や同棲しているパートナーから,ストーカーの被害を受けている女性の81%が身体的に,31%が性的に暴力を受けていることがわかった。この割合は,ストーカーの被害を報告していない女性と比べると有意に高い (Tjaden & Thoennes, 1997)。

　ハラスメントや侵害についての他の小規模な研究 (ストーキングとみなされないものも含む) では,迷惑な追跡の性質や範囲を明らかにしている。ある研究は,多くの卑猥な電話が,特定の人をターゲットにしていることを示している (Savitz, 1986)。そのような電話を受けた人の割合の推定値は,研究によって8～90%と大きく変動する (DiVasto et al., 1984; Herold et al., 1979; Katz, 1994; Murray, 1967; Murray & Beran, 1968; Savitz, 1986; Sheffield, 1989; Smith & Morra, 1994)。30%もの人が,誰かが性器を露出するのを見た経験がある。そのような事件の一定数はその人に向けられたものであったり,ある程度の追跡の結果として生じていると考えられる。ある研究によると,大学生の10%が「迷惑な個人的注目」を受けたことがあるという。それらは「迷惑な手紙,電話,訪問,面会やデートの誘いといった形で行われ,そこには性的な期待は述べられていないものの,個人的または恋愛的な関心が含まれている」(Leonard et al., 1993, p.176)。同じような傾向として,Heroldら (1979) によると,大学生の24%が,ハラスメント

を目的として尾行されたと報告している。さらに詳しくいうと，Roscoeら（1994）の研究によると，多くの青年が，迷惑な電話（20.7%），手紙やメモ（19.1%），デートの誘い（18.9%），性的な誘惑（16.6%）を経験しているという。

ごくふつうの関係においてさえ，人びとは侵害的行動をとる。たとえば，LarkinとPopaleni（1994）は，フォーカスグループやインタビューにおいて，次のことを見いだした。

> 若い男性たちは，さまざまな方法で恋人を恫喝する。彼女の行動，活動，交友関係を入念に調査し，監視するのだ。若い女性たちは，窓から覗かれたり，勝手に日記やアドレス帳やメールを見られていたという。また，数え切れないほど電話され，今どこにいるのかを確認されたり，さまざまな場所や機会で，とつぜん彼と出くわしたりした（p. 221）。

同様に，Guerreroら（1995）は，監視が恋愛関係で生じる嫉妬感情に対する，一般的な反応であることを見いだした。

現在の関係で生じている監視やハラスメント（Guerrero et al., 1995; Patterson & Kim, 1991）は，関係が壊れたあとの事態を予兆する。Jasonら（1984）によると，48名の学部女性を対象にしたデートに関する研究で，56%の人が「デートしたくないと知らせたあと，少なくとも1か月間，男性からハラスメントを受けた」（p. 265）という。Jasonらは，別の街頭調査において，恋愛関係の終結後，その男性から少なくとも1か月間ハラスメントを受けたという50名の女性に，構造化面接を行った。その結果，「ハラスメントの継続期間は平均13か月間（1〜120か月の範囲）であり，ハラスメントは週に平均6.5回（0.1〜49）生じていた」（Jason et al., 1984, p.263）。彼女たちから報告されたハラスメント行動は，電話（92%），自宅や職場への訪問（48%），言語的，身体的な脅迫や暴力（30%），尾行や監視（26%），花や手紙やメモを送りつけられる（6%）であった。

Spitzbergらは，3つの大学（イリノイ大学，テキサス大学，カリフォルニア大学）の学部学生を対象に，広い範囲のORI行動の発生率を調査した（Cupach & Spitzberg, 1997a; Spitzberg & Cupach, 1996; Spitzberg et al., 1997）。リストにある63の行動は，先行研究や専門家（すなわち，心理学者，セキュリティーコンサルタント，ストーキングを専門とする弁護士）と協議して作成した。表5-1は，一度でも経験したことがあるハラスメント行動の平均割合を示している。この行動リストは，侵害的と考えられる多様な行為を記載しているが，すべてを網羅しているわけではない。当然といえばそうだが，侵害性や脅迫性が少ない行動のほうが，より多く報告されている。

表5-1 3つのサンプルにおいてORI行動を受けたことがあると報告した人の平均割合 (N = 876)

	%		%
電話をしてきて言い争いになった	73	入ってきた	42
あなたが誰かと交際してないか尋ねた	72	あなたが働いているときに電話をかけてきた	41
電話をかけてきて返事もなく切った	70	あなたが他の人と話しているときに、あなたの周りで待っていた	40
もう一度チャンスをほしいとしきりに求めてきた	64	あなたの家に手書きのメッセージを残した	38
遠くからあなたを見つめていた	62	あなたと親密な関係でいるために、あなたの家族との接触を増やした	37
あなたに対する愛情を大げさに主張した	61	あなたの職場の外で待っていた	36
あなたが歓迎していないことを示唆しても、受け入れなかった	61	あなたに対する性行動を述べた	36
あなたとの恋愛関係を他者に言いふらしたり自慢したりした	61	親しげな方法で不適切に接触してきた	35
お互いの知人を通じてあなたを調べた	58	あなたがいるところの近くを車で待っていた	35
あなたの家や職場のそばを車で通った	57	留守番電話に頻繁にメッセージを残した	34
過去の過ちや罪をしきりに謝った	57	求めていないプレゼントを贈ってきた	34
あなたにあることをやめろと言った	56	あなたの部屋にあるプライベートなものを調べた	34
あなたの他の人との関係について文句を言った	55	あなたに良くないことが起こるかもしれないと、あいまいな警告を発した	34
あなたを監視するために第三者を使った	55	授業の前後に姿を現した	34
過度の自己開示を行った	54	今でもあなたと恋愛関係にあると主張した	34
あなたを浮気者だと非難した	53	あなたを突いたり、平手打ちしたり、叩いたりした	32
あなたが頼みもしないのにいろいろと世話を焼いた	52	身体的な危害であなたを脅迫した	30
かつては今よりもあなたと親密だったと他者に話した	51	あなたについて来て、歩きながら会話した	30
		わいせつな電話をかけてきた	30
公の場所であなたと言い争いをしようとした	50	あなたに良くないことが起こるだろうと警告した	29
あなたを調べるためにいつでも電話をかけてきた	50	あちらこちらについてきた	27
あなたについての誤ったうわさを友人に広めた	49	あなたの所有物に損害を与えた	26
職場に訪ねて来た	48	性器をあなたに見せた	26
あなたについての悪口やわいせつなことを言った	47	窓を突然ノックした	25
仕事の前後に姿を見せた	47	あなたがかつて贈ったプレゼントを郵送したり、置いていったりした	16
あなたを監視した	46	脅迫的な手紙やメッセージを送ってきた	16
あなたの車のフロントガラスにメモを残した	45	性的な行動を強制した	16
あなたが自分の人生をどれだけダメにしているかと不平を言った	45	ラジオ局に電話をして、あなたに歌をささげた	15
あなたがいろいろな相手と寝ていると非難した	44	あなたが知らないうちに、あるいは、あなたの許可なしに写真を撮った	11
あなたの過去の恋愛関係について作り話をした	43	あなたの電子メールをメッセージでいっぱいにした	11
あなたが求めていないカードや手紙を送った	42	あなたの知らないうちに会話を録音していた	8
あたなが他者と会話しているときに勝手に		あなたの家や部屋に侵入した	8
		不快な写真を送ってきた	5

ORIのダイナミックな性質

　ORIの発生について，大きく3つの重要な点を明らかにする。第1に，ORIを構成している行動は，深刻さの連続性によって並べ替えることができる（図5-1）。たとえば，ある行動は少し侵害的，ある行動は中程度に侵害的，そして別の行動はかなり侵襲的というように（Cupach & Spitzberg, 1997a）。少し侵害的な行動とは，しつこくせがむことである。それは困惑しても，とくに脅威的ではない。迷惑なプレゼントや好意を受けたり，デートにしつこく誘われたり，許しを請われたり，数多くの電話やメッセージを受けたりすることは，ある程度は迷惑で侵害的だが，脅威や動揺はない（Cupach & Spitzberg, 1997a）。Lees-Haleyら（1994）は，100ポイントスケールを用いて，ごく中程度の感情的苦痛を与えるような行動を報告した。やめるように言っても同僚から繰り返しラブレターを受け取る（$M=26$），最初に断ったのに上司から繰り返しデートに誘われる（$M=28$），やめるように言っても同僚から繰り返し卑猥なメモを受け取る（$M=30$），最初に断ったのに先生から繰り返し誘われる（$M=34$）。ひどく苦痛な経験（$M>80$）には，子どもや配偶者の死，レイプなどが含まれていた。

　プライバシーを侵害しつつも脅威度が低い行動としては，監視されたり，まちがったうわさを友人に流されたりといったことがある。これらも，かなり腹が立つ行動である。また，たんに困惑するだけではなく，中程度に深刻である。すべてのなかで最も動揺するのは，脅威を感じさせる行動，すなわちストーキングの被害，家宅侵入，言葉による脅迫，身体的暴力，所有物への損害である。これらの行動がプライバシー侵害的かそうでないか，脅威的かそうでないかは，追跡される者によって解釈される。

　第2に，侵害的な行動が連続しているということは，理解できる行動と強迫的な行動の境界がはっきりしないことを意味する。ある文脈では中程度に侵害的とみなされる行動が，別の文脈では適切な親密性と解釈される（たとえば，車の窓にメモを残す，プレゼントを贈る，頻繁に電話するなど）。関係を求めるときに，ある程度のしつこさはときどき期待されるし，成果もあがる。その追跡がどの点で過度になるかははっきりしない。根気と強迫性の間にはグレーゾーンがある。追跡者と対象者の相互作用が問題になるのは，まさに追跡のもつこのような側面，すなわち，侵害がだんだん迷惑かつ強迫的になっていくときである。

　第3に，侵害的行動はある関係（あるいは擬似的関係）の文脈のなかで生じる。侵

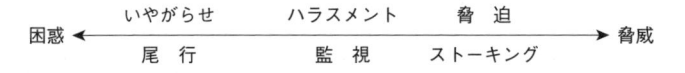

　　　　　　　　　いやがらせ　　　ハラスメント　　　脅　迫
　　　　　困惑　←　　　　　　　　　　　　　　　　　　　　　→　脅威
　　　　　　　　　尾　行　　　　　監　視　　　　ストーキング

図5-1　ORIの深刻さの連続性

害は連続的な性質をもっている。その行為と反応は，連続的かつ累積的に生じていく。侵害というひとつの事象（例：車のフロントガラスにメモがあるのを発見する）は，ある時点のある出来事を表わす。ORIは，追跡者と対象者の間で長期的に生じる，複数の出来事を必要とする。このようにORIは，特定のタイプの行動だけでなく，経時的な行動パターンによっても特徴づけられる。たとえば，侵害の激しさや脅迫的な性質は，時間が経つにつれてエスカレートしやすい。国立司法研究所（1996）の報告書によると，「時間が経つにつれて，ストーカーの行動は，よりいっそう脅迫的で，深刻で，暴力的になる。ストーキング活動は，ふつうエスカレートしていく。最初はやっかいでうっとうしい合法的な行動から，強迫的で，危険で，暴力的で，潜在的に致命的なレベルの行動にエスカレートしていく」(p.5) という。さらに，追跡者と対象者の間の行動にも，随伴性があるようだ。侵害的な出来事に対する対象者の反応は，追跡者の次の行為に影響を与え，それがまた対象者の行為に影響を与えていく。現在のところ，われわれのORIについての知識のレベルは，主として侵害と解釈される行動や出来事についてである。ORIのダイナミクスについて，より完全に理解するには，追跡者と対象者の行動の経時的，相互的な側面を検討する必要がある。

追跡者のプロフィール

追跡者のタイプ

　強迫的追跡者（obsessional pursuers）のタイプを分類するのは，やっかいな仕事である。おそらく，一般に思われているのと反対で，追跡者は一様ではない（Meloy, 1996a; Meloy & Gothard, 1995を参照）。Meloy（1996b）が述べているように，「強迫的尾行者たちの行動には多様性は（複雑性も）少ない。しかし彼ら自身は，さまざまである」(p.161)。追跡者のタイプは，**ストーカー，強迫的尾行者**（obsessional followers），**恋愛中毒者**（love addicts），**恋愛妄想者**（erotomanics）と，さまざまなラベルを貼られてきた。強迫的な侵害者は，そのタイプによって異なったプロフィールをもっている。研究者たちは，次のような基準をもとに，強迫的侵害者をさまざまなグループに分類している。たとえば，精神医学的な診断の存在，追跡者の動機，被害者のタイプ（著名人か一般市民か），加害者と被害者の関係（他人，同僚，元配偶者；Geberth, 1992; Holmes, 1993; Kurt, 1995; McAnaney et al., 1993; Wallace, 1995; Wright et al., 1996; Wright et al., 1995; Zona et al., 1993）である。これらの指標を使って，4大カテゴリーからなる暫定的な類型論を示してみよう。すなわち，恋愛妄想者（erotomanics），境界例的恋愛妄想者（borderline erotonmanics），強迫的な知人（obsessional acquaintances），強迫的な元恋人（estranged lovers）である。

●恋愛妄想者

フランスの精神科医 de Clérambault（1942）によって記述された心理状態である「熱情精神病」（psychose passionelle）は，クレランボー症候群（Leong, 1994; Leong & Silva, 1991），オールドミス精神障害（old maid's insanity），妄想恋愛（delusional loving: Seeman, 1978），愛の病理（pathologies of love: Mullen & Pathé, 1994b）など，多くの名称で知られている。最も一般的な名称は，恋愛妄想（erotomania）である。臨床診断名でいえば妄想性障害に含まれ，そのサブタイプとして恋愛妄想（色情）型（erotomanic type）がある（American Psychiatric Association, 1994）。恋愛妄想者は，自分が誰かに愛されているという妄想を抱いている。恋愛妄想者は相手を病的に憧れており，その愛情は概して性的というよりも，理想化されていたり精神的であったりする。実際，恋愛妄想者は典型的に，愛情の対象者とほとんどあるいはまったく接触をもたない。（著名人の場合のように）メディアを通して見たり，あるいは視線をかわすといった瞬時でわずかな相互作用しかない。愛情を向ける対象者はたいてい，社会的・経済的に高い地位をもった人である。

恋愛妄想は，法的救済策や精神医学的治療が奏功しにくい慢性的な状態である。恋愛妄想者と診断された7人を対象としたZonaら（1993）の研究では，強迫観念の平均期間は125か月であった。恋愛妄想者の妄想は，合理化によって維持され持続する。たとえば，見せかけの恋人が拒絶的な行動をしても，その人からのお返しであるとその行動を解釈する。

恋愛妄想だけで単一診断されることは，めったにない。たいてい，妄想型の統合失調症や器質性精神障害のような，別の診断も同時につく（たとえば，El Gaddal, 1989; Mullen & Pathé, 1994a, 1994b）。加えて，恋愛妄想と報告される多くの事例で，確定診断を下すだけの十分な情報がない（Gillet et al., 1990）。

初期の臨床報告によると，恋愛妄想の患者は女性が男性より多く，被害者は男性が多い。しかし，これが一般的な事例であるという決定的な証拠はない。今や，男性の恋愛妄想者も臨床論文でよくみられるし，恋愛妄想者とその対象が同性である場合もある（Dunlop, 1998; Goldstein, 1987; Harmon et al., 1995; Meloy, 1992; Taylor et al., 1983; Singer, 1989; Zona et al., 1993）。

恋愛妄想が生じる説明には，心理学的なものから器質的なものまである。なかでも重要な要因は，自尊心が低いこと（Mullen & Pathé, 1994a, 1994b; Segal, 1989），そして病理的な悲嘆（pathological mourning; Evans et al., 1982; Raskin & Sullivan, 1974）である。影響を与えている器質的要因としては，認知症，右側頭葉てんかん，そしてアルコール，コルチゾン，経口避妊薬の摂取などがある（Carrier, 1990; Doust & Christie, 1978; Drevets & Rubin, 1987; El Gaddal, 1989; Singer & Cummings, 1987）。

彼らは対象者をストーキングし，しばしば暴力もふるうが，「他のカテゴリーのス

トーカーに比べると，実際に身体的な危害が加えられる程度やリスクはおそらく低い」(Menzies et al., 1995, p.535)。Meloy (1992) は,「妄想性障害のサブタイプである恋愛妄想（色情）型の人が，暴力的になる確率は，最も正確な推定値で5％以下である」(p.38) と結論した。

Menziesら (1995) は，男性の恋愛妄想者がもつ危険予測因子を見つけるための研究を行った。彼らは恋愛妄想と診断された13人の患者と，精神医学の論文から16事例を検討した。これらの事例は，恋愛妄想に関連する5つの深刻な反社会的行動のうち（たとえば，身体的危害あるいは身体的危害を加えると脅すこと）少なくとも1つがあるかどうかによって，危険群と良性群に分類された。その結果，危険性は2因子によって有意に予測された。すなわち，妄想の対象を複数もっているかどうか，妄想と無関連な深刻な反社会的行動の病歴があるかどうか，である。この2因子に基づいた危険群と良性群の分類は，（判別率 hit rate で）88.9％の正確さを示した。

● 境界例的恋愛妄想者

Meloy (1989) は，すでに述べたような恋愛妄想者と，相手が自分を愛しているという妄想のない境界例的恋愛妄想者の区別を提唱した。境界例的恋愛妄想は,「アタッチメントあるいは絆はひどい障害を示しているが，必ずしも現実検討力を失っているわけではない」(p.480)。広い強迫的な尾行者をカバーする用語として，Meloyは境界例的恋愛妄想を採用したようだが，われわれは，被害者が実質の他人である場合以外には，その適用を控えたほうがいいと考えている。Zonaら (1993) は，このグループを「恋愛強迫」(love obsessionals) と呼んだ。

境界例的恋愛妄想者は，純粋な恋愛妄想者と似ている。しかし境界例的恋愛妄想者は，妄想性障害（色情型）の一次診断をされるのではなく，人格障害，統合失調症，または器質的精神障害といった他の一次診断をされる。恋愛妄想者と同様に，境界例的恋愛妄想者もメディアや日常的な接触によってのみ相手を知っている。Zonaら (1993) の恋愛強迫神経症者の研究では，典型的な被害者は「エンターテイメント，映画業界のセクシーな女優というイメージをもっていた」(p.901) という。おそらく，最も一般的な境界例的恋愛妄想のケースは，ジョン・ヒンクリー・ジュニアである。彼は女優のジョディ・フォスターに強迫的に心酔し，当時の大統領であるロナルド・レーガンを銃撃した

境界例的恋愛妄想者は，たとえ愛情が報われなくても，純粋な恋愛妄想者と同じぐらい対象にのめりこむ。Zonaら (1993) によって報告された強迫性の平均存続期間は，146か月であった。

●強迫的な知人

　関係侵害は他人によって行われることもあるが，追跡者と被追跡者の関係の多くは，現在（または過去）の社会的職業的な関係に由来する。たとえば，Romansら（1996）は，大学のカウンセリングセンターのスタッフを調査して，ストーキングやハラスメントを受けた体験率を調査した。カウンセリングセンターから無作為抽出したところ，回答者の64％が，現在あるいは過去のクライアントから何らかの形でハラスメントを受け，5.6％はクライアントからストーキングを受けていた。8％は家族がストーキングされ，10％はスーパーヴァイズを受けた人（supervisee）がストーキングされたという。

　他の研究では，弁護士，内科医，精神科医，ソーシャルワーカー，教授を調査した結果，クライアントから強迫的な尾行を受けていた。Harmonら（1995）は，興味深い例を報告している。

> ある41歳の女性は，1985～1994年の間に，精神鑑定を受けるために7回も専門機関を紹介された。被告人は同じ罪状で4回逮捕された。ある病院で働いており，そこで10年近く医師にハラスメントを行っていた。彼女は彼と恋愛関係にあると信じていた。最近専門機関を紹介されるまでは，その大卒の彼女はゴーゴーダンサーとして働きながら，医者，医者の妻，この事件を扱う地方検事補に対してハラスメントを行った。この事件にかかわった少なくとも20人が，彼女からの保護決定を受けた（彼女からのハラスメントや不適切な行動により，この事件からはずされた4人の裁判官も含まれる）(pp.194-195)。

　追跡の対象は，友人，知人，あるいは同僚ということもある。59名の大学生を対象にした研究では，ORIの特定発生率として，34％が知人から，19％が友人から，そして9％が同僚からハラスメントを受けたと報告している。残りの多くは以前つきあっていたパートナーであった（Cupach & Spitzberg, 1997b）。Hall（1996）のストーキング被害の研究によると，ストーカーの30％がかつて知人であるが，性的な関係はなかったという。

●強迫的な元恋人

　追跡者のカテゴリーとして最も多いのは，おそらく元パートナーである。彼らは，恋愛関係の終結（あるいは再定義）を認めることができない。たとえば，Hall（1996）の研究では，ストーカーの53％が，かつて被害者と性的関係をもっていた。サンディエゴにある弁護士事務所のDV部門の事例という偏りはあるものの，50のストーキング事例のうち，96％の被害者が加害者とかつて関係があった。その多くは，デートの

相手 (60%)，配偶者 (22%)，別居または離婚したパートナー（6%）であった (Cousins, 1997; Nicastro, 1997)。これらの事例において，最も一般的に述べられた追跡の目的は「和解」であった。TjadenとThoennes (1997) の研究では，女性は元夫や親密なパートナーからストーキングされる傾向にあった。これらの事例で，恋人や配偶者は疎遠になっており，愛情は一方的になっているか，かつてのよい関係が変化していた。追跡者の行動は，その一方的な関係を回復したり維持することを意図している。終結した関係を追跡する試みが強迫的になると，その行動は**恋愛嗜癖**（love addiction）と呼ばれる（たとえば，Nelson et al., 1994; Peele, 1981; Timmreck, 1990)。恋愛妄想者が精神病とみなされるのに対して，強迫的な元恋人はしばしば精神病質である (Geberth, 1992)。しかし，政策研究センターの研究を注記しておくことは重要だ。それによると，関係が終わる前に起こるのは，ストーキング事件の約5分の1であり，40%以上は関係が終わったあとに，残りは関係が終わる前後の両方に起こっているという (Tjaden & Thoennes, 1997)。この研究では，よい関係から別居や離婚に移行するときに，どの程度のストーキングが生じるかについてはわかっていない。

関係の終結に伴う情緒的ストレスは，自尊心の低下，傷つき，屈辱，怒り，抑うつといった多くの強い感情と関連している（たとえば，Baumeister et al., 1993; Timmreck, 1990)。侵害は，愛を主張したり，元パートナーと相互作用を試みることから始まる。繰り返し拒否され，かつての関係を回復したり和解できないと悟ったあとで，捨てられた側が，元パートナーに報復したり，脅迫したり，危害を加えようとする。このことは，前述したDVの統計で部分的に証明されている。

すべてのタイプの追跡者で，強迫的な元恋人（の一群）は，最も危険かもしれない。いくつかの証拠によると，加害者と被害者が恋愛関係にあった場合に，最も暴力的になるという。MeloyとGothard (1995) は，強迫的尾行者は他人よりも元配偶者や元パートナーに対して，より脅威を与える傾向を見いだした。

追跡者の特徴

「研究の知見は，一貫して次のように示唆している。若い成人期において，社会的あるいは性的な関係が失敗し続けると，強迫的な尾行を誘発しやすくなるだろう。実際，彼らにおいては，恋愛関係に失敗することが習慣化しているようである」(Meloy, 1996b, p.151)。研究によって描かれた恋愛妄想者のイメージは，孤独で社会的に孤立し，たいてい未婚である (Raskin & Sullivan, 1974; Segal, 1989; Zona et al., 1993)。現在のところ証拠は限られているが，このパターンは恋愛妄想の診断がない強迫的尾行者にも一見あてはまる。MeloyとGothard (1995) の強迫的尾行者の研究によれば，追跡者が恋愛妄想者であろうとなかろうと，「過去に傷ついた関係や葛藤的な関係をもっていることが多い。他人を追跡している人の多くは，親密な関係をまったくもてず，結

婚しようとしてもつねに失敗してきた。このことが，彼らの社会的孤立性を高めているようである」(p.261)。

McReynolds (1996) によると，「1993年に地方検事局が行った調査によると，ストーキングで有罪判決を受けた約80名の男性のうち，その多くが自己愛的で自己中心的であった。半数は過去に犯罪歴があり，その多くは薬物とアルコールであった」(p.41)。Hall (1996) の研究によれば，かなりの割合のストーキング被害者が次のことを知っている。追跡者は暴力的な家族背景をもっていて (27％)，暴力や身体的虐待を受けており (46％)，1人以上の人をストーキングしていた (30％)。そして大多数の被害者 (72％) が脅威を与えられていたと報告している。

ある解釈によれば，強迫的な追跡は「ある種の人たちにとって病理的なアタッチメント」を意味しているという (Meloy, 1996b, p.159; Dutton, 1995を参照)。Dutton らは，不安定なアタッチメントスタイルが嫉妬や家庭内暴力と関連があることを例証した (Dutton et al., 1994; Dutton et al., 1996)。彼らの推測では，不安定なアタッチメントをもち，嫉妬深い人たちは，見捨てられることに過敏である。Dutton ら (1996) の研究では，夫と別居している30人の女性を対象にして，夫の自己報告による嫉妬深さと恐怖型のアタッチメントスタイル（不安定型アタッチメントのひとつ）が，妻の報告による夫の侵害性を有意に予測できた。侵害性の頻度は，「パートナーは私をあちこち尾行した」，「パートナーは私を脅迫した」，「パートナーは私の意思に反して強引に家に侵入した」などの項目によって測定された。

Levit ら (1996) によって得られたデータは，アタッチメントスタイルの潜在的な関連性を示唆している。彼らは「トラブルの多い」関係，たとえばパートナーからハラスメント，脅迫，侵害的尾行を受けている関係にある人びとを調査した。わずかではあったが，不安定なアタッチメントスタイルとトラブルに巻き込まれることの間に，有意な関連が見いだされた。回答者はパートナーの行動を迷惑だと報告していたので，被害者のアタッチメントスタイルも追跡者のそれと同じぐらい関係しているのかもしれない。

愛とアタッチメントに関する他の研究も，追跡とのつながりを示唆している。Williams と Schill (1994) によると，自滅的な (self-defeating) パーソナリティの人は，マニア型の愛情 (mania love style) が高い。彼らは所有欲が強く，依存的で，嫉妬深い。「いったん恋愛関係になると，彼らはつねに相手の注意をひこうと必死になり，激しい嫉妬心をいだく」(p.33)。Sperling と Berman (1991) も，「自暴自棄型の愛情」(desperate love) スタイルの人が次のような特徴をもつと記述した。

> 彼らは恋人と融合しているような感情を抱いている。その関係についての切迫感，互恵性についての過剰な願望と不安，恋人に対する理想化，恋愛関係以外での不安定な感

情，その関係についての現実検討力の困難さ，分離不安，極端な幸福と悲しみを体験している（pp. 47-48）。

驚くべきことではないが，彼らはより依存的なアタッチメントスタイルをもっていた。

Meloy（1996b）の強迫的尾行の説明によると，人間関係についての無力感や自己愛の因子もまた重要である。

> 強迫的尾行の精神病理は，ある部分で，社会的無力感，社会的孤立，そして孤独に対する不適切な反応だと思われる。しかし彼らを他者から区別するものは，攻撃性と病理的な自己愛だと考えられる。強迫観念から追跡という行動が生じたり，中には結果として暴力にいたる事例もある。これらは彼らの自己愛の秩序が揺らいだことによるのだろう。急性または慢性的な拒絶といった現実の出来事が，強迫的尾行者の補償的な自己愛空想（compensatory narcissistic fantasy）を揺るがす。自分は特別で，理想化され，賞賛され，優れていて，相手と何らかの点でつながっていて，相手と運命づけられていると思えなくなる。このような自己愛空想には誇大感とプライドの両方があるので，それが揺らぐと恥や屈辱感が生じ，そのような自分を守るために激怒する。そのような激しい怒りによって，悲しみの感情を回避できる。というのも，彼らは現実の重要な人物をまるごと失うことを嘆く力をもっていないからである（pp. 159-160）。

心理的な揺れにもかかわらず，追跡者はしばしば巧みに追跡し，強迫観念に強くとりつかれている。MeloyとGothard（1995）は，強迫的尾行者が，精神障害をもつ他の犯罪者に比べて，知的で教育も受けていることを見いだした。追跡者はとくに抜け目なく，巧みで操作的であると示唆している。

> 強迫的尾行者は，被害者の住所や電話番号を手に入れるためなら，どんなことでもするだろう。ある者は警察官を装って，運転免許センターから住所を入手した。また別の者は，被害者が電話番号を変えるたびに，ダブルクリップと回線情報を使って，その非記載電話番号を追尾し解読していた（p. 261）。

復讐が動機になっているような場合には，追跡者は被害者に恐怖を与えようとするが，彼らはしばしば相手に与えた苦痛の程度を認識できない。その原因はいくつかある。第1に，強迫的追跡者は追跡するという目的にとりつかれているので，自己中心的になりやすく，相手よりも自分の感情に焦点をあてやすい。

第2に，追跡者は自分の行動が適切であると合理化する。たとえば，Baumeisterら（1993）は一方的な愛について研究し，拒絶されても恋人を自称し，その行為も愛

という名のもとに正当化していることを示唆した。「相手の反対にもかかわらず，執拗に追跡するという行動は非難に値するが，自称恋人の高邁な意思にかかれば酌量される」（本書第7章）のである。

　第3に，追跡者は執拗さをあと押しする文化的スクリプトを指針とする。Bratslavskyら（本書第7章）はこう主張した。

　　しばしば映画，本，歌には，恋人を自称する人の執拗さが描かれている。彼らは，相手が正気をとり戻し，自分のすばらしさに気づいてはじめて報われる。一方的な愛をもつ人は，このようなスクリプトによって，拒絶されてもあきらめない理由を理解する（p. 318）。

　Jasonら（1984）の研究では，男性たちは，デートした女性と破局して1か月以上も連絡をとり続けたことを，ハラスメントだと感じていなかった。23名の男性参加者のうち9名は，「ハラスメントには，身体的虐待か脅迫（言語的虐待）のどちらかが必要であるとの考えを示した」（p. 266）。さらに，Stithら（1992）は，交際相手に暴力をふるう大学生の一群を「敵意のある追跡者」（hostile pursues）と記述した。これらの人びとは，「相手に対して頻繁に情緒的虐待をする一方で，葛藤が続いているあいだは，多大なエネルギーを費やしてパートナーを追いかけ，関係維持に努力した」（p. 417）。ある程度，執拗に見える行動でも，彼らはそれを社会的に必要な能力と考えている。

被害者の特徴

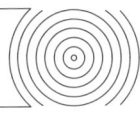

ORIが被害者に与える影響

　われわれはふつう，追跡の対象となる人を「被害者」とみなしている。なぜなら，侵害は迷惑で執拗で，悪影響を及ぼすからである。侵害の深刻さにかかわらず，対象者は少なくとも軽度のハラスメントや象徴的なプライバシー侵害といった被害を受ける。もちろん，最も深刻な事例では，対象者は身体的暴力の被害者である。追跡者は，強迫的追跡に関連して暴力をふるう。その場合の多くは（Meloy, 1996bによると，ざっと見積もって約80％），愛情を向けている人に対して行われる。しかし，あまり頻繁ではないが，追跡の対象者への接触を妨げる第三者，関係のない人たち，そして追跡者自身に対しても，暴力が向けられることがある。(Mullen & Pathé, 1994b)。

　ORIに関連する暴力の発生率は，確定的なデータがないが，身体的暴行を受けた結果は明白である。ORIの被害者が受ける心理的影響のほうは，あまり明らかでない

(ほとんど論文にさえなっていない)。MullenとPathé (1994b) は，こう示唆している。「ストーカーが侵害的な接触をたんに繰り返すだけでも，被害者には恐怖が生じる。その恐怖は誇張して言いがたい。被害者は生活を縮小し，社会的活動や時には仕事もあきらめる。ストーカーの注意を回避できるという希望を抱いて，被害者は住所，街，ときには国さえも変える」(p.475)。

Hall (1996) の研究では，ストーキング被害者の83%が，ストーキングの結果としてパーソナリティが変化したと報告した。たとえば人づきあいが悪くなり，おびえていて，妄想的，攻撃的になったと考えていた。政策研究センターの研究では，ストーキング被害者のうち30%の女性と20%の男性が，結果としてカウンセリングを受けることを考えていた。また，ストーキング被害者は，そうでない人よりも安全について懸念していた (Tjaden & Thoennes, 1997)。さらに，WallaceとSilverman (1996) は，「ストーキングが被害者に与える長期的影響についての科学的な研究はない」(p.204) としながらも，ストーキング被害をPTSDの一因とみることを主張している。

追跡者が法的にはストーキングをしていない場合でも，対象者の心理的代償は甚大になる。軽度の関係侵害だから深刻でないという思い込みは間違っている。デートや顔見知りの関係で生じても，あるいは明白な身体的脅威がなくても，深刻である。軽度の関係侵害の被害者も，困惑，混乱，ストレス，不安，抑うつ，恐怖，ショック，冒とく，自己非難，そして人に対する信頼感の喪失などの，さまざまな反応を報告している (Cousins, 1997; Cupach & Spitzberg, 1997a; DiVasto et al., 1984; Herold et al., 1979; Nicastro, 1997; Nicastro et al., 1997; Savitz, 1986; Smith & Morra, 1994)。

ORIに対する被害者の反応

現在のところ，ORIの被害者がどのように対処しているのかは，ほとんど知られていない。明らかなことは，被害者の反応が多様であるということだ。それは，侵害者の性質や2人の関係という個別事情によって，適応的であったり不適応的であったりする。

ある研究 (Jason et al., 1984) では，かつてのデート相手から，関係が終結したあと1か月以上にわたってハラスメントを受けた50名の女性を調査し，多様な反応を見いだした。何もしない (32%)，友人，家族，セラピストに話す (54%)，引越しなど環境を変える (19%)，ハラスメントをする人に対して意地悪をしたり距離をとる (8%)。同様に，セクシャル・ハラスメントについての論文でも，ハラスメントをする人に向ける反応は，回避から直接対決にいたるまで，自己主張 (assertiveness) という連続線上に並べることができるという (たとえば，Clair et al., 1993; Gruber, 1989; Maypole, 1986)。

ORIと概念的に関連する現象について研究することは，被害者が侵害を対処する多様な方法について，いくつかの洞察を与えてくれるだろう。たとえば，Burgoonら

(1989; Hosman & Siltanen, 1995も参照)は，プライバシー侵害と，人がプライバシーを回復するのに用いる方法について調査した。回答者は多様な反応を報告した。**相互作用のコントロール**（たとえば，会話をやめたり沈黙する，会話への参加を減らす，必死で相互作用を避けているふりをする），**二者間の親密性方略**（たとえば，相手を叩いたり突いたりする，暴力で脅す），**ネガティブ感情の喚起**（たとえば，怒鳴る，にらむ，イライラする，怒る），**遮断と回避**（たとえば，視線の回避，物理的な障害物をつくる），**距離**（たとえば，ドアの後ろに行く，自分と相手の距離を大きくする，何の反応も示さない），**対決**（たとえば，行動が気にいらないと言う，状況をそのままにしておく，どこかに行ってほしいと告げる）。

Burgoonら（1989）によると，「特筆すべきは，回復行動をとらない場合も多く見受けられることである。これは被害者が根本的に弱気になっていて，プライバシーを回復できないことを示す」（p.155）。「よい対人関係を築くことが，個人の権利と同じくらい重要な文化では，人びとはプライバシーを侵害される状況にあっても，直接的な（そして潜在的に有効な）方略ではなく，受動的で微妙な方略をはるかに用いやすい」（p.155）。この結論は，WernerとHaggard（1992）によって確証された。彼らによると，オフィスでの迷惑な侵害に対処するのに，人びとは回避や拒否といった間接的な方略を好むという。

侵害の被害者が受動的に反応しやすい傾向は，一方的な愛についての研究とも一致する。追跡者が，被害者の許容範囲を超えた親密性や接触を望んでいく限り，被追跡者は，拒絶者の役割をとらざるをえない。Baumeisterら（Baumeister et al., 1993; Bratslavsky et al., 本書第7章）は，一方的な愛についての記述を分析して，無関心であるという拒絶者のメッセージが，しばしば一貫せず曖昧であることを示唆した。拒絶者は追跡者と違って，明確な行動指針をもっていないのだ。

> 拒絶者の視点から，一方的な愛をとりあげている数少ないメディア（「危険な情事」「恐怖のメロディー」のような映画）でさえ，その問題に対処する効果的な手段を描くことには失敗している。むしろ，くどくどと描かれているのは，追跡魔がどんどん侵害してくるのを，主人公がなんとかくじこうとして，むだあがきをする様子であった。これらは，ほとんど何の指針にもならない（Baumeister et al., 1993, p.379）。

さらに，社会的拒絶についてのいくつかの研究から，拒絶者は相手の面子を守ったり，相手の傷つきを最小限にするために，抵抗の意思をやわらかく伝えているという証拠がある（たとえば，Folkes, 1982; Metts et al., 1992; Snow et al., 1991）。Bratslavskyら（本書第7章）は一方的な愛の研究において，こう述べている。「拒絶者の説明からわかったことは，彼らは他人を傷つけまいとするあまり，やさしくふるまってしまう。おそらく恋人を自称する人は，それを励ましのサインとして受けとるのだろう」（p.321）。

de Becker (1997) も同様に，間接的でていねいに関係を拒否することが，愛情のしるしとして解釈されると主張した。

被害者のORIに対する幅広い反応をとらえるため，われわれは50の潜在的対処行動リストを作成した (Spitzberg & Cupach, 1996; Spitzberg et al., 1997)。大学生を対象とした2つの調査で（それぞれ$N=300$, $N=366$），関係侵害の出来事に対して，それぞれの行動をどれくらいとるかを評定してもらった。因子分析の結果，項目は明確な5群にグルーピングできた。それぞれ，**直接的な相互作用**（怒鳴る，深刻な口調で話す，あなたが悪いと言う），**保護**（接近禁止命令を得る，警察を呼ぶ，仕事を変える），**回避**（無視する，共通の活動を避ける，視線を避ける），**報復**（叩く，恥辱感を与える，嘲笑する），**技術**（発信者番号通知サービスを手に入れる，電話にコールバック機能をつける，迷惑電話防止法を利用する）。これらのカテゴリーは，被害者の自由記述においても得られた (Cupach & Spitzberg, 1997b)。Fremouwら (1997) によると，ストーキングに対する反応として，男性と女性の両者が最も用いる対処方略は，ストーカーと対決するか（たとえば，直接的な相互作用），ストーカーからの電話を無視あるいは切るか（たとえば，回避）のどちらかであった。政策研究センターの研究では，ストーキング被害者の50％以上が防衛手段をとったと述べ，その中には銃をもつこと (17%) も含まれていた (Tjaden & Thoennes, 1997)。

関係侵害のエピソードに対して，被害者がとる行動を知らなければ，侵害的な行動をとめるために，どうすれば効果的かについても知ることができない。Jasonら (1984) は，恋愛関係が終わったあとに，ハラスメントを受けた女性を調査した。その結果，ハラスメントを阻止するのに，主張的な行動も，非主張的で受動的な行動と同様に，効果がないことを見いだした。セクシャル・ハラスメントの研究によると，主張的で対決的な姿勢が効果的だったという被害者もいれば，逆効果だったという被害者もいた（たとえば，Livingston, 1982）。われわれは，さまざまな要因が対処反応の効果をどのように変化させるのかについて，検証する必要がある。考えられる要因としては，たとえば，ハラスメントが始まる前の被害者と追跡者の関係の性質や，被害者と追跡者の心理的特徴などがある。

最も正式で本格的な対処反応のひとつは，法的措置である。反ストーキング法の大幅な改正にもかかわらず，現行法の有効性はさまざまな点で疑わしい (Sohn, 1994)。最もよくある法的措置は，接近禁止命令を求めるところから始まる。そのような要求の最初は，一時的禁止命令 (temporary restraining order; TRO) を求めることだが，のちに永久的になることもある（といっても実際は，たいてい数か月から3年間）。裁判官の前での公聴会をもとに決定されるが，そこでは侵害者も自分の行為を弁護できる。

ほとんどDVの事例に限られるが，最近になって，そのような接近禁止命令の有効

性が検証され始めた（たとえば，Fisher & Rose, 1995; Gondlof et al., 1994; Horton et al., 1987; Kaci, 1994）。残念ながら，これまでのデータは励みにならない。恋愛妄想者の臨床研究（たとえば，Harmon et al., 1995; Mullen & Pathé, 1994b）の証拠によれば，前述したDVのデータと同じく，そのような命令は日常的に無視されている。おそらく最初の実証的な警告は，Berkら（1983）による262のDV事件の研究である。彼らによると，接近禁止命令を受けたカップルのなかには，そのような命令の存在が，将来の暴力を防止するのにまったく効果がなかった例もあるという（p.207）。彼らは，このデータはさまざまな点で限界があると警告している。しかし，禁止命令に抑止力がないという発見は，それ以降のいくつかのDVの事例研究によっても支持されている。Chaudhuriと Daly（1992）の一時的禁止命令を受けた30事例の研究では，11人の男性が禁止命令を破り，7人は強制的に侵害し，2人はうそをついて，1人は子どもによって入れてもらった。このような違反のパラドックスを，ある男性のエピソードで明示しよう。彼は「彼女の家を4回も訪れ，自分とよりを戻すように説得しようとした。いつも手にいっぱいのバラとチョコレートを持って。彼女も最初は，彼が変わったと信じようとした。しかし彼は，訪問のたびに暴力的になった」（p.239）。この研究で最も当惑させられる発見は，「10人に1人の女性は，一時的禁止命令を受けたために，男性に殴られたり脅迫された」（p.245）ということである。

接近禁止命令に関する最大規模の研究でも，同様の悲観的なデータが報告されている（たとえば，Harrel et al, 1993; Tjaden & Thoenes, 1997）。Klein（1996）の研究では，接近禁止命令を受けた663事例を2年間にわたって調査した。その結果，「虐待者のほぼ半分（48.8%）が，（接近禁止命令をうけた）2年以内に再び被害者に虐待を行っていた」（p.199）という。とはいえ，このサンプルは，前科をもつ人の割合が異常に高い（80%）という事実を指摘しておかなければならない。HarrellとSmith（1996）は，虐待に対して一時的接近禁止命令を申請した35名の女性と，連続して告訴された142名の男性にインタビューを行った。彼らによると，「半分以上の女性が，一時的禁止命令が出されて3か月以内に，迷惑な接触を受けたと報告した。たとえば，迷惑電話（52%），追跡やストーキング（21%），自宅への訪問（21%）があった」（p.222）。概して，女性の77%と男性の71%が，接近禁止命令後の接触を報告していた。女性の57%が心理的虐待を，女性のほぼ3分の1（29%）が少なくともひとつの虐待（たとえば，蹴る，首を絞める，殴る，セックスを強要する，凶器で脅迫する）を，命令が出されて3か月以内に受けたと報告した。TjadenとThoennes（1997）によると，ストーキングの被害に遭った女性の28%と男性の10%が接近禁止命令を得ていたが，女性の69%，男性の81%が「ストーカーは命令違反をした」と主張した。

それでも正式な法的介入は，ときにはストーキングの抑止に効果的である（Williams et al., 1996）。しかし，「どのような状況のもとで」という疑問が残る。たとえば，一時

的禁止命令の事例では，相互に書類をかわすほうが，かわさないよりも効果的である（Meloy et al., 1996）。de Becker (1997) は，「裁判所命令が早期に出るほうが，リスクが少ないのではないか。ストーカーが過剰な気持ちをもつようになり，脅迫や他の悪意のある行動に出たあとでは遅い」(p.205) と主張した。このように，接近禁止命令はふつう，交際を断った相手からのストーキングを防止する。しかし，すでにストーカーから何度も虐待されている事例や，脅迫がエスカレートしている場合には効果が少ないかもしれない。いずれの事例でも，裁判所命令がさらなる侵害を抑止するかどうかを，慎重に見極める必要がある。de Becker (1997) が言うように，「もし被害者やその制度の専門家が，殺人を防ぐために接近禁止命令を得るとしたら，それはおそらく間違った方略をとったことになる」(p.190)。

未踏の領域をはっきり描く

　強迫的な関係侵害（ORI）はかなり一般的で，無数の望ましくない結果を生んでいる。しかしわれわれは，ORIのダイナミクスについてほとんど知らない。予備的な調査が始まったばかりで，「関係侵害的な行動の発生率はどれくらいか？」といった基礎的な疑問に，暫定的で予備的な回答を得たぐらいである。その回答から，本格的で学術的な問いがさらに導かれるだろう。つまり，「侵害的行動が単なる困惑を超えて脅威的になるのはいつか」「それはどのような状況で，どのような理由によるのか」「どのようなターニングポイントが，ORIのエピソードを特徴づけるのか？」「どのような（身体的・心理的）症状が，ORIの被害と関連するのか？」「暴力的な追跡者と非暴力的な追跡者を区別する要因は何か」「ORIの加害者はどんなプロフィールをもっているのか，またどのような関連要因があるのか？（たとえば，嫉妬，支配欲，あるいは不安定なアタッチメント）」「DV加害者のなかで，ORIの発生率はどれくらいか？」などである。そして，おそらく最も重要な問いは，「ORIを回避し，ネガティブな結果を最小限にするために，被害者がとるべき比較的効果的な反応は何だろうか？」「どんな反応が適応的で，どんな反応が不適応的か。それはどのような状況で奏功するのか？」であろう。

　ORIを調べることは，親密な対人関係におけるダークサイドに光をあてたいという，われわれの願望を表している。ORIが反映しているのは，お互いの目標がかなりずれている相互作用だ。対人的相互作用が「脱線」（derail）し，最終的に人びとにストレスをもたらすもののひとつがORIである。そのような脱線はなぜ，どのようにして生じるのか？　それをうまく乗り越えるには何が必要なのか？　これを理解することは，社会的コンピテンス，関係性のコンピテンスについての完全な理解にとって不可欠である。その完全な理解には問題をはらんだ人間関係にうまく対応できることも本

来含まれている。

　ダークサイドにおけるすべての現象と同様，ストーキングやORIは，人間関係におけるパラドックスを明かにしてはつくりだす。人はしばしば，愛情を求めているだけでも，知らない間に，愛情を向ける相手をおびえさせている。また別の人は，自分がかつて愛したまさにその人に，恐怖感や無力感を与えるべく入念に計画する。そのような注意を向けられた被害者は，行動するか無視するかという問題にしばしば直面する。追跡者を抑止しようとして，主張的で攻撃的な態度をとると，復讐という反撃を誘発してしまうかもしれない。あるいは妄想的な追跡者だったら，それを「人前を意識して偽装しているが，彼女の愛の証拠である」と解釈しかねない。しかし無視しても，その曖昧さゆえに，追跡者を強化するだけであろう。

　われわれの仲間のひとりは，さらなる皮肉を指摘した。彼女自身，かつての知人からストーキング被害を経験していた。永久的接近禁止命令を得たあと，彼女の不安はますます強くなったという。なぜなら，少なくとも表向きは，相手は彼女を監視できないはずだが，しかし彼女もまた，相手を監視できないからである。彼の活動をまったく把握できないのは，本質的に，彼が彼女の生活にいつも現れているのと同じくらい恐怖に感じた。少なくとも彼女は，最低限の彼の所在，普段出会う場所やタイプは把握していた。

　強迫的な関係追跡や関係侵害のパラドックスは，人間関係に作用する弁証法的な力（dialectical forces）について，多くのことを教えてくれる。追跡者は親密さを望み，対象者は自律を望む。追跡者はプライバシーを侵害し，対象者はプライバシーを確保しようとする。対象者はしばしば行動指針にためらい，衰弱する。一方，追跡者は特定の目標に焦点をあわせ，それにつきすすんでいく。追跡者は，接触するときの驚きや新奇性といった要素を生きがいにする。一方，対象者はふつう，もっと秩序ある予測可能な人生を切望する。研究ではまだ証明されていないが，いくつかの関係においては，対象者は追跡者に友人としてのつきあいを望んでいたのかもしれない。一方，追跡者は，友情ではなく恋愛を求めていたのだろう。このような皮肉が，ストーキングやORIには内在している。

第6章
失う，ふられる，そして，あきらめる
：非婚の離愛に対するコーピング

取り消して。もとに戻して。毎日を以前の日々のように。あなたを失ってしまった前の日に戻るまで。
Rapoport（1994）p. 24

なぜ非婚の離愛を研究するのか

「いつか，心理学者になったら，本を出版してくれ。そして，なぜ，人が人を傷つけるのか説明してくれ」。30年ほど前であろうか私が高校生の頃，同級生の友人にこのように懇願されたことを，私は鮮明に覚えている。私は，その出来事を決して忘れはしない。友人たちや同僚たちから，そのようなこと（同じようなさまざまな要求）を，何度も繰り返し聞いたことがあるからだ。あるときは，記憶に新しい別れをあざ笑う友人からの言葉であり，また，あるときは，「どうか気づいてくれ。私を助けてくれ」あるいは「助けてやってくれ」，という心からの悲痛な叫びであった。恋愛，特に，うまくいかぬ恋というテーマは，仲間内の話題であり，けっして学術的テーマではないように思われていた。もし，学術的テーマとして取りあげられていたとするならば，恋愛や別れに関する過剰な書籍や諸理論が公表されていたに違いないが，現実はどうだろうか。実際にはそうではない。だからこそ，お互いに助言を求め合うのである。「いつの日にか……」と，悲嘆の原因，悲嘆を予測する方法，悲嘆の予防法について，学び得ることを習得する，と私は約束さえした。

社会的・心理学的視点

拒否，出会いのつまずき，別れなどは，会話をはずませ，日記に記載する特別な事柄となる。また，このような出来事は，「おそらくこれは成功するだろう」「たぶん今回は，うまくやっていけるだろう」という希望をもって生きたいと願う強い衝動のあかしとなる。このような希望が失われてしまうと，そのような出来事は，苦痛を賛美

第6章　失う，ふられる，そして，あきらめる：非婚の離愛に対するコーピング　135

する衝動，あるいは，少なくとも頑張ったという気高い感情のあかしにもなる。**読者は**，そのような状況に置かれたことがあるだろうか。また，かつて，あなたと親密な関係にあった誰か，その誰かが，**あなたのことで**，そのような状況に陥ってしまったのではなかろうか，と思ったことがあるだろうか。実らなかった些細な悲恋物語はありふれていて，ほとんど注目するに値しない。そのため，オペラや映画そしてテレビのメロドラマでは，通常，真実の劇的事件や現実の大事件を素材として求める。しかし，別れは日々の生活で生じる。そのような別れには，悲劇的な要素がないというわけではないが，偉大な芸術や文学作品の素材となることはほとんどない。たとえば，フローベール（訳注：フランスの小説家）が描いた気絶するほど美しく，熱狂的で，自己破滅的な『ボヴァリー夫人』（Madame Bovary）（訳注：小説の登場人物で，愚かな恋をしてしまい，借金のために自殺する田舎医の妻の話），あるいは，イゾルデが致命傷を負ったトリスタンの死と至福を嘆く（訳注：イゾルデはマルク王の妃であり，トリスタンはマルク王の甥である。『トリスタンとイゾルゲ』はふたりの悲愛をテーマにしたワーグナーの楽劇），というワーグナー（訳注：ドイツの作曲家）の哀調に満ちた，灼熱的なライトモチーフ（中心的思想）といった偉大な芸術である。本当にそのように思っているかもしれないが，「何の前触れもなく，彼は別れを告げたの」「あの野郎のせいで，彼女は俺を捨てたのだ。こうなるだろうと考えるべきだった。でも，こんなことになるなんて，信じられない」などと，泣きごとを言うとき，われわれは巧みなものである。

結　論

　執筆に関する書物で，Lamott（1994）は「自分の発言が信じられないならば，それを口にすることは無駄だ。その日の仕事を終えて，ボーリングにでも出かけたほうがましである」（p.106）と助言している。なぜ，私は，自分の思いや考えの一部を『ダークサイド』（訳注：本書のこと）の本章にまとめることに同意したのだろうか。ボーリングをしたり，殺人事件の推理小説を読んだり，猫と戯れたりする代わりに，私は何を思って，何を信じて，本章を書くという奮闘に，正当な理由を見いださなければならなかったのだろうか。偶然にも，かつて，私はLamottのアドバイスを読んだことがある。そのとき，非婚の離愛というテーマや，そのテーマが研究に値することについて，自分の考えを難なく具体化することができると思っていた。つまり，本章の要点，結論は，以下のとおりである。なお，結論から述べるために，残りの紙面は結論に至る過程に費やす。

　1. いかに離愛は経験され，どのように検討されるべきか，そして，いかに乗り越えるのか，それらに関する重要な成果をもたらす方法が，非婚の離愛と離婚やその他の喪

失とでは異なる。
2. 関連する諸問題の性質や経験された悲哀のパターンを理解する手助けとなる方法が，非婚の離愛と他の類の関係喪失との間で類似している点もある。
3. 非婚の離愛は当事者にとって意味のあることであるが，親密な関係，個人や社会の発展，将来の結婚に危機をもたらす。
4. 非婚の離愛を乗り越えることは，自己発見の機会，寛容さ，悲しみに対する威厳や気高さ，悲愛からの回復への望みをもたらす。

20年近く，公私にかかわらず，私は離愛の物語を集めてきた。非婚の離愛に対する私の関心は，悲しみ全般，とくに関係喪失による悲しみの探求へと導いた。このなじみのない研究領域への挑戦のなかで，2つの発見に繰り返し遭遇した。第1に，離愛に関する豊かな情報があふれ，別れに対する常識があるにもかかわらず，人は別れについて，そして，関係の喪失に対するコーピング（訳注：対処の方法）について，本当に知りたいと思っている。第2に，正確な情報を得るのは困難である。結局，私は，自分の限界や本業のため，非婚の離愛にとって，本当に役立つ情報をまとめることができない，ということを受け入れざるを得なかった。しかし，私は，個人の特定経験による話を重視することで，部分的に成果をおさめることができた。私の長年の同僚であるJohn HarveyとTerri Orbuchの助けを得て，出版された小説やノンフィクション，詩歌，新聞記事，私信などを含め，調査参加者たちの喪失や回復の話から検証するために，研究の枝葉を伸ばした。

意味と価値

本章では，非婚の離愛はありふれたものではあるが，独自の関係喪失のタイプとして描かれている。そして，非婚の離愛それ自体に意味があり，人間関係を研究している研究者たちが敬意をもって関心を示すに値するものとして描いている。その間に，私は解決のカギとなるいくつかの研究を手短かに紹介し，関連する諸理論を組み立て，気に入ったいくつかの引用句を散りばめる。また，私は適切ではない自己開示に少しふける。離愛は，悲しく，困惑させ，激怒させる。それは，皮肉なものでもあり，悲劇的なものでもあり，痛々しいものでもある。非婚の離愛の研究は，人間の感情や行動に関する滑稽で，胸を引き裂くような多くの事柄をあらわにする。読者に友好的な忠告をするならば，私は私情を交えて書いているのではなく，誠実さのみならず，皮肉と軽薄さをもって，自分自身と調査参加者（人を愛し，失い，あきらめ，立ち直った人々）のために，心を込めて記述する。私のくだけた調子を不敬なものと受け止めないでいただきたい。この本の他の章とその著書たちを前に，私は謙虚になっている。私は，私の偽りのない発言と，私が抱いたいくつかの考えやイメージによって，でき

る限り貢献しようと努力しているのである。その考えやイメージは，文学，映画，現実の人間関係から得たものであり，関係喪失の経験に注目するきっかけを与えてくれた。

非婚の離愛とは

何もかもが，あなたのことを思い出させる。読もうとするけれど，ただの1頁に4度も，ある単語が仕事に向けられた私の精神を呼び出し，稲妻のような連想の鎖が駆けめぐる。そのため，私は，手元の仕事に気持ちを戻そうと奮闘しなければならない。私の想像力は，長く複雑に構成され，あなたが愛してくれていることを信じるためのもっともらしい理由を作り出している……。あなたは私を愛していると言った……。
　　　　　　　　　　　　　　　　　　　　　　　　　　　　Tennov（1979）p. 8

　物事（ほとんど知らないことでさえも）の終わりは，知らないことの始まりをあらわしている。それは，予測可能性，すなわち，身のほどを知ることに対する人間の切望を脅かし，損なわせさえするような認識である。以前に発表した論文で，HarveyとOrbuchと私は，強いストレッサーやトラウマと同様に，親密な関係の喪失は，長期にわたる（生涯にわたることさえもある）コーピング過程の始まりである，と仮定した（Harvey, 1996; Harvey, Orbuch et al., 1990; Harvey, Weber et al., 1990）。「え，嘘だろう」「何ということが起こったのだ」「**どうしたいんだ**」という悲鳴のあとに，「彼女は戻ってくるにちがいない」「少し時間をおいてみるとふたりで決めたはずだ」という否認が生じる。しかし，「彼から電話があってもいい頃だと思ったけれど」と，現実に直面することで，われに返る瞬間が訪れ，「さみしいだろ。話し相手がほしければ電話して」と，良かれと思った友人たちからの痛々しい同情を浴びることになる。ぼんやりとした何も考えられない無力感と，苦悶に満ちた悲痛との狭間で，揺れ動かされようが，ついに，喪失という現実に立ち向かう過程を通じて，自分自身の気持ちに正直になり，自分自身の内なる声に耳を傾けることを通じて，人は生まれ変わるのである。喪失に対するコーピング過程の重要な成果は，新たなアイデンティティの獲得にある。それは，改められた自己認識，新たなスキル，洗練された目標，新たな社会的文脈の確実な獲得を意味している。
　この喪失に関する反応モデルは，もとはHorowitz（1986）によるストレス—反応の因果の連鎖に基づいたものである。このストレス—反応の因果の連鎖において，コーピングはトラウマあるいはストレッサーによって生じる。コーピングは，類似したストレッサーに対する新たなアプローチとなる。結局，いまや，人生におけるこの特定の離題を経験するのである。将来，類似した諸問題が突然勃発するかもしれないが，それは，決して「初めて」の経験ではない。関係の崩壊をトラウマあるいはストレッ

サーの類とみなすこと，そしてその文脈で理解しようとすることは有益である。また，トラウマのなかでも，離愛を独自のものとみなし，他の喪失とは異なるものであるととらえることの特質や問題を，考慮に入れることも重要である。このことこそが，本章の焦点である。

　非婚の離愛（unmarital breakups）を定義することに，私は多くの関心と研究を費やした。非婚の離愛とは，結婚に近い形態や，多くの形式的な同棲あるいは提携関係のように，公的に義務を背負っていない，あるいは，契約されていない（未だ約束や契約もされていない）関係の崩壊である。ここで扱う非婚は，単純に法的に認められた異性間結婚を含まない関係ではない。同性愛だろうがそうでなかろうが，長年にわたり同棲したカップルは，約束や責任（コミットメント）を有する。それは，ともに時間を過ごすうちに生じた暗黙的なものでも，社会的問題や金銭的問題の取り決めにみられる明示的なものでもある。コミットメントのない関係あるいは非婚の関係は，相互交流，情事，魅力といった以上のものではあるが，将来にわたって約束された安定や安心という意味でのコミットメント以上ではない。**コミットメント**（commitment）は将来の行動を誓約するものであるが，どのような非婚関係であれ，そのような関係ではそのような誓約はなされない。一方のパートナーあるいはパートナー双方が，将来あるいは将来の見通しに対して，「おそらく今回はうまくいくに**ちがいない**」というように，個人的な感情や望みを抱くかもしれない。しかし，誓約や望みが依然として表明されなかったり，あるいは，真剣に発展したりしない限り，その関係はコミットされないのである。本章では，芽が出かけている恋愛から，ほぼコミットされた関係まで，そのような関係の終焉(しゅうえん)を探究する。

あなたの物語とは
：関係喪失のアカウント

　「どうして，あなたは，何もかもお話に置き換えないと気が済まないの」とベラは尋ねた。そこで，その理由をベラに告げた。
　物語にしてしまえば，思いのままに，脚色することができるからさ。
　物語にしてしまえば，人を笑わせることができるからさ。同情されるよりは，笑われたほうがましだからさ。
　物語にしてしまえば，さほど心を痛めることもないからさ。
　物語にしてしまえば，うまくやっていけるからさ。
　　　　　　　　　　　Ephron『心みだれて』（Heartburn）（1983, pp.176-177）

　われわれは，非婚の離愛について何を知っているのだろうか。（多くではないのだが）そのような協定関係は記録として残されない，という単純な理由のために，不完

全な非婚関係について，ほとんど知りさえしないのである。婚約を宣言したり，ゲイやレズビアンの婚約を公認する数少ない地方自治体で同棲相手を登録したり，結婚許可書を得ることで，公的に記録された事実とする方法によって，恋愛関係や固定化した関係を登録することはない。控え目な研究者に暴かれないように，痕跡を残さないという意味では，非婚の関係は表にあらわれない。われわれは，非婚の関係が，一方のパートナーの証言に基づく関係であることだけは知っている。非婚の離愛に関する研究は，他誌で概説されている自己報告に関するあらゆる変遷（へんせん）（たとえばIckes, 1994参照）に左右される。実際に，非婚の離愛に関する多くの学術論文において，指摘される（警告される）最初の事柄のひとつは，「（非婚の）恋愛の終焉に関する科学的な記述を完成させたものは，わりと少ない」(Loren, 1984, p.49)ということである（訳注：LorenはLeeの引用の誤りだと思われる）。

離愛研究の難しさ

　離愛の研究者たちは，当事者双方から物語を研究することができるような恵まれた環境に置かれることはめったにない。離婚や非婚の離愛に関する多くの研究では，一方の元パートナーの視点のみ調査するため，喪失の認識と適応に関する人々の理解は正しいものではない，とSprecher (1994)が指摘している。Sprecher自身は，破局した47組の異性カップルからデータを収集し，離愛のコントロール感や離愛の責任の所在，そして，離愛に対するいくつかの特定の理由でさえも，元パートナー間で，ある程度同じような傾向がみられると確認できた。また，いくつかの性差もみられたが（たとえば，女性は男性より離愛の理由をより多く列挙する），Sprecherは，先行研究（たとえば，Hill et al., 1976）と比較して性差はわずかであると報告した。当事者の両者から得た離愛に関するSprecherの研究は，当時実施していた恋愛関係に関する縦断的研究の一部であった。多くの研究者たちは，縦断的研究を完了することが，嫌になるほど複雑で，費用がかかり，困難であることを知っている (Ickes, 1994参照)。そのため，人間関係に関する多くの研究者たちは，関係を喪失した両者のうちの一方のアカウント（訳注：実際に経験した事柄を物語ることなどによって，その経験を解釈すること）から合理的に考えたり，あるいは，それで満足してしまったりする。

　面接や質問紙調査に応じることを承諾した一方の側だけに頼る語りや説明は，バランスや公平性を欠くことを犠牲にし，研究の手続きの便利さを得ている。そのような一方のサンプリングは非常に自己選択的であり，研究参加者たちは複合的な動機を持っているかもしれない。たとえば，自分自身をよりよく見せたり（相手をより悪く見せたり），誰かに，たとえ見知らぬ人であっても誰にでも，自分の話を暴露したり，うまくやりこめて，セラピーや助言を得たりする。これらは，Harveyらの関係喪失モデルによって予測したまさに自己分析や暴露のことである。

このように，非婚の関係の同定や確認が困難であるため，非婚の離愛を研究することは難しいのである。実際に，一方のパートナーにとっては離愛である経験が，もう一方のパートナーにとっては行き詰まりであることもある。後者のパートナーは，自分の考えでは，愛する関係が存在しないのであるから離愛などは存在しない，と正当に主張するかもしれない。（少なくとも）一方のパートナーの考えでは，けっして関係は進展していない，少なくとも十分に進展していない。つまり，関係が生じる前に，開始されていない関係が終焉するのである。もう一方のパートナーは，明確な約束が守られない，あるいは，共有した夢が崩れるためでなく，実らぬ望みや希望が決して報われないために，自分から離れていってしまうように感じたり，奪われるのではないかと感じたりするのかもしれない（Baumeister & Wotman, 1992）。

非婚の関係は現実か

1981年初頭，ジョン・ヒンクリー・ジュニアは，ロナルド・レーガン大統領の暗殺を企て，レーガン大統領と報道担当官のジェームズ・ブレーディを銃撃，負傷させた。捜査によって，すぐさま，ヒンクリーが若い映画俳優であるジョディ・フォスターの狂信的なファンであることがわかった。そして，ヒンクリーの動機は，はるか彼方から，愛する有名人のフォスターに，自分のことを印象づけることであることがわかった。フォスターは，ヒンクリーの裁判の証言台に立つことになった。そして，ヒンクリーとの関係について説明するように弁護士に要求され，フォスターはそれに応じて，ジョン・ヒンクリーとはまったく関係がないと主張した。そして，自分の愛がどうしようもなく否定され，涙を流すヒンクリーの姿がみられた。それは，長期間にわたる法的手続きを通じて，ヒンクリーが見せた唯一の情緒的な反応であった。ヒンクリーは精神病院に収容されることになった。ヒンクリーとフォスターとの間には何の関係もなかった。ただ，ヒンクリーが，フォスターとの関係を空想していたにすぎなかった（本書第5章のCupachとSpitzbergの恋愛妄想に関する議論を参照）。しかし，ヒンクリーの夢は，現実のヒンクリーあるいは現実のフォスターに関係することではなかった。さらに詳しく言えば，現実そのものとも関係がなかった（Bratslavskyらの本書第7章参照）。このように，非婚の離愛の研究に対する主な挑戦は，まず，非婚の関係がかつて存在したかどうかを，当事者双方から検証することである。おそらく，物語の研究を，完全に客観的な方法で実施することが不可能であることを容認しなければならない。最終的には，調査参加者の言葉を信じなければならない。いや，信じるしかない。

アカウントの意義

もし，特定の2人の間に，かつて存在したはずの現実の関係が疑わしいというのならば，もし，2人が抱いている考えや期待している考えが2人の間で異なるならば，

第6章　失う、ふられる、そして、あきらめる：非婚の離愛に対するコーピング　141

　もし、関係の終焉が2人の争いの種であるならば、このようなことを研究するためには、いったいどのような手法があるというのだろうか。われわれには、物語あるいは**アカウント**（account）がある。アカウントとは、口頭あるいは執筆された語りである。それは、自分の経験や行為の説明、登場人物や出来事の記述、そして、物語を書き直したり、まとめたりする過程でみられる意味や動機の推測のことである（Harvey, Weber et al., 1990）。「データ」の性質から、アカウントは最も優れた、極端な質的分析である。創造的な研究（訳注：原文ではcreative researchとある。おそらくcreativeには、数量化することによって人をだます、欺いている研究法という著者の皮肉が込められている）では、調査参加者が提供したデータを数量化することで、性や年齢範囲などの人口調査や、テーマやイメージの内容分析を実施することができる。しかし、そのような諸技法は、アカウントを研究するうえで、重要な点を見落としてしまう。この主張は、アカウントが人為的なものではなく、研究者の要求に応じた調査参加者の記述によってのみ生まれたものである、という納得できる論拠による。関係喪失のアカウントは、多くの人々のあからさまな行動に、困惑するほど近づきやすい。

　友人、知人、好意的な見知らぬ人に、「以前、関係を失ったことがありますか。そのことについて、話をしてくれませんか」と尋ねてみよう。切迫感さえ抱かせるように、多くの人々が自分の物語をペラペラと話す。そのことに、あなたはすぐに驚かされるかもしれない。ある語りには詳細に物語るという性質がある。そこには、おそらく、至極明確な理由がある。それらの話は以前にも話されたものであるが、彼らの心のなかでは、必ずしも、編集し、分析し、終えているとは限らない。ある物語は、明らかに聞き手に説明するだけでなく、楽しませることを意図して、ソープオペラ（訳注：主婦向けに放送される昼のメロドラマ）風に作成され、披露されている。この素晴らしい例として、脚本家兼監督であるノーラ・エフロン（訳注：『ユー・ガット・メール』や『めぐり逢えたら』などの脚本・監督）によって描かれた小説『心みだれて』（Heartburn）(1983) がある。『心みだれて』は、エフロンとジャーナリストのカール・バーンスタイン、2人の離婚に、少しばかり手を加えたエフロンの自伝的アカウントである。この小説には、胸を刺すような苦しみだけでなく、娯楽の要素も含まれている。すなわち、彼女が置かれた不条理な境遇と一連のおかしな発言による彼女の物語に焦点をあてることによって、悲痛な裏切りと喪失に対処する女性が描かれている。「『最も不公平なことは……』と私は言った。『それはデートができないこと』。……私は、妊娠7か月だったの」(p.3)。

　さらに、別のアカウントでは、個人的ではあるが道徳的な結論と助言に満ちた、叙事詩のような形態で呈示されている。死別により残された者が喪失を受け入れるためにもがき苦しむときに、残された者が私情にとらわれない立場に身を置くことが時にはある。残された者は、あたかも感情に動かされないような冷静な立場から、自分の

苦悩を見つめる。そして，自分たちの行為が，いかに，言い古されたものであり，メロドラマのようであるかを，観察するのである。セリフをまったく書いたことがない人々が詩歌や歌曲を作らなければならない切迫した必要性を感じているように，通常は穏やかに話す者が，今まさに大声ではっきりと話をしなければならないと切迫した必要性を感じているように，文学的な隠喩を用いることはほぼ避けることはできない。小説家であるデイヴィッド・マレル（訳注：映画『ランボー』などの原作者）の10代の息子であるマシューは，めったにみられないタイプの癌を発症し，その治療による合併症が原因で死亡した。その後，マレルは悲嘆のうちに経験した幻覚による病的興奮や生命の危機を，『蛍』（Fireflies）（訳注：マレルの自叙伝的小説）に描いた。

　　かつて，自分に起こった最悪のこと？　最も恐ろしかったこと？　私は，絶対的な確信を持って答えることができる。実際に，気づくと私はあの苦しい体験を記述せざるを得ない状態になっていた。この奮闘は自発的なものではない。それは，拷問のように襲いかかってくる。私は，取り乱し，コールリッジ（訳注：イギリスの詩人）の『老水夫行』(Ancient Mariner)（訳注：自分の行いによって生じた呪いによって，乗組員が死んでしまうという老水夫の語り。正しい表題は The Rime of the Ancient Mariner) のことを思い出す。私の災いを話すために，狂乱して，友人や見知らぬ人を呼びとめる。十分に話すことで，まるで感覚をなくすことができ，無愛想になれる。そうすることで，その言葉の背後にある情念を癒すかのように（p. 4）。

　数少ない叙事的な文学性の高いアカウントでは，道徳的な教訓や助言によって，その作品を締めくくるものがある。それは，アカウントの語り手が，聴き手となるかもしれない誰にでも提供するものである。若い女性は，とても酷い結末に至った10代の恋に関する話をした。語り手の21歳の女子大生（大学3・4年生）は，私がキャンパスで募集し，別れに関する自由記述式の質問に回答した調査参加者であった。彼女は15歳で妊娠し，彼女のボーイフレンドから中絶することを強制され，その主張に彼女は従った。彼女は，その苦痛と恐怖に満ちたその後の経験を記述している。数か月後，彼女は，ボーイフレンドが14歳の別の女性と一夜をともにしていたことを知った。彼女は，ボーイフレンドのサムを自分の人生から追い出すことに対して積極的ではなかったため，その関係を断つのにさらに2年もの歳月を費やした。そのことを除いて，この関係はこのようになった。つまり，最終的に，ボーイフレンドとコンタクトを取る期間が次第に長くなり，ついに，彼女はこの関係が終わってしまったことを知った。彼女は，自分に与えられた試練の詳細を，母親にさえも秘密にしていた（この秘密以外の点では，母親とはとても親密であった）。このことが，ボーイフレンドとの関係が終わってからも，彼女をたびたび悩まし，自分自身のアカウントを書くことができるまで彼女を苦しめた。

皆には，すべてがうまくいっていると思ってほしかった。そのことを後悔している。両親に言えばよかった。打ち明けなかったために，たくさん傷つけてしまった。とくにお母さん。私はこの問題を話さなかったけれど，友人は助けてくれた……。サムとの関係を振り返ると，別のやり方がたくさんあった……。最も重要なのは，妊娠のことで，両親と向かい合うべきだったこと。そして，知識と理解による決断に基づくべきだったこと……。私と似たような別れを経験している誰かへ。強くなって。自分に見切りをつけないで……。誰かに相談して。誰でもいいの。あなたの両親は，あなたがしでかしたどんなことに対しても，本当に何とかすることができる。だって，どのようなことがあっても，それでも，あなたは両親の子どもなのだから。

　喪失や離別に関するアカウントを収集することで，われわれが学んだ重要な教訓は（これらの物語には，識別し分析することのできる情報が確かに含まれているが），これらの物語は単なるデータではないということであり，データは物語ったり，披露したりすることはできないということである。たとえ，聞き手や読み手が見ず知らずの人であろうとも，離愛のアカウントを描いたり，話をしたりするまさにその過程が，今や語り手となり共有した秘密を打ち明けた参加者にとって，意味のあることなのである。アカウントをする者にとって，その相手がたとえ友人であっても，語りはほかならぬ暴露行為である。そして，打ち明ける親友の真意がわからなかったために，おそらく，より胸を刺すような思いをする。

　アカウントの研究者たちには，語り手と聴き手との象徴的なやり取りに対して，語り手の権利によって差し出した個人的な贈り物として，これらの物語を敬い，あがめることが求められる。この贈り物によって，語り手の現象的世界を垣間見ることが許される。物語が的を得ているかどうか，あるいは検証可能であるかどうかは，語り手が喪失の意味を理解する意義を探る作業の一部として物語が呈示されることに比べれば，さほど重要なことではない（Weber, 1992a）。離愛によって残された者は，本当に主観的な話をする。主観的な話を解読しようとしたり，主観性を省いたりしようとするよりも，話し手の人生や意味への探究を鑑賞するのである。

個人的なこと
：離愛を研究するすばらしい理由

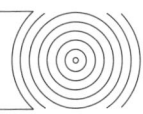

悲しみを表情に出すことで，精神は健全となる。故に，悲哀は嘻笑よりすばらしい。賢者の精神は悲嘆の家にある。されど，愚者の精神は浮かれた家にある。
　　　　　　　　　　King James 訳による『伝道の書』（Ecclesiastes）第 7 章 3 と 4

　私の学生たちは，親密な関係について学ぶことが「何かの役に立つのか」，関係が親密化する過程についての情報を得て，知的に理解することが，常識や大学という厳

しい世間，そして，本当の苦痛に代わるものなのか，ときおり尋ねる。私の答えは「はい」である。一般的に，人間関係に関する知識は，特定の経験を改善することができる。たとえば，アカウントの研究においても，離愛の話が普遍的な教訓をしばしば生むことを，われわれは見いだした。また，離愛の話が，別の選択や行動を可能にするために，将来の期待や計画に影響を及ぼすことも見いだした (Harvey et al., 1989)。幅広い知見から，関係の進展と終焉についてのいくつかのパターンを理解することは，少なくとも，愛が終わりを迎えたときの悲嘆にみられる孤独感や絶望感を軽減させる。映画『永遠の愛に生きて』(Shadowlands) では，ある登場人物が「ひとりではないことを知るために，本を手にする」と語っている。この映画は，妻の死に対する主人公ルイスの悲嘆を描いたものである（訳注：ルイスは実在する人物で『ナルニア国物語』の原作者）。悲嘆は苦痛を残し，悲嘆に明け暮れる者は特有の状況に置かれる。しかし，喪失によるトラウマそれ自体は，目新しいものではない。われわれはお互いから学び合い，よりよい将来を創造し，よりスマートで，より力強い親密な関係となるために，愛情だけでなく理性をも働かせる。

離愛のアカウント

本章全体を通じて，収集した離愛のアカウントから引用句を抜粋している。私は，2年間で，ここ2年間に起こった非婚の離愛に関する100のアカウントを集めた。その多くは大学生から収集したものであり，そのほとんどが異性間の関係であった。しかし，地域のゲイやレズビアンの支援団体や，その他の地域団体に懇願して，収集したものもあった。また，わずかではあるが，同性愛カップル，高齢者カップル，その他の関係からの話も何とか収集した。これら多くのアカウントは一方の側だけのものであり，もう一方の元パートナーの意見あるいは対比がなく，関係や離愛の過程について一方の意見のみを提供している。

本章では，いくつかのアカウントを引用することによって，離愛やコーピングに関する特定の意見のみを例証している。年齢や性はともかく，本章に記載されているすべての名前は偽名であり，適切な名前に変更して呈示している。読者には，自分自身の喪失に関するアカウントを集める手段を見つけ出し，始まったばかりで研究者が少ないこの作業を続けてほしい。

離愛の過程

離愛を通じて生じた，個人的な憐み，研究者としての憐みのなかで，関係が終焉を迎えたときに，人々が最後まで伝えざるを得なかった筋書きや構想の親しみやすさに私は圧倒された。すぐにでも終えてしまうであろうという現実的な予感を思い浮か

べるような恋愛などはほとんどない。いつの日にか結婚あるいは真の愛を見つけたいと思っている者はいるか，と学生たちに問うといつも，ほとんどすべての学生が手をあげる。そして，離婚あるいはパートナーの永遠の別れを予期している者はいるかと問うと，実質的には誰も手をあげない。しかし，ほとんどすべての学生たちが，結婚したカップルの約半数が離婚によって終わりを迎えるという，厳格な統計の結論を知っている。よりコミットメントを深めることなく，終焉によって，非婚の関係の半数以上がその関係を変化させることは確かであるが，このようなことを正確に測定することは不可能である。文化的な相違や，また，別れの経験差異はあっても，喪失を予感することは痛ましい。離愛の段階や過程に目を向ける前に，親密になることに含まれているリスクと，そのリスクにもかかわらず，離愛の経験には価値あるものだと思わせる誘因について考察する。

親密性：コストと恩恵の分析

　Jones（Jones & Burdette, 1994）と他の研究者たちは，人間は社会的な生き物であるが，親密性を追い求めると，拒否と裏切りという気力を奪うような2つのリスクに直面する，と指摘した。**拒否**（rejection）は，期待したような関係にまったく進展しなかったり，関係が終わってしまったりしたとき，あるいは，相手が不満感をあらわにしたときに生じる。裏切りは知らぬ間に進行し，しばらくの間であっても親密な関係が継続したときのみに生じる脅威である。親密な関係にある相手は，われわれに関する特別の情報を得ることによって有利な立場を手にし，信頼を得ているはずであるが態度を一変してわれわれを攻撃し，もろさをあばき出し，中傷し，処罰を受けることなくしつこくからかい，秘密やうわさを言いふらし，だまし，バカにする。そのような痛々しい経験は，多くの人々にはなじみ深いことであるが，本当に不快であるため，その経験を思い出さないようにしている。もし，すでに，病的なうつ状態に陥っていないならば，そのような現実に起こった喪失について，かろうじて考えようとすることができる。ならばどうして，なぜ，大多数は，結末をあざ笑い，いわば，争いの渦中に飛び込むようなことをするのだろうか。なぜ，高いリスクを冒して，見ず知らずの人に，喜んで電話番号を渡そうとするのであろうか。なぜ，悲痛な思いをさせた相手をもう一度取り戻そうとするのだろうか。なぜ，戦闘兵器を与えることを十分に知りながらも，いちかばちか戦友になろうとするように，信頼するに値しない日和主義者に心を打ち明けるのであろうか。

●所属要求

　われわれは社会的な生き物である。つまり，われわれはお互いに，お互いの存在を，そして，親密になる可能性を必要とし合っている。関係は特有の恩恵を個々に与える。

特有の恩恵とは，リスクのある連携の負担さえをも勝ることのできる可能性を持っている。最終的には破局してしまった関係の喜びや悩みについて描いた，1977年初上映の映画『アニー・ホール』（Annie Hall）の登場人物アルビー・シンガー役のウッディ・アレン（訳注：この映画の監督・脚本・主演を兼ねている）は，次のように結論づけている。

　　言い古されたジョークを思い出した。君も知っているよ。男が精神科に行って，こう言った。「あの……。先生。弟がいかれちまった。弟は，自分がチキンだと思っている」。「ほぉ」。医者が言う。「それでは，なぜ，弟を連れてこないのですか」。そして，その男は言う。「そうしようと思ったけれど，卵がほしいからな」。てね。それでね，このジョークは，僕が恋愛関係に抱いている感情を，とても見事にあらわしていると思うんだ。知っての通り，恋愛関係は，本当に不合理で，ばかばかしい。……でもさぁ，思うんだ。僕たちは恋愛関係にあるんだって。うーん。それは，僕たちが卵を必要としているためさ（Allen, 1985, p.105）。（訳注：この引用は1985年に出版された『ウッディ・アレンの4つの映画』のひとつである『アニー・ホール』に収録されている）

　親密になるかどうかは試験であり，そして，拒否されることは，その試験に落第することである。取るに足らない些細な冒険あるいは純粋な冒険でさえ，落第を回避しようとする。所属するように努力する，他者と親密になるために努力する，何かに含まれるために努力する，そのような人生の主要な努力において，落第は人を荒廃させる。とりわけ，過去に悲嘆を経験しているならば，そして，関係がうまくいかないかもしれないと勘ぐる理由があるならば，なぜ，大失敗（落第）を招くのであろうか，なぜ，相手から拒否されるのだろうか。簡潔な回答は「人間の精神からは，希望が永久に湧き出る」ということである。すなわち，人々には所属したいという基本的要求が備わっているため，多くの人々は，親密な関係を求め続けるのである（Baumeister & Leary, 1995）。

　社会心理学における数十年に及ぶ研究によって，他者の存在が対人不安を減少することが確認され，社会的比較理論が提唱され，そして，曖昧な状況での研究が貴重な情報を生み出した。信頼している者への自己開示は，関係の進展にとって不可欠である（Altman & Taylor, 1973; Derlega, 1997; Jourard, 1971）。身体的外傷あるいは心的外傷の後に，そのことを親友に打ち明けることは，トラウマからの癒しを促す（Pennebaker, 1990）。友人関係はソーシャル・サポートや確証をもたらし，さらに恋愛関係は伝説に残るような愛情の恩恵や性交渉による至福をもたらす。つまり，もう一度落第することを恐れるよりも，関係がうまくいくことを望むには，十分な理由がある。恋愛の危険を冒さないことは，悲嘆を回避するという点からみて，安全なのかもしれない。しかし，そのような行為には，親密性による恩恵を捨て去ることが含まれているとい

うことには間違いない。そうは言っても，**今度こそは**，本当にうまくいくかもしれない。

離愛の局面と段階：Weissの別居に関する研究

　離愛についてわれわれが知っていることの多くは，離婚や問題のない関係の研究成果から導き出されたものである。どのように「離愛」を正確に研究するのかと尋ねる学生たちに対して，私はしばしば冗談を言った。「まず，幸せなカップルを見つける。……そして，**待つ**」（この冗談を話すと，通常，学生たちは気味悪そうに笑う。この冗談は，縦断的研究の本質を集約したものであるが，ある意味では痛いところを突いている）。

　社会学者であるRobert S. Weissは，ボストン周辺で，何度かに分けて実施した一連のセミナーによって得られた，生々しい悲嘆のケースを詳細に記録している。そして，セミナー参加者の話題や経験を，1975年出版の『別居』(Marital Separation) という本にまとめている。この『別居』の前段で，Weissは，パターン調査において人々のアカウントを収集し厳密に調べることの価値を認めている。

　　　アカウントは，別れた人々にとって，大きな心理学的重要性を持つ。それは，誰に責任があるのかとか，何に責任があるのか，という問題を解決するからだけではない。別居する前の結婚生活で困惑した出来事に，起承転結のある計画的な体系をもたらし，概念的に扱いやすくまとまりのあるものにするからでもある (p.15)。

　別居した人々のアカウントを概説すると，Weissは，いくつかの問題に加えて，非婚の離愛にみられることの一部を説明する手助けとなる関心事を同定した。私は，本章で，これらの問題に関する3つの点を強調する。すなわち，強迫的な回顧，孤独，愛着への固執である。

●強迫的な回顧

　強迫的な回顧には，説明に対する精神的な追求がともなう。それは，ある程度，「……でさえあれば」という後悔の念によって動機づけられている。Weiss (1975) によれば，強迫的な回顧は，「普遍的で，夢中にさせるような，時には発狂するような思い込みである。その思い込みは，あらゆる結論を受け入れない」(p.79)。去られた者だけでなく，去った者にとっても，関係の終焉は痛ましく，トラウマ的でさえあり，関係終焉の理由や兆候を，できるだけ自己防衛的に振り返ろうとする。もし，そのことを把握していたならば，将来に起こり得る喪失を予測し，予防するために用いることができるかもしれない。過ちを犯した理由を理解してこそ，人は自分の過ちから学

ぶことができる。関係の終末を論理的に理解できたとしても、自分が最終的に別れを告げたとしても、関係の終焉は追体験したい場面ではない。では、誰の責任なのだろうか。もし、誰の責任でもなければ、何が悪いのだろうか。より注意を払っていれば、終焉を防ぐことができただろうか。再び傷つかないために寝ずの番をしているかのように、眠れないかもしれない。心のなかへ、夜間、泥棒が侵入しているように。

社会心理学者たちは、この動揺の帰属作業が離愛によって引き起こされることを認識している。すなわち、自己に帰属させるか、他者に帰属させるか。安定したものなのか、変わり得るものか。メンツを保とうとするのか、自分自身を守ろうとするのか。Holtzworth-Munroe と Jacobson (1985) は、2つの条件下で、人々がもっぱら帰属作業(「なぜ」と尋ね、答えのようなものを探し求め、でっちあげさえする)に従事しているようであることを観察した。2つの条件とは、**何か予期しなかった**(unexpected) ときに生じることと、**何か不快な**(unpleasant) ときに突然起こることである。パートナーが突然に去ってしまったことが原因であろうとも、葛藤が救いがたい状態に達したことが原因であろうとも、離愛の経験はこの2つの基準を満たしている。関係を終わらせた者だろうが、終わらされた者だろうが、離愛を経験したのちに、残された者の精神は、帰属を求めるディズニーランド(よりうまく言うならば、お化け屋敷)になるようである。去られた者、去った者にかかわらず、関係が終焉した両者ともに、「私が悪いことをしたのか」「いつから、そうなってしまったのか」「どんな兆候を見逃してしまったのか。これで、本当に終わりなのか」「この苦痛の反復から守る方法はあるのか」、とおそらく強迫的に知りたがる。

●孤　独

別れたばかりの人々を悩ませる認知的な思い込みに加え、Weiss (1975) もまた、セミナーの参加者が訴えた孤独に関する2つの異なるタイプを見つけ出した。その1つである**情緒的孤独**(emotional loneliness) あるいは隔離は、親密なパートナーの欠乏や、親密な関係から得られる特有の安心感の喪失に焦点があてられている。もう1つの**社会的孤独**(social loneliness) は、自分の居場所や婚姻関係を失ったときに感じるような失見当(訳注：ここでは自分の進む方向性を定める感覚を失うこと)やコミュニティからの排除に焦点があてられている。多くの非婚の離愛には、法的配偶者を失った人々と同様に、疑問の余地なく、激しい情緒的孤独が含まれている。しかし、社会的孤独は、その個人が属していた社会的ネットワークが、元パートナーに依存していた程度、あるいは、元パートナーを通じて浸透していた程度によって左右されるかもしれない。関係が長く続いていたほど、両者が共有していた社会的ネットワークがより重なり合っている傾向にある。それは、離愛のあと、友人たちの保護を得たパートナーあるいは友人たち自身にとって、明確ではないかもしれない。まるで戦争で

もしているかのように，離愛以前に共有していた友人たちはそれぞれの陣営に分割され，それぞれ一方のパートナーの側につく。パートナーの友人たちは気まずさを感じているかもしれないし，巻き込まれた感があるかもしれないし，無理やり一方の味方をさせられ，裏切って秘密を漏らすようにさせられたと感じているかもしれない。ある知人（あるいは裏表のある人間）は，残された者を非難し，残された者に支配力を振るう機会として，離愛につけこもうとさえするかもしれない。すでに結婚している女性が，長きにわたり，レズビアンの女性と浮気を働いており，夫はそのことを是認していた。その女性は，自身のアカウントで，そのことを「多少病的な情事」と述べている。この参加者のジレンマを考えてみよう。妻は夫に離婚を突きつけられたが，妻はそれをはねつけ，妻は，離婚の原因となるあらゆる問題を情事相手の責任とした。

　　私は経済的に不安で，孤独だった……。別の友人を作ろうとした……。私の家族には，関係なかった。つき合いのあったたいていの人々には，私の孤独を止めることはできなかった。あるカップルに，そのことを話をした。そのカップルは私と同じく，うまくいっていなかったため，参考にはならなかった。私は，自分を守ろうとしたり，自分の弁明をしようとしたりせず，時には，人々に私のことを卑劣に言わせておいた（49歳カウンセラー）。

　関係の結晶化（dyadic crystallization）という社会学の用語は，自他ともに，カップルとみなすことができるほど十分に長い期間，ふたりが十分に親密だと知覚する過程として用いられる。この観点からとらえると，カップルの関係は，カップルの社会的アイデンティティの大部分を構成している。このように，離愛は，お互いのパートナーの社会的アイデンティティを損ねる。そして，「誰がわたしの友人なの。今の私の社会生活は何なの」とパートナーに疑念を抱かせる。

　　スーパーマーケットに行った（3人の子どもがいるので，スーパーマーケットに，ほぼ毎日行く）。そして，あらゆるものが，違って見えた。人が違って見えた。人の顔を見て，この人はどのように暮らしているのだろう，と思った（別れたばかりの30代前半の女性。Weiss, 1975, pp. 75-76）。

　　私は，15歳のときから19歳まで，ひとりぼっちがどのようなものであるか知らなかったので，別れは困難なものだった。また，ひとりでいることは，必ずしも，孤独ではないことを理解するまで，時間がかかった……。不運なことに，私は，自分の問題を人と話し合うことが嫌いなタイプだった……。自分の問題を人に話さなかったけれど，友人は私を助けてくれた。友人たちは私を連れ出したけれど，同じところをめぐるだけだった。サムが何度もアプローチしようとしたけれど，友人たちが私に味方し，もっといい人がいると言った（21歳女子大生）。

●愛着への固執

　離婚や非婚の離愛によって，最終的に残された者が経験している失見当は，元パートナーがもはやそこには存在しないこと，関係がうまくいかなかったことのほかならぬ証拠である。離愛による悲哀とパートナーの死による悲嘆との重要な相違がそこにある。離愛の後，元パートナーの目につく存在や社会的活動が，個々の苦境を悪化させる。あなたが捨てられた場合，あなたの社会的ネットワークにおける元パートナーの存在は，あなたがたやすく拒絶されることを示唆している。あなたが去っていった場合，あなたの罪意識や裏切りに耳を傾けるあらゆる人々に対して，元パートナーが言明するかもしれない。いずれにしても，離愛後の適応過程は，悲しみを誘うだけでなく，ストレスフルでさえある。社会的生活を続けることができるようになるまでに，面目を保つ方法を見つけ出し，出来事を納得できるように組み立てなければならない。

　プライベートな生活での元パートナーの「存在」は，より胸を刺すような苦しみを生む。私が収集したアカウントでは，離愛をさらりと語った参加者はほとんどいない。大部分の離愛の過程は，長引き，迷い，移り変わりやすい。大部分の離愛の話では，当事者双方が何度となく電話をしたこと，偶然に出会ったこと，相手に対する復讐や和解を想像したこと，そして，出会うことがあるかどうか，どのようにみられているのかという自意識などについて描いている。Weissは，別れたカップルのこのような状態を，**愛着への固執**（persistence of attachment）という用語で説明している。愛着への固執とは，長期にわたって形成されたお互いの存在に対する要求であり，その要求は，心，地理的距離，社会的立場などの単なる変化によって断ち切ることができない。音楽，スポーツ競技，余暇の到着地など，そのような，2人にとって共通の事柄は，今でも，お互いにとって重要なことであるかもしれない。2人のどちらか一方が，その情熱を譲り渡さなければ，離愛後の気まずい出会いを避けることができない。

　何年か前，私には，夫の「ジョー」と妻の「エレイン」という親しい友人夫婦がいた。ジョーが，自分は幸福ではなかったと不平を言って去った。その数年後に2人は離婚した。離婚するやいなや，しばらくの間，ジョーは，気ままに別の女性とデートをしていた。そして，別の州で開かれた高校の同窓会に出席し，昔の恋人の「サリー」に出会った。サリーもまた，最近離婚していた。2人は，再び恋に落ち，ジョーとサリーはすぐに結婚した。一方，エレインは，ジョーと共通の趣味であった地元のバスケット観戦に，ひとり，あるいは友人と出かける日々を過ごしていた。結婚1年後，サリーは，ジョーを試合の観戦に連れていきたいけれど，観戦客のなかにエレインをいつも見つけるので，そうなると気まずい思いをすると，私に一度不平を言った。「エレインは，なぜ，バスケットを観戦するの」とサリーは泣き言を言った。エレインがジョーに偶然出会いたいと思っているでしょうか，ジョーは，今や新しい妻と新

しい生活があるのです，と私は声に出して言った。エレインは，すでにジョーのことをあきらめているのに，どうして，バスケット観戦をもあきらめなければならないのだろうか。

愛着への固執という点では，サリーの言っていることには一理ある。少なくとも，離婚してから1か月間は，エレインは，バスケット観戦で，ジョーを探していただろう。また，ジョーに対するエレインの熱望あるいは愛着のようなものが残っていたことを，サリーは見抜いたかもしれない。あるいは，何年もの月日をジョーと過ごしたエレインの人生に対するサリーの嫉妬かもしれない（パートナーが昔の恋人に会えば，復縁するかもしれないと，あなたも思うかもしれない）。いったんパートナーと共有し合った親密性は，別れたときには終わりを迎え，過去のものとなる。しかし，過去のものは，何もなかったということではない。新たな人生選択や新たなパートナーの選択に関係なく，かつて存在した物事，共有した経験や熱情の記憶は，残りの人生にとって，喜びや苦痛を継続させる源，そして不信や断念の中心となり続ける。このように，元パートナーへの愛着は，思考や感情そして行動を共有させ続け，共有することに固執させ続けるのである。

103件の情事の結末

1980年代に入っても，関係崩壊の研究は，基本的に婚姻関係に焦点をあてたものであった。Hillら（1976）は，多くの研究者たちが夢にさえ見ていた研究を成し遂げた。それは，離愛に関する躍進的な進展となった。この研究では，ボストン周辺の大学生2,520名という大規模サンプルから，ともに参加に同意した231組のカップル（同性愛を含めない）を対象に，両者の関係について質問紙調査を2年間にわたって実施した。2年後には103名のカップルが別れていたが，質問紙調査の初期に回答されたデータによって（別れていないカップルも回答している），結果として離愛に至る予測要因となり得るいくつかの手がかりを見つけ出すことができた。言い換えれば，Hillらは，カップルが別れたことを知れば，別れたカップルと別れていないカップルのデータをさかのぼり，調べることができた。Hillらは，調査開始から存在しているあらゆる致命的な欠点を認識することができた。また，Hillらは，質問紙調査終了後の面接で，離愛過程に関するいくつかの見解や態度について質問さえしていた。Hillらが見つけ出したことは非常に興味深く，あらゆる離愛マニアたちがしなくてもいいことをしようと躍起になる前に，彼らの研究に精通する価値は十分にあるものだった。

● **離愛の予測因子**

離愛の原因は何であろうか。Hillら（1976）は，葛藤問題やコミュニケーション問題についてとくに調査を行ってはいないが，多くの自己記述によって，参加者たちに，

このことを尋ねている。後に，パートナー間のある相違点が離愛のリスクと関連していたと結論づけている。その相違は，年齢，学歴の見込み，SAT（訳注：アメリカの大学進学適性検査のことで，日本のセンター試験のようなもの）の数学得点や国語得点，身体的魅力などである。パートナーと一致しているほど，関係を継続する見通しが高くなるのである。最終的に，Hillらは，別れるか別れないかを決定するそのフィルターが，選択と関係の進展に絶えず作用しているという理論的見解を支持した。しかし，一定期間の特定の時点で作用しはじめる，ということは支持しなかった。2人が結ばれたならば，その関係の運命は，お互いをどのように感じているか，その感情はどの程度であるかに，ある程度依存している。お互いに「愛し合っている」人々（ともに愛情によって結びつき親密である）は，お互いに「好き合っている」人々（お互いに好意的に評価しているが，要求や親密性の意を含まない。Rubin, 1973）より，その関係は継続する。同棲や性交渉などの恋愛形態は，来たるべき離愛とは関係しなかった。おそらく，両者の親密性が深まる一方で，新たに葛藤の火種ができ，不公平感が生まれるためであろう。

● 離愛の過程

103件の情事研究で明らかにされた本章にとって最も関心のあることは，タイミング，開始，性差などの離愛の過程に関するものであった。驚くことではないが，Hillら（1976）は，離愛の最盛期が学年度の変わり目と一致している，ことを見いだした。参加者たちは，冬学期の終わりまでに，夏の始めに，授業が再開される夏の終わりに，最も別れを経験するようである。言い換えるならば，日常生活ですでに生じている変化は，住宅，旅行，仕事，娯楽のような家庭内の問題を引き起こすので，関係を継続させるかどうかの決断を下すだけでなく，今後の関係に対する慎重な評価をしなければならない。さらに，Hillらは，「すべての離愛には，2つの立場がある」と指摘した（p.158）が，そのような別離が，本当に相互的であることはほとんどない。Hillらのデータでは，女性は，男性より，実質的に別れを告げるようであることを示しているが，参加者たちは，離愛を促した行為や要求を説明する際に，「意図的な自己バイアス」によって，パートナーよりむしろ，自分自身が変化をもたらしたとみなしていることを示している。

● 衝　撃

最終的に，離愛はカップルにとってどのような衝撃を及ぼすのだろうか。不運なことに，Hillら（1976）は，1年後のデータを，別れた15組のカップルからのみしか収集できなかった。しかし，その15組のカップルのデータによって，男性は女性より，離愛による衝撃がより強いことが実証された。男性は，より憂うつで，さみしく，不

幸で，自由ではない，と回答していたが，罪悪感は低かった。「もはや愛されていないという事実，関係が崩壊しているという事実を受け入れることが，極端に難しくなっている男性も何名かいた」(p.163)。要するに，女性は，将来の関係や人生への関与の結果に対して，(当時の多くの人々が抱いていた一般的なステレオタイプよりも)より実利的なだけでなく，感傷も執着もしない，ということをHillらは見つけ出した。単純に経済学的に言えば，一般的に，女性は社会的立場や権力が弱いため，男性より，ひどい選択やリスクの高い投資，約束のない関係を継続する余裕がないのである。

　Hillら (1976) は，結婚計画の研究において，非婚の離愛に関する研究をしており，そこで，「最も適切な離婚は，結婚する前に，離婚することである」(p.147) という，善意に満ちた助言を引用した。非婚あるいは結婚前の離愛は，関係がうまくいく方法を見つけ出すために，(より目の荒い) 選別あるいは試行錯誤に耐える経験のようなものであるかもしれない。非婚の離愛のように，「結婚生活は，そんな気楽に破局することはめったにない」とHillらは指摘している (p.164)。ここに，非婚の離愛のような喪失に対する，皮肉が込められた重要な手掛かりがある。つまり，非婚の離愛には，文字通りの離婚や個人的な離婚そして社会的な離婚による精神的不安がともなわない，ということである。非婚の離愛は，気安く，代償も小さくてすむ。まさに，この気軽さや経済性が，非婚の離愛をパターン化させるのかもしれない。また，非婚のコミットメントは，巧みに逃れることができ，常に架空の「成功」であり，手の届きそうな懸賞であり，結局は無駄に終わる。非婚の離愛がそれほど安易で気軽なものでないならば，関係がうまくいっているのかどうか，もう駄目なのかどうか，あるいは，最近の口論がみじめな一連の継続的な口げんかのなかのありきたりな口論なのかどうか，ということに，われわれの大部分は確信を持てないまま，長期間不安定な状態のままでいるだろう (Colgrove et al., 1991)。Hillら (1976) は，とくに自己考察や自己対面に抵抗を示す人々にとって，離愛は困難なものになる，と指摘している。それゆえ，離愛と向かい合い，それを認めるならば，出来事というより過程である非婚の離愛から，意図的に学ぶことができる。

●離愛の2つの立場

　Hillら (1976) は，実際に別れを告げた者と告げられた者との違いについて説明している。同じように，Weiss (1975) は，去られた者の拒絶感と去った者の（安心しているにもかかわらず感じている）罪悪感との相違について述べている。

　叶わぬ恋（訳注：誤訳をおそれなければ，片思いといってもよい）に関する雄弁なBaumeisterとWotman (1992) の研究では，叶わぬ恋の場合，やり取りのない者あるいは継続的な関係を望まない者は，自分自身を本当によりみじめな立場に置くことを示唆していた。これは，離別には見られないかもしれない。こう考えてみよう。あな

たが，見返りが得られない恋を誰かにしたとする。「愛することや失うことは，素晴らしいことである」ととにかく考えたり，とくに見返りを望んだり，関係がうまくいくことを望んだりすることなく，心を他人に捧げる高貴さがある，と考えたりする。少なくとも，そのように考えることで，自分自身を慰めるかもしれない。対照的に，誰かがあなたを愛しているが，あなたは，もはや（おそらくけっして）そのような感情になれないならば，「あなたが相手を**愛しても，愛さなくても，あなたは非難される**」。あなたが正直に，明確に，拒絶しても，あなたは最悪の罪作りな人物である。間接的に，あるいは友愛的な考えで，誰かに親切にしたならば，あなたは誘惑したことになる。望まれていない愛の対象は，実際には中途半端な立場である。愛してほしくない者はいないが，BaumeisterとWotmanは，望んでいない他者からの愛情を受けている多くの人々，そして，その人々の味方になった大部分の人々は，個人的にも，社会的にも，ひどい経験をしたことを見いだしている（本書第7章参照）。もし，その愛が叶わないようなものならば，叶わぬ恋に落ちた者に愛を与えた者たちは，望んでいない心遣いが，叶わぬ恋に落ちた者に与える否定的な衝撃を考慮に入れていないのかもしれない。人に魅力を抱くことや人に対する要求だけでなく，他者の幸せへの関心や他者への愛情も含め，これが，現実の愛であるならば，現実的に，叶わぬ恋をしている者は，その恋を受ける者の気持ちにも配慮すべきである。ジュディ・コリンズは「今，私は，両者の立場から，愛を眺めている」と歌っていた。もし，葛藤あるいは離愛のそれぞれの当事者が，相手の立場を考えるならば，葛藤によって関係が終わりを告げることはないかもしれないし，コミュニケーションが改善されるかもしれない。そして，物事がうまくいかなかったときに，その深い悲しみは緩和されるかもしれない。

Duckの地形学的モデル

関係解消や関係崩壊に関するDuck（1982）が提唱した地形学的モデル（topographical model）では，離愛は過程であり状態や出来事でないことがその中核をなす。Duckは，解消した関係や終焉した関係（配偶関係にかかわらず）に関して展望したのち，先在する悲運，自動的失敗，喪失過程，突然の死，という崩壊に潜在する4つのモデルを同定した。Hillら（1976）の調査参加者たちの間では，**先在する悲運**（pre-existing doom）は，どんなにお互いに魅かれ合っていたとしても，関係が始まった頃から相性が悪いカップルの宿命として，記述されている。先在する悲運では，素性，目標，価値観などの目に見えない不一致は克服されない。**自動的失敗**（mechanical failure）は，事態が悪化したとき，すなわち，コミュニケーションに乏しく，相互のやりとりが悪いときに生じる。ある種の自動的失敗は独特の結果を生じるかもしれない。それは関係の**創発的特性**（emergent properties）と言われ，パー

トナーたちに特有の態度や動機を混ぜ合わせた結果として生じる性質や過程を意味する。その他の自動的失敗は，あらかじめ定められた宿命的問題や不一致を思い起こさせる。それは，ある関係の摩滅ののちに，しばらくして現われる兆候である。**喪失過程**（process loss）は，ゆっくりと消滅する関係を意味する。パートナーの一方あるいは双方にとって，実りの少ない関係であるために，けっして進展が望めないとき，たとえば，両者に満足感や喜びのないときに生じる。喪失過程は，少なくとも一方のパートナーの不満をもたらす。その不満が，次の項で述べるような崩壊の4つの局面を発動させる第一歩となる。

最後に，Duck（1982）は，パートナーに関する新しい情報（たとえば嘘や浮気の証拠）によって，進展している関係がどのように**突然の死**（sudden death）に至るのかについて記載をしている。信頼は得るのに時間がかかるが，もろく，失われやすいものである。Davis（1973）もまた，突然の死という用語を用いた。そして，「突然の死」を生じさせる3つの状況について記述している。**両者の鎮静**（two-side subsidence）は，さまざまな理由のために，もはや本当には親密ではなくなった公的結びつきを，両者が維持しようとしている場合である。**一方の鎮静**（one-side subsidence）では，一方は積極的に関係を終わらせようと求めているのに対し，もう一方は依存的に相手にしがみつこうとしている。**無鎮静**（zero-side subsidence）は，主に外的要因によって引き起こされた不意の終結を意味する。外的要因とは，手に負えない衝突による最後通告（訳注：拒否すると友好関係が断絶するもの），あるいは，逃れたり，言いつくろったりできない，（相手を侮辱したり，不貞を働いたりするような）行き過ぎた軽率な言動のようなものである。

Davisとは対照的に，Duck（1982）は，悪意のある事情あるいは過激な事情にかかわらず，「そのような事情が突然の死を実際に引き起こす**心理学的な**必要性はない。もしそのような事情が突然の死を引き起こすならば，そのようにさせておかなければならないかもしれない。あるいは，原因として同定されなければならないかもしれない。しかし，離婚後もパートナー同士が友人である場合のように，そのような事情は，その親密性や関係の水準を，たんに元の水準に戻させるだけかもしれない（p.7）」と述べている。

Duckはまた，あらゆる軽率な行為は関係崩壊に先立って起こるわけではないが，**既成事実**（fait accompli）に対する不可避な反応において，あるいは，このような状態に追い込んだ空想上の不正行為を是正するという誤った考えにおいて，崩壊の後に生じるときもある，と指摘している。たとえば，今まで，あなたのパートナーがだまされたと信じ込んでいたとする。そして，パートナーが裏切り行為を空想して，あなたを罪に問うてきたとするならば，あなた自身が空想してきた情事を実際に行うことは，いたしかたないことであろう。違うだろうか。

●崩壊の局面

　離愛の過程に関する Duck (1982) の記述で最も興味深いものは，彼が提唱した地形学的モデルあるいは崩壊の局面に関するチャート図である。何名かの参加者のアカウントでは，「喪失感」を感じることやある特定の空間における始点から終点までの「道程を見つけ出そうとする」ことについて言及があるため，地形学を引き合いに出すことはとりわけ適切である。地形学的モデルでは，喪失に関するあらゆる議論は，隠喩としてそれ自体を地図上の場所に置き換える。たとえば，ハートブレーク・ホテル (Heartbreak Hotel)（訳注：エルビス・プレスリーのヒット曲。曲調は非常に陰うつである。ハートブレーク・ホテルは恋人に振られた男が行き着いたホテルの名前で，男はそこで嘆き，悲しむ）。それは生ける屍の大地，墓場，荒涼たる不毛の土壌，ぬかるみのある湿地，陰気な沼地のようなありさまである。「そこにも行ったしそれもした」「それなりに経験してきたさ」。どちらの言葉も，喪失がそこに「存在する」ことをほのめかしている。関係を喪失した負傷兵や古参兵は，本質的には，明確な目的地のない旅人である。彼らは，暗闇に迷い込んだり，宇宙空間に漂ったり，失い棄てられたりしている。そして，安定した（固定した）知人はいないという変化に鋭く気がつく。標識を見ることができず，何が襲いかかってきたのか決してわからず，光明を見出すこともできない……（私は，この心に訴えるあいまいな隠喩から自分自身を解放し，乾いた文章ととぼけたユーモアに戻るが，許していただきたい）。

　Duck (1982) は関係崩壊の4つの局面を同定した。一方あるいは双方のパートナーが認知的な閾値（限界）に達したのち，特徴的な課題や展開のあるそれぞれの局面に移行する。

1. 不満に感じている一方のパートナーが，「もうこれ以上耐えられない」と悟ったとき，**内的取り組み段階**（intrapsychic phase）が始まる。パートナーに問題はないか，秘密は固定化したものであるのか，秘密はどんな満足感をもたらすのかを推測するために，ひそかに調べ始める。Vaughan (1986) は，自著『アンカップリング』(Uncoupling) で，「アンカップリング（別れること）は秘密を持つことによって始まる」(p.11) という主張から書き始めている。Duck のモデルでは，この秘密は，「私は幸せではない」あるいはそれに類似する感情であり，精神内部で思いめぐらせ，それを表に出さないため，その感情は悪化し，強められる。
2. 不満を抱いているパートナーが，その相手と対立することを決意するとき，閾値を超え，**関係段階**（dyadic phase）に移行する。関係段階の閾値は，「関係を解消するには根拠がある」である。この段階では，一方のパートナーは，ひどく恐ろしい未知の領域に連れていかれる。もう一方のパートナーは，どのような反応をするのだろうか。まだ，ふたりがうまくいくならば，そうしたいと願うならば，そのようにすれば，どうなるだろうか。問題について話し合いをするかもしれないし，関係について改め

て考え直し,関係を修復さえするかもしれない。ケンカや明らかな言い争いが起こるかもしれない(お互いに愉快に過ごすことはないだろう)。精神的な世界でのパートナーの存在のために,パートナーとの対立や決定的な不満を認識しさえすることを,先延ばしにするかもしれないことは不思議なことではない。すると,惨めさに耐え,内的取り組み段階が引き続き引き延ばされる。パートナーの双方が,関係を解消するか,修復するか,いずれかの決断を下すときに,**関係段階**は終わりを迎える。お互いに相反する意見を持ったり,現代生活の狂気に埋もれているならば,カップルは,おそらく無期限に続く闘争のなかに置かれることになる。そして,一方のパートナーが,「冗談なんかではない」と結論を出し,別れることを決意するほど,うんざりしているならば,次の局面に移行することになる。

3. その決意が関係解消に至るものであるならば,まもなく元パートナーとなる2人は,**社会的段階**(social phase)に移る。社会的段階では,何が起こったのか,それぞれのパートナーが関係している社会に対してどのように別れを説明するのか(相手の責任にしたり,面目を保ったりすることも含まれる),次に何をなすのか,そのようなことを理解することになる。このような多くの課題があるために,アカウント,悲哀,悪口の流布,和解と関係の撤回との狭間での動揺,このような行為を頼りにすることになる。しかし,「もはや避けられない」となると,2人は関係崩壊の最終局面の閾値を越えることになる。

4. 絵に書いたような名前である**思い出の埋葬段階**(grave-dressing phase)は,「それを克服しようとしたり,忘れようとしたりする」(Duck, 1982, p.25, Figure 5),そのような試みの本分をとらえたものである。なすべきことは多く,それは生涯にわたる(Harvey et al., 1990)。今や失ってしまった関係を克服するために,この段階で,元パートナーに現実的な焦点をあてることは,受け入れることのできる愛や喪失の物語を創作すること,記憶の整理をすること,必要とするすべての認知的な作業を行うことである。認知的作業とは,自他に対する内省,帰属,正当化,再評価などである。関係が終わりを迎え,埋葬したが,今でも墓標に碑文(ひぶん)を刻み,それを訂正している。そして,その喪失から,個人的価値や社会的価値を輝かせるために,あらゆる語り草を墓標に飾り付ける。

時がたてば,過去の関係に関するアカウントは,アカウントする者の精神や演説の中で修正される,ということが,喪失のアカウントに関する研究でわかっている(Harvey, 1996; Harvey et al., 1989; Harvey, Weber et al., 1990)。この修正は,流言が繰り返され,反復されたときに生じるようなものではない。まず,語られた説明(パートナーに関するものと自分に関するもの)は簡潔になり,圧縮される(「つまり,最近の恋愛関係で,うまくいっていないことはわずかだったのだけれど……」)。細かな話は省かれる一方,やま場は誇張される(「私はとても恋人を喜ばせたいのだけれど,恋人は基本的にとても自己中心的なので,そうすることができない」)。そして,最終的に,

話は話し手の価値観や自己バイアスに合うように変えられる（「どうにかしようとして，もがき続けるより，最後には別れることを仲良く認め合った」）。社会的価値や娯楽的価値のために，親友や聴衆にアカウントを語るとき，アカウントの語り手は，聞き手の好みや身分に応じて，自己監視により解釈する。たとえば，ボーイフレンドに振られると，「まさに，彼は私に爆弾を落としたのよ。いよいよというときになってね。私にはどうすることもできないわ」，と友人に泣き事を言うかもしれない。ところが，その日の夜に，「しばらく，彼と私は別の人と交際することにしたの。本当に，いい選択だと思っている」と電話で母親に打ち明ける。

悲哀の経験

　10月後半，ラディは，鳥部屋のテーブルの上に横たわっていた。目を開け，半分開いた天窓を眺めていた。鳥が横切っているのが見えた。ドアが開く音が聞こえたが，目を向けなかった……。メアリーが，鳥部屋に入ってきた。ラディはテーブルに腰をかけた。ラディは鳥かごを通じて彼女を見た。彼女は，驚いた動物のように，振り返った。ラディは，彼女がラディの顔色から何かを読み取っているようには思えなかった。しかし，意識を集中させると，彼女は私の顔色から何かを読み取っていたことがわかった。それは純粋な悲しみだった……。

Laurie Cowin 著『情熱と愛情』（Passion and Affect）の
「動物行動」（Animal Behavior）の章（1976, p. 33）

　Weiss，Hill ら，Duck の遺産は，ふられた者の目を通して離愛を調べることに対して，さらに正確な確信を提供したことである。離愛の出来事を語ることと同様に難しい，離愛の過程のデータを収集するための堅実な方法を開発すること，そして，さまざまな段階や様式の経験を，関係崩壊に関する識別可能なひとつのロードマップにまとめるための理論に関して，それらの正確性や信頼性を高めた。予測されている順序や連続性よりも，より課題に焦点を当てている研究者では，まだ補足的であるが，多少異なる方略が用いられる。本項では，とくにカウンセラーの立場から，**悲哀の課題**（tasks of grief）に関する一般的考察，関係解消に対するパートナー間の**やりとり**（communicate），関係解消のやり取りを意味する共通した本質的でさえある**筋書き**（script），この3つの課題志向的知覚について概説する。

悲哀の課題

　オランダの開業医である Leick と Davidson-Nielsen（1991）の2人は，死別を経験したクライエントとの臨床現場での発見を『痛みの癒し―愛着，喪失，悲哀の治療―』（Healing Pain: Attachment, Loss, and Grief Therapy）にまとめた。Leick と Davidson-Nielsen は，あらゆる連続モデルや段階モデルによって，悲嘆を記述しなか

った。悲嘆している人々は，かつて覆われていた世界を通じて，しばしば，循環，再循環していることを，彼らは見いだした。その循環は，表面的には永遠に続くループのようであり，少なくとも，心理的に回復するために必要である課題を完了するまで続く。彼らは，クライエントとの面接やアカウントの内容分析によって，悲嘆の過程の中心的課題について，以下のように同定した。

1. その個人は，喪失に直面していることを**認め**なければならない。
2. その個人は，悲哀にともなう感情を**解放**しなければならない
3. 死別を経験した人々は，事態を収拾し，面目を保つような帰属を展開するだけでなく，その後に待ち受けている新たな人生を送るための**スキルを獲得**しなければならない。
4. 結局，元の鞘に収まることをあきらめ，現実的思考を妨げるような幻想を捨て去り，その代わりに，新しいやり取りや関係に**感情的エネルギーを投入**しなければならない。

悲嘆に関する上記の課題モデルは，状態や出来事の特徴を描写する手法とは対照的に，喪失に対する反応の過程を追求する手法を受け入れたものである。さらに，LeickとDavidson-Nielsenは，死の看取りや関係崩壊にともなう悲哀だけでなく，抑うつ，（退職のような）発達段階の危機，身体的障害，トラウマ，病気など，そのような喪失による悲哀に焦点をあてた。上記のモデルでは，「悲哀に関する多目的理論」を展開しようとしてのではなく，むしろ，喪失に対処し，向上するために，悲哀している個人が完了しなければならないことをまとめようとしている。

この課題モデルを非婚の離愛に当てはめると，実際に喪失を経験したクライエント，学生，研究参加者，自分自身に，喪失の重要性や衝撃が主観的な出来事であることを悟らせ，いつ，どのように，これらの課題を完了するのかについて，考えなければならない。また，これらの課題が複雑に織り合わさっていることを予期しなければならない。そして，喪失過程のあらゆるポイントで，「終わりのなさ」に耐えなければならない。LeickとDavidson-Nielsenによれば，過程の順序は，課題を完了させることほど，重要なことではない。

意思の疎通と関係解消

Duck（1982）とVaughan（1986）は，不満を抱く一方のパートナーの心の内から離愛が始まることと，不満を持つパートナーが今後の方向性を決定しなければならないことを認めている。両氏ともに，関係を進展させるためには，不満を持つパートナーが相手に話し合いを求める，という必要性を認識している。パートナーの思いが変わらない限り，不満を持つパートナーが話し合いを先に延ばそうとするほど，2人の間の問題はより悪化する。不満を抱き，心の内側でうろたえているパートナーの沈黙は，

この場合には，排除（双方にとってとても重要な決定から，相手のパートナーを閉め出すこと）だけでなく，幻想（本当はうまくいっていないのに，2人の関係に満足している，と相手に信じさせ続けること）をも生み出す。

突然の死の段階に入る前の段階では，パートナーの沈黙は，多くの調査参加者が報告している衝撃と落胆の原因となる。なぜなら，棄てられた者たちは，離愛に対する準備ができていなかったためである。

> 僕は壊れてしまった。別れるなんて，まったく想像もしていなかった。彼女はクリスマスの後に，僕をふったんだ。その週には，文字通りの衝撃を受けたよ。食べることも，寝ることも，学校で普通にふるまうこともできなかった。単位を落としてしまったし……。別れた理由すらわからなかった。ただ思いがめぐるだけ……。打ちのめされた。彼女を手放すことなんてできやしない。彼女が去り，僕の腕のなかに戻ってこなくなった後も，長い間，決して受け入れられなかった（18歳男性）。

双方の精神的健康にとって，関係終焉の明確さと誠実さを経験することは重要であり，そのような対話を行うことは簡単なことであるが，実際に実行するのは困難である。誰も，パートナーに別れを告げるようなひどい奴になりたくはない。相手を無遠慮に拒否するのは残酷であり，棚上げするほうがより思いやりがあり，相手が拒否するように仕向けることでさえも思いやりがある，と自分自身に言い聞かせる。「関係を継続したくないと彼女に告げると，彼女をとても傷つけてしまうので，彼女に嫌われるように，しばらくの間くそったれを演じようと思った。そして，彼女に告げた」(Baxter, 1987, p.37)。

● 関係解消の経路

コミュニケーションの専門家たちは，お互いに不満を言い合う，別れを意図するなどのパートナーの言動を調査することによって，離愛に関する調査報告書で独自の視点を提唱してきた。Baxter (1987) は，97組（異性愛）の離愛のアカウントを分析した。そこでは，離愛の過程に関する6つの独特の特徴を同定した。それは，別れを迎えたパートナー間の対話における一連の選択や経路を示した流れ図のようなものであった。

1. 2人の関係上の問題は，徐々に発生したのか，突然に発生したのか。
2. 関係を終わらせたいのは，一方だけなのか，双方ともなのか。
3. 関係解消をもたらした行為は，直接的か，間接的か。
4. 別れの話し合いは，すぐに終わったのか，長引いたのか。
5. 関係を修復しようと努力をしたのか，しなかったのか。

6．最終的な決断は終焉なのか，継続なのか。

　この考察は，以下に示すBaxter（1984）の知見と密接に関連している。すなわち，関係を切ろうとする多くの決意は，一方のパートナーからのものであることと，一方のパートナーの関係解消に関する話は，別れの意思を直接的に表わすというより，**間接的に**，ほのめかしたり，通常の不満を表わしたりすることである。伝える言葉がないこと，困惑，相手が**耐えられない**のではないかという心配から，別れたいという意思を明確に告白しなければ，去られた者は曖昧さにふけることになる。その曖昧さが，関係が継続しているのだろうか，パートナーがどのような反応を選択するか，という不確かさとなる。おどけて笑い物になる（あるいはそうすることを恐れる）のは，そのときである。このみじめさを解消するには，不満のあるパートナーを思いとどまらせることではなく，むしろ，情報や感情をはっきりと明確に伝える術（すべ）を双方に身につけさせることである。「さあ，白状しよう」では不十分である。筋書を必要としているのだ。

●別れの筋書き

　誰が筋書きを望んでいると言ったのか。Lee（1984）は，関係崩壊に関する5つの段階を提唱した。5つの段階とは，不満の発見，問題を明らかにする**暴露**（exposure），すべきことを真剣に話し合う**交渉**（negotiation），一方あるいは双方による**決断**（resolution），関係の性質が実際に変化する**転換**（transformation）である。離愛に関するさまざまな段階で，どちらか一方のパートナーが，主導者（あるいは操作者）となる，とLeeは述べている。葛藤や不満をもたらす諸問題によって，そして，それぞれの段階の期間によって，離愛は変化する。いかなる離愛も，明確にこの5つの段階すべてに渡るというわけではない，と最終的には指摘している。そして，Leeは，欠落している段階の離愛として，**省略形態**（omission format）について記述している。別の形態は，厳しい試練を拡大させたり，複数の形態を混合させたりしたものであり，そこでは，複雑な終結のシナリオを生み出すために，課題の合成や再序列化をする。このように，起こり得る対決や対話そして離愛の結末といった筋書（おそらく認知的な場面やスケッチ）を持っていることを，Leeは示唆した。大衆文化，歌詞，映画やテレビ映像が，いかにして，筋書を作ることに貢献しているか理解することは容易なことである。それらは，十分に結びつきのある論理や，現実性はないが豊かな筋書を持っている。しかし，観念と理想は，熟練した，慎重なコミュニケーションに置き換えることはできない。

🌀 何か言って

　痛々しい関係解消中でさえ，十分に連絡をとれるほど幸運であるなら，少なくとも，喪失の性質や意味と，生活や将来の物語の教訓とをつなぎ合わせることができるかもしれない。**だまされた**とするならば，次には，より注意深く決断を下せるかもしれない。裏切られたならば，将来起こる欺きが，人生を崩壊させないように，そして，回復がより容易になるように，そうした兆候を認識することができるようになるかもしれない。

　離愛は，どのくらいすさまじい出来事なのだろうか。その離愛は，たしかに恐怖を生じるが，それでは何に影響されるのであろうか。Simpson (1987) は，婚約や結婚はしていないが特定の異性と交際をしている200名以上の大学生を対象に，調査を実施している。最初の調査実施から3か月後，ほぼ95％の調査参加者が，関係の継続状態，離愛によるショックの程度，離愛によるショックの継続期間などについて回答した。Simpsonは，10の予測要因のうち，3つの要因が，離愛による情動的苦痛の強度とその持続期間に影響を及ぼしていることを実証した。3つの要因とは，(a)恋人同士がどの程度親密であったか，(b)最初の調査段階で，どの程度の期間交際をしていたか，(c)どの程度，別の異性とつき合うことができるという見込みがあるかである。離愛に関するこれらの発見を一般化すると，失ったパートナーと親密であったならば（Weissの情緒的孤独という概念），比較的長期間，関係を継続していたならば（恋愛関係を社会的アイデンティティに統合するだけでなく，関係の結晶化），離愛後の社会的見通しが乏しく，困難なものであるならば（社会的孤独，傷ついた自尊心，希望の喪失），より苦しみ，悲嘆にくれるのである。

　こうした状況が，離愛後の苦痛の予測因子であるならば，なぜ，予防策を講じないのであろうか。ひとつの理由は，苦痛を予防することが，多くの非婚の関係において，ほぼ間違いなく重要な目的であるコミットメントの妨げともなるからだ。つまり，Simpsonの結論を用いると，離愛後の苦痛を予期し，防ぐことができるかもしれないが，そのために，親密にならない，少なくとも心理的には親しくならないことが必要である。さらに，交際期間を短くする必要がある。つまり，お互いに長く交際をしない，あるいは，人を好きになったり，期待しすぎたりしない。結局，選択の自由を留保し，さまざまな関係に投資すれば，どのようなパートナーに去られても，不均衡に傷つかなくてもいいだろう。パートナーと親密にならず，つかの間にパートナーと交際し，また，他の人々とも交際する。そんなことが，何をもたらすというのか。それは，親密であるとは言えない。Simpsonの巧妙な研究は，鶏と卵の問題，とりわけ，「われわれの場合，卵が必要である」という問題を強調している。われわれが探し求めるまさに質と経験が，親密性を進展させることで危機に瀕している。親密性を深め

ないことだけが，喪失から身を守ることができる。

●放置する

　私が大学2年だったとき，「ジェフ」と出会い，恋に落ちた。ジェフはキャンパスのリーダー格的な男子学生として人気があり，魅力的で，「最も大きな」社交クラブの幹事で，罪作りな人物としても有名だった。「あきらめるように」との友人からの忠告にもかかわらず，私は彼にひかれ，すぐに好きになった。ともに時間を過ごすことが楽しみで，将来の暗雲など予期しなかった。大学4年生のジェフは学期の終わりに卒業し，別の街に就職したが，たった1時間の距離に住んでおり，夏休み中デートをかさねた。ほぼ毎日のように手紙を書いた（電子メールが普及するずっと以前の話であり，長距離電話をかけるお金がなかった）。2人は，精神的に親密ではなかったが，特定の相手としてデートをしており，私は，もっぱら彼を信用していた。前途洋洋のように思えた。ある週末，ジェフは，職場から私に電話をし，大学院の合格通知を受けたことを，興奮して私に告げた。ジェフは，電話を切る前に，「土曜日に，車で実家へ行き，母さんの家から君に電話するよ。土曜の夜に祝杯に出かけよう」と約束した。彼にとっての幸せ。週末に胸が躍った。彼からの連絡を待ったが，連絡はなかった。

　そして，人生における大部分の苦悩や困惑のひとつとして，離愛後の悲嘆の時が始まった。数週間，私には，何が起こったのかわからなかった。ジェフは，私の生活から姿を消す前に，故意に，嘘をついたのだろうか。それとも，何か問題を抱えていたのだろうか。彼の母親に電話をしたが，彼はけっしてかけ直したりしなかった。お互いに共通の友人も，事情を知らなかったし，話をしなかった。私は思い悩み，眠れず，強迫的にもなった。私は，すべてがうまくいっていると装い，彼に何が起こったのか詮索(せんさく)する手紙を注意深く何度も書いた。私は最悪の事態（棄てられた）を疑ったが，なぜ，そうなってしまったのか，なぜ，彼は正直に私に言わなかったのか，私は理解できなかった。彼はこのような状況を懸念しなかったのだろうか。自分の行為を説明すべきだと気にかけなかったのだろうか。残りの夏休み，私は驚くような思いをした。そして，深く悲しみ，（次第に書かなくなったが）文章に書き綴った。最後には，自分がまさに「足止めを食らっている」犠牲者であることを甘んじて受け入れた。私はこのことを警告されていた。夏休みが終わり，私は自分の作業に夢中になり，多くの素晴らしい時間を過ごした大学に戻った。私は，感傷的な恋や恋の悲しみのアルバムを奏でた。

　私は夢を見た。彼と偶然に出会い，彼が謝り，わけを説明し，私のもとへ戻ってくる，そんな夢を。しかし，ジェフは，けっして姿を現わさなかった。本当のことを私に伝えることのできる唯一の人物であるジェフは，親愛なるジェーン（訳注：当時筆

者はジェーンと呼ばれていたようだ）へという手紙を差し出し，私を悩ますことすらしなかった（数年後，私は，同窓会で本当に偶然に彼に出会うことができた。会話を楽しみ，卒業後の生活について話し，彼の新しい妻にも会った。私は遠慮して，一度も「それで，あの夏に，どんな地獄のようなことが起こったの」とは言わなかった）。（このことは，私が，混乱と死別に対応していたときのことではない。）

　ジェフによる私の悲嘆も峠を超えた頃，古くからの友人であるキャシーが，ユーモアと離愛に対する考え方によって，私が抱えている問題を克服させようと手助けしてくれた。彼女は，お払い箱になった老兵のように，悔やみ，具合の悪い私の状態を理解してくれた。彼女は，私が離愛を克服するために，この失望は「破滅的な大災害」ではないということを理解するよう手助けしてくれた。キャシーは，ユーモアや，高校時代に気に入っていた歌詞に関する抒情詩を，私に思い出させてくれた。そして，ジェフの偽りによる私の失望は悲しむべきことではあるが，悲劇ではないことを，優しくほのめかしてくれた。私は離愛を克服し，そこから学んだ。私たちは，本当のところ何が起こったのか，一緒に思いをめぐらせた。そして，最後には，離愛は激しい衝撃ではなく，期待はずれの結末であるらしい，ということで意見が一致した。おそらく，ジェフは，誰かと知り合いになって，私に告げるのを先に延ばし，過ぎ去ってゆく日々において，正しいことをすることが困難であると思ったのだろう。まさに，私が，困惑と許しで満ちあふれた手紙を書き続けたときに。とにかく2人は別れたため，偶然に出会い，お互いに気まずい時間を過ごすことはない。デートをした期間がわずかであったため，2人に共通の友人は少なく，2人が別れたか，別れていないかによって影響を受ける友人も少ない。私とは違って，おそらく，彼は，関係を解消したつもりはまったくなく，不快な雑用を先延ばしにしただけなのであろう。たしかにそうなのだろう。結局，2人は親密ではなかったので，彼は，別れを合理的に考えることが困難であった。物語の結末はこんなところだろう。

　キャシーの援助や，大学の新学期が始まり研究に没頭したことによって，ついに，私は心の痛みを忘れ去り，癒され，次の段階に移った。しかし，関係を喪失したことより，何も知らなかったことによって生じた不思議な強迫的な感覚と悲しみを，私は決して忘れはしなかった。結局，その関係は重要なものでも親密なものでもなかった。私が失ったことは見通しであった。良好な関係に進展する約束，関係の宿命をコントロールできるという感覚，恋愛関係を成立させるための平等な負担であった。今まで，決して説明できなかったジェフの沈黙は，私の社会的な自信と自尊心に風穴をあけた。酷い知らせを歓迎していたのに。期待していたのに。しかし，彼が姿をくらませ，私を混乱させ，傷つけ，不信に陥らせた理由について都合の良いように推測していたが，本当の理由を永遠に知ることはない。

第6章　失う，ふられる，そして，あきらめる：非婚の離愛に対するコーピング　165

●意味への要求

　認知的，情動的に，離愛がもたらす最も痛ましい結果のひとつは，離愛の原因となった困惑と疑念である。とくに，明確に拒否されたり，棄てられたりした場合である。数年前，私のクラスを対象に，離愛のさまざまな理由について調査を実施した。そして，それをチェックリストにまとめた。言い争いの頻度，パートナーの欺き，我慢できない嫉妬など，共通に見られることを書き留めた。さらに，私は，すべての学生に対して，離愛の理由として，「ひどい順に5つ」順番をつけさせた。その結果のパターンを見分けるために，入念に調べた。そして，明らかな性差や他の効果は見られなかったが，一貫した顕著な傾向を見つけ出した（この調査は，私のクラスで行った実習であり，公的な分析ではなかった）。「最も不快な理由」は，**説明もなくパートナーが去ってしまうこと**であった（今でも忘れないジェフのこと）。クラスの議論では，かなりの屈辱や苦悩を必然的にともなう（だまされたり，捨てられたりといった）他の理由のなかでも，このシナリオが最もつらいということに学生たちは賛同した。説明がないということは，どんなに残酷なことであろうか。

　人類は，情報や説明を取り入れる必要がある。時には，絶望的になり，明確な根拠も伴わず，噂や空想を受け入れるかもしれない。何の知らせもないよりは，ひどい知らせをうまく受け入れることができる。連絡を取ることを避け，関係が終わってしまったことを直接告げない。そうすることで，元パートナーは，あなたの感情を思いやらないというよりむしろ，意味を探究することを阻止することに着手するのである。どの地点で，どのように関係が終了したのか正確につかめないならば，どのようにして離愛を克服することができるであろうか。

●終結への要求

　離愛の説明に満足せず，正当性や終結を必要とする者もいる。幸運にも，元パートナーから，別れる理由を聞くことができたとして，その理由を十分に納得できるだろうか。元パートナーは，苦痛，悲しみ，社会的苦痛によって，あなたに犠牲を負わせたことを正当化するだろうか。自己正当化や認知的不協和に関する豊富な文献は，物事をはっきりさせたいという願望，少なくとも，物事を正しくとらえ，知覚したいという願望があることを実証している。また，元パートナーによって伝えられた理由が，道理にかなっているだろうか。つまり，関係を終わらせたことによる心的外傷に対する説明や弁解が妥当であるか，ということである。終末への要求は，面目を保ち，傷ついたプライドと自尊心を修復したいという意識的な願望である。たとえば，ある友人が，「少なくとも，彼女は臆病な道を選んだことを認めた。自分に目覚めたいなどという説得力のない不平を，あんな風な言い方で言い，僕を棄て去った」と私に語った。

終末への要求は，意識的というより，基本的な認知的アジェンダ（訳注：問題解決の手順を形成する操作）によって生じる (Weber, 1992b)。1938年，Kurt Lewin の弟子である Bluma Zeigarnik は，今では古典となった研究を発表している。その実験では，さまざまな課題を完遂することを中断されたり，妨げられたりした実験参加者たち（短い選集を読み取ったり，パズルを解いたりするような課題）は，同一の課題を完遂する（おそらく，整理保存する）ことを許された実験参加者たちより，完了することができなかった課題について，より明確に記憶として保持されていた。つまり，関係を終わらせる告別の挨拶を中止しようが (Davis, 1973)，不満を抱いているパートナーの言い分を説明しようが (Davis, 1982)，うまくいっていないカップルがある種の反応や反論をする機会があろうが，終えていない作業はわれわれを悩ますようである。最後の行為や最後のやり取りがなければ，その関係は終結を欠いたものとなる。相手の記憶を忠実に思いとどまらせている限り，相手が戻ってくるという希望を抱いている限り，ある種得体のしれない，現実離れした感覚が続いているようでさえあるかもしれない。トマス・ハーディ（訳注：英国の小説家・詩人）の『遥か群衆を離れて』(Far from the Maddening Crowd) では，バテシバ（訳注：ギリシア神話では，バテシバに好意をもったダビデがバテシバの夫を殺害し，バテシバを自分の妻とした）は悲劇的な結末を迎える。結婚式をあげたのち，長い間行方不明だった戸籍上の夫が突然戻ってきたのである。作り話であろうが，真実であろうが，そのような話は，去られた者や死なれた者に対して，永続する疑念と困惑の手助けになる。「本当に終わりなの。何も聞かされていなかった。私の知る限り，すべてがうまくいっているのに……」その手紙（あるいは，彼との連絡を妨げるものすべて）を除けば。パートナーからの言葉がなければ，起こったことを把握し始めることができないし，解釈したり，自分自身を説得したりすることさえもできない。

了解と制御

「鷹は生命をつがうの」。私の母は，ドライブの最中にやぶから棒に言った。
「それを知ってほしいの。鷹は特別な鳥なのよ」
「それは知っているよ」。車の運転席に座っていたグレンは言った。「鷹には，いつも敬意を払っているさ」
「それで，あなたは3か月間，どこに行っていたの」。母が言った。「ただの好奇心だけど」。

Ford, 1987, p. 219

フォードの短編小説『コミュニスト』(Communist) は，この小説の語り手である16歳のレス青年が，母親の恋人であるグレン（訳注：グレンがコミュニスト）と一緒に鷹狩に行った日の思い出話である。レスの母親のアイリーンの家にグレンが到着し

たとき，アイリーンは，当初，怒りと恨みがうっ積し，一緒に出かけることを拒んでいた（訳注：アイリーンはグレンと恋人関係にあったが，グレンは突然見知らぬ街に行ってしまった。そして，この日，突然グレンがアイリーンの家に戻ってきた）。しかし，しばらくの間姿をくらました理由やその日に一緒に出かけることに興味があったので，アイリーンは小旅行に参加することにした。アイリーンは不満で話したくなかったが，棄てられた恋人たちが苦悶する問いを，なんとかグレンに尋ねた。どこに行っていたの。なぜ私のもとを去ったの。さらに，なぜ戻ってきたの。

　フォードの話は魅惑的であり，複合的である。この話は作り話であるため，アイリーンは現実生活ではめったに得られない機会を得ることができる。すなわち，アイリーンはグレンに尋ねるだけでなく（予測していた不満な返答をグレンから得る），グレンそして自分自身と対面する機会を得ることもできた。そのことによって，2人の関係についての自分自身の考えを，容易に解き放つことができた。現実生活では，対決のような状況が求められるが，それを巧みに処理することは難しい。誰にも求められないならば，要求し始める社会的力を持たないかもしれない。面目を失い，過剰に反応し，弱い結びつきが破滅することを恐れているかもしれない。今でも私は，前述したジェフと過ごした期間を，奇妙な悲しみ，良心の呵責を感じるような不確実性，重要な教訓の時間としてとらえている。私にとって胸を刺すような思いは，私が若かったことと，私にとっての痛手となったことである。私は，Harvey (1996) が**忘れられない喪失**（a haunting loss）と名づけたことを経験した。忘れられない喪失は，長引く苦痛の原因となる。忘れられない喪失の典型的な形態は，後悔，「ああだったらどうしよう，こうだったらどうしよう」という悩み苦しみ（訳注：原文にはplaguing bouts of what ifsとあるが，butsの誤りと思われる），強迫的思考，繰り返し思い出される記憶（それはコントロールできない）である。たしかに，Harveyは，忘れられない喪失が主に愛する者の死によって生じる，と記述している。忘れられない喪失を非婚の離愛にあてはめることは，残された者が経験するトラウマによって苦しめられた現実の苦痛を軽視する，あるいは，減少させるようにみえる。

　私の観点は，説明できないあらゆる失態や拒否の影響にこだわったり，うろたえたりすることに，反映されている。もし，何が起こっているのか知らないならば，再び離愛が起こらないようにするためにはどうすればいいのかわからない。自責の念から生じた一途な親交関係を理由に，自分自身を責めるかもしれない。ジェフが私を捨てたことが私の失敗であるならば，そして，それが失敗でさえない場合でさえ，少なくとも，私は次にやってくる機会の計画を練ることができる。その計画には，パートナーの不満を示す「明らかな証拠」，だまされないこと，起こったことを知ろうと要求すること，これらにより注意を払うことが含まれる。

●対　峙

　彼の名前は「マーク」と言った。自責の念や，機会があれば理由を聞き出す決意を抱きながら，数年前ついに私は彼と対決し，失踪の説明を求めた。数か月前（訳注：別れる数か月前，対決する数か月前という意味か，あるいは，数か月間の誤りだと思われる），私たちは親密で幸福なデートをした。ある日，マークが週末の行楽から戻ってくると，以前と変わっていた。そして，数日間，マークから電話がかかってこなかった。私がマークに電話すると，マークは冷淡にもよそよそしかった。今では，それは試練だと気づいている（訳注：原文ではI knew the drillとある。本章の単語にはさまざまな皮肉が込められているため，I knew the brill：素晴らしいことだと気づいている，あるいは，I knew the dill：マークはバカな奴だと気づいている，という意味かもしれない）。つまり，マークは，旧友と出会った48時間の間に，どういうわけか，私たちの関係のとらえ方が変わったのである。マークの精神は，すっかり入れ替わってしまった。このことから私はすぐさますっかりと回復したが，悲しみと困惑は残った。なぜ，マークは，関係が終わったことを私に「告白し」，説明しなかったのか，親友に尋ねた。なぜ，多くの離愛を経験した熟達者でもわかりにくいのであろうか。それは，恋愛ゲームの聖杯にふさわしい。恋愛ゲームは，崇高であるが空しい冒険の旅である。マークの変化は，突然のことであり，完全なものだったので（訳注：変態が完全であるという意味とかけている，と思われる），私は，それを1958年の映画『ボディ・スナッチャー』(Invasion of the Body Snatchers)（訳注：エイリアンがサンフランシスコ市民の肉体を乗っ取る話。まゆが孵化することで，エイリアンは人間になり済ます）で，エイリアンが犠牲者たちを侵略したことになぞらえた。「まゆが，マークになり済ました」，と私はある友人に結論づけた。意思や決意に関する限り，私が知っている愛するマークはもはや存在しない。たとえ，マークのうわべの殻は，まだエイリアンによって処置されず，持ちこたえているとしても。

　ある晩，私は，以前同僚と夕食をとったことのあるレストランで，マークに出会った。私は，いつものようにマークに上品に挨拶した。マークは，私を混み合っている席にスムーズにエスコートした。そして，不思議なことが起こった。マークの友人たちがお酒を飲みほし，一斉にではないけれど，「もう行かないと」とみな店を出ていった。まさにすぐさま，マークと私，（人前で）２人だけになった。１年ぶりの出来事だった。私はとても心地よかった。しかし，騎士に護衛されたような幸運は奪われた。「ねえ，週末に何が起こったの」，とまだにこやかに私は尋ねた。「何が起こったかって」「週末って」，マークは答えた。マークの信頼のために言うが，マークは無知なふりをしているのではなかった。しかし，マークは口ごもってしまった。私は，ふざけて20の質問をし，まもなくしてついに，系統立てた憶測を確認するために十分な情報を引き出すことができた。つまり，それは，コミットメント恐怖症，親密性恐怖，

パラノイア，罠にはめられたかなりのシニシズム（訳注：冷笑的にながめる態度）と呼ぶようなものであった。そのため，マークは2人になりたくなかった。マークが去ってしまったときに，街の外にいるマークの友人から，他人に私たち2人が恋人だと思われることが，マークには不快であったことを聞いた。マークが戻ってきたとき，マークは私に何を言えばいいのかわからず，私に会うことを先延ばしにした。マークは何も言わず，時間だけが過ぎ去った。マークは，私と会わずによそよそしくしていれば，関係は終わるだろうと考えていた（Davis, 1973）。まさに，Davisが「突然の死」と記述しているように，私にとって，離愛は明らかであり，突然なものであった。私たちは話し合った後，友好的関係に別れを告げた。マークを説き伏せたり，マークを責め立てたりしなかった，と私は思っている，また，マークはそのことに驚いた。どれだけ私が怒っているか，お互いに，話し合いを避け続けることが，どんなに愚かなことか，私は説明したけれど。マークは白状したけれど，終結を迎えさせたものは，衝撃ではなく哀願であった。また，2人は話をすることができたので，次に偶然出会ったら，マークがどのように反応するかいぶかしがる必要性がなくなったので，私にとって慰めとなった。マークから聞き出さなければならなかったが，マークの説明は贈り物であり，その後の私の人生を楽にさせた。

回復のための方略

　非婚の離愛から回復するための重大な難問は，非婚の関係には明確性や公的なコミットメントが欠如していることである。残された者は，友人の指摘によって，元パートナーが離愛を深刻に受け止めていないことに，気づかされるかもしれない。その指摘は，まるで，関係がうまくいかなかったことが救いであり，幸福でさえあるかのように，「少なくとも，あなたは結婚したわけではないじゃない」という残された者に対する指摘である。Orbuch（1988）は，非婚の離愛を**剥奪された悲嘆**（disenfranchised grief）に分類した。この悲嘆の過程は，心理的に現実であるが，社会的には公認されていない。Harvey（1996）は，「（非婚の）離愛を経験した人に，社会は概して援助を差し出したりはしない……。ある意味において，喪失は喪失であり，どの喪失も，残された者の人生における喪失の意味を十分考えるに値するし，心を癒すための時間を要するのであるが」(p. 40) と説明した。

剥奪に対する術

　非婚の離愛による残された者への厳しい教訓は，本当の理解，共感，実利的な援助が得られると期待できない，ということである。離婚すると，社会的・専門的ネットワーク全体が活性化するようである。たとえば，友人が慰めてくれたり，かつての義

理の親が敵味方に分かれたり，弁護士が書類を開き，資産をリストアップし，受動的犠牲者が取るべき対抗策を練ったりする。たとえば，私の弁護士は，家庭問題や離婚問題を多く手がけていたので，ついには，黒い紙に印刷された名刺を持つようになった。彼は私に説明した。「将来の顧客に知ってもらいたい」。「私に離婚の弁護を依頼した場合，その仕事がどんなに暗いものになりやすいかを」（Marvin Popeとの私信）。

非婚の離愛者は，離婚産業に巻き込まれたり，かつて愛した人を敵に回すような策略によってぬれぎぬを着せられたりすることがないので，実のところ安心しているかもしれない。しかし，別の難局が，非婚の離愛者を，荒涼とした，吐き気のするような地獄のへりに葬り去るかもしれない。その難局は，手掛かりのない感覚，社会によって見捨てられた感，破たんや裏切りによる当惑，人を傷つけたことによる罪悪感，そのようなものを伴う。その地獄のへりは，何が起こったのか不確かで，「君は別れを乗り越えられるだろう」と誰もが言うことには気づくが，乗り越える術には痛々しくも気づかないようなものである。

自分で何とかしなければならない。剥奪されたが，自分自身の道標(みちしるべ)を記さなければならない。皮肉をこめて言うと，非婚の離愛者に開かれた経路は，離婚手続きという高速道路ではないかもしれないが，とても使い慣れたものである。ほとんどすべての文化で，多くの非婚の離愛が研究されてきたので，非婚の離愛経験のための助言やロードマップが不足してはいないことがわかるはずである。われわれはどのようにして，非婚の関係の喪失に直面し，非婚の離愛を通じて悲嘆し，そして，癒しの最終過程で新たな自己観に到達し，かつ積極的にそれを作り上げるのだろうか。

追想，回顧，思い出された存在

離愛の過程での認知的作業の多くは，強迫性，帰属，起こったことの説明に焦点があてられている。この認知的作業では，悲嘆し，次の段階に進むために，意味の本質を確定しなければならないことは確かなようである。私は，本章を意味への要求を論じることから始め，今では一周して元に戻っている。意味は構成されるが，そのような構成は「現実の事態」の終結や慰めを与えることはできない。たとえば，私は，大学時代の恋人であるジェフから真実を得たかったと思っている。お互いに連絡を取り合うことがなくなった後に，数か月間，あれこれと思いや憶測をめぐらせなければならないよりは……。ジェフは他の誰かと出会い，時間が経ってしまい，素直に私に言うことが困難になった，と私は理解している，そして，今ではそれが99％確かだと思っている。私は，ジェフを失ったことの意味を知ることができたが，名誉や尊厳は得られなかった。対照的に，マークとの対峙は，情緒的な満足をもたらした。それは，マークとの会話から私が情報を収集するという必要最小限のものであったけれど。私と別れる前に，マークはまゆ人間（訳注：エイリアン）によって姿を消された男であ

る。私が意味のある終結と決意を得ることは困難だった。しかし，気が進まなかったかもしれないが，マークは私に正直に話をしたと私は思う。このことが，私が自分自身を正直に話す価値のある人間であるとみなせるようにした。また，そのことは，失った関係や新たな社会生活への移行において感じられる悲しみを純粋に緩和した。

　失うものは尊厳や名誉なのか。対人関係だけでなく国際関係においても，公正な政策では，敗北した後，敵対者に面目を保つ機会が与えられるのは明らかだろう。パートナーを捨て去った場合，去った者は，去られた者に対して，説明（文字通りのアカウント）をする義務はないのだろうか。容易に推測できるが，何の知らせもないよりは，悪い知らせのほうがましである。さらに，去った者に巧みさが欠けていたり，去った者が打撃や侮辱をともなわず別れられなかったりするならば，このために生じる苦痛によって拒絶された者は，ついに「いやもう，結局は，この人たちに，私はこのことを本当に知ってほしいのだろうか」という結論に至る。叶わぬ恋や盲目的な愛の研究は，世の中には，下品でだらしない元パートナーに，まだ戻ってきてほしいと願っている人々の魂が存在することを示唆している (Baumeister & Wotman, 1992; Tennov, 1979)。しかし，私は，人格障害や関係機能障害に関する論文の著者たちと，力動的な議論はしない。ここでは，非婚の離愛，そして，非婚の離愛に対する理解を深め，そのコーピングを可能にする方法に関心があるのだ。

● 私を思い出して

　尊厳を打ち砕くようなことを受け入れるための中心的要素は，元パートナーが2人の関係のことをどのように考え，記憶しているか，ということを理解することである。忘れ去られることは，自分自身の記憶が間違っており，価値観が受け入れられないことを意味するだろう。つき合っていた頃は，価値観を共有し，幸福であり希望に満ちあふれさえしていた動機があったことは，少なくとも認めるだろう。悲哀の儀式は文化普遍的である。つまり，あらゆる人間は，大切であった人々を記念して，ある種の行為に携わったり，記念碑を建立したりする。非婚の離愛は，郡の事務所にある記録に残されることはなく，まして，墓碑に刻まれたり，公的な記念碑が建立されたりすることはない。しかし，思い出として持ち続ける。あるいは，劇的に思い出の品を破棄したり，写真を引き裂いたり，手紙を火の中に投げ込んだりするだろう（実のところ，セントラルヒーティングの登場で暖炉がなくなってしまうという嘆かわしい理由によって，発火式ではない煙突のある暖房装置にラブレターを投げ入れるといった象徴的な意思表示をすることが，今ではできなくなった）。本を買い，詩を書き，悲しみの歌を奏でる。枯れた花を送りつけたり，元パートナーへの復讐のために，性病の噂を広めたりする者もいる。こうしたあらゆる行為は，郷愁的であれ，報復であれ，精神的で情緒的な回想のようなものである。見返りとして求めているものは（ほ

とんど望むことのできないかたちではあるけれども），大きな愛情であろうとひどい時間であろうと，現実の事態として，自分も記憶されていることを知ることである。新たなアイデンティティを形成するための第一段階は，かつての自分のアイデンティティを知ることである。それは，自分にとって最も重要な人によって確認され記憶されているものである。

ユーモアと希望

　前述したが，Harvey, Orbuchら（1990）は，喪失の痕跡を追い求めるアカウントの実行の目的は最終的に新たなアイデンティティを創造することである，と提唱している。比喩的に言えば，喪失や苦痛の炎と血によって洗礼を受けた自己感覚を，喪失後の新たな現実生活に，断固として植え付けなければならない。その現実生活は，もともと宿っていた，あるいは，もともと望んでいたものとは異なる世界である。厳しい門出ではあるが，多くの資源を持って，このアイデンティティの獲得に取りかかる。それは，離愛と同様に，すでに完結している状態というよりも，むしろ，過程あるいは現在進行している作業である。その実質的な資源の貯えを再検討することになる。たとえるならば，新たな家あるいは学校を今見つけなければならないが，支えてくれると約束をしたパートナーが，今，去ってしまいまだ家賃生活をしているほどの収入しかない状況である。そして，ソーシャル・サポートや支えてくれる友人たち，元パートナーとの口論から守ってくれた友人たち，失敗や拒絶による屈辱を安心して暴露することができる見知らぬ人（新たな親友？）を求める。

　悲嘆の過程において，抵抗力や耐性，楽観性や希望さえも含んだ内的な資源も見いだすことができる。『ザ・シンプソンズ』（The Simpsons）（訳注：シンプソン一家の生活を中心に，アメリカ社会を風刺的に描いたギャグアニメ）や『地獄の人生』（Life in Hell）（訳注：擬人化されたウサギと一組の同性愛カップルを描いた連載漫画）の連載を創作した漫画家マット・グレイニングは，離愛の悲しみの段階に関する自分自身の考えを呈示した（下記訳注参照）。別れに悲しむウサギのビンキー（下記訳注参照）は，「苦痛」や「苦痛・苦痛・苦痛」（下記訳注参照）を含む最悪の時間の後に，「時には元気」（下記訳注参照）を，そしてついには，「さらなる仕打ちに対する準備」（下記訳注参照）を経験する（p.12）。この準備は，今や壊れてしまった関係に先んじて生じた難局を繰り返そうとするものではない。むしろそれは，われわれが一体性を必要とし，親密性を望んでいるが，際限なく自己犠牲的であったりテレパシー能力があったりはしない，ということを認識することである。また，それは，悲しむ者ではなく，賢明な者の見解である。つまり，その準備によって，われわれは次のようなことを学んでいる。あらゆる類の作業をうまくこなすことはできないが，多くのことを考えることはできること，この崇高な作業のために，パートナーがわれわれを補うように求める道理があること，

第6章 失う,ふられる,そして,あきらめる:非婚の離愛に対するコーピング 173

そして,われわれはそれを乗り越え,成長さえするだろうということである。この作業は長い旅になるかもしれないが,われわれはそこにたどり着くことができるだろう。

訳注
　本項後段の意味を理解するためには,漫画家マット・グレイニングの作品である『愛は地獄』(Love is Hell)について理解する必要があるため,特別にここに訳注を記す(原文には『愛は地獄』に関する記述はない)。『愛は地獄』は,1984年に掲載が始まっており,原文中に記載されている1984年の年号は,この年号を意味している,と思われる。単行本の出版は1986年であり,原文中のp.12という表記はこの単行本の12頁,あるいは第12章という意味だと思われる(ただし,単行本には頁数がふられていない)。『愛は地獄』は,原文中に記載されている『地獄の人生』のシリーズのひとつであり(連載開始は1977年),文字通り,愛をテーマとしたギャグ漫画である。主人公は,『地獄の人生』と同様に,擬人化されたウサギのビンキーである。『愛は地獄』のうち,原文に関連する箇所は,第12章の失恋の22段階(The 22 Stages of Heartbreak)である。ここでは,失恋による22の反応を,順に,ビンキーの表情とともに,短い言葉で説明している。苦痛(pain)は第6段階の反応,苦痛・苦痛・苦痛(pain pain pain)は第8段階の反応,時には元気(occasional perkiness)は第21段階の反応,さらなる仕打ちに対する準備(ready for further punishment)は第22段階の反応である。

離愛の悲嘆を克服するための方略

君がいなくてさみしい
かつて君を愛した気持ちよりずっと強く感じている　　　　　　Colgrove et al. (1991, p. 121)

　そこから何を得たのだろう。大衆心理学や自助本だけでなく,(バレンタインデーあたりによく出版される)定期的な雑誌の論説でさえ,豊かな関係や別れへの助言,その類のものを提供している。短い詩がこのような心得をしのいでいるように,悲嘆を内省することによって,関係を継続させるより,喪失や喪失にともなう悲嘆は情緒的に重要であるということを時には認識する。数年前のこと,わずか数か月であったが交際をしたある男性と別れた後,自分のみじめさと,なぜそんなにみじめにならなければならないのかという当惑ぶりを友人にぶつけた。私たちは親密ではなかったし,真剣ではなかったが,(私以外の女性と彼が会っていたことさえ私は知らなかったのだが)別の異性に恋をしたと告げられたとき(彼はたしかに私に告げた。だから,ある種の向上があった),私は胸を打たれたことに驚かされた。友人のダイアンは,「ラルフ」が私のもとを去り,今私がとてもさみしいことを,聞いてくれた。「楽しかったわ」私は言った。「知的な会話や冗談を言い合ったりしたの。他にもいろいろと……」。「やれやれ,あなたは,まだそんなことを……。あなたは棄てられていないつもりなの。あなたはまだふざけているの。あなたは,自分が知っている人なら誰にでも,知性とユーモアを振りまくの。ラルフはそんなことに関心はないわ。だから,失ったことを悩まないで。ラルフはあなたに何も与えていないのよ」。ダイアンが答えた(彼女は賢明すぎるが正しかった)(訳注:原文ではreplied Dianeと記載されてい

るが，Diane replied の誤りだと思われる）。

　喪失やトラウマの経験として，悲嘆に対するコーピングには，自分自身の長所の目録を作成したり，再検討したりすることが含まれている。前述したが，**喪失**を資源の枯渇とみなした Harvey (1996) の定義を思い出してほしい。その定義では，喪失に苦しんでいるときには，新たな道に踏み出さなければならないこと，離愛の犠牲となったこと，依然として懐かしく思い依存していること，これらを解決するために時間を費やさなければならないかもしれないことである。これらの成果に加え，コーピングには，喪失や悲嘆の過程を尊重することも求められる。Neeld (1990) は，喪失による悲嘆は，悲劇のなかで，苦しい挫折や絶望を受動的に経験するのではなく，むしろ，積極的に選択し決断することである，と述べている。その選択や決断は，苦しみを癒すのか，それとも，苦しみを先に延ばすのかというものである。喪失に関する情熱的な多くの研究者たちのように，Neeld 自身はひどい悲劇を経験することによって鼓舞された。Neeld の夫は，テネシー州にある別荘を訪れ，ジョギングをしている最中に死亡したのだ。心臓が悪かったわけではなく，2人の人生が終わってしまうとは予期していなかった。Neeld は，ショックや苦悶のうちに生活し，それを観察している自分に気がついた。Neeld は，後に，自分自身の経験やさまざまな喪失経験者の面接を分析している。その分析で，Neeld は，悲哀に暮れている者が直面しなければならない7つの選択を同定し，それらの危機を具体化した。その序論で，Neeld は，「心的外傷性の喪失を経験した者たちは，苦痛，受動性，絶望に陥る必然性はない」(p. 8) と結論づけている。このような態度には，別れてしまったけれど，積極的に悲嘆したり，喪失から学びとろうとしたり，喪失とうまくつき合っていこうと決意したことを語ろうとした著者たちから，えりすぐった知見がみられる。

●あなたの気持ちを表現する

　Leick ら (1990) が強調しているように，悲しみや激怒を表に出すことは，悲嘆に関する4つの中心的課題のひとつである。おそらく，元パートナーに自分の感情を発散させることはできても，元パートナーはこのメッセージを「受けとめられない」だろう。この場合，親友が，月並みの言葉や助言をすることもなく，話を聞き出す思いやりのある聴き手となるだろう。しかし，友人さえ見つからないとき，どのように自分の悲しみを吐き出せばいいのだろうか。James Pennebaker (1990) の研究では，効果的に感情を発散したり，打ち明けたりするために，話を聞く者は必要でないかもしれないことを示唆している。つまり，誰かに話をする代わりに，考えや感情を日誌や文書に書き留めることが，身体的な健康や情緒的な回復といった長期的な恩恵をもたらすのである。

●起こったことを理解する

『さよならの処方箋—別れを乗り越え，確かな愛をつかむ方法—』(Coming Apart) で，Kingma (1987) は，離愛によって残された者が，自分自身の物語を系統立てて述べ（われわれがアカウントと呼ぶ行為），書き下ろすように説いている。このことは，感情の開放だけでなく，われわれの記憶やコーピング過程の記録（おそらく日記をつけること）をすることにもなる。認知的作業は，思い出を収集したり，記憶を回想したりするだけでなく，理由を受け入れることでもある。終結に必要なことを同定し，必要ならば自力で得るための方法を把握しよう。

●現実化し，理想化しない

『恋をあきらめる方法』(How to Fall Out of Love) で，Phillips と Judd (1978) は，うまくいかなかった恋やどうしようもなかった恋の苦痛を減少させるいくつかの方略を推奨している。そのひとつが，**静かなる嘲笑**(silent ridicule) である。この方略では，クライエントが元恋人の欠点を心の中で思い描き，ユーモアのある方法でそれを誇張させる，というものである。たとえば，潔癖症の男に放り出された私の場合について。彼は，自分のネクタイに食べ物の染みがついたことに過剰に反応して，狼狽するだろう。その晩，彼は，どのようにしてその染みを取るのか，繰り返し考えるだろう。私の離愛後の失望に，Phillips の助言を当てはめると，私は，小奇麗に装った「ラルフ」の頭の上にポテトサラダを投げ捨てるさまを難なく想像できた。それは少し執念深かったかもしれないが，私は，そのような馬鹿げた経験に対する彼の反応は，不快感を示すというより，自ら進んでみじめになるということを知っている（食べ物をこぼしたにもかかわらず生き残っている人々は，本当の悲劇と当惑による不快感の違いを知っている）。ラルフの神経質で身ぎれいな病的執着を生き生きと想像することで，私はラルフに対する考えを徐々に弱めていくことができた。そして，ラルフへの思いが徐々に和らいだ。ラルフによって私の精神を占めていた部分を取り戻すことは，希望を失うことではなく，現実の悲しみを処理することができることである。現実は理想より平凡で，もっと乗り越えやすいのである。

●好転に向けて

最近の Weiss の研究では，離愛によって残された多くの者が，幸福感を感じて驚いたり，悲嘆や罪悪感に屈しないことに当惑さえする，ことを見いだしている。とくに去った者ならば，あるいは，当然起こるべくして起こる離愛をしばらくの間待っていたならば，安堵や喜びの感情が生じることは理にかなっている。この肯定的な感情は，不意に襲いかかるかもしれない。Frankel と Tien (1993) の『ハートブレイク・ハンドブック』(The Heartbreak Handbook) では，ある日のエアロビクスのトレー

ニング中に，離愛後の倦怠感が突然消え失せた女性の話について触れている。「私はエアロビクスの最中だった。突然，頭のなかに浮かんできた。私は元気なのだと。私は大丈夫なのだと。私にはしなければならないことがある。楽しむことができる。過去のぬかるみに縛られたくはない。自分の人生を再開したい。それは奇妙なことだった。突然のひらめきのようなものだった……」(p.187)。調査協力者たちに共通した主題は，楽しげであることと，友人と話をし冗談を言い合っている間に，突然のひらめきのような経験をしたことである。ユーモアは惨めさの束縛を断ち切る。ユーモアは，自ら進んで悲哀を経験することと矛盾しているかもしれないが。自分自身が経験したことのなかに，癒しの可能性を考えたり，おかしなことを探し求めたりすることで，悲嘆の感情や教訓を処理することができる方法を見つけ出せるかもしれない。まあ，皮肉なことではあるけれど。

◉癒しへの期待

激しい苦痛と絶望の期間を経て，どれくらい回復の見込みがあるのだろうか。悲哀はケガであり，ケガの多くは癒される。自己治癒の専門家であるWeil (1997) は，健康の自己促進の重要な手段として，過去のあらゆる病気やケガなどのリストを作成することを助言している。リストを作成することは，傷ついたあと通常は治癒すること（精神や肉体が健康を取り戻すように作用すること）を認識することである。回復のための，ある種の変化が必要になるときでさえ，このことは真実である。喪失と苦痛の過程を通じて，われわれは，変化し，適応し，成長することができる。そうなるためには，以前に何度も経験したことを思い出すことが役立つ。

◉人に話す

あなたが置かれている状況について，親密な人たちに話しなさい。そして，数日または数週間のうちにあなたが彼らに望んでいること，あるいは望んでいないことを正直に伝えなさい。もし，あなたが，彼らに望んでいることがわからないなら，そのことを話しなさい。離愛の経験者を探しなさい。そして，自分自身の話を彼らに共感しながら聞いてもらうだけでなく，彼らの話も聞いて共通のテーマを見つけなさい。閉じこもりたいという衝動に抵抗しなさい。魅力的でなくなったり社会的スキルをなくしたりするときではなく，仲間を必要としたり彼らに感謝したりするときである。『愛の物議』(Love Stinks) で，Overbeck (1990) は，喪失に対して，さまざまな人々が多様な反応をすることを通知している。必ずしも，それは建設的なものではない。慰めの言葉のなさがはっきりしているようなときや，真実でさえないかもしれない内容の話のときには，「私はあなたにそのように言った」「私は彼女のことは好きではなかった」「ひどすぎる。彼はいい奴に見えた」などという者もいる。多様な反応

を予測しよう。他者がどのような反応をするのか自分に賭けてみよう。他者と会話するための、そして必要なことを適切に依頼するための理にかなった目標を設定しよう。離愛を経験した人たちにさえも、あなたが何を考えているのかわかってもらったり、まさに自分の気持ちを知ってもらったりすることを期待しないようにしよう。あなたと最も親しい人にもそのように対応してもらうようにしよう。彼らには、そのことをほのめかしたり、時にははっきりと伝えよう。また、今まで実際には交流のなかった人と（離愛の反動による関係ではなく）新たな関係を築こう。

●別の視点を見つけよう

　喪失が変化するにつれ、生活は、新たな門出を考えるのに十分な変化をみせるかもしれない。すばらしい荒野のハイキング旅行や新たなベンチャーの創業などの準備をしよう。新たな分野について学べる事を習得しよう。経験してきたことや、次に進もうとしていることの達人になろう。教養は娯楽に結びつく。涙を流したり、文化的な広がりを保ったりするために、友人にすばらしい映画を紹介してもらい、好みの音楽を借りよう。たとえば、Sumrall (1994) は、女性の物語や詩を集め、『つらい別れ』(Breaking Up is Hard to Do) に編集した。そこには、女性たちの離愛の悲嘆経験が描かれている。これまで読んだことのない詩を読もう。私は、数年前、別れに苦しんでいるとき、オハイオ州の空軍に配属されている古い友人を訪ねた。私たちは会員制クラブに行き、彼女は私の悲しい身の上話を聞いてくれた。そして、彼女は、「ねえ、アン（訳注：筆者の名前）。カントリーミュージックを聴きたくなっているんじゃないの」と言った。彼女は座っている椅子の背もたれを後ろにずらし、彼女は立ち上がった。そして、バーのジュークボックスに向かって大股に歩いて行った。陰うつな曲、哀調に満ちた曲、自己を憐れむような曲、単なる素敵な曲など、いくつかの曲を儀礼的に入力した。ウィリー・ネルソン（訳注：アメリカのカントリー・アンド・ウエスタン歌手）の歌声のない人生を想像できない。幸福なときでさえも。別れた後のためにのみ準備している芸術や思想は、苦しみによって得られた贈り物である。それらは、生涯にわたる慰めや喜びの資源となる。

●その後の罰と報酬に対する準備

　それから、教訓を精神に刻む。この新たな精神と自己を得、希望に満ち、ユーモアや皮肉を身につける。そして、地図のない、可能性に満ちた、危険な世界に直面する。おそらく、今一度、新たな愛を探し求めようとする。同じような結果になるかもしれないけれど。再び、あの苦痛が同じ思いをしたくないということを思い出させる。われわれは、懐かしい記憶や空想、やっと手に入れた意味、物語の教訓を手にしている。このようなことが、見込みを創り出す手助けとなる。このように、人は愚かにも危険

を冒すが，それは異常なことではない。それは，再度挑戦することであり，また，再び元気を取り戻すことである。

謝　辞

　私は，以下の個人に感謝の意を示します。彼らの助力，着想源，情報がなければ，私は，非婚の離愛に対するコーピングというテーマにおいて，価値ある仕事をなし得ることができませんでした。データ収集に関しては，ノースカロライナ大学アッシュビル校の Cynthia Picklesimer，データの内容分析に関しては，ウエスタンカロライナ大学の Laura Jenkins，書籍や情報に関しては，ノースカロライナ州のアッシュビルにあるアクセント・オン・ブックス社のスタッフ，離愛に関する共同研究者である John Harvey，Terri Orbuch，Beverley Fehr，私のあらゆる話を聞いてくれ，（私の過去を含め）離愛経験が専門的領域であるとみなすことができるように，手助けしてくれた私の夫である John Quigley に感謝します。

第7章
いたずらに愛し，愛されること
：片思いの試練と苦難

　恋愛は，人生で最も刺激的で楽しい経験のひとつであると見なされている。恋愛は，人生を目的と意義に満ちたものにすると考えられており，アメリカ社会では，恋愛が基本的に価値あるもののひとつとして受け入れられている。愛や恋愛関係についての研究は，この10年間で大きく拡大した。これらの現象を研究することの難しさにもかかわらず，研究者らは，恋愛や恋愛関係を研究し，理解することの重要性を強調している。しかし，結ばれなかった関係の扱いは容易ではない。恋愛に関する文献の多くは，恋愛している個人や，そこに付随する認知や感情，行動に焦点を当てている。このような力点の置き方は，1人の人間のみが恋をしている場合（すなわち片思い）における対人的文脈を見落とすことになる。つまり，片思いを研究することには，恋愛に個人レベルのみでアプローチすることの限界を克服する意味がある。

　理想的には，情熱的な恋愛は以下のように進展するものである。2人の人間が出会い，やがてお互いに強く魅かれあうようになる。2人は互いを前にして，急激にあふれるポジティブな感情や性的欲望を経験し，その関係のための圧倒的な欲求によって，他の人々や関心事を無視してでも，より多くの時間をいっしょに過ごそうとする。感情的な親密さやコミットメントのレベルは，刻々と激しさを増し，ついにはお互いに恍惚の状態まで達することとなる。恋に落ちることは，日常的な経験を超越するような幸福を発見し，満たされることである。

　しかし残念ながら，恋愛はいつも順調にいくわけではない。しばしば，強烈な恋愛感情はひとりだけが経験し，その人の愛情の対象者は，その恋愛感情を拒絶しなければならないという厄介な立場に立たされている。求愛者（would-be lover）との恋愛関係を望んでいない相手に対して，もう一方の人間が感じる情熱的な恋愛感情は，**片思い**（unrequited love）と呼ばれることになる。その好意に相手がこたえられず，感情，感覚，切望が返報的でないとき，求愛者には結果的に大打撃がもたらされる。片思いは，待ち望んでいた幸福をもたらさないだけでなく，痛みや苦しみを喚起することにもなるのである。

　このように，いたずらに愛することは，通常は情熱的な恋愛と結びついているはず

の喜びや恍惚をそこなう。しかしその一方で，いたずらに愛されるというのは，どのようなことなのだろうか。片思いのダークサイドには2側面あるが，われわれの文化によってよく知られているのは，その1側面のみである。映画や本，歌は求愛者の視点から片思いの悲劇を明らかにしているが，その一方で，拒絶者（rejector）の感情や視点は，ほとんどないがしろにされている。拒絶者の経験に関する描写は不完全であるのみならず，しばしば不正確でもある。拒絶者はしばしば，他者の痛みや苦しみに無関心であったり，自分の利益のために求愛者を利用したりするような，心が冷たく，共感しがたい人間として描かれる。しかし，これは拒絶者にとっての典型的な片思い経験としては，明らかに歪曲されている。この章で紹介する知見は，いかに片思いが，たいていは両者ともに多大な不満と苦痛をともないながら終結するかを説明するものである。

われわれの分析では，求愛者と拒絶者，双方の経験に注目している。なぜなら，拒絶者の知覚や感情は，われわれの文化では，謎に包まれたままなので，われわれは片思いのこの側面を，大いに注目に値するものと考えているからである。議論を通じて，拒絶者の経験や，それらの経験と拒絶者役割についてのステレオタイプや誤解との不一致が，強調されることになる。

それらの結論の論拠となるデータは，BaumeisterとWotman (1992)，およびBaumeisterら (1993) による，最近公刊された2つの詳細な報告に基づいている。これらの研究では，参加者のほとんどは若く，未婚の成人で，その多くはわりと最近，求愛者や拒絶者として片思いを経験していた。参加者は2つの物語を書くように求められた。1つは，彼らの気持ちにこたえてくれなかった人を恋した重要な経験についてであり，もう1つは，ある人が彼らに恋したが，その気持ちにこたえられなかった経験についてである。いずれの参加者も2つの話，つまり，求愛者としての経験と，拒絶者としての経験に関係しているため，その比較では，人のタイプよりむしろ，状況の役割の重要な違いが反映された。つまり，参加者がかかわったそれらの経験は，彼らを好きではないもう1人の人を愛している，もしくは他者の望まない恋愛の受け手になっているという両方の恋愛の立場についての，多くの人々の経験を表わしていると考えられる。

本章は，求愛者と拒絶者の両者の経験を強調したような，典型的な片思いの物語から始めることとする。続いて，片思いを生み出す状況について考察を行い，それぞれの役割と結びついた経験を理解するための理論的枠組みを提示する。さらに，片思い経験の最中と終結後に，求愛者と拒絶者がそれぞれ経験する感情について説明する。最後に，彼らが片思い経験から学んだことをまとめながら，本章を終えることとする。

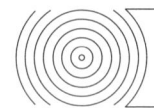

片思いのシナリオ

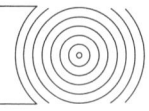

　メアリーとポールは大学の親友だった。彼らは同じ専攻だったので，多くの時間をともに学び，それにつれてなかよくなった。しばらく時がすぎて，ポールはメアリーに対する自分の気持ちの変化に気がついた。彼は彼女に身体的魅力を感じるようになり，彼女への深い感情を育てていった。はじめのうちは，ポールは沈黙を守っていたが，いつの間にか彼女に対する欲望は抑えきれないものとなり，しばらく悩んだ末，ポールはついにメアリーへの愛を告白した。メアリーは驚き，ポールの愛を嬉しく思ったが，彼の気持ちにこたえることはできないだろうと思った。それでもやはり，メアリーはポールに気を遣い，彼を傷つけてしまうことを心配した。彼女は穏やかに断ろうとした。彼女は彼に，すごくいい人だと思うし，いっしょにいる時間はたいせつにしたいけれど，「友だちのまま」でいたいの，と言った。

　もちろんポールはがっかりしたが，あきらめようとはしなかった。ポールは，自分とメアリーには何か特別なものがあり，もしも求愛し続ければ，彼女は自分の気持ちをわかってくれるだろうと確信した。ポールはメアリーを追いかけ続け，彼女を望んでいることを伝え，手紙や贈り物で愛情を表現した。メアリーは非常に困惑するようになった。彼女はポールを傷つけて悪かったと思ったが，同時に，彼の絶え間なくむだな求愛に，いらだちを感じた。彼女はもはや彼の愛を嬉しく思わないようになり，代わりに，この状況を何としても終わりにしたかった。ポールが察して，構わないでくれるだろうと思い，メアリーは物理的にも精神的にもかかわらないようにしようとし始めた。

　メアリーの作戦は裏目に出た。彼女がポールを遠ざけたことは，彼女の愛を手に入れるための彼の努力をさらに熱心にさせてしまった。ついに，追いつめられたメアリーは，ポールに対峙し，好きじゃないし，二度と会いたくないとはっきりと明確に伝えた。ポールはメアリーに心を打ち砕かれて，ようやく，彼女の愛を手に入れようとすることを断念した。ふり返ると，ポールはメアリーの拒絶に打ちのめされたが，いまでも彼女のことは好きだと言い切った。対照的に，メアリーは自分の感情を受け容れてくれない人と，どうしたら友だちでいられるのかわからなくなっていた。メアリーはポールを傷つけたことへの罪悪感を覚えたが，彼が友情を壊したことへの憤りも感じていた。要するに，彼女はすべての出来事が二度と起こらないように切に願った。

　このシナリオは，求愛者と拒絶者による片思いの典型的な経験を描いている。また，恋愛の喜びにおける返報性の重要性を強く示している。片思いには，愛する者と愛される者の両者がいるので，愛することと愛されることの組み合わせが幸福に不可欠で

あるという仮説を検証することとなる。Fromm (1956) は，愛することの重要性を強調し，愛することこそが，幸福，満足，充足感の本質的追求であると提唱した。一方，Rogers (1959) は，無条件の肯定的関心や愛情を受けることが，最も重要であると主張した。しかし，ポールとメアリーのような片思い経験は，第3の選択肢を強く支持する。愛することや愛されることは必要だが，それだけでは幸福のためには十分ではない。むしろ，幸福には相互の互恵的な愛が必要なようである。

片思いは，いつ，なぜ，生じるのだろうか？

　片思いが生じるのは，いったいなぜだろうか。関係形成の通説のひとつである衡平理論（たとえば，Walster et al., 1976）では，人々は自分自身と似ている他者をつりあっていると見なす傾向があると考えられている。しかし，なぜ片思いが生じるかを説明するためには，人々が最初のうちは，似ている人に魅力を感じないことを理解することが重要である。その代わりに，人々は最も望ましいパートナーを好む傾向がある (Walster et al., 1966)。人々は，結局は自分自身に似ているだれかと結婚するのだが，はじめのうちは見つかる範囲内でベストの相手に恋をする。したがって，ある人が自分より望ましい人に惹かれるようになったとき，その相手にとっては，それは恋愛対象としての関心に互恵性が欠けていたり，あまり魅力的ではないということになる。BaumeisterとWotman (1992) は，このように自分よりも魅力的な人に恋することを，**高望み恋愛**（falling upward）と称している。

　もうひとつの片思いの源は，プラトニックな友人関係である。多くの時間をともに過ごす友人たちは，たいてい親しさや親密感の強い感情をはぐくんでいく。そして，親密性はすべての恋愛関係に共通する中核要素であると言われている (Sternberg, 1986; Sternberg & Grajek, 1984)。このように，プラトニックな友人関係は，片思いへの豊かな土壌を提供する。ある人の感情は盛り上がっていても，もう一方の感情はよどんだままである。先ほどのシナリオで，親密な友人関係は片思いを生じさせた。ポールの感情は，時を経て，より激しさを増したのに対し，メアリーの友情は変わることがなかった。メアリーも関係への関与レベルを高めてほしいというポールの切迫した願いをよそに，メアリーはどうしてもポールを恋愛対象として見ることができなかった。

　片思いが起こり得る3つめの例は，恋愛関係の初期段階である。そこでは両者が互いに魅力を感じ，お互いをよりよく知ろうとする。そこで彼らはつきあいを始めてみるのだが，多少のやりとりのあとに，一方の感情は醒めてしまい，しかしもう一方はまだ盛りあがっている，ということがある。そのような状況下で，片思いは求愛者と拒絶者の両者の感情に大きなインパクトを持つだろう。初期段階であるがゆえに，こ

こには互恵的な恋愛関係形成の可能性が存在する。片方が引き下がり始めたとき，求愛者側はすでにある程度の強化を受けており，パートナーが気持ちを切り替えて，恋愛を続けてくれるだろうと信じるためのもっともな理由を持っていることとなる。もし，拒絶者がそのような気持ちの切り替えを示しそこなったならば，最終的な拒絶は求愛者にとってより苦痛となる。相手となかよくなることが許された後に拒絶されることは，自尊心にとって大きな脅威をもたらす。それはあたかも，「最初はあなたのことが好きだったけど，今，あなたのことをもっと知ってみると，もうあなたには興味が持てなくなった」と拒絶者が言っているようなものである。

　この状況は，求愛者のみならず，拒絶者にとってもつらいものである。拒絶者は，彼／彼女が進んで創ろうとした関係を解消しようとすることが，きわめて難しいことに気づく。ここには，なぜ自分の気持ちがより悪い方向に向かったのかを，求愛者に痛みや惨めさを起こさずに説明しようとすることが含まれている。拒絶者はこのプロセスの間，いらだったり，困惑したりしがちである。なぜなら，たいてい，興味を失った理由について洞察できることはほとんどないからである。拒絶者は，思いを寄せている人に対する尊敬や称賛，好意をしばしば報告するものの，性的魅力や欲求は経験しなかったことを，BaumeisterとWotman（1992）は見いだしている。ときには，拒絶者は，思いを寄せている人を愛したいと思ったり，求愛者がいつかすばらしい伴侶を得るだろうと報告していた。結局，拒絶者は不可解な欲望の欠如に驚き，他者の愛情にこたえることができないことに，大きな罪悪感を抱いていた。

　求愛者と拒絶者の経験については，本章で後ほど議論する。次に，どちらの役割にも適用できそうな感情的帰結について検討してみよう。それは，どのように求愛者と拒絶者が状況に対して異なる評価を形成するのか，どのようにそれらの評価が彼らの行動を決定するのかを理解するための枠組みとなるだろう。

片思いの相互依存性理論

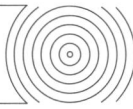

　求愛者と拒絶者の行動を理解しようとするとき，それぞれが利用可能な選択肢について考える必要がある。その状況は，相互依存パラダイムのひとつであり，各人の結果は両者が何をするかに依存することとなる（Kelley & Thibaut, 1978）。相互依存的な構造を考慮することは，両者の役割が直面する状況や一貫性の差異を明確化するうえで有用である。

　あなたからの愛に嫌悪を示したり，あなたの愛に報いることができないだれかを，あなたが愛してしまったと想像してほしい。あなたには2つの可能な選択肢があるだろう。1つは，拒絶者のハートを勝ち取るために，積極的にトライすることだ。もしあなたが，拒絶者がいやがっているにもかかわらず，拒絶者を追い求めるなら，最終

的にはあなたが彼／彼女の愛に値する人物であることを拒絶者に納得させて，強く望んでいたきずなを結ぶことに成功するかもしれない。もちろん，拒絶者があなたを拒絶し続けるかもしれないので，その場合，あなたは拒絶や絶望といった感情を何とかしなければならなくなるが。2つめの選択肢は，消極的にあきらめることだが，これで幸福になるチャンスはない。それゆえ，客観的に状況を判断すれば，あなたは積極的になるほうを選ぶだろう。追いかけることによって，拒絶者の愛を勝ち取るチャンスは少なくともゼロではなくなるのだから。

今度は，あなたが愛されることを望んでいない他者から愛されたときを想像してほしい。ここでも選択肢は2つある。1つは，その人からの愛を積極的に拒絶することだ。これは，当然ながら求愛者に苦痛をもたらすものであり，他者（とりわけ，あなたのことを高く評価している人）を積極的に傷つけることは，あなたに道徳的不快感と罪悪感をもたらすだろう。2つめの消極的な選択肢は，求愛者の意に添うようにふるまって，そのうちに相手への深い感情が呼び覚まされるのを願うことだ。この消極的選択ならば，恐ろしい拒絶のことばを伝える必要はないので，短期的にはそれほど苦痛を感じなくてすむ。しかし，どうしても相手に魅力を感じられなかったら，それは避けがたい破局を先延ばしにしているにすぎない。あなたが恋に落ちる可能性は低い，もしくは存在しないのだから，より魅力的な選択肢は，積極的選択，つまり相手を拒絶することである。

このように，相互依存性分析は，皮肉なことに求愛者の置かれている状況のほうが，拒絶者の状況よりも魅力的であることを明らかにする。求愛者にとってあり得る結果は，意気揚々から絶望までの範囲にわたる。対照的に，拒絶者にとって起こり得る結果は，ほとんどすべて悪いものばかりだ。求愛者は，少なくとも幸福になるチャンスが皆無ではないハイリスクのギャンブルをやっているようなものだが，拒絶者はほとんど何も得るものがない，勝利なき状況だ。そのようなわけで，最悪の場合には平均的に求愛者のほうがより強く傷つくにもかかわらず，一般的には，求愛者のほうが拒絶者よりも，その経験を興味深く感じて，より熱心に追いかけて，あまり後悔しないのだ。

沈黙の申し合わせを通じて苦悩が長引くこと

BaumeisterとWotman (1992) は，求愛者と拒絶者の両方がしばしば，沈黙の申し合わせ（conspiracy of silence）を通じて，痛みに満ちた拒絶を回避しようと協力することを見いだしている。拒絶者はそのメッセージを話したくないし，求愛者はそれを聞きたくないのだ。先の例で，ポールはメアリーの最初の拒絶に取り合わなかったので，メアリーは嫌々ながら，彼と恋人になることへの関心がないと直接かつ明瞭に

伝えることになった。他者からの拒絶を受け入れることは，負けを認め，自身のいたらなさを甘受することなので，そう考えると，なぜ人がポールのように他者からの拒絶の重要性を軽視するのかは容易に理解できよう。けれども，他者の愛を無愛想に拒絶することもまた難しい。まず，その行動は，対人的愛着を形成・維持するという根本的・普遍的な動機 (Baumeister & Leary, 1995) に反するものである。次いで，さきにしるしたように，われわれの社会において愛は高い価値を有しているので，他者からの愛の申し出を断ることは，個人にとって非常に重要な何かに反対することになる。それゆえ，たとえ拒絶者が求愛者に拒絶のメッセージを明確に伝えたくても，彼／彼女は，それほど効果的にはそうしない傾向にある。実際に，拒絶をより文化的に許容されるようなものにするため，拒絶者はしばしば温かいことばや感謝をもってそれを和らげようと努力する。また，拒絶者はしばしば，一時的な理由や曖昧な理由に基づく拒絶をしてしまうが，それは求愛者に返報的感情への希望を与えることになる。

　このようにして，片思い経験は，沈黙の申し合わせによって持続されることになる。求愛者は，痛みに満ちたメッセージを回避したいと動機づけられており，それゆえ，拒否を本心からの拒絶としては考えないようにしようとする。拒絶のメッセージが拒絶者によって明瞭に伝えられることはあまりないので，求愛者は愛の対象を追いかけ続ける。このことが一方では，その状況へのさらなる不満や困惑を拒絶者に感じさせることになる。

片思いの情動的帰結

　相互依存性理論によれば，片思い経験の情動的帰結は，パートナー候補であった相手の言動によって左右される。求愛者と拒絶者による自伝的解釈についての分析では，相手の行為によって影響されるであろう，異なる2つの主要な情動が明らかにされた。求愛者にとっての情動とは，自尊心や自己についての全体的感覚である。拒絶者にとっては，罪悪感である。片思い経験はたいてい，求愛者に自尊心の低下をもたらし，拒絶者には罪悪感の上昇をもたらす。これらを順に考えてみよう。

自尊心

　自尊心を保護・高揚させたいという欲求は，人間の動機のなかでも，最も基本的かつ強力なもののひとつと見なされている (Baumeister, 1997; Greenberg et al., 1986)。自尊心は，求愛者にとっての中心的な関心事である。本章の初めに述べたように，人々は，まずは自分自身よりも望ましい人に恋をする傾向にある。人は自身の魅力をしばしば過大評価してしまう (Taylor & Brown, 1988) ので，求愛者はしばしば自分自身を，恋愛対象と同格であると見なすのである。拒絶者もまた，自分自身をポジティブにゆが

んだ方向で見てしまうが，自分に思いを寄せる人に対しては正確な見方をする。人々はたいてい，望ましさに欠ける他者には魅力を感じないので，そのような相手と恋愛関係を形成しようとは動機づけられない。

　表面的には同程度の魅力を有していると思われる他者に拒絶されていると知ったなら，あなたも求愛者と同様に，自分自身の価値を下げ始めるだろう。拒絶は，魅力が等しくなく，劣っているというネガティブな暗黙のメッセージとなる。もし意中の人があなたのことを愛していなければ，あなたは愛するに値しないと考えざるを得ない。拒絶者があなたのことをよく知っているとき，この自尊心の崩落は，さらに重大なものになるだろう。知り合い程度の人に拒絶されることは，相手がたんに自分のことをよく知らないからだという事実に帰属される。一方，親しい人に拒絶されることは，強力な屈辱的メッセージだ（Aronson & Linder, 1965）。拒絶が関係の後期であればあるほど，自尊心へのネガティブな影響はいっそう強くなる。

　実際に，自尊心の喪失は，拒絶者による説明よりも求愛者の説明において，はるかに多く述べられていた。求愛者は，間抜けさ，愚かさ，鈍感さ，恥ずかしさに関する感情をより多く語る傾向にあった。求愛者にとって，片思い経験からの回復には，ダメージを受けた自尊心の修復ということがしばしば含まれており，そこではさまざまな戦略が用いられていた。まず，求愛者は，自尊心を直接的に再確認しようとしていた。求愛者の半数近くは，自分のポジティブな特性や魅力に言及しており，拒絶者よりもすばらしいだれかにこそ自分は値すると述べていた。そのことに関連して，求愛者が，求愛対象への評価を下げたり，けなしたりすることもあった。しかし，拒絶者を卑しめるようなこの方略は比較的稀である。なぜなら，拒絶者を軽蔑することは，自身にも否定的な意味づけをもたらすからである（なんだかんだ言っても，もしあなたが不快で卑屈と見なす人のことを好きになったのなら，おそらくあなたもまた，少なくともその人と同程度には，不快で卑屈な人間なのである）。その代わりになるような，求愛者においてよくある選択肢は，ライバルや拒絶者の好きな人をけなしたりすることである。ある振られた女性は，拒絶者や彼の新しい彼女について，「いつも彼女や，彼らがいっしょにいるのを見て，彼女のどこに惹かれたのか，私は自問自答し続けている。一番奇妙に思えるのは，私が彼女を妬んでさえいなくて，それは私が彼女よりずっと優れているとわかっているからだ」と述べていた（Baumeister & Wotman, 1992, p.94）。自尊心を高める最後の効果的な方略は，求愛者の愛情にこたえてくれるような，望ましくて魅力的な他のだれかを見つけることだ。ある振られた女性は，自身の物語において「私は1年間交際してきた彼がいて，彼はピーターよりもずっとよくしてくれる。彼はわたしのことが死ぬほど好きだ」と述べていた（p.95）。

　理想としては，求愛者が自尊心を取りもどすための最善の方法は，拒絶者が思い直して愛を告白してくれることである。しかし，ほとんどの場合，拒絶者が赦しや愛情

を求めてもどってきてくれることはない。求愛者は，片思いの最初の段階で，ある程度の自尊心を犠牲にすることを厭わない。拒絶に直面しても追い続けることは屈辱的ではあるが，最後には報われることもある。しかし，自尊心の危機は，さらなる拒絶によって悪化する。最終的には，求愛者はあきらめ，そこなわれた自尊心を取りもどさなければならない。このようにして，求愛者の自尊心は，はじめはその経験における重要な側面でないとしても，徐々により重要なものとなっていく。

拒絶者においては逆のパターンが見受けられる。拒絶者は短期的には自尊心の高揚を経験するが，その経験は長続きしないことも多い。たんに，だれかがあなたのことを，恋に落ちるに足る人と見なしていることを知ることは，きっとあなたをいい気分にさせるだろう。あなたがそうするように仕向けたわけではないにもかかわらず，だれかがあなたのことをとても好ましく思い，愛しているときには，とくに喜ばしい。しかし，自尊心の高揚は急激に冷め，拒絶者は求愛者からのしつこい追跡によって，もしくはたんに望まない相手からの賞賛に価値を見いだせないため，悩んだり，フラストレーションを感じるようになる。

こうして，拒絶によって求愛者が経験する自尊心の低下はより頻繁になり，望ましい関係の形成への期待はしだいに厳しくなる。自身の価値を補充するために，求愛者は，恋敵をけなすことや，新しい恋人の望ましさを重視するといったことを含むさまざまな戦略を行使する。これらの戦略によって求愛者は，他者にとっての自身の魅力や価値を再確認するのである。

罪悪感と正当化

自尊心の喪失が求愛者の主要な情動体験であるのに対して，強い罪悪感が拒絶者にとっての中心的問題である。罪悪感とは，愛情や関心を示してくれる他者を傷つけてしまったことを知ることによって経験される対人感情である (Baumeister et al., 1994; Tangney, 1995)。拒絶者によって経験される罪悪感は，2つの源から生じる。第1に，ほとんどの拒絶者は，片思いのもう一方の立場にいた（求愛者であった）こともあるので，それゆえに求愛者の苦悩に共感してしまうということがある (Baumeister & Wotman, 1992)。第2に，他者からの愛を拒絶することは，生来的な人間の所属欲求に反する困難なことであることがあげられる (Baumeister & Leary, 1995)。共感と愛着喪失への不安は，罪悪感の2つの主要な源として理論化されており (Baumeister et al., 1994)，その両方が片思いにおいては顕在化する。

罪悪感の強さは，関係の親しさによって決定的に変化する (Baumeister et al., 1995)。あなたが拒絶者であるならば，すでにある程度の愛着を形成した相手に苦痛を与えたときに，より多くの罪悪感，良心の呵責，後悔に苦しむだろう。ポールとメアリーのケースのように，多くの片思い経験は，典型的にはプラトニックな友情や交際関係と

いった，ある程度の親密さがすでに確立されている状況から生まれる。もし，あなたが求愛者の苦痛に感情的な思い入れを有しており，彼／彼女とのつながりを今後も維持したいと思うならば，あなたの罪悪感のレベルはきわめて高いものとなる。

拒絶者に罪悪感や不満をもたらしてしまうことについて，求愛者側もまた罪悪感を抱くのではないかと思う人もいるかもしれないが，罪悪感への言及は，求愛者よりも拒絶者側の釈明において断然多かった。不本意なかかわりであったにもかかわらず，拒絶者はしばしば求愛者への責任を感じていた。人々は非意図的な加害に対して強い罪悪感を抱く傾向がある (McGraw, 1987)。それゆえ，そのような状況を望んでいたわけでもなく，他者の苦痛を作り出すためにまったく何もしていなくても，拒絶者は，その状況の主たる責任者である求愛者以上に，より多くの罪悪感を経験する羽目になる。

求愛者の釈明における罪悪感の欠如には2つの説明がある。1つは，求愛者はたいてい愛や希望を失っており，拒絶者に引き起こした苦痛のことを忘れていることが多い。拒絶者はまず求愛者の情動に注意を向けるのに対して，求愛者は自分の気持ちに焦点を当てるのである。2つめは，われわれの社会において，愛は強力かつ普遍的な価値を持つため，愛の名の下に行われた多くのことは正当化される (Baumeister, 1991)。拒絶者の反発をよそに，求愛者の容赦ない追跡の問題性は，求愛者の立派な意図によって大目に見られることになる。求愛者は，（不満や困惑などの）ネガティブな諸々を押しつけるが，それは（双方向的な愛や幸福といった）きわめて望ましくすばらしい諸々のためなのである。その一方で，拒絶者は求愛者に失恋の苦しみをもたらしたことを正当化するために愛を使うことはできない。拒絶者の観点から第1に考えられる積極的な結末は，自分勝手に逃避することである。それゆえ，拒絶者は，罪悪感から逃れるために，拒絶を正当化するための別の方法を見つけなければならない。

実際に，求愛者よりも拒絶者の経験において，強い罪悪感とその正当化は中心的問題になっていた。拒絶者はさまざまな正当化方略を示していた。さきに述べたように，相手とのきずなが強いほど，罪悪感も強くなるものである。そこで，拒絶者が罪悪感から逃れる第一の方法は，求愛者をけなすことによって，愛着の知覚された重要性を弱めることである。拒絶による犠牲者のことを気にしないほど，罪悪感を回避することは容易になる。ある拒絶者は自分の求愛者のことを「失礼かもしれないけれど，アルバートはまったく退屈な負け犬で，彼の仲間以外には好かれていないし，ルックスもあまりよくないし，性格もすばらしいというわけではないし…」と述べていた (Baumeister & Wotman, 1992, p.85)。

罪悪感から逃れるための第2の方略は，求愛者の混乱に対して自分は責任がないと考えることである。たしかに，拒絶者の少なからずは求愛者をそそのかすようなことはしておらず，罪悪感を和らげるために，その事実を思い出していた。そのうえ，求

愛者のことを高く評価していた拒絶者においては，その人と恋に落ちようと試みることすらあった。拒絶者は，愛に報いようとしたにもかかわらず，それができないことに困惑し，いらだつようになったと報告している。そのような感情コントロールの不可能さは，拒絶者にとって第3の正当化の根源となる。拒絶者は自分自身に対して誠実でありたいという欲求を報告した。この欲求は正当化に共通する根源である (Baumeister, 1991; Bellah et al., 1985; Vaughan, 1986)。

拒絶者のなかには，何が求愛者にとってベストなのかに基づいて，自身の行動を正当化する者もいた。この方法は，求愛者に対する拒絶者側の配慮や気遣いを再確認しながら，いやな状況から脱出することもできる。最後に，拒絶者のなかには，自身を犠牲者として呈示する者さえいた。求愛者の不適切な行動ゆえに，その人を厳しく拒絶する以外には選択の余地はなかったと彼らは主張した。求愛者による不適切な行動としては，拒絶者との見せかけの関係を人に自慢したり，執拗に電話したり，拒絶者の家に押しかけて来ることがあげられた。拒絶者は，非難よりもむしろ共感に値するものとして自身を呈示することによって，自分の気持ちを楽にすることができるため，被害者の役割は，片思いにおいてとりわけ重要なのである。

求愛者の不適切な行動については，多くの拒絶者の釈明で指摘されているが，求愛者の釈明では自身の行動の否定的側面についてはふれられていない。そのかわり，求愛者の釈明では，自身の行為が適切で受容できるものとして描かれている。人々が自分の行動をポジティブにとらえ，他者の行動をネガティブにとらえる傾向は，その語りの明らかな矛盾を説明するものである (Baumeister et al., 1990; Taylor, 1989; Taylor, 1989; Taylor & Brown, 1988)。拒絶者のいらだちと困惑の感情は，求愛者による多少問題のある行動によって，しばしば誇張されていた。拒絶者は求愛者の偽善，不作法な行為，熟慮の欠如，そしてときには自殺関与の脅しによって圧迫され，悩まされたことを報告していた。

求愛者による不適切な行動は拒絶者によって指摘されることが多いが，拒絶者もまた，いくつかの好ましくない行為に関与していたことも，指摘しておくべきだろう。さきに述べたように，求愛者と拒絶者は沈黙の申し合わせで協力していた。拒絶者はしばしば，求愛者との接触を回避することにより，そのいやな状況を処理しようとしていた。このなかには，デートを申し込まれたときに他の約束をでっちあげたり，求愛者の電話に対してルームメイトに居留守を使うように頼んだりすることが含まれている。これらの作戦は一時的な解決にはなるが，それゆえ，その効果も部分的なものにすぎない。避けられない拒絶を覆い隠すことは，求愛者の苦痛や絶望を先送りにして，拒絶者の罪悪感やいらだちを長引かせるにすぎないのである。

2人の役割の間には，罪悪感経験と関連する決定的な違いがあるので，そのことにも言及しておこう。それは，拒絶者は求愛者と違って，スクリプト（筋書き）がない

という感覚に苦しむことである。現代のアメリカ文化は，求愛者には明確で詳細なスクリプトを提供するとさきに述べた。映画や本，歌はしばしば，求愛者の固執を，拒絶者が目を覚まして，求愛者のすばらしさに気づくときに報われるものとして描いている。求愛者にこのようなスクリプトが存在することから，なぜ片思いしている人は拒絶に直面しても相手を追い続けるのかを理解することは容易であろう。反対に，拒絶者は自分たちとって適切なスクリプトがないことに気づく。拒絶者の観点や行動についての文学的・情報的資源は非常に少ない。片思いにおいて，拒絶者にとっては何が適切・不適切な反応なのかについての確固たる基準や指針が欠如していることは，拒絶者の不満や不安，罪悪感を高い状態のままにしてしまう。何が本当に「なすべき正しいこと」なのかが曖昧であるがゆえに，拒絶者はまちがったことをしてしまう恐怖を感じることになる。求愛者も自分の気持ちや欲求にとらわれているので，拒絶者側のスクリプトの欠如には鈍感で，拒絶者が何を経験しているのかには気づかないだろう。

総じてこれらの知見は，冷淡な拒絶者は他者からの愛情を意地悪くはばみ，求愛者を精神的な苦痛や失恋に導くという神話に異議を唱えるものである。それどころか，論拠はそれと大きく異なる，より共感的な拒絶者の姿を描いている。拒絶者はしばしば，求愛者に苦痛を与えてしまうことの罪悪感によって苦しむが，そのような罪悪感を免れるための方法もほとんど残されていない。求愛者は，愛や交際のための純真で理解可能な欲求によるものであると主張することで，不適切に思えるようなどんな行動も容易に正当化してしまうのに対して，拒絶者にとって，求愛者を拒絶し，関係に興味を失ったことを正当化することは難しいものである。拒絶者側のスクリプトの欠如によるさらなる問題として，困惑や不安な状態の永続性がある。つまり，拒絶者によるどんな行動も，誤りであったり不適切であった可能性が払拭できないままなのである。

ふり返ってみると

さて，次に，しばらく時間が経ったあとの求愛者と拒絶者の見方や結論について考えてみよう。彼らは片思い経験をどのようにラベルづけし，定義するのだろうか。

回想の皮肉

片思い経験中，またその後の求愛者と拒絶者の感情パターンを検討するとき，いわゆる**回想の皮肉**（irony of retrospect）を目の当たりにする（Baumeister & Wotman, 1992）。求愛者にとって，それは全般的に屈辱的でばつの悪い経験だが，それ以上に快い色彩で思い出される。拒絶者は，最初は心地よく嬉しい経験だが，すべてが悪い

夢であってほしいという気持ちで終わる。

　求愛者の語りからは，彼らが最初の失望，痛み，悲嘆をよそに，さまざまな出来事をすっかり懐かしい思い出としてふり返ったことがうかがえる。求愛者の思い出の多くは，ほろ苦く温かい。ふり返ってみると，求愛者は拒絶者よりもかなりポジティブな感情を経験していた。求愛者が，すべてをなかったことにしたいということはほとんどない。

　反対に，ほとんどの拒絶者は，多くのエピソードについて，非常にネガティブな思い出や感情を有していた。経験のポジティブな側面を見いだそうとした拒絶者もいたが，ほとんどの人は，少しもいいことを見つけられなかった。拒絶者は，望まない注目によっていらだち困惑し，後に，求愛者に苦しみを与えざるを得ないことで，しばしば罪悪感にさいなまれていた。一部の拒絶者と求愛者は，友人のままでいようとするが，拒絶者の説明は，たびたび彼らの経験の嫌悪を示していた。

　このように，片思いにおける感情経験に関する研究の論拠は，意外な結論を示唆している。よくあるステレオタイプに反して，ハートブレイカー（恋心を打ち砕く側）は相当な苦痛を経験している。求愛者は苦しみ，失望し，自分の行動を恥ずかしく思うが，恋に落ちた人ならたいていは感じるであろう，沸き立つ興奮や希望についても，同様に経験した。逆に，拒絶者はネガティブ感情に満ちた結末を迎えていた。求愛者と拒絶者が，相手の感情的帰結に関心を向ける程度の不均衡に注目すると興味深い。釈明を比較した結果，拒絶者は求愛者を傷つけ悩ませたことに敏感だが，求愛者は拒絶者の感情的苦痛にほとんど気づいていない。これは，拒絶者は罪悪感を和らげることに重点をおくのに対し，求愛者は自尊心を維持することに重点を置いているという先ほどの知見と一致する。

　相互依存性理論を，片思いのエピソードが終わったずっとあとのそれぞれの役割の感情を理解するための枠組みとして，再び用いてみよう。ふり返ってみると，求愛者は拒絶者とのやりとりの結果として，ポジティブ・ネガティブ両方の結果を認識するが，拒絶者にとっては求愛者の追跡から得るものは何もない。拒絶者の心を勝ち取るための実らなかった努力の代わりに，求愛者は感謝したいことや覚えておきたいこと，学ぶべきものを手に入れる。対照的に，拒絶者は自身の経験のどの側面についても，その価値を認めるのは困難である。拒絶者はもうその状況を，あってほしくない，何も生み出さないものとして記憶にとどめる。実際に，多くの場合，拒絶者は特別な友情を失うのである。

エピソードの解釈

　結果的に，求愛者と拒絶者は，片思い経験を取り巻く出来事のパターンについて異なる知覚をしていた。自伝的語りの精読（Baumeister & Wotman, 1992）からは，拒絶が

明瞭ではっきりしたものであると知覚する程度に，明らかな違いがあることが示された。求愛者は拒絶者から曖昧で困惑するようなメッセージを受け取ったと想起するが，拒絶者はしばしば，恋愛関係に興味がないことをはっきりと知らせたと主張する。求愛者はしばしば，拒絶者が最初は互恵的な愛を示しているように感じるが，拒絶者は求愛者をそそのかすような意図はほとんどなかった。これらの知見は，自分の経験を評定するように求められたフォローアップ研究で確認された (Baumeister et al., 1993)。拒絶者がそそのかしたかどうか尋ねたところ，ほとんどすべての求愛者がそうだと答えた。しかし，拒絶者は求愛者をけしかけたり，だましたことはないと否定した。

　このような見解の不一致の理由は何なのだろうか？　第1に，求愛者は自尊心を守りたかったし，拒絶者は道徳心を維持したかったということを思い出してほしい。ふり返ると，求愛者はプライドを失い，そこまで必死に行動することになんらかのばからしさも感じている。一方，拒絶者はイライラし，他人の気持ちを傷つけたことに罪悪感を覚えている。求愛者は，なぜ自分が粘り続け，ばかを見たのか，その理由を説明しようとする際に，彼らが受けた激励，そしてその結果として生じた望ましい関係への楽観視に注目しがちである。拒絶者は，彼らがもたらした痛みを合理化しようとするとき，思いとどまらせるための明瞭な発言やその潔白性に言及する。求愛者と拒絶者双方が，片思い経験によって生じたネガティブな感情を避けたいと動機づけられており，当初の拒絶の明確さについてゆがんだ記憶を形成することは，その一助となる。

　第2に，拒絶者の無関心というメッセージは，実際のところは混乱しており一貫性がない，ということを信じるだけの十分な理由がある。先述のように，最初はお互いに魅力を感じていたが，あとで関係に興味を失った拒絶者もなかにはいるだろう。パートナーの愛情の互恵性を確信していた求愛者は，この興味の喪失を一時的な気の迷いのせいにした。とはいえ，求愛者のことを恋愛対象と見なせなかった拒絶者でさえ，注目やおだてを楽しんでいる。ある拒絶者は，この問題についての説明として，「私が，うれしいけれどあなたには惹かれていない，というややこしいメッセージを彼に伝えてしまったのは事実だと思う」(Baumeister & Wotman, 1992, p.147) と書いている。また，拒絶者に共通しているスクリプトの欠如は，どのようにふるまうのが適切なのかについての曖昧さをもたらし，この曖昧さが，求愛者に対する行動や説明の矛盾を導いているのだろう。その証拠に，拒絶者の説明は，他者を傷つけたくないという気持ちが，思いやりのある暖かな方法での行動につながっていることを示している。そして，おそらくこれが，求愛者には奨励のサインと受け取られるのだろう。

　これはわれわれに，片思いにおける沈黙の申し合わせについての先の議論を思い出させる。拒絶者はきつい拒絶のメッセージを送ろうとせず，求愛者はそれを受け入れようとしない。その結果，求愛者が拒絶者の心をつかもうと固執し続けることは当然

である。

　拒絶者が明白で顕在的な拒絶のメッセージを送ったときでさえ，求愛者がそれをそのとおりに解釈しないことも十分にあり得る。Tennov (1979) は，愛の互恵性についての世間一般的な信念の結果として，恋する者たちはしばしば自分の知りたくないことを無視する傾向があると主張している。つまり，たとえ拒絶者が興味のないことを率直に言ったとしても，求愛者側の甘い考えや自己欺瞞が，そのメッセージの明瞭性を抑制してしまうこともある。入念にくり返された拒絶のメッセージも，選択的に聞き流されるかもしれないので，求愛者をはっきりと拒絶する勇気を見いだしたからといって，確実に問題が解決されるとは限らない。

　またしても，これは拒絶者にとって勝ち目のない状況である。たとえ拒絶者が怒りを込めた非情なやり方でふるまったとしても，求愛者は，ときには以前よりも強引に，トライし続けるだろう。長期にわたる関係についての研究結果は，一方が怒りや不満を表明すると，もう一方は関係を修復しようと，よりいっそう努力することもあることを示している (Levenson & Gottman, 1985; Vaughan, 1986)。この行動パターンは，部分的には，求愛者を忍耐強く，負けん気が強く，ねばり強いものとして描く現代のメディアソースから生じている。

　最後に，拒絶者は求愛者自身よりも，求愛者のしつこさに気づいているようであることは興味深い。この差異は，人々が自身の経験を自己評定したフォローアップ研究でも再現された (Baumeister et al., 1993)。この知覚されたしつこさの不一致には，2つの原因が考えられる。1つは，二者間にコミュニケーションがほとんど存在しないことである。そして，そのために求愛者の行動の適切性についての議論や同意が欠けることになる。2つめの原因は，求愛者側のスクリプトにある。求愛者にとっては，粘り強さが相手のハートを勝ち取るための唯一の手段である。しかし拒絶者にとっては，粘り強さは不要で，悩ましく，時間のむだである。

　全体において，求愛者と拒絶者でエピソードの認識は異なっていた。求愛者は，希望を持ち続ける理由を拒絶者側が与えたと思い続けたのに対し，拒絶者は興味がないとはっきりと述べてきたと主張した。どのように対応すべきかについての拒絶者側の曖昧さが，意図と願望の混乱したメッセージを送ることにつながったのだろう。拒絶者が本気で拒絶しようとしたときでも，求愛者が粘り続けることもある。拒絶に直面したときのしつこさは，ねばり強く，最終的には愛を勝ち取る恋愛者の文化的ステレオタイプが原因のひとつである。

困惑，謎，そして自己認識

　片思いの経験は，新たな，もしくは奥深い自分自身の発見につながるのだろうか？経験者による物語の多くは，そのような発見に言及していた。全般的に，人々は，通

常の確立された行動パターンと矛盾した方法で自身が行動していることを発見した。文化的なスクリプトやモデルは，求愛者の過剰にしつこく厚かましいふるまいにつながっていた。求愛者の釈明のなかには，自身の行動に驚きや失望を示すものもあった。著者らが予期したように，多くの求愛者は自身の新たな，そしてふつうではない一面を発見して，とても惨めな気持ちになった。同様に，拒絶者も自身のキャラクターとは別人のようにふるまったと語っていた。彼らは，片思い経験時の自身の行動が，他者への親切，友情，配慮などに関する自分なりの規範に反していたのではないかと心配していた。概して，片思いはしばしば人々に奇妙で思わぬ行動をさせてしまうらしい。

加えて，当事者両者ともに，その出来事は混乱や困惑を経験させることを指摘していた。ただし，そのような経験は求愛者にとってとくに強いようである。求愛者は喪失感を感じ，困惑し，拒絶者を理解できない。困惑のおもな原因は拒絶者の拒否である。求愛者は拒絶者の感情やその欠如について，理にかなった説明を探していた。求愛者のなかには，拒絶者をけなすことで困惑を解消しているものもいれば，報われなかった気持ちを，望ましい特性や性格の欠乏のせいにするものもいた。拒絶者の混乱のおもな原因は，頼んでもいないのに求愛者がなぜ自分に惹かれたのかであった。

人々は片思い経験から何か教訓を学ぶのだろうか？　変わる必要があると認識した人もいれば，すでに変わったと述べたものもいた。求愛者のなかには，愛や対人関係についてより注意深くなるべきであることを学んだと報告する者もいれば，この経験が新たな関係を形成するのに役立ったという者もいた。拒絶者と求愛者の両者が，親密な関係や愛について新たに理解が増したと報告していた。ある男性は自身の物語のなかで，「私は，双方向的な気持ちのやりとりがなければ，人はだれかを本当に愛することなどできないと信じている……もし見返りがないのなら，愛は消えていくのだろう」と述べていた (Baumeister & Wotman, 1992, P.188)。恋心を打ち砕かれた側と打ち砕いた側の両者が，片思い経験によって，自分自身について多くのことを学んだと主張している。しかし，それらの主張の中身は，一方的な情熱の挫折感の大きさを別にすれば，学ぶべき個人的で深い教訓はそれほどなかったことを示唆している。

結論

片思いは対人関係のダークサイドを明らかにしている。関係への欲求や欲望の度合いに不均衡が存在するとき，その結末は，片思い経験をしている両者の情動的ウェル・ビーイングと，既存の対人的なきずなの安定性の両方にとって，破壊的なものになり得る。ときどき，人々は自分自身より客観的にみても魅力的なだれかに恋をするが，それゆえに，その愛が報われる見込みは小さい。またあるときには，友人や恋人

としてプラトニックな感情のままの相手に対して，自分のなかに芽生えた魅力を発展させることによって片思いにいたる人もいる。ある程度の親密さが確立されており，親愛の情が返報的であるときに，そのような経験は両者にとって最もつらいものだろう。

「まったく愛さないよりは，むだでも愛したほうがいい」という決まり文句を，論拠はある程度支持している。望んでいたような恋愛関係を形成できなかったという求愛者の失敗が，予期していなかったがゆえに失望することであるが，思い返す分には，それはポジティブな経験と見なされていた。彼らの自尊心は上がったり下がったりして，自尊心の立て直しは回復プロセスの重要な部分になっていた。やがて，多くの求愛者は失恋を乗り越え，多少は幸せな気持ちでふり返ることができるようになった。

「愛されないよりは，むだにでも愛されたほうがいいのか」という疑問についても，われわれは結論を下すことができるだろうか。受容され，気遣われることは人間の基本的動機である（McClelland, 1987）ため，だれからも愛されないよりは，だれかに愛されたほうがいいのだろう。しかし，すでにある程度の愛や幸福を感じているのであれば，それ以上の望んでもいないお節介な愛に直面したとき，人はいらだちや嫌悪を感じるだろう。拒絶者はいらだちや不安，罪悪感といった感情に苦しみ，後悔とともにその経験をふり返り，その経験を記憶から消したいと思っていることを，知見は示唆している。

拒絶者を卑劣で利己的と見なすような文化的ステレオタイプに反して，多くの拒絶者は純真で，まずは他者を傷つけることを避けようとする善意ある人々であることが明らかになった。拒絶者は，相手に対する責任と，自分の本心に対する責任の狭間で悩む羽目になった。スクリプトの欠如は拒絶者を困惑させ，常に自身の行為の道徳性が気になり，求愛者の気持ちにこたえたいという願望によって混乱や罪悪感を抱くときもあった。

片思いにおける各人の情動的帰結は，相手の行動に左右される。この相互依存性は，両者とも互いを惨めな気持ちにさせることができるということを示唆している。実際に片思いでは，拒絶者も求愛者もしばしば犠牲者のような気持ちになる。一方はいつまでも続く追跡の犠牲者であり，もう一方は拒絶と失恋の犠牲者である。相互依存性理論は，片思いにおいて求愛者は勝つか負けるかの一か八かの賭けに直面し，一方で拒絶者はほとんど得るものがない勝ち目のない状況に直面することも示唆している。これは，拒絶者の釈明がエピソード全体についてネガティブである理由を説明するものである。

片思いについてのわれわれの描写は，この対人現象をより理解するための第一歩にすぎない。片思いについてはまだ多くの疑問が残されている。BaumeisterとWotman（1992）の研究で用いられたサンプルは，主として若者，未婚，白人，アメ

リカ人，異性愛，中流階級の成人で構成されていた。これらの結論を，非西洋文化や同性愛の集団のような異なるサンプルについても検討することは興味深いだろう。なぜなら，われわれは片思いの性差やパーソナリティによる違いを直接には扱っておらず，これらの差異に関する仮説を発展・検証するためには，さらなる検討が必要であるからだ。また，片思いにおいて重要な原理や知見は，ストーキングや強制的な関係侵害（obsessive-relational intrusion）などといった，その他の研究領域にも適用されるかもしれない。

　愛は究極の善だという観念は，時代を超えて多くの文化で受け入れられてきた。愛するということは，その他の情動や状況では生みだすことができないような種類の幸福や満足感を経験することである。しかし，片思いにおいては，求愛者も拒絶者も満たされることはないことを研究は示唆している。このように，片思いは，愛を個人的アプローチのみで考えることの限界，そして対人的文脈で考えることの必要性を示している。求愛者は愛する人からのきつい拒絶に直面しなければならず，拒絶者は相手からの愛を拒絶することにまつわる多くの苦痛な課題をこなさなければならない。片思いの試練と苦難は，愛することでも愛されることでもなく，それがどれだけ互恵的であるかが幸福と充足のためには重要であることを示している。

第8章
混乱した対人関係と精神的健康問題

　毎年，数百数千名ものアメリカ人が精神衛生上の問題に苦しんでいる。うつ病，アルコール依存症，不安障害，統合失調症などの障害は，たとえば，がんやエイズのような世間の注目を浴びている特定の健康問題よりも，多くの人々を総合的に苦しめている。最近の疫学的調査によると，男性人口の9％，女性人口の25％が**30歳**までにうつ病の治療を受けていると言われている (Angst, 1992)。Roscoe と Skomski (1989) による1,600人以上の青年を対象にした調査では，およそ20％が孤独であると分類されている。大学1年生のうち，調査時に過食症であった学生は4％である (Pyle et al., 1991)。しかし，調査に参加しない者のなかに，より高い割合で摂食障害の者が含まれることから，この4％という数字は実際よりも低い可能性がある (Beglin & Fairburn, 1992)。アメリカ合衆国では，アルコール依存症の生涯有病率の推定値は，9〜14％の範囲である (Anthony et al., 1994; Helzer et al., 1990)。このように社会のなかで精神衛生上の問題が広がっていることを考えると，ほとんどの人が人生のどこかの時点で，精神衛生上の問題を抱える者と恋愛関係，家族関係，仕事や専門的な関係といった関係を持つか，あるいは自分自身が精神衛生上の問題に苦しむ可能性が高い。

　本章で展望している研究知見では，精神衛生上の問題の多くは心理的な問題であり，それと同程度に人間関係におけるコミュニケーションの問題であることが示されている。そのため，うつ病，アルコール依存症，孤独感などは，しばしば心理的な問題として特徴づけられる。精神衛生上の問題は，対人関係が崩壊し，行きづまったことによって悪化する場合もあることが，実証されている。あるケースでは，精神衛生上の問題が親密な対人関係を台無しにし，悪化させる。さらに別のケースでは，精神衛生上の問題と行きづまった対人関係の間で悪循環が生じ，そのために一方の問題がもう一方の問題を永続させてしまう。このように，うつ病，アルコール依存症，統合失調症にかかると，その結果は心理的にも社会的にも悲惨なものとなり得る。

　社会科学および行動科学では，親密な関係は典型的には適応的であるとみなされている。そのような場合もあるが，**親密である**ことが，必ずしも適応的であることを意味するわけではない。過保護で押し付けがましいが，感情的には冷ややかな親との密

接な関係は，深刻な精神衛生上の問題と関連している。夫婦関係に不満をもっていることは，直接うつ病の発症へとつながってしまう (Beach et al., 1985)。親密な関係の形態や機能を十分に理解するために，親密な関係の研究者は，そのような関係が持つ潜在的にネガティブな側面について考えなければならない。また親密な関係が，深刻な心理的ダメージを負わせ，そのようなダメージからの回復を妨害するほどの強い影響力を持つことについても考慮しなければならない。

精神衛生上の問題に対する対人アプローチの歴史

　精神衛生上の問題と対人関係との間に重要なつながりがあるという考えは，実に古いものである。80年前，Freudは「患者が**病気になってから**，影響力を持つようになる要因であり，病気になることの決定要因でもあるもの」として「愛情の欠如，貧困，家族のけんか，結婚相手についての分別のない選択，好ましくない社会的状況といったものが生じる人生の不運」をあげた (Freud, 1917/1966, pp.431-432)。対人的性質の問題に鋭い焦点が当てられていたことは，実に明らかである。のちに，Sullivan (1953) は，自己の発達や精神的健康をそこなうことに，対人的また社会的な影響力が及んでいることをさらに強調している。注目すべき彼の貢献のひとつは，発達過程において同性である青年期の仲間との関係が重要であることに着目した点である。Sullivanは，幼少期における対人関係の構造が後の精神衛生上の問題につながる可能性があるというFreudの主張を，疑問に思うことなく支持した。患者の対人関係という環境にあてはめて精神疾患を概念化したことは，Sullivanの同僚や同年代の研究者の著書においても見られる（たとえば，Fromm-Reichmann, 1960; Meyer, 1957)。この時代のもうひとつの重要な展開は，Leary (1957) の著書，『人格の対人的診断法』(Interpersonal Diagnosis of Personality) の出版であった。Sullivanの考えを明らかに引き継ぎ，Learyは有名な**対人行動にかかわる変数の分類を円形に表わしたモデル** (interpersonal circle) を発表した。Learyはこのモデルを，異常もしくは精神障害という極端な行動をも含めた，さまざまな対人行動を定義する手段として用いた。

　精神疾患を理解するための対人アプローチは，「社会的相互作用の視点（social-interactional viewpoint)」 (Carson, 1983) や「対人関係学派（interpersonal school)」 (Klerman, 1986) へと展開した。Carson (1983) はこの方法論の基盤を以下のように雄弁に要約した。

　　心理療法を受けている患者が示す症状（たとえば，「うつ病」）は，特定の要素に分解して考えなければ，実際にその内容がほとんどわからない。その要素は，患者がどのような症状を示すかによって異なる。したがって，症状とは分類された問題の原型である。

そこに内在する要素となる問題は，たいていの場合，対人的性質を持つものであり，しばしば，「私は（対人的な行動が）できない」と表わすことのできる形のものである（p. 147）。

現代に見られる，このような観点に基づく理論は，1960年代から1970年代に急速に発展した。その発展に貢献した人々は，幼少期ではなく，症状を呈したその時点での対人関係および精神衛生上の問題が重要であることを強調した。精神病理学に対する現代の対人アプローチは，Sullivanの対人理論の見解とは異なる立場をとり，より多様な対人関係へと焦点を広げていった。その結果，現代の対人アプローチは，創始者たちによる元来の対人アプローチと類似する点が少ない。Batesonらは，1960年代に家族のコミュニケーションや統合失調症の二重拘束説を提唱した。Coyneによるうつ病の相互作用理論，Lewinsohnによるうつ病の行動理論，Steinglassによるアルコール依存症の家族システムモデルは，すべて1970年代に出てきたものである。現代の対人アプローチの時代はこれらの理論の出現によって開始された。それぞれの理論については，後に説明する。このような理論，モデル，仮説は広範囲にわたる障害を説明するために発展してきたが，そのいずれにおいても共通に見られる前提条件は，行きづまった機能不全の対人関係が，心理的な苦悩と表裏一体をなすことである。このような先駆的な理論を生み出した多くの，場合によっては数百の研究は，研究者たちの発見的価値観を証明するものである。

以下に，統合失調症，うつ病，孤独感，アルコール依存症，摂食障害の対人的および社会的側面に関する研究知見を検討する。概念的に，また実証的には異なるものであるが，これらの障害にはそれぞれに共通した関連要素，つまり，破綻して機能しなくなった他者との関係がある。認知，神経化学，生活上のストレス，遺伝，行動，これらに関する諸理論は，上にあげたような障害の病因論を有効に説明するものではあるが，本章で展望されている研究は，問題のある対人関係もまたこれらの障害を発症させ悪化させる原因となっていることを示している。したがって，これらの障害ははっきりと，心理社会的障害であると特徴づけられる。

統合失調症

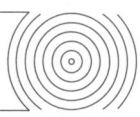

統合失調症（schizophrenia）とは形式的な思考の障害（実際は複数の障害の集まり）であり，妄想，幻覚，支離滅裂な発話，著しくまとまりのない，もしくは緊張性の行動，目標志向的活動をはじめ持続させる能力の欠如，感情鈍麻，発話や言語行動に明らかに見られる思考の貧困さなどの症状が特徴である（DSM-IV; American Psychiatric Association, 1994）。付加的な診断基準には，社会職業的な機能不全がある。

統合失調症に苦しむ人々が対人関係の問題を経験するということは、この定義からもほぼ間違いのない事実である。

統合失調症は、対人関係との関連について精力的に理論化や研究が行われてきた、最初の精神障害のひとつであった。このような精力の大半は、統合失調症における家族内の相互作用の役割を説明し、理解することに向けられていた。初期の理論ではおそらく、統合失調症の原因となる家族関係の役割を強調しすぎるところがあったが、統合失調症に関する家族関係の観点は現在の文献でもなお突出して見られるものである（たとえば、Anderson et al., 1986; McFarlane & Beels, 1988; Miklowitz et al., 1995）。

統合失調症に対する初期の家族アプローチ

家族関係と統合失調症とのかかわりについて最初に検討した研究のひとつは、パロ・アルト退役軍人病院でBatesonらが中心となり進められた（たとえば、Bateson et al., 1956; Watzlawick et al., 1967）。この研究から、有名な**二重拘束説**（double-bind theory）が生まれた。この立場によると、コミュニケーションには複数の意味の水準がある。そこには文字通りの内容という水準から、伝達内容の解釈もしくは送り手と受け手の関係についての情報を与える、より高い水準のメタメッセージまでが含まれる。統合失調症患者をかかえた家族のやりとりを観察すると、逆説的で矛盾するコミュニケーションが見られることが明らかになった。つまり、言語的な伝達内容が、通常非言語的に伝達されるメタメッセージとしばしば矛盾を起こしていた。そのような家庭で育つと、論理的なコミュニケーションができなくなることが考えられる。このように、統合失調症患者の非論理的でひどく情緒不安定なコミュニケーションは、そのような機能不全の相互作用に陥っている家族のなかで育ってきた末の結果であると思われる。

初期の研究に見られる、もうひとつの家庭環境の現象は、**神秘化**（mystification）である（Laing, 1965）。これは、**不可解なコミュニケーション**（mystified communication）とも言い、問題や話題となっていることの不明瞭さ、誤解、誤認をともなうものである。**神秘化**は、自分自身の必要性という観点から他者に働きかけているが、それがあたかも他者の要求に応じているかのようにふるまう、という過程に共通して見られるコミュニケーションの様式である。たとえば、年老いた母親が息子の栄養面を考えて、カルシウムの豊富な食事を与える場合でも、実際は母親自身がカルシウムを必要としているということがある。そのような親子間のやりとりが、機能不全を示す親子関係の発達に、重要な役割を果たしていると思われる。その機能不全を示す親子関係が最終的には、統合失調症の症状を生み出すのである。Laingは、統合失調症は非論理的な家庭環境に対して生じる論理的反応であると主張した。余談であるが、残念なことにLearyと同様Laingは、自身の革新的な見解が成就することを

見る前に，科学界を去ってしまった。

対立や**歪み**という家庭環境もまた，初期の統合失調症に対する家族アプローチにおおいにかかわりがある (Lidz et al., 1957)。家庭内で見られるやりとりは，敵意的な葛藤をむき出しにした対立状態である。対立した両親は，子どもの目の前で絶えずパートナーのことを悪く言う。その意味で，両親のやりとりは典型的に，子どもをどちらの味方につかせるかをめぐる争いとして特徴づけられる。Lidzらはこのような家庭環境を作り出す両親の無能さ，不安定さ，そして被害妄想を強調した。

家族の相互作用に見られる歪んだ形態は，自分以外の家族の要求をほとんど感じないような，極度に過干渉の母親がかかわっている。そのような家庭の父親は，母親の逸脱した養育態度を制御し，均衡を保つことはできない。父親は受身である傾向が強く，しばしば自分自身が依存症や精神疾患，もしくはその他の心理社会的問題に苦しんでいる。このような家庭では，親自身の精神衛生状態が疑問視されるような状態であり，そのような家庭で育った子どもは過干渉の親が持つ考え方へと歪み，その異様な世界観を受容せざるをえない。

統合失調症の病因を家庭環境の変数から説明しようとする望みは，ほとんどかなえられずに終わった。McFarlaneとBeels (1988) は，二重拘束のコミュニケーションや対立，歪みといったものは，もはや統合失調症の原因として考えられないと的確に指摘した。このような初期の家族構造や仮説のほとんどは，少数のサンプルを用い，統制群との比較やランダムサンプリングを行わず，あるいは臨床的観察の信頼性に注目することのない検討をもとに生成されたものであった (Shean, 1978)。

統合失調症に対する現在の家族アプローチ

現在行われている，家族関係と統合失調症についての検討は，障害の原因よりもむしろ経過を説明することにより重点を置いている。この領域で，これまでとくに影響力があるとされてきた家族に関わる2つの変数は，**感情表出** (expressed emotion) と**コミュニケーションの逸脱** (communication deviance) である (Wynne, 1981)。

家庭で表出される感情（以下，感情表出とする）についての初期の検討によると (Brown et al., 1962; Vaughn & Leff, 1976)，批判の形態，過剰な関与，過保護，過剰な注目，過剰な感情的反応の頻度および強度の程度が高いことが，統合失調症患者の症状の再発に対する脆弱性や社会適応の貧しさを生み出していることが明らかになった（展望についてはHooley, 1985を参照）。退院後に感情表出の程度が高い親族のいる家庭にもどった患者は，9か月後の再発率が51%であったのに対し，感情表出の程度が低い家族のもとにもどった患者の再発率はわずか13%であった (Vaughn & Leff, 1976)。

VaughnとLeff (1981) は，感情表出に関する4つの行動特徴を特定した。その4つとは，「干渉」，「怒りおよび急性の悲嘆や不安」，「患者に対する公然の非難や批判」，

「患者の症状に対する非寛容」であった。このような特徴から，コミュニケーションや問題解決を改善する家族療法のプログラムは，家族の感情表出を減少させ，再発率を低めるものであると言える（たとえば，Doane et al., 1986）。

最近，Rosenfarb らは，退院したばかりの18〜32歳の統合失調症患者を対象に，退院後に感情表出の程度が高い家庭もしくは低い家庭にもどった場合に，どの程度症状が治まっているかを検討した（Rosenfarb et al., 1995）。退院してから約6週間家族とかかわる間，感情表出の高い家庭にもどった患者は，感情表出の低い家庭にもどった患者よりも，より奇妙で分裂的な行動を示した。感情表出が高い家庭の親族は，感情表出が低い家庭の親族よりも，患者が異常な考えを口にしたときに，患者に対してより批判的であった。この研究は，感情表出が高い家族関係において，悪循環が起こるようすを明確に示している。感情表出の高い家庭の患者は，感情表出の低い家庭の患者よりも，奇妙で分裂的な行動をより多く示すことから，両親は患者に対して多くの批判を浴びせることになる。つまり，家族から受ける否定的な反応によって，患者はさらに症状を再発しやすくなるのである。

家族の感情表出についての研究は，これまで広く行われている（たとえば，Cole et al., 1993; Docherty, 1995; Mueser et al., 1993）。感情表出は，症状の再発を予測するのに効果的であり，信頼性の高い予測要因であることに加えて，統合失調症患者に対する家族の対応のしかたと，統合失調症を発症させる家族のリスクを示す要因としても，十分に理解することができるだろう（Miklowitz, 1994）。

統合失調症患者をかかえる家族は，たとえ患者がその場にいないときでも，奇妙で，特異で，非論理的で，支離滅裂な言葉を使って会話をする。会話の主題はまとまることなく横道にそれ，唐突に方向性を変えることもよくある。このような家族のコミュニケーション・スタイルに見られる特徴は，**コミュニケーションの逸脱**（communication deviance）と名づけられている（Singer et al., 1978）。とくに興味深い点は，この歪んだコミュニケーションのあり方が，実際の統合失調症患者の典型となるコミュニケーション・スタイルを強く連想させることである。Goldstein らによる研究では，親のコミュニケーションの逸脱はその子どもが統合失調症を発症するよりも以前から見られることを示した（Goldstein, 1987）。つまり，コミュニケーションの逸脱は，発病前の青年が統合失調症を発症することを予測するのに有効な予測要因となる（レビューは Goldstein & Strachan, 1987を参照）。

Miklowitz を中心とした研究者たちのある優れた研究では，統合失調症患者とその家族に見られる，破綻した言葉のやりとりについて検討している（たとえば，Miklowitz et al., 1995; Miklowitz et al., 1986; Miklowitz et al., 1991）。彼らの研究は，逸脱したコミュニケーションが，統合失調症患者の親と健康な親とを区別する特徴であることを示した。その逸脱したコミュニケーションとは，考えが支離滅裂であること（たとえば，「つ

まり私が言ったように，そこには……路地で車を運転してはいけないよ」）や，矛盾あるいは話していることの撤回（たとえば，「いいや，そうだよ。彼女がするさ」），曖昧な言い方（たとえば，「子どもだましと言えばそれもそうだが，別の何かも違っているんだ」）などである（その他の例やコミュニケーションの逸脱の概念については，Miklowitz et al., 1991を参照）。統合失調症の患者にとって，潜在的に崩壊している家庭状態に追い討ちをかけるようだが，感情表出の高い家庭は，コミュニケーションが逸脱していることがわかっている（Miklowitz et al., 1991）。つまり，患者は家族との問題のある相互作用に，二重にさらされることになる。感情表出が高く，不明瞭で奇妙かつ支離滅裂な考えを表出する傾向が強い家族のもとにもどると，退院した患者は症状が再発する危険性が高まることは不思議ではない。

精神的障害には至らないが，その危険性のある青年を対象に，5年以上にわたって行われた長期縦断的研究では，コミュニケーションの逸脱が多い家族関係は，崩壊する可能性が高いことが報告されている（Doane et al., 1981）。研究を開始した初年に，親がコミュニケーションの逸脱と，批判や罪悪感の誘発，干渉といった対人的な感情表出を多く示した場合，コミュニケーションの逸脱が少なく感情表出の程度が低い場合よりも，青年は統合失調症に関連する障害を発症しやすかった。

家族の感情表出やコミュニケーションの逸脱に関する研究は，次のように要約できる。家族の感情表出は，回復途中の統合失調症の症状が再発することを予測する有効な予測要因である。家族のコミュニケーションの逸脱は，統合失調症患者がいる家族と健康な家族とを区別するのに有効な要因となる（Miklowitz, 1994）。感情表出もコミュニケーションの逸脱も，統合失調症患者がいる家族に特定的に見られるものではないが，どちらも統合失調症の経過と発症の有力なリスク要因である。

個人的関係と統合失調症

最後に，統合失調症患者にとって，問題のある対人関係は家族関係という範囲を超えて広がることに言及しておかなければならない。統合失調症患者は通常，健康な者や他の精神障害患者よりもソーシャルネットワークが狭く，自分には親しい友人が少ないと言う（Erickson et al., 1989）。重要なことは，Ericksonらの観察によって，統合失調症患者のソーシャルネットワーク内にいる家族の成員数と予後の状態との間には，負の相関が見られたことである。その一方で，友人や知り合いが多い場合には予後が良好であった。統合失調症は，友人関係が崩壊してしまう可能性だけでなく，兄弟との親密性が低いことや対立が多いこととも関連している（Lively et al., 1995）。Livelyらの研究の参加者たちは，兄弟に対応することに，かなりの苦悩とストレスを感じると述べた。

抑うつ

重大なうつ病性障害は，生涯に女性では10～25%，男性では5～12%がかかるというほど，蔓延している病気である（DSM-IV; American Psychiatric Association, 1994）。この障害は非常に死亡率が高く，うつ病患者の15%が自殺によって死亡する。うつ病の症状は，持続的な気分の落ち込み，あらゆる活動に対する興味の喪失，大幅な体重の増減，睡眠障害，精神運動性激越および遅延，疲労，無気力や罪悪感，集中困難，死についての反復的思考，自殺念慮が特徴としてあげられている（American Psychiatric Association, 1994）。

うつ病と社会的スキル

初期のうつ病に対する対人志向的アプローチには，Lewinsohnのうつ病の行動理論がある（Lewinsohn, 1974, 1975）。この理論の一部でLewinsohnが強調したことは，うつ病患者がしばしば社会的スキルが欠如しており，そのために他者との関係によって正の強化を得ることが難しいことである。同時に，社会的スキルが低いことは，社会的関係において，否定的な結果を避けることも難しくする。適切な社会的結果を生み出すことができず，否定的な結果を避けることもできないということが，うつ病の症状を引き起こすと考えられる。多くの研究において，うつ病患者は社会的スキルに問題があり，そのために対人関係に困難が生じるという考えは，一般的に支持されている（展望はMcCann & LaLonde, 1993; Segrin, 1990; Segrin & Abramson, 1994を参照）。社会的スキルが低いことは，他者から拒否されることと強く関連している（Segrin, 1992）。したがって，社会的スキルが低いうつ病患者は，豊かな対人関係を築き，維持することが困難であると予測される。

●抑うつと対人関係における拒否

抑うつに苦しむ人々にとって，対人関係における重大な問題となるのが他者からの拒否であることは，十分に実証されている（たとえば，Amstutz & Kaplan, 1987; Gotlib & Beatty, 1985; Gurtman, 1987; Siegel & Alloy, 1990）。この現象に対して，Coyneの**うつ病の相互作用モデル**（Interactional Model of Depression）に関する多くの研究が発表されている（Coyne, 1976a, 1976b）。このモデルでは，うつ病患者は，自分の感情を感化することによって，相手に否定的な気分を喚起させると仮定している。このように否定的な気分が喚起された結果，うつ病患者に対して他者は，当初は安心感を与えサポートしているような態度を表面上見せるが，そのうちあからさまに拒否と回避を示すようになると思われる。抑うつの者は，このような拒否に敏感であることが知られており

(Segrin, 1993a), 否定的な対人関係のフィードバックは, 抑うつ者の否定的な気分をさらに悪化させる (Segrin & Dillard, 1991)。

Coyneによるうつ病の相互作用モデルを実験的に検証しようとした多くの研究は, 仮定された否定的な気分を喚起させる効果を示すことができなかった (たとえば, Gotlib & Robinson, 1982; McNiel et al., 1987; Coyne, 1976a)。この効果は抑うつ者と何度も繰り返しやりとりすることによって, より明確になるものである (Hokanson & Butler, 1992)。しかし, 抑うつの者が相互作用の相手から拒否されることは, 信頼性も高く強固な現象であり (たとえば, Amstutz & Kaplan, 1987; Elliott et al., 1991; Gurtman, 1987), 異なった文化においても (Vanger et al., 1991), 異なる年齢集団においても (Connolly et al., 1992; Peterson et al., 1985; Rudolph et al., 1994) 確認されている。

対人関係に見られる拒否と抑うつとの関係性は, 多くの異なる変数によって, 強められたり弱められたりする。たとえば, 抑うつの行動を示す男性は同様の行動を示す女性よりも, 他者から, とくに女性から拒否されやすい (Hammen & Peters, 1977, 1978; Joiner et al., 1992)。友人は見知らぬ他人よりも抑うつの者に対して拒否的ではないことや (Segrin, 1993a; Sacco et al., 1985), 援助者という立場にある者は抑うつの者を拒否することが少ないこと (Marks & Hammen, 1982), 抑うつの者に助言をくれることやジョークをいうことを期待する者は, 抑うつ者に対してより拒否的であること (Notarius & Herrick, 1988), などがいくつかの研究で実証されている。抑うつが他者からの拒否に及ぼす影響を調整しているその他の変数として考えられるものは, 身体的魅力や (魅力的な抑うつ者は拒否されにくい; Amstutz & Kaplan, 1987), 自尊心がある。自尊心が低く, 自分のパートナーに安心を求めようとする抑うつ者は, とくに拒否される傾向にある (Joiner et al., 1992)。

抑うつと他者からの拒否との関係について検討した研究をメタ分析した結果, 抑うつの者が他者から拒否されるという現象は, とても信頼性が高く, 抑うつと拒否との関係には, どの研究においても中程度の効果値が見られた (Segrin & Dillard, 1992)。しかし, 抑うつの者が他者とのやりとりのなかで, 他者に否定的な感情をどの程度喚起したかについては, その効果は弱く一貫していない。このメタ分析以降に行われた研究でも, 概してこの結論と一致している (たとえば, Connolly et al., 1992; Joiner et al., 1992; Marcus & Davis, 1993; Rudolph et al., 1994; Segrin, 1993a)。興味を持った読者は, より掘り下げたレビューとしてCoyne (1990), Coyneら (1990), Coyne, Kahnら (1987), McCann (1990), SegrinとDillard (1992) を参照するといいだろう。

●うつ病患者の個人的関係

うつ病患者の個人的な関係は, 不満 (Burns et al., 1994), 信望や愛情の低下 (Nezlek et al., 1994; Patterson & Bettini, 1993), 活動性ややる気の低下 (Gotlib & Lee, 1989) という特

徴がある。いくつかの実証研究では，他者との社会的相互作用の質は，相互作用の純粋な量よりも，抑うつとの関連がより強いことがわかっている（たとえば，Rotenberg & Hamel, 1988）。予想されているとおり，自己開示をし，充実した会話をする親友がいることは，抑うつとの間に負の相関関係がある。しかし問題は，抑うつの者の多くは，親密な人間関係が絶対的に乏しいということである（Brown & Harris, 1978; Costello, 1982）。親しくて信用できる関係が乏しいことが，うつ病の発症に対する脆弱性を高めるという点で，この知見はとくに重要である（Brown & Harris, 1978）。

抑うつ者の個人的関係に関する研究から，研究者は親密な関係にあるパートナーの価値について疑問を持つようになった。たとえば，FiskeとPeterson（1990）による調査では，抑うつの調査参加者は抑うつではない調査参加者に比べて，恋愛関係にあるパートナーに対して不満や怒りを訴え，また恋人と口論をすることが多かった。また，抑うつの調査参加者は，恋人との関係でより多くの愛情が得られることを望んでいるにもかかわらず（あるいは，それが原因で），抑うつではない調査参加者よりも頻繁に恋人に傷つけられ，心を乱されたと報告した。別の研究では，抑うつの者は健常者よりも，恋愛関係および夫婦関係におけるパートナーをより敵意的だと考えていた（Thompson et al., 1995）。うつ病の女性を対象にした最近の研究では，うつ病の女性はうつ病ではない女性よりも，親友からのソーシャルサポートを受けることが少なかった（Belsher & Costello, 1991）。これらの女性うつ病患者の親友は，うつ病でない女性やうつ病以外の精神的障害をかかえた女性の親友よりも，抑うつ的な話し方をしていた（たとえば，「もうこれ以上正しいことは何もできない」や「私は絶対に仕事を見つけることはないだろう」）。このような友人が原因で，うつ病患者が嫌悪的な心理的状態を経験しているのだ，と考える者もいるだろう。これらの知見は，機能不全で，敵意的で，サポートも得られないような親密さに欠けた人間関係にあることが，抑うつやその他の望ましくない感情状態を促すことを示した一例である（Coyne & DeLongis, 1986; Coyne et al., 1986）。

抑うつの者は，一般的に自身の人間関係の質が悪いと考えている。その場合は，抑うつの者が思っているよりも，人間関係の質が実際は良好であることを，十分に考える必要がある。抑うつの者は，自分の対人関係について過剰に否定的に評価し（Hokanson et al., 1991），対人関係において望ましくないことが，頻繁に起こると考える傾向がある（Kuiper & MacDonald, 1983）。たしかに，抑うつの者の多くは，機能していない不満足な関係を有する。しかし，抑うつの者が嫌悪的で不満足な人間関係を報告する場合には，それは抑うつの者が自分の人間関係を偏って否定的にとらえる傾向があるためであると説明することも可能である。

●抑うつと家族内での相互作用

　崩壊した個人的関係を経験することに加えて，うつ病は夫婦間の相互作用や夫婦関係の問題とも関連している（展望は Beach et al., 1990; Coyne et al., 1987を参照）。抑うつと結婚生活の苦悩に関連が見られることは，繰り返し報告されている（Beach & O'Leary, 1993; Beach et al., 1990; Hinchliffe, Hooper, & Roberts, 1978）。行きづまった結婚生活を送っている女性の50％が抑うつ状態であり（Beach et al., 1985），女性うつ病患者の50％は結婚生活に行きづまっていると推測されている（Rounsaville et al., 1979）。

　うつ病患者とその配偶者との間のコミュニケーションは，うつ病でない夫婦よりもしばしば口調が否定的で，相手に否定的な感情を抱かせる傾向がある（Gotlib & Whiffen, 1989; Kahn et al., 1985; Ruscher & Gotlib, 1988）。Biglanらによると，うつ病患者とその配偶者は，気がつくと機能不全を起こした相互作用の悪循環にしばしば陥っている（Biglan et al., 1985; Hops et al., 1987）。Biglanらの知見から，抑うつ的行動は，うつ病患者にとって望みどおりの結果をもたらすことが示された。なぜなら，抑うつ的な行動は，うつ病患者の配偶者の敵意的でいらだった行動を抑制するからである（Nelson & Beach, 1990参照）。McCabeとGotlib（1993）は，10分から15分間にわたる夫婦の相互作用を観察し，うつ病の妻の言語行動がしだいに否定的になっていくことを示した。この研究で，配偶者がうつ病患者である夫婦が，そうでない夫婦よりも，夫婦間の関係を敵意的であり友好的ではないと認識している，という結果は当然であろう。

　Hinchliffeらの優れた研究（Hinchliffe, Hooper, & Robert, 1978; Hinchliffe, Hooper, Roberts, & Vaughan, 1978; Hinchliffe, Vaughan et al., 1978; Hooper et al., 1978）は，うつ病患者が経験した夫婦間コミュニケーションの問題を数多く検討した。Hinchliffeらの研究が明らかにしたことは，配偶者との相互作用において，うつ病患者は歪んだ反応を示すために，夫婦間で心の通った会話ができないことである。このことは，配偶者がうつ病患者である夫婦が，自己により焦点をあて，配偶者の状態や意見に対して反応しなくなることから明らかである。さらに，うつ病患者は，否定的な内容を含んだ問題について配偶者と話し合っているときに，非常に言葉たくみに表現する傾向がある。興味深いことに，ある研究では，急性のうつ病と配偶者を支配し影響を及ぼそうとする傾向との関連が示された（Hooper et al., 1978）。これらの研究やそれ以外の研究でも示されているように，配偶者がうつ病患者である夫婦に見られるやりとりは，常に内向的で回避的であるとは限らず，敵意的で人をたくみに操ろうとする場合もある。

　夫婦の相互作用に関するさまざまな研究から，うつ病と関連する要因として，問題解決の時に見られるコミュニケーションの貧しさ（Basco et al., 1992），否定的な自己評価や否定的な幸福観についての言及（Hautzinger et al., 1982; Linden et al., 1983），言語的な攻撃性（Segrin & Fitzpatrick, 1992），愛情形成の問題（Basco et al., 1992; Bullock et al., 1972）があげられる。これらの否定的なコミュニケーション行動と夫婦関係の問題を考える

と，うつ病と夫婦生活の苦悩とが，強固に関係し合っている理由を，容易に理解することができる。このようなコミュニケーションの問題は，うつ病による直接的な結果というよりも，夫婦関係における苦悩の結果であることが，いくつかの研究で実証されている (Schmaling & Jacobson, 1990)。しかし，この夫婦関係についての問題は，うつ病患者のそれ以外の個人的関係で見られる問題とも共通していることから，うつ病患者は多様な人間関係において，広範囲に対人関係の問題を抱えていることが明らかである。

うつ病患者は，配偶者としても，親としても多くの問題を経験する。多くの研究でうつ病は，破綻し機能不全となった養育行動と関連していた (たとえば，Hamilton et al., 1993; Hammen et al., 1987)。一般的に，うつ病患者の養育行動は，その他の対人関係で見られた行動と同様に，否定的で，敵意的で，不平不満をよく訴え，対人問題解決が貧困であることに特徴づけられる。明らかに，このような崩壊した養育行動の結果として，うつ病の親を持つ子どもはうつ病でない親を持つ子どもより，行動的にも，認知的にも，感情的にも機能不全に陥る危険性が非常に高い (たとえば，Lee & Gotlib, 1991; Whiffen & Gotlib, 1989; Downey & Coyne, 1990; Gelfand & Teti, 1990; Morison, 1983)。うつ病の母親を持つ子どもが経験する問題には，まさにうつ病がある (Hammen et al., 1987; Warner et al., 1992)。抑うつの母親による影響が多くの注目を浴びているが，抑うつの父親もまた子どもに悪影響を及ぼすことが実証されている (Forehand & Smith, 1986; Thomas & Forehand, 1991)。

母親がうつ病である子どもには，典型的に拒否を示す行動形態が見られる。両親とのやりとりにおいて，うつ病患者の子どもは両親がうつ病ではない子どもよりも，否定的な感情を表出し，一般的に緊張が高く短気で，両親のほうをあまり見ず，満足そうなそぶりを見せることが少ない (たとえば，Cohn et al., 1990; Field, 1984)。

最後に，抑うつの者の多くは成長するにつれて，家族関係が困難になる。一般的に，抑うつの者は，生まれ育った家庭のことを拒否的で (Lewinsohn & Rosenbaum, 1987)，思いやりがない家庭である (Gotlib et al., 1988) と述べることが，一貫して報告されている。

うつ病と孤独感の併存症

抑うつの者にとっての対人関係の満足感を検討するためには，抑うつの状態と孤独感との間に見られる高い関連性について触れる必要がある (Rich & Bonner, 1987; Weeks et al., 1980)。抑うつ状態と孤独感という2つの心理的問題は，とくに対人関係の問題という領域で類似した特徴があることが，これまでにも議論されている。つまり，孤独感の原型が抑うつに含まれている (Horowitz, French, Lapid et al., 1982)。端的にいうと，抑うつの特徴的症状である社会的内向性は，疑いもなく孤独感を促進するものである。

同時に，慢性的な孤独感は感情的にもつらいもので，抑うつに結びつきやすい（Rich & Scovel, 1987; 抑うつと孤独感の併存症や，重複した対人的特徴についてのより掘り下げた分析については Segrin, 1998を参照）。以下に，孤独を感じる者に見られる個人的関係および家族関係について，前述した内容と非常に類似した問題を取りあげる。

孤独感

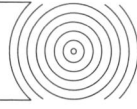

うつ病の研究と同様に，孤独感に関する研究でも，社会的問題および対人的問題が示されている。孤独感が，個人が望んでいる社会的相互作用と，実際の相互作用との間のズレから生じるならば（Peplau et al., 1979），孤独な者は対人的なコミュニケーションや人間関係に問題があると考えられる。

孤独感と個人的関係

孤独な者は，おそらく，社会的関係および個人的関係に親密さが欠けているという重大な苦悩を多く経験する（たとえば，Hamid, 1989; Revenson & Johnson, 1984; Vaux, 1988）。これは，孤独な者が，友人関係を形成することが困難であること（Medora & Woodward, 1986），家族とのコミュニケーションが乏しいこと（Brage et al., 1993），関心や興味を共有するネットワークを形成する社会的統合に欠けていること（Vaux, 1988）などから説明できるだろう。孤独な者が経験する最も頻繁に見られる問題は，社交性に乏しいことである。それは，自己紹介をしたり，友人を作ったり，集団に参加したり，社会的活動を始めるために，他人に電話をかけたりすることが困難であることからも明らかである（Horowitz & French, 1979）。このような社会的行動にかかわる問題は，孤独を感じる者に広く見られる低い社会的スキルの結果として生じると理解されている（Jones, 1982; Jones et al., 1982; Segrin, 1996; Spitzberg & Canary, 1985）。

孤独感は，個人的関係を自分が制御できないと感じることと関連していることがわかっている。たとえば，Schultz（1976）は2か月間にわたって，学生と施設に入所している老人との間の，社会的ふれあいプログラムを実施した。老人のうち何名かは，いつ学生とふれあう時間を持つかを自ら選択し，ふれあいの頻度や長さについてあらかじめわかっていた。別の老人たちは，定期的に予告なく学生が会いにやってきた。それぞれの条件で，学生と老人がふれあう時間の長さは同じであった。孤独を感じることが少なかったのは，学生とふれあう時間について制御と予測ができた老人であった。制御できることの重要性は，孤独感と社会的認知に関する研究でも，顕著に見られている。対人場面での出来事の結果に対して，制御不可能な帰属をする傾向は，孤独感と強く関連することが示された（Anderson & Arnoult, 1985; Horowitz, French, & Anderson, 1982）。これは，対人関係での失敗を内的に帰属することや，対人関係でう

まくいったことを外的に帰属することが，孤独感と関連しているのと同じである。

個人的関係を築くことには，次にあげるような利点，つまり社会的恩恵がある。それはたとえば，愛着，似たような興味関心を持つネットワークを形成する社会的統合，役に立つ助言や援助，自己の価値の再確認などである (Weiss, 1974)。この社会的恩恵に注目して検討することによって，Krausらが示したことは，孤独な者は，このような社会的恩恵を人間関係から手に入れることが少ないと感じていることである (Kraus et al., 1993)。この結果は，ほとんど友人がいないこと，友人との活動がほとんどないこと，友人関係の質を低く認識していることと孤独感が関連していることから理解できる。

孤独な者にとって，個人的関係から社会的恩恵を手に入れることは，とくに困難である。なぜなら，孤独な者は夫や妻を含む他者に対して，否定的な見方をする傾向があるからである。学生を対象としたWittenbergとReis (1986) の研究では，孤独な学生は寮のルームメイトに対してより否定的な評価をし，一般的に他者をなかなか受け入れないという傾向を示した。社会的恩恵を与えてくれ，孤独感を和らげてくれる立場の者に対して，そのような否定的な見方をすることが原因で，孤独な者の多くは，自ら対人関係の問題を引き起こし，その問題を長引かせてしまう。

孤独感の改善に効果的ではない家族関係

孤独な者にとくに欠けていることは，有意義で親密な友人関係である。一方，質の高い家族関係が，孤独感を予防したり改善したりすることはほとんどない (たとえば, Jones & Moore, 1990)。実際，JonesとMooreは，家族からのソーシャルサポートを多く得られる学生ほど，孤独感が高いことを明らかにしている。学生が孤独を感じているからこそ，家族のソーシャルサポートが増加するのかもしれないが，家族関係が孤独な者を救うことにならないのは明らかである。Anderssonらは，孤独感の経験における家族関係の役割について，さらに検討し，驚くべき結果を示した (Andersson et al., 1990)。彼らは，70～80代の年配女性を対象に，親子関係についての回想的報告を求めた。子どもの頃に少なくとも一方の親と，過剰に親密で，過剰に暖かく，過剰に養育的な関係にあった者は，そのような親子関係ではなかった者よりも，老人となった時点での孤独感が有意に高かった。Anderssonら (1990) は，子どもの孤独感を高めることに関して言えば，親の過干渉は，かかわりが少なすぎたり養育放棄であることと同じくらいに，有害である可能性があると結論づけた。これは，親の過干渉が子どもを自己中心的にさせ得るということが，理由のひとつとして考えられる。家族関係や家族のかかわり方が，孤独感を緩和させることに効果的ではない理由のひとつは，この関係が義務的なものだからである。結果的に，孤独な者は，サポートを与える義務があると自分たちが考えている者からのソーシャルサポートを得たところで，安堵

を感じることはほとんどないのである。

　さらに，親子関係が過剰に親密であることは，他の人間関係では満たされない過度な期待を子どもに強く感じさせてしまうことが考えられる。そのように感じることは，対人関係において不満を感じやすくしたり，より親密になることを求めたりすることにつながる。最後に，親との過剰な親密性や過剰な相互作用のあり方は，子どもの友人関係での相互作用に置き換わる。これは，友人に対する社会的スキルを形成する過程を台無しにしてしまう。友人に対して用いる社会的スキルが欠けている子どもは，友人との相互作用のなかで，満足できる社会的関係を築き，維持することに困難を感じるだろう。

　HenwoodとSolano（1994）の最近の研究結果は，生まれ育った家族との関係が悪影響を及ぼす疑いがあることをさらに示した。彼らは小学1年生の子どもとその両親を対象に調査を実施し，子どもの孤独感と母親の孤独感との間に，有意な正の相関が見られることを明らかにした（Lobdell & Perlman, 1986も参照）。両親の孤独感が，遺伝や環境，学習による社会化，あるいはこれらの要因の組み合わせによって子どもに引き継がれたかどうかに関係なく，家族は子どもの孤独感を和らげるものではないということである。

孤独感と社会不安

　孤独な者が親密な関係を築いていく過程で生じる問題について，考えられる原因のひとつに社会不安がある。孤独感と社会不安との間には，強い関連がある（たとえば，Moore & Shultz, 1983; Segrin, 1993b; Segrin & Kinney, 1995; Solano & Koester, 1989）。社会不安の高い者は，相互作用の場面で不快や緊張を感じやすく，さらに重篤な場合には，あらゆる相互作用をすべて回避してしまう。このようにぎこちなく遠慮がちなかかわり方に対して，他者は一般的にかなり好ましくない反応を示す。多くの人は，不安の原因となる状況を回避することによって，社会不安に対処している。孤独な者は，このような不安への対処行動によって，他者との関係を築く機会を持つ前に，他者を避けてしまうのかもしれない。以上のことから，なぜ社会不安が他者との意義ある関係を築くことを妨げるのかは，容易に理解できる。

アルコール依存症

　アルコール依存症は，より一般的な診断である物質関連依存の特定の分類である。**アルコール依存症**（alcohol dependence）を定義づける特徴としては，耐性（つまり，望むような効果を得るためにはより多量のアルコールを必要とし，同量のアルコールから得られる効果が減少していくこと），アルコール摂取をやめることによる悪影響

(たとえば，多動性，手の震え，睡眠障害，吐き気，不安)，意図しているよりも長期間にわたる多量のアルコール摂取，アルコールに対する持続的な欲求，摂取量を減らし制御することの困難さ，長時間のアルコール摂取，持続的なアルコール摂取の結果による社会的，職業的，娯楽的活動の減退と妨害があげられる (DSM-IV, American Psychiatric Association, 1994)。

Foyらは，ミシシッピ州のジャクソンにある退役軍人センターでアルコール依存の患者と接触し，治療を求めている多くのアルコール依存症患者が対人関係の問題を抱えていることを報告した (Foy et al., 1979)。とくに，これらの患者は同僚や上司との関係がうまくいかず，そのため仕事上の問題が生じることを明らかにした。このような観察は，アルコール依存症についてよく知っている者にとっては，驚くことではない。対人関係の問題は，深刻なアルコール問題を抱える患者に広く行き渡っている。人によっては，人間関係上の問題が，アルコールの問題を発症させるきっかけとなる場合がある。ひとたび問題となるアルコール摂取が習慣化されると，人間関係はほとんどの場合崩れてしまう。

アルコール依存症患者の対人関係問題の根源については，アルコール依存と関連する対人特性の研究から検証されている。たとえば，（一時的ではなく）継続的なアルコール依存症患者は，対人関係において強い皮肉や不信という特徴を示す (McMahon et al., 1991)。これらの特性がアルコール依存症に先行しているのか，もしくはアルコール依存症によって生じたのかについては明らかではないが，どちらの可能性も直観的にはもっともなように思える。

アルコール依存症と家族関係

アルコール依存症による人間関係の損失は，アルコール依存症患者とその配偶者との関係について研究することで，明らかになる。SumanとNagalakshmi (1993) は，アルコール依存症患者の配偶者は外向性が低く，神経症的傾向が高いことを明らかにした。アルコール依存症患者の配偶者は，アルコール依存症患者ではない者の配偶者よりも，対人関係において有意に抑制的かつ内向的であった。Nagalakshmiらはまた，アルコール依存症患者はそうでない人より，自分自身のことを愛情深くて優しく，理解のある人間だと述べていることも示した (Neeliyara et al., 1989)。しかし，アルコール依存症患者の配偶者は，患者の自己認知に対して激しく異議を唱え，アルコール依存症患者はむしろ愛情に乏しく攻撃的であると捉えていた。そのように夫婦間で認識が異なっていることは，アルコール依存症の苦悩を生み出すことに強く影響している。

夫婦関係とアルコール依存症についての先駆的研究として，Gorad (1971) は夫婦に仮想のゲーム場面を設定した。そのゲームで夫婦は，対立することによって個人でお金を獲得するか，もしくは協力することによって共同でお金を獲得することができ

た。さらに Gorad は，パートナーに知られることなくこっそりと相手に対立して個人でお金を獲得できるようにしていた。その結果，アルコール依存症の男性は，妻やアルコール依存症ではない男性よりも，隠れて対立することを多く選択した。この研究から，アルコール依存症患者は親しい関係では，アルコールが外的で制御不能な原因と考えることによって，自分の行動に対して責任をとろうとしないという特徴を持つことが考えられる。

非常に影響力のある Steinglass らの研究は，アルコール依存症患者と配偶者とのやりとりがアルコールを摂取した場合に，より形式的で，整理されており，予測可能であることを示した (Steinglass, 1979, 1981; Steinglass & Robertson, 1983; Steinglass et al., 1971)。このように，アルコールを摂取することで，夫婦間の相互作用が安定し，夫婦関係に適応的な機能を及ぼしている。アルコール依存症患者とその家族に関するある研究では (Steinglass et al., 1971)，それまで抑制されていた家庭内での肯定的感情の表出が，アルコールを摂取している間にめだって見られた。この観察から Steinglass らは，家族によっては，**アルコール依存症システム**（alcoholic system）というものがあることを示唆した。つまり，アルコールの摂取は家族システムにおいて不可欠な要素であり，実際に家族構造システムを維持し，安定させている。残念なことに，ほとんどの場合，酔って中毒状態になることは，家族の問題を一時的に解決するが，しばしばより深刻で長期間に及ぶ悪影響をもたらす。

アルコールの摂取は一時的には適応的な結果を家族関係にもたらすが，いくつかの実験では，アルコール摂取による悪影響についても報告されている。たとえば，Jacob らはアルコール依存症の父親を持つ家族に，心理尺度のいくつかの項目について，話し合って一緒に回答させた (Jacob et al., 1981)。アルコール依存症の夫婦が話し合いをしているとき，アルコールを摂取していない場合よりも，摂取している場合のほうが，より否定的な感情の表出が観察された (Billings et al., 1979も参照)。アルコール依存症ではない夫婦では，アルコール摂取の有無による影響は見られなかった。

アルコール依存症と夫婦関係および家族関係に関する研究（展望は Jacob & Seihamer, 1987; Jacobs & Wolin, 1989を参照）が明確に意味していることは，少なくともある家族にとっては，アルコールは関係の安定と一時的に望ましい結果をもたらすことである。このようにアルコールがもたらす望ましい結果は，アルコール依存症患者が家庭を維持するために役立つものである。一方で，Jacob と Billings による研究が示すように，アルコール摂取によって，家族関係に望ましくない結果が増す可能性があることも覚えておかなければならない（たとえば，Billings et al., 1979; Jacob et al., 1981）。さらに解明していく必要のある興味深い問題は，行きづまった家族関係がどの程度アルコール問題の原因となっているのかと，アルコール問題が家族関係をどの程度悪化させるのかということである。今のところ，これらの因果関係の方向性を直接検証した研究は見

られない。

アルコール依存症患者の子ども

　アルコール依存症患者の子どもは，精神衛生上の問題を抱える危険性の高い母集団として，強い関心が持たれてきた（たとえば，Sher, 1991; Windle & Searles, 1990）。研究者がアルコール依存症患者の子どもへ関心を示す理由は，両親のアルコール依存症が家庭環境の崩壊や機能不全につながり，そうした家庭環境が子どもに悪影響を及ぼすと信じているからである。その悪影響とは，機能不全に陥った問題のある親の行動を子どもが見て真似ることによる影響や，親の退廃し悪化した養育行動から受ける影響，もしくはその両方が融合した影響である。実際に，厳格な方法で抽出した多数の調査参加者に行った横断的研究の結果によると，アルコール依存症患者の子どもは，依存症患者ではない者の子どもよりも，アルコール摂取や薬物依存，うつ病，広場恐怖，社会恐怖，全般性不安障害が有意に多く見られた。また，患者の子どもには，行動の制御が利きにくい，自尊心が低い，言語能力を測るテストで得点が低い，学業達成が低いという特徴も見られた（Sher et al., 1991）。この調査で，アルコール依存症患者の子どもとそうでない子どもとの違いは，程度としては小から中程度のものであったことを述べておくべきだろう。別の研究によると，アルコール依存症患者の子どもはそうでない子どもよりも，抑うつ傾向が高く，結婚生活への満足度が低い。さらに，問題に対処するためにアルコールを摂取する傾向が高いことが示されている（Domenico & Windle, 1993）。これらの知見は，アルコール依存症患者の子どもに精神疾患が広く蔓延していることを示唆しており，このような子どもが最低限のところでなんとか適応的に生きていることが不思議なくらいである。

　アルコール依存症の親を持つ子どもに強く関与している問題は，アルコール依存症に罹患する危険性である（Pollock et al., 1987）。一般的な人々よりも，アルコール依存症患者の子どもは，アルコールの問題を抱える可能性が非常に高い。アルコール依存症が親から子へと伝播することについて，遺伝の影響があるかどうかは，たしかに考えなければならない。同時に，社会的学習も影響していることは，当然想定できるだろう。気持ちを落ち着かせる目的や，コーピング，お祝いなどの手段として両親がアルコールを摂取することを観察してきた子どもは，成長の過程で親が日常的にモデルを示してきたこのような行動を自然と真似するようになるだろう。

　アルコール依存症患者の子どもにかかわる重大な問題がいくつか指摘されているにもかかわらず，依存症患者の子どもが他の集団と異質であることや，精神衛生上の問題を抱える危険性が高い状態にあるということに対して，疑問を投げかけている重要な研究もある。たとえば，複数の研究でアルコール依存症患者の子どもとそうでない子どもとの間に違いが見られなかった例として，アルコール関連の問題，自殺念慮，

問題解決の評価，知覚されたソーシャルサポート（Wright & Heppner, 1991），状態不安，気分（Clair & Genest, 1992），社会的スキル（Segrin & Menees, 1995），社会適応（Dinning & Berk, 1989），反社会的な人格特性，疎外感，防衛（Havey & Dodd, 1993），対象関係疾患，強迫的行動（Hadley et al., 1993），うつ病（Reich et al., 1993）があげられる。このような研究は非常に多く，測定されている従属変数も広範囲にわたっているため，これらの研究結果をサンプリングの誤差やアーティファクトとして軽視することはできない。このような知見は，アルコール依存症患者の子どもにとっては，よい知らせとして解釈できるだろう。依存症の親が子どもを育て，その子どもが親と同じ心理社会的な問題を抱えたとしても，親のアルコール問題が子どもの問題の原因であるとは必ずしも言い切れない。研究者たちは，アルコール依存症患者の子どもは複雑で不均一の集団であると指摘し始めており，アルコール依存症患者の子どものなかでも自助グループに参加しているか，専門家に援助を求めているような集団において機能不全はより明確に見られる（Hinson et al., 1993）。さらに，親のアルコール依存症が子どもの適応に与える影響について示したいくつかのモデルでは，この関係の調整変数として，たとえば夫婦間の緊張状態や社会からの孤立，親子の立場逆転，病気などの医学的問題といった変数があげられている（Seilhamer & Jacob, 1990）。

摂食障害

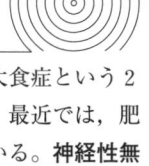

　アメリカ精神医学会によれば，摂食障害は神経性無食欲症と神経性大食症という2つの異なるタイプがある（DSM-IV; American Psychiatric Association, 1994）。最近では，肥満は精神衛生上の問題というよりも，医学的状態であると考えられている。**神経性無食欲症**（anorexia nervosa）の特徴には，正常な体重を維持することへの拒否，体重増加に対する強い恐怖感，ボディーイメージ認知の障害がある。**神経性大食症**（bulimia nervosa）は，制御不可能な過食，体重の増加を抑えるための不適切な補償行動（たとえば，自己誘発嘔吐，下剤や利尿薬の乱用），そして体型や体重に過度に影響される自己評価，という症状を繰り返すことによって定義される。この2つの障害の最も重要な違いは，神経性大食症の患者は，体重を正常な水準かそれ以上に維持することができるということである。うつ病やアルコール依存症と同様に，摂食障害は死に至ることもある障害である。摂食障害に苦しむ患者の長期死亡率は，10％を超えると言われている（American Psychiatric Association, 1994）。DSM-IVの摂食障害に関する記述では，対人関係の問題について触れている。神経性無食欲症にかかわる特徴は，社会的引きこもりやセックスに対する興味の減衰である。神経性大食症にかかわる過食症の症状は，しばしば対人関係のストレッサーによって引き起こされる。

　対人関係と摂食障害に関する研究は，対人関係，より一般的には精神衛生について

の研究の典型とも言えるものである。摂食障害と人間関係における困難との関連が明らかにされたのは，最近の研究から少なくとも一世紀はさかのぼる（Laseque, 1873）。Laseque の注目すべき貢献のひとつは，**親からの切り離し**（parentectomy），つまり，患者を入院させて悪い親の影響から離すことを提案したことであった。この研究領域では，家族関係について焦点が当てられてきた（展望は Kog & Vandereycken, 1985; Vandereycken et al., 1989; Waller & Calam, 1994; Wonderlich, 1992を参照）。摂食障害に関連する家族関係の研究は，過去25年間，顕著に急増した。

最近の縦断的研究では，51名の拒食症と診断された患者が5年間にわたって追跡された（Gillberg et al., 1994）。調査期間中に回復しなかった患者（53%）に見られた最も注目すべき特徴は，家族関係に対する不満と，家族以外の人と個人的関係を築くことがうまくできないことである。これらの知見は，摂食障害の経過に社会的関係が重要な役割を果たすことを示唆している。

機能不全に陥った家族関係と家庭環境

摂食障害患者の対人関係に対する関心は，とくに家族関係に焦点が当てられたが，それだけに注目していたわけではなかった。Minuchin らが行った研究（Minuchin et al., 1978）は，このアプローチの第一線のものである。彼らは，家族と拒食症患者とのやりとりに見られる機能不全の形態を観察した。観察されたやりとりは，多くの場合に対立や順応性が最小限にしか見られず，摂食障害の症状と絡み合っていることが論じられた。

家族関係は，摂食障害の根源と経過を説明しようとする研究者たちから，多くの注目を集め続けている（たとえば，Strober & Humphrey, 1987; Wnderlich, 1992）。その例として，家族の凝集性と順応性についての研究がある。システムアプローチの研究者たちは，家族の順応性と凝集性が家族関係の2つの次元であり，これらは極端になり過ぎなければ，健全な家族機能にとって不可欠なものであると強調した（Olson, 1993）。最近の一連の研究によると，摂食障害患者は家族の凝集性が低いと認識していることが示された（Blouin et al., 1990; Humprey, 1986; Steiger et al., 1991; Waller et al., 1990）。この結果は，子どもや親が報告する家族の凝集性に対して，かなり安定して見られるものである（たとえば，Attie & Brooks-Gunn, 1989; Waller et al., 1990）。しかし，摂食障害の子どもはその親よりも，家族の凝集性を低く認識している（Dare et al., 1994）。家族のうち誰の認識が正しいかは関係なく，摂食障害である子どもとその親とで家族の凝集性に対する見解が異なっているという事実は，おそらくそれ自身が診断上重要なことである。

家族の順応性についての研究は，凝集性についての研究よりも一貫しない結果を示している。いくつかの研究では，家族の順応性と摂食障害の症状との間に負の相関関係があることを実証した（たとえば，Dare et al., 1994; Waller et al., 1990）。しかし，

Humphrey (1986) の研究では，摂食障害患者の家庭の中は混沌としており，まとまりがなく，型にはまった状態ではないことが明らかにされた。これらはどれも高い順応性を示唆する特徴である。しかし，ほとんどの研究では，摂食障害患者の家庭は順応性が極端（高すぎる，もしくは低すぎる）であり，潜在的に有害な家族関係であることを示している。

統合失調症と同様に，家族の感情表出は摂食障害の研究において，重要な家庭環境の変数として浮かび上がり始めている（たとえば，LeGrange et al., 1992; van Furth et al., 1996）。van Furth らによる研究では，摂食障害患者と家族との間のやりとりに見られる母親の感情表出は，患者の予後や治療に対する反応についての分散のうち，28〜34％を説明していた。家族のやりとりを観察している間，母親が公然と批判的な発言をした程度は，発病前の体重や罹患期間，肥満度指数，発症年齢といった，他の印象強い予測要因よりも，患者の予後を強く予測するものであった。

摂食障害の現象に示されるその他の家庭環境の変数には，不安定な情動表出（Garfinkel et al., 1983），行き過ぎた親の過保護（Calam et al., 1990; Rhodes & Kroger, 1992），過剰な親のコントロール（Ahmad et al., 1994; Wonderlich et al., 1994）がある。3つ目の変数はとくに重要で，摂食障害の症状は親がコントロールすることに対する苦闘が表面化したものかもしれない。この苦闘は親に対するものが中心であるが，拒食症や過食症の患者がかかわっている他者に対するものにまで，広がる可能性は十分考えられる。

母と娘の関係

拒食症に苦しんでいる女性と男性の比は，およそ10対1である（Lucus et al., 1988）。これは，男性に比べて女性のほうが，ボディーイメージやダイエット，体重の制御について懸念することが多いためだろう（Hsu, 1989）。おそらく，子どもの発達において，同性の親との関係は広い意味で重要であるために，拒食症患者の母と娘の関係に大きな関心が寄せられてきた。摂食障害の女児は，自分の母親のことを過保護で（たとえば，Rhodes & Kroger, 1992）思いやりが少ない（Palmer et al., 1988）と認識している。このような結果から，摂食障害患者である娘を持つ母親が，今以上に一層強く家族が団結することを願うのは当然のことである（Pike & Rodin, 1991）。摂食障害患者である若い女性の回想的報告によると，健常な女性の母親に比べて彼女たちの母親との関係は，より感情的に冷酷で無関心で拒否的であった（Rhodes & Kroger, 1992）。

いくつかの実証研究では，食事を制限する行動は，母親から娘へと伝染することが示唆されている。Hill ら（1990）は，母親の食事制限と思春期の娘の食事制限との間に $r = .68$ の相関があることを明らかにした。別の研究では，体型に対する母親の満足度と娘の満足度との間には，$r = .77$ の相関があった（Evans & le Grange, 1995）。この研究の対象となった母親は，摂食障害の履歴があった。

母親と娘の関係の望ましくない側面にさらに目を向けたのは，娘のボディーイメージに対する，母親の態度についての研究である。ある研究では，摂食障害の娘を持つ母親は，摂食障害の娘を持たない母親よりも，自分の娘が減らすべきだと考えている体重が有意に多かった (Pike & Rodin, 1991)。悲しいことに，これらの母親は，自分の娘の魅力について，娘の自己評価よりも有意に低く評価していた。摂食障害患者は通常，自尊心が低く，否定的なボディーイメージを持っている (Attie & Brooks-Gunn, 1989)。したがって，摂食障害患者が自分自身の魅力を高く評価することは少ないと考えると，それよりも母親が低く評価したことは，とくに驚く結果である。母親を対象に行った面接研究により，過食症患者を抱える母親は健常な子どもの母親よりも，自分の娘をコントロールしようとする傾向が高く，高い期待を持っていることが示された (Sights & Richards, 1984)。そのような否定的で過剰な評価をする母親から受ける影響は，思春期の女児を極度に苦しめるものとなりうる (たとえば，Pierce & Wardle, 1993を参照)。

摂食障害の子どもを持つ母親に注目することが，「母親批判」としてフェミニストの学者たちによって批判されていることは，ここで触れておかなければならない (Rabinor, 1994)。たとえばRabinorは，子どもの問題の原因は母親が関連していると見なす傾向は，母親の役割を過剰に強調し，父親の影響力を低く評価する精神分析学派の名残であると主張した。同時に，精神力動的志向の理論家たちは，摂食障害の女性の多くは，過保護だが共感的ではない母親と（対人的でかつ精神的な）戦いをするための手段として，食べ物を用いていると主張する (Beattie, 1988)。摂食障害の原因となる母親の役割についての知見は，とても興味深いものである。これらが母親への冒とくや誤解を生むような焦点の当て方をしていることになるのか，それとも理論的また疫学的に意味のある領域の質問を投げかけているのかについては，これからの実証的な調査，とくに比較対応できる父親についての検討から十分理解できるようになるだろう。

その他の精神衛生上の問題との併存症

親と子の破綻した関係が，しばしば拒食症や過食症と関連しているとすれば，その他の精神衛生上の問題の多くも摂食障害に併存して発症することが当然考えられる。そのなかでも重要なものは，うつ病 (Blouin et al., 1990; Wonderlich & Swift, 1990b)，境界性人格障害 (Waller, 1994; Wonderlich & Swift, 1990a; Wonderlich et al., 1994)，物質乱用 (Watts & Ellis, 1992) である。これらの関連した精神衛生上の問題は，場合によっては摂食障害から派生する二次的なものであり，摂食障害そのものよりも家族関係の問題との関連が強いこともある (たとえば，Head & Williamson, 1990を参照)。拒食症あるいは過食症の患者が境界性人格障害を発症する確率は40%にのぼる。境界性人格障害の症

状にもまた，対人関係の困難，怒り制御の乏しさ，衝動性，情緒不安定が含まれることは，注目すべきである。このことは摂食障害が，問題のある対人関係と機能を抱えた，法則論的ネットワークのなかに存在していることを示唆している。

家族以外の対人関係における障害

さきにも述べたように，摂食障害患者の対人関係についての研究は，家族という文脈にのみ焦点が当てられているわけではない。摂食障害患者の個人的関係もまた，問題があることがわかっている（たとえば，Herzog et al., 1985）。O'MahonyとHollwey（1995）は最近，興味深い研究を行っている。彼らは，31名の拒食症患者と，105名の身体的な状態や外見を強調するような仕事や趣味（たとえば，ダンス，運動，もしくはプロのモデル）を持つ女性，また96名の一般女性の，それぞれに見られる対人関係の問題を比較した。この研究で，拒食症患者の群はその他のどちらの群よりも，孤独感の指標において有意に高い得点を示した。さらに，孤独感と摂食の問題との相関係数は，拒食症患者の群では$r=.65$であり，外見を強調する仕事や趣味を持つ女性の群（$r=.47$）や一般女性の群（$r=.28$）よりも高かった。

過食症の女性を対象とした研究では，過食症患者は友人や家族からのソーシャルサポートが少ないと感じていることが示された（Grissett & Norvell, 1992）。過食症の女性は健常な女性よりも，さまざまな社会的状況，とくに社会的な出会いを求めたり，他者と親しい友人関係を築いたりするような場面において，社会的な有能感をあまり感じていなかった。このような対人関係の問題には，摂食障害患者が対人関係について，歪んだ見方をすることから生じることもある。摂食障害は，独占欲が強く依存的な愛情の様式と正の相関関係にあり，健康的で，かつ情熱的であり，友人関係が基盤となっている愛情の様式とは負の相関関係にあることが実証されている（Raciti & Hendrick, 1992）。まとめると，最近発表された実証研究では，摂食障害患者の個人的関係は家族関係と比べても，同じくらい破綻しているものとして描かれている。

摂食障害に見られる問題のある対人関係についての理論的説明

摂食障害の病因論における，親，とくに母親の，モデリングの役割が何名かの研究者によって強調された（たとえば，Silverstein & Perlick, 1995）。**社会的学習理論**（social learning theory; Bandura, 1977）によると，人はモデルを真似ることをとおして行動を学習することができる。モデルとなる人に見られるいくつかの特徴のうち，とくに地位が高く観察者と似ているという特徴が見られる場合，この学習過程は強固に起こる。これらの条件はいずれも，典型的な母親と娘との関係に如実に見られるものである。さきに展望した知見によれば，娘のダイエットやボディーイメージを気にするという態度は，母親の態度と強く関連している（Paxton et al., 1991も参照）。摂食障害の娘

を持つ母親は多くの場合，自分自身が摂食障害の症状を呈している。社会的学習理論によると，娘は母親の制限の強い摂食行動を観察し，おそらく母親のそのような行動に対して望ましい結果が得られたと認識するために，それを真似るのである。コミュニケーションの研究者であれば，マスメディアもまたこの社会的学習過程に強力な役割を果たしていることを見落とすことはないだろう。マスメディアでは通常，やせていて魅力的なモデルが社会的報酬を受ける者として描かれている。

　精神力動的志向の理論（対象関係や愛着理論を含む）は，摂食障害と家族関係の研究においてはっきりとした存在感を示し続けている（たとえば，Beattie, 1988; Dolan et al., 1990; Rhodes & Kroger, 1992）。これらの説明では，思春期の女児と母親との関係でどちらが相手をコントロールするかという争いに，食べ物が象徴的に重要なものであることを強調している。食べ物を過剰に摂取することは，母と娘の関係に満足していないことをひそかに表現する手段と見なされている。食べることへの拒否は，子どもの生活における母親の過保護や過干渉に対する拒絶の表われである。RhodesとKroger (1992) は，このアプローチにさらなる貢献をした。彼らは，摂食障害である思春期の女児が，第二次の分離と自立の過程で奮闘していることを示唆した。それはちょうど乳児が母親とのあいだで経験すると考えられている過程と類似している。彼らはこのような考えを支持するデータをいくつか示している。それによると，摂食障害の女性は障害のない女性よりも，分離不安が高いが，健康的な分離を示す得点は低く，一方で母親の過保護をより強く経験していることが明らかにされた。

　摂食障害における家族の役割を理解するための最近のアプローチのなかで，おそらく最も広く受け入れられているものは素因ストレスモデルである。このモデルによると，人は精神衛生上の問題を発症させる素質，あるいは**素因**を持っていることがある。これらの素因は表面上には現れず，生物学的指標から幼少期における初期の学習経験，認知的脆弱性までの範囲に及ぶ。そのような素因を持つ者が強度の**ストレス**を経験すると，この素因は苦悩や障害へと発達するのである。この立場は，過食症や拒食症と関連する人格特性や気質上の問題について記している研究を基盤としている（たとえば，Brookings & Wilson, 1994; Steiger et al., 1996; Vitousek & Manke, 1994）。このような病的な特性は，親から子へと引き継がれて（Steiger et al., 1996），摂食障害に対する素因あるいは脆弱性を生み出すと考えられる。最終的に摂食障害は，（他にもいろいろあるが）不安定な家族関係がきっかけとなって発症すると考えられる（たとえば，Strober & Humphrey, 1987）。このように，素因特性と気質が問題のある家族関係や社会的関係と相互に作用しあうことで，最終的に摂食障害が発症するのである。

結　論

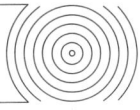

　統合失調症，うつ病，孤独感，アルコール依存症，摂食障害といった精神衛生上のすべての問題に共通した関連要因がある。それは，対人関係の問題である。統合失調症，うつ病，孤独感，おそらく摂食障害もそうであると考えられるが，これらの障害にとって，問題のある対人関係は障害の発症に先行して存在すると思われる。同時に，統合失調症，うつ病，アルコール依存症，摂食障害の症状はそれ自身，対人関係を崩壊させる可能性があることもいくつかの研究で実証されている。

　より一般的に，対人関係と精神衛生上の問題についての研究を見てみると，対人関係の問題と精神衛生上の問題とは繰り返し，互いに影響を及ぼし合っていると結論づけてよい。対人関係が，不満足で，暴力的で，感情的によそよそしく，異様で，虐待的であると，精神衛生上の問題が発症しやすくなる。さきに展望した実証研究では，うつ病やアルコール依存症，統合失調症を抱える患者と共に生活することは，負担のかかることであるとはっきり示されている。患者の慢性的な症状，不平不満，攻撃的行動，対人関係のコントロールをめぐる葛藤，不快な行動，妄想的発言，情緒不安定に対応することは，患者と最も安定した個人的関係にある者にさえもストレスを与える。このように，精神衛生上の問題や重大な人間関係の問題が生じると，この両者は悪循環を繰り返しながららせん状態を下るように悪化してゆく危険性がいつも存在する。対人関係と精神衛生上の問題は非常に強く関連しているために，しばしば一方の問題が生じると，必然的にもう一方の問題が生じる。そのために，対人志向型の治療形態は，心理社会的問題の治療に適用されるのだろう（たとえば，Jacobson & Bussod, 1983; Weissman et al., 1982）。

　本章で展望した，どの精神衛生上の問題にも繰り返し現われる現象は，問題のある家族関係である。生まれ育った家族関係が機能不全に陥ることは，広く多様な精神衛生上の問題の原因となることがわかっている。社会全体として一般的には，家族関係についてとても肯定的な見方をする。しかし，さきに展望した知見からも，家族関係には影の部分があることがはっきりと示されている（Stafford & Dainton, 1994も参照）。家族が過剰な凝集性や順応性，過保護，過干渉をともない，コミュニケーションの逸脱，高い感情表出，養育放棄，拒否という特徴を示す場合，そのような家庭で育った者はとても深刻な精神衛生上の問題を抱える。科学者たちは，家族が精神衛生上の問題の温床となりうることを数十年も前からわかっていたが，一般の人々はこの事実にあまり気がついていないか，もしくは受け入れようとしない。

　本章で展望した，精神衛生上の問題における対人関係に関連する要因には，顕著に類似した点がある（たとえば，問題のある家族内のやりとりと不満足な個人的関係）。

同時に，このようなさまざまな障害には，症状や定義上の特徴において，はっきりと異なる点もある。おそらく，これらの異なる障害が，類似した対人関係の要因と関連していることを示す最も適切なメタ理論的説明は，素因ストレスモデルに見られる (たとえば，Abramson et al., 1988; Monroe & Simons, 1991)。

明らかに，不安定で荒れた家族関係や個人的関係は，ほとんどの人にとって重大なストレッサーとなる。同時に，母集団の一部には，精神衛生上の問題を発達させる素因や気質を持つ人がいる。このような人々が，対人関係にかかわる重大なストレッサーを経験するとき，障害の症状が現われ始める。機能不全に陥っている対人的環境によって，確実に症状は進行し悪化する。

類似した対人関係の特徴と，異なる精神衛生上の結果を説明する鍵となるのは，次のような主張である。異なる素質が同種のストレッサー（たとえば，崩壊した対人関係）と相互に作用することで，結果として現われる精神衛生上の問題に違いが出てくる。統合失調症を発症させる素因を持つ者が，過干渉で葛藤の多い家庭環境に長期間さらされることで，実際に統合失調症を発症する。一方で，摂食障害に対して脆弱である者が最終的に摂食障害を発症するようになるのは，実に同じような家庭環境にさらされた結果である。同じように，2人の人間が，不満を感じる社会的関係にさらされた場合，各人が持つ特定の素因に応じた反応として，1人はうつ病を呈し，もう1人はアルコール依存症を呈するかもしれない。

対人関係の問題が，必ずしも精神衛生上の問題の原因になっているとも限らない。そこで異なる精神衛生上の問題が似たような劣悪な対人関係の結果に至ることについても，述べておくべきである。これは，精神的障害を抱える患者の心理的苦悩が，彼らと接する他者を不快にし，ストレスを与えるからである。ほとんどの人は，統合失調症，うつ病，アルコール依存症といった精神的障害を抱えている人に対して否定的な反応を示す。

最後に，明らかに否定的で悲惨ななかにも，このような問題の明るい側面はあると思う人がいるかもしれない。事例研究に基づいた暫定的な結論であることを断っておくが，うつ病や孤独感，アルコール依存症という問題は，歴史上の偉大な芸術家の間によく見られた問題であることがわかっている。楽観主義的な考えをすれば，精神的苦痛やそれにともなう社会的関係の崩壊から，少なくとも一時的な創造性や動機づけ，洞察が生まれるかもしれない。うつ病の問題に関しては，うつ病でない人に比べて，うつ病患者は対人的な場面についての認知がより正確であることが，かなり多くの研究で科学的に実証されている (Alloy & Abramson, 1988; Dykman et al., 1991; Lewinsohn et al., 1980)。うつ病でない人は，自分の行動の質，物事に対する制御可能性，ソーシャルスキルなどについて過大評価をする傾向があるが，それに対して，うつ病患者はより現実的な見方をする。このように，うつ病患者には現実的でない捉え方をして自我を

強めるようなバイアスが欠けていることから，AlloyとAbramson（1979）はうつ病患者を「悲しいが賢い人」と表現している。うつ病に関連した潜在的に好ましい側面の有無にかかわらず，うつ病に苦しむ患者にとってこのような現実的な見方が安らぎや癒しとなるかどうかは疑問である。

　人間は地球上で最も社会的な動物である。われわれは対人関係を重要に取り扱い，また対人関係から強く影響を受ける。われわれが人間関係に愛着を持つことは心理的に重要である。しかし，家族や友人，同僚，配偶者との関係が苦痛で不適応なものになったとたんに，人間関係はすぐに深刻な心理的障害へと変化してしまう。精神衛生上の問題の原因として考えられる，遺伝や神経化学的障害，認知的・行動的欠陥，環境のストレスといったその他のメカニズムも否定することはできない。しかしながら，人間が社会的志向性を持つ限り，問題のある対人関係と精神衛生上の問題とはわかつことなく結びつき，確実に存在し続けるだろう。

謝　辞

　このレビューを書くための文献検索を援助してくださったHeather Bunkerと，本章の執筆段階で参考になるコメントをくださったEve Lynn Nelsonに，感謝いたします。

第9章
対人関係のポジティブな側面とネガティブな側面の検討：ダークなレンズを通して？

対人関係と精神的健康：矛盾する知見

　友人や家族あるいは他人との関係が自分自身の健康や心理的安寧にどのような影響を及ぼすかを検討している研究には，ある矛盾が存在する。一方では，たいていの人が親密な関係を築きたいと強く思っており (Baumeister & Leary, 1995)，相手との関係の状態を非常に気にかけているということは実に明らかである。また，対人関係は心理的安寧の非常に重要な要因となるようである。たとえば，Klinger (1977) が人生に最も大きな意義を与えるものは何であるか尋ねたとき，多くの人は対人関係であると答え，仕事やその他の生活領域と答えた人はほんのわずかであった。生活の質 (quality of life) の感覚に関する研究によって，対人関係の状態が，その他のどんな生活領域の状態よりも，幸福感や生活満足感に対してより強い予測因となることが明らかになっている (Argyle, 1987; Campbell et al., 1976)。心身の健康に対するストレスフルな生活出来事の影響を軽減することにおいて他者が重要な役割を果たすことを示した非常に多くの証拠が存在する (たとえば, Cohen & Wills, 1985)。また，孤独感や死別に関する研究も，親密な関係を持たない人や失ってしまった人が経験する苦痛，渇望，絶望に関する十分な証拠を提出している (Peplau & Perlman, 1982; Stroebe et al., 1993)。さらには，十分に統制された大規模な予測的研究によって，社会的関係を持っていない人は病気や死亡のリスクが高く，こうしたリスクの高さは，社会経済的地位，健康を害する行動，医療サービスの利用，もとの健康状態といった潜在的な交絡要因によるものではないことが確認されている (Burman & Margolin, 1992; Cohen, 1988; House et al., 1988; House et al., 1988)。

　他方で，対人関係が葛藤，ストレス，失望の要因となり得ること，そして，問題の多い対人関係が健康や心理的安寧を脅威にさらすことは明らかである。たとえば，対人関係に対する不満は，心理療法を受けたいと思う人が表明する最も共通した懸念のひとつである (Horowitz, 1986; Pinsker et al., 1985)。また，家族による批判や過度の感情

第9章 対人関係のポジティブな側面とネガティブな側面の検討：ダークなレンズを通して？ 225

的かかわりは，退院して間もない精神病患者の再発リスクの増加と関連している（Segrin，本書第8章のレビューを参照）。ストレスフルな大きい出来事を経験した人に対してサポートを提供しようとすることは，時として，向かい火を放つ，すなわち，その人の苦境を軽減するよりもむしろ増幅する場合がある（Dakof & Taylor, 1990; Dunkel-Schetter, 1984; Wortman & Lehman, 1985）。日常のありふれたストレッサーに関する研究によると，対人関係のストレッサー（たとえば，他者からの要求，対人関係での葛藤，緊張）は，その他のストレッサーよりも，苦悩を引き起こしやすい（Bolger et al., 1989; Veroff et al., 1981; Zautra et al., 1994）。また，対人関係のストレッサーが持つ有害な効果は数日間持続するが，その他のストレッサーの効果はより早く消失する（Bolger et al., 1989）。親密な関係における緊張は，精神的健康の悪化（Segrin，本書第8章）に加えて，心血管反応性の増加や免疫機能の低下といった生理学的結果の悪化（たとえば，Ewart et al., 1991; Kiecolt-Glaser et al., 1993）とも関連している。本書や姉妹書（Cupach & Spitzberg, 1944）の各章では，人が親密な相手に与え得る意図せぬ（時に意図した）損害について興味深い証拠が紹介されている。

　これまで述べてきたとおり，さまざまな研究によって，対人関係の報酬や利益が実証されている一方で，別のさまざまな研究によって，対人関係のコストや危険性が実証されている。この明らかな矛盾は，対人関係のポジティブな側面とネガティブな側面のどちらが個人の健康や心理的安寧に対してより大きな意味を持つかという課題に焦点を当てた，少数ながら新しい研究の出現を促進してきた（Rook, 1992aを参照）。これらの研究は，あるひとつの主要な方法論的アプローチに収斂し始めている。そのアプローチとは，調査法（質問紙，電話または対面インタビュー）を用いて，精神的健康，援助的な相互作用（関係），問題のある相互作用（関係）などに関する自己報告測度を収集する方法である。このような対人関係の変数と健康変数（たとえば，抑うつ）との関連は，重回帰分析やその他の線型関係を仮定した分析手法を用いて横断的に検討されている。これらの分析では，研究対象となる変数間の関連に影響を与える可能性のある要因，すなわち，性別，配偶者の有無，収入，身体的健康，パーソナリティ（たとえば，外向性や神経症傾向）などはしばしば統制される。対人関係の変数と健康変数との関連を縦断的に検討した研究もいくつか存在する（たとえば，Finch & Zautra, 1992; Holahan et al., 1997; Lakey et al., 1994; Lepore, 1992; Pagel et al., 1987; Vinokur & Van Ryn, 1993）。また，調査参加者自身の自己報告に加えて，その人にとって重要な他者の自己報告もあわせて収集した研究もある（Abbey et al., 1995; Vinokur & Vinokur-Kaplan, 1990）。

　これらの研究からこれまでに得られた知見を簡略化し過ぎることなく，多くの研究が**ネガティブ性効果**と呼ばれるものに関する証拠，すなわち，ネガティブな相互作用のほうが，ポジティブな相互作用よりも，心理的安寧に対してより強く確かな関連を

持つという証拠を提供しているといえる (Ingersoll-Dayton et al., 1997; Rook, 1990b, 1992a)。たとえば，Rook (1984) は，ネガティブ性効果を実証した初期の研究において，老人女性を対象にして，ネットワーク内のさまざまなメンバーとどの程度ポジティブな相互作用（サポート提供，親密な交際）やネガティブな相互作用（弱みにつけ込むこと，プライバシーの侵害）を行うかについて調査した。女性の年齢，教育水準，身体的健康を統制した分析の結果，ネガティブな相互作用は彼女たちの意欲を有意に減少させていた。一方，ポジティブな相互作用は，彼女たちの意欲と無関連かまたは非常に弱い関連しかなかった。

こうした結果は，より大きい典型的なサンプルを用いた横断的研究（たとえば，Ingersoll-Dayton et al., 1997; Schuster et al., 1990) やベースライン時点の精神的健康を統制した縦断的研究（たとえば，Pagel et al., 1987; Vinokur & Van Ryn, 1993) によっても再確認されている。縦断的研究は，ネガティブな相互作用の有害な効果が調査参加者の心理的適応状態による単なる生産物であるという懸念に対処するのに役立つ。たとえば，抑うつ的な人は，他者とのネガティブな相互作用を知覚したり，引き起こしたりしやすいかもしれない。Pagelら (1987) は，ケア提供者を対象にした短期縦断研究を行い，ネガティブな相互作用の変化にともなって，ケア提供者の抑うつレベルも変化するかどうかを検討した。初期の抑うつレベル，年齢，性別，健康状態を統制した分析の結果，10か月の期間でネガティブな相互作用が増加した人は，抑うつの程度も増加していた。一方，ポジティブな相互作用の変化では，同様の結果は認められなかった。より詳細な分析によると，調査参加者の初期の抑うつレベルは，後のネガティブな相互作用の経験を予測しなかった。同様に，失業者 (Vinokur & Van Ryn, 1993) や配偶者と死別した老人女性 (Morgan et al., 1997) を対象とした縦断的研究においても，初期の精神的健康が後のネガティブな相互作用の経験を予測しなかった。

さらに，ネガティブ性効果は，心理的結果と同様に生理学的結果とも関連していることが実証されている。たとえば，Kiecolt-Glaserら (1993) は，夫婦間の問題を議論した新婚カップルの免疫機能の変化を検討した。議論中に示された敵対行動は，免疫機能の低下や後続する24時間中の血圧上昇を予測していた。一方，サポート行動は，免疫や血圧の変化とは関連がなかった。同様に，Ewartら (1991) は，夫婦間の問題を解決する課題に取り組んでいる際の臨床上有意な血圧の変化は，敵対行為とは関連があったが，サポート行動とは無関連であった。

多数の研究にわたるこうした知見は，対人関係のネガティブな側面が，ポジティブな側面よりも，健康や心理的安寧にとってより重要であるという新たな結論をもたらした (Rook, 1992a, 1992b)。この結論は，ネガティブな情報や出来事の強力な効果を実証した他の研究における同様の知見によって信頼性を高めている (たとえば，Cacioppo et al., 1997; Taylor, 1991)。たとえば，生活ストレスに関する研究では，ネガティブな生

活出来事は心理的安寧を低下させるが、ポジティブな生活出来事は心理的安寧を高めるような効果をほとんど持っていないということが一貫して示されている（Taylor, 1991）。同様に、ストレス研究者によって、（物質的、対人的、あるいは個人内）資源の損失可能性は、資源の獲得可能性よりも、感情や動機をより高めるということが実証されている（Hobfoll, 1989）。対人認知に関する研究では、他者の全体的印象を形成する際に、ネガティブな特性のほうが、ポジティブな特性よりも、より重視されることが明らかにされている（たとえば、Skowronski & Carlston, 1989; Vonk, 1993）。また、不確かな状況下の判断に関する研究では、好みと一致しない（ネガティブな）情報は、好みと一致する（ポジティブな）情報よりも、より深く処理され、判断や行動により大きな影響を及ぼすことが確認されている（たとえば、Ditto & Lopez, 1992）。さらには、人は意志決定課題においてリスクを回避する、すなわち、損失可能性のほうが獲得可能性よりも影響力が大きいことを示した非常に多くの証拠が存在する（Kahneman & Tversky, 1984）。

　以上のように、ネガティブ性効果は、社会的領域に加えて、非社会的領域においても実証されている（初期のレビューに関しては、Kanouse & Hanson, 1972を参照）。（さまざまな方法論を用いて、さまざまな集団を検討した）数多くの研究にわたって、ネガティブ性効果が見いだされていることは、共通した基本的ダイナミクスが存在する可能性を示唆している。事実、これらのさまざまなネガティブ性効果は、類似した認知的、感情的、動機的基盤を共有している可能性は非常に高い。これまで、研究者は、それぞれの基盤ごとに、さほど広範には思えない用語を用いて、ポジティブな相互作用とネガティブな相互作用の相対的な重要性に関する問題に回答してきた。

　ひとつの結論に収斂する多数の研究が存在することを考えると、対人関係のダークサイドに関する興味関心は、新しくはないが、活発になってきている。こうした興味関心は、ひとつには、それまで社会心理学研究に広く浸透していた対人関係に関する非現実的でポジティブな見方と呼ばれるものに対する反発として高まってきたといえる（Duck, 1994; Heller, 1979; Spitzberg & Cupach, 本書）。対人関係を眺めていたこれまでのレンズが非常に楽観的なものであったならば（Duck, 1994; Spitzberg & Cupach, 本書）、今では、そのレンズは、間違いなくよりダークな色相に変化してきていると思われる。Duck（1994）やその他の研究者（たとえば、Coyne & DeLongis, 1986; Heller, 1979; Rook, 1990a, 1990b, 1992a）が指摘しているとおり、こうした矯正的な見方の強調は、理解可能なものであり、対人関係のポジティブな側面とネガティブな側面の両方に関するよりバランスのとれた統合的な分析を引き起こすことになるであろう。しかし、バランスの取れた見方ができるためには、対人関係を詳細に眺めるための実証的なレンズが歪んでいてはならない。本章の主要な前提は、いくつかの方法論的制約が、その大部分がこれまで見過ごされてきたために、先行研究において、ポジティブな相互作用とネガテ

ィブな相互作用の比較を歪めてきたということである。こうした方法論的制約があるために，ネガティブな相互作用のほうが，ポジティブな相互作用よりも，健康や心理的安寧にとってより重要であるという主張は疑問視されることになる。

本章の目的は，ネガティブ性効果に関してこれまで提出されてきた証拠を批判的に見直すことであり，とりわけ，対人関係におけるポジティブな相互作用とネガティブな相互作用の相対的な影響力を検討しようとする取り組みを妨害してきた方法論的問題を明らかにすることである。対人関係におけるポジティブな相互作用とネガティブな相互作用の相対的な影響力を公正に評価するためには，多数の方法論的条件が満たされなくてはならない。そうした方法論的条件，そして，それらを無視することの意味が，本章の中心的な内容である。本章は，これまで十分に議論されてこなかった方法論的課題に重点を置いている。自己報告データや横断的研究といった他の重要な課題については，他書（たとえば，Finch & Zautra, 1992; Lepore, 1992; Rook, 1990a）や本書の別の章（たとえば，Segrin, 本書第8章; Sillars, 原書第3章）において十分に議論されている。本章の最終節では，方法論的課題の議論をもとにして，将来の研究に向けた提言を行う。

境界と定義

まず最初に，分析の範囲を示す境界を確定することが重要である。また，**ポジティブな相互作用**と**ネガティブな相互作用**という用語が意味するものを明確にすることも重要である。以下では，境界条件と定義問題について論じる。

分析の境界

この章で議論される研究は，批判，要求，無神経，侵害，干渉といった「日常の」ネガティブな相互作用と呼ばれるものに主に焦点を当てている（たとえば，Ruehlman & Karoly, 1991）。つまり，これらの研究は，本書で取り上げられている他の研究と比べると，より範囲の狭いネガティブな相互作用を検討している。本書で取り上げられている研究は，嫉妬の怒り，破滅をもたらす魅力，性的強制，脅迫的な関係侵害，ストーキングといった心をかき乱すような相互作用に焦点を当てている。もちろん，この章で議論される研究の参加者は，ネットワーク内のメンバーが自分のプラバシーを侵害したり，自分を怒らせたりしたと回答した際に，まさに上記のような心をかき乱す相互作用を心に浮かべていた可能性はある。しかし，全体的には，これらの研究から得られた知見や提起される方法論的課題は，親密な関係におけるネガティブな側面やひどく心をかき乱す側面に関する研究に一般化できると仮定すべきではない。

身体的健康を扱った研究でも同様の結果は見いだされているが，この章で議論され

る研究は，ほとんどの場合，精神的健康との関連において，ポジティブな相互作用とネガティブな相互作用の影響を検討している。したがって，ポジティブとネガティブの2種類の相互作用の相対的な影響力に関する本書の議論は，主として，精神的健康を検討している研究に基づくものである。これらの研究から得られた知見は，対人関係における決定や行動といった他の変数には一般化することはできないと思われる。また，これらの研究は，他者のポジティブまたはネガティブな要求のターゲットとなる人物の精神的健康に焦点を向けている。本書で報告されている多くの研究（たとえば，Guerro & Anderson, 本書第2章; LePoire et al., Segrin, 原書第6章; Canary & Messman, 本書第4章; Sillars, 原書第3章; Spitzberg & Cupach, 本書序章）とは異なり，これらの研究は，2人以上の個人の間で生じるポジティブな相互作用とネガティブな相互作用の互恵的で相互依存的なパターンについてはほとんど言及できない。

　非臨床集団に特徴的な対人関係のプロセスや結果は，臨床集団に特徴的なそれとは，通常考えられているほどは差がないかもしれないが（Henderson, 5月10日, 1990, 私信; Stafford & Dainton, 1994），この章で議論される研究の多くは，非臨床集団を対象にしている。これらの研究から臨床集団のことを推定しようとする試みは，注意深く行われるべきである。

　最後に，この章で議論される研究は，ネットワーク全体（たとえば，Ingersoll-Dayton et al., 1997; Pagel et al., 1987; Revenson et al., 1991; Rook 1984）や家族・友人といったネットワークの下位グループ（たとえば，Abbey et al., 1985; Holahan et al., 1997; Schuster et al., 1990）で生じるポジティブな相互作用とネガティブな相互作用をそれぞれ合計することによって，それら2種類の相互作用の心理的安寧に対する効果を検討している。こうした合計データは本書で報告されている研究と関連を持つ。なぜならば，分析によると，ネガティブな相互作用の源泉として最も名前があげられるネットワークメンバーは，配偶者，家族，友人，隣人だからである（たとえば，Rook, 1984）。しかしながら，全体的に，これらの研究は，いくつかの例外はあるが（たとえば，Manne & Zautra, 1989），本書や既刊書で報告されている研究ほどは，特定の二者関係で生じるネガティブな相互作用のダイナミクスについてほとんど説明できない。

定義問題

　VinokurとVan Ryn（1993）によると，**ポジティブな相互作用**は，対象人物に対するネットワークメンバーからのポジティブな感情の表明，ポジティブな評価，その人物の個人的目標の追求を手助けしようとする取り組みなどである。これらの行動には，ソーシャルサポート研究者（たとえば，House, 1981; Wills, 1985）が指摘しているような様々な種類の情緒的・道具的サポートや，その他の研究者（たとえば，Bolger & Eckenrode, 1991; Buunk, 1990; Rook, 1987）が指摘している愛情，ユーモア，共有活動など

も含まれる。**ネガティブな相互作用**は，対象人物に対するネットワークメンバーからのネガティブな感情の表明，ネガティブな評価，その人物の個人的目標の追求を妨害する活動などである (Vinokur & Van Ryn, 1993)。これらの行動には，関係を維持するのに必要なこともある時間，お金，物品，別の活動に従事する機会の排除など，社会的交換理論家 (Homans, 1974; Thibaut & Kelley, 1959) が指摘しているような対人関係における従来のコストは含まれない。代わりに，この章では，悪行や違反と見なされやすい行動や，苦悩を常に引き起こす行動に焦点を当てる。こうした明らかに幅広い定義は，適切ではないが善かれと思って行われたサポートやうまくいかないサポート，さらには，批判や要求といったその他のネガティブな相互作用も含む。

ポジティブな相互作用とネガティブな相互作用の影響力の比較：方法論的課題

次節では，多くの方法論的課題について議論する。それらの課題は，心理的安寧に対するポジティブとネガティブの2種類の相互作用の影響力を比較検討した研究から得られた結論に影響を与えてきた可能性がある。それらには，調査対象となる集団，ポジティブとネガティブの2種類の相互作用の測定，相互作用の影響力を評価するために使用される結果変数の選択，相互作用の影響力に関するデータの分析方法や解釈などに関連した潜在的な問題が含まれる。

対象集団

●**対象集団のストレスレベル**

何人かの研究者によると，心理的安寧に対するポジティブとネガティブの2種類の相互作用の影響力は，調査参加者が経験している生活ストレスレベルに依存している可能性がある (Rook, 1990a; Shinn et al., 1984)。**ストレス緩衝仮説**とは，ストレスの高い人の心理的安寧に対してソーシャルサポートが大きな影響を及ぼすというものである。こうした結果は，ソーシャルサポートがストレス状況に対するより好ましい評価やより効果的なコーピングを促進するために生じる (たとえば，House, 1981; Wills, 1985)。実際，より強固なストレス緩衝仮説では，ソーシャルサポートは，ストレスの低い人の心理的安寧とは無関連かあるいは弱い関連しかないと考えられている (Cobb, 1976)。一方，**ストレス悪化仮説**（増幅仮説）とは，ストレスの高い人の心理的安寧に対してネガティブな相互作用が大きな影響を及ぼすというものである。こうした結果は，ネガティブな相互作用が感情的苦しみを加えたり，コーピング資源を損失させたり，自尊心を傷つけたりするために生じる (Rook, 1990a, 1992a; Shinn et al., 1984)。

Ingersoll-Dayton ら (Ingersoll-Dayton et al., 1997) によると，ネガティブ性効果を見いだした研究の多くは，生活ストレスレベルの高い集団を対象にしている。たとえば，

配偶者と死別した老人女性（Rook, 1984），アルツハイマー病の配偶者や家族を介護している人（Fiore et al., 1983; Kiecolt-Glaser et al., 1988; Pagel et al., 1987），性的暴力の被害者（Davis et al., 1991），成人の妊婦（Barrera, 1981），失業者（Vinokur & Van Ryn, 1993）などを対象にした研究で，ネガティブ性効果が確認されている。Ingersoll-Daytonら（1997）は，これらの研究では，調査対象者がストレスレベルの高い集団であるために，ネガティブ性効果が顕著に表われている可能性があると指摘している。この指摘の妥当性を調べるために，彼女らは，中年と老人のより大きい典型的なサンプルを用いて，ストレスの高い人と低い人との間で，ポジティブとネガティブの2種類の相互作用の影響力を検討した。ストレスの高低は，過去5年間で経験したストレスフルな出来事を測定する尺度の得点が中央値よりも高いか低いかによって定義された。分析の結果，ストレスが高い人においてのみ，ネガティブ性効果が確認された。ストレスが低い人では，ネガティブな相互作用に加えて，ポジティブな相互作用も，心理的安寧と有意な関連を持っていた。

　代表的なサンプルではないが，生活ストレスの影響を検討した別の研究では，異なる知見が得られている。老人を対象にしたOkunら（1990）の研究では，調査参加者の生活ストレスレベル（最近の日常ストレスのレベル）にかかわらず，ネガティブな相互作用は心理的安寧と強い関連があった。また，Finchら（Finch et al., 1989）の研究では，近親者を最近亡くした老人や身体に障害のある老人だけでなく，生活ストレスを最近経験していない老人（統制群）においても，ネガティブな相互作用が精神的健康と強い関連を持っていた。さらに，ネガティブ性効果は，先の基準に基づいてストレスの高低を定義することが難しい集団，たとえば，大学生（Abbey et al., 1985）や結婚カップル（Schuster et al., 1990）などにおいても確認されている。最後に，ネガティブ性効果はストレスの高い集団を対象とした研究において見いだされているというIngersoll-Daytonら（1997）の指摘は正しいが，その一方で，ストレス緩衝仮説では，ソーシャルサポートの効果は，まさにそうしたストレスの高い集団に対して，大きな影響を持つと考えられている。この仮説に基づけば，ストレスの高い集団では，ネガティブな相互作用の影響に加えて，ポジティブな相互作用の影響も見られるはずである。

　以上のように，ネガティブ性効果の表われやすさを左右する条件に関する理論や研究結果の現状からは，これまで対象とされた集団がどの程度ネガティブ性効果を生じやすくさせていたかについては自信を持って評価することができない。しかしながら，こうした可能性は，将来の研究では注意に値する。研究者は，生活ストレスが偏っている集団を生じさせるようなサンプリング方法が持つ意味をきちんと考慮する心構えを持つべきである。

●対象集団の対人関係レベル

対象集団の対人関係レベルも，ポジティブとネガティブの2種類の相互作用の影響力に関する比較結果に対して重要な意味を持つ。従来の多くの研究では，対象集団の中に，真に社会的に孤立した人が含まれることはほとんどなかった。社会的に孤立した人は，実際に接触したり，調査研究に勧誘したりすることが難しい（たとえば，Pilisuk & Minkler, 1980）。しかし，孤立者と非孤立者の比較は，他の比較よりも，対人関係の恩恵を明らかにする可能性が高い（要点は後節で十分に議論される；House, 1981も参照）。対人関係尺度の得点分布をもとに「低群」または「高群」に分類された調査参加者を比較する統計的手法では，低群に真の社会的孤立者が含まれていない限り，上記のような問題を解決することはできない（Finney et al., 1984を参照）。社会的に孤立した人と実際に接触したり，調査研究に勧誘したりすることが難しいために，こうした問題は，将来の研究においても，解決することは容易ではない。しかし，ポジティブとネガティブの2種類の相互作用の影響力について考察する際には，不完全なサンプリングによる潜在的制約を考慮すべきである。

ポジティブな相互作用とネガティブな相互作用の測定

●領域選択の妥当性

従来の研究で取り上げられているポジティブな相互作用とネガティブな相互作用の領域の妥当性は，ネガティブ性効果に関する研究結果に対して重要な意味を持つ。表9-1は，2つの各領域で取り上げ得る相互作用の範囲を示している（この表は深刻な脅威や暴力を含んでいない。なぜなら，先述したように，この章は，主として，ありふれたネガティブな相互作用に焦点を当てているからである）。従来の多くの研究は，ネガティブな相互作用をかなり幅広く網羅し，多数のネガティブな相互作用を検討しているようである。対照的に，ポジティブな相互作用の測定範囲は狭い。表9-

表9-1　ポジティブな相互作用とネガティブな相互作用の例

ポジティブな相互作用	ネガティブな相互作用
情緒的サポート	サポートの拒否
評価的サポート	批判
情報的サポート	拒否
道具的サポート	だましまたは裏切り
＊愛情または親密性	要求または支配
＊共有活動	干渉
＊会話またはユーモア	利己的利用

注：（アスタリスクのついた）ポジティブな相互作用は，測定尺度から省かれることが多い。

1に示されているように，情緒的・道具的サポートが取り上げられることが多く，共有活動や単純な交友は取り上げられることがほとんどない。愉快で楽しい相互作用は，健康や心理的安寧に対する影響にかかわらず，重要である（たとえば，Bolger & Eckenrode, 1991; Buunk, 1990; Rook, 1987; Thompson et al., 1993）。また，そうした相互作用を省略することは，ポジティブな相互作用の影響を過小評価する研究結果を生み出すことにもなる。

● 強　度

ポジティブとネガティブの2種類の相互作用の影響力を適切に評価するためには，測定される2つの相互作用がほぼ等しい強度である必要がある。非常にネガティブな相互作用（たとえば，人前での冷笑）と中程度にポジティブな相互作用（たとえば，問題解決に向けた議論）の比較によって得られたネガティブ性効果に関する研究結果は，とくに注目に値すべきものではない。このような比較は，明らかに，ネガティブな相互作用が心理的安寧に対してより重要であるという結論を生み出しやすい。ポジティブな刺激とネガティブな刺激の各強度は，ネガティブ性効果を見いだした別の研究，たとえば対人認知研究（Wojciszke et al., 1993）などでは重要な課題であった。しかし，対人関係に関する研究ではそうではなかった。従来の研究では，測定されるポジティブな相互作用とネガティブな相互作用の強度の系統的な相異に悩まされることは少なかったように思われる。しかし，この課題は，多かれ少なかれこれまで存在していた可能性があり，今後，警戒を要する。

印象形成や意思決定の研究においても，ネガティブ性効果が見いだされているが，興味深いことに，それらの研究では，ネガティブな刺激の過剰な効果は強度のみが原因でないことが明らかにされている（Skowronski & Carlston, 1989）。すなわち，ネガティブな刺激は，強度とは無関係な影響力を持っている。このことは，対人関係の領域においても当てはまる可能性がある（Berscheid, 1983を参照）。しかし，測定されるポジティブとネガティブの2種類の相互作用の強度に対してさらなる注意を向けるようにしなければ，その可能性を検討することは難しい。ポジティブな相互作用とネガティブな相互作用の強度を等しくしようとする取り組みは，測定がある種の並行論に従ったものでなくてはならないということを意味するものではない。そうした並行論は見せかけであり，本書の複数の章で紹介されているような「非常にネガティブ」な経験を過大評価するものである。強度の等しい測度を作成するにはあまりにも制限が多いということであれば，ポジティブとネガティブの各相互作用の得点を分析のために合計したり，それら2つの相互作用の相対的な影響力を分析によって検討したりするときに，強度に対してより注意を払うことによって，その課題に対処することができる。

● 時間枠

ポジティブとネガティブの各相互作用の尺度で明示または暗示されている時間枠も，ネガティブ性効果に関する研究結果に影響を与える可能性がある。たとえば，以下のような教示文で示される2つの異なる時間枠について考えてみよう。1つは，「ここ1週間で，あなたが助けを必要としているときに，忙しくて助ける余裕がなかったり，言い逃れをしたりした人はいましたか？」。もう1つは，「あなたが助けを必要としているときに，忙しくて助ける余裕がなさそうな人や言い逃れをしそうな人はいますか？」。後者の教示文は，前者とは異なり，慢性的あるいは再発的な無視を表わしている。ポジティブな相互作用を測定するときの教示文が個別の出来事や相互作用を表わしている一方で，ネガティブな相互作用を測定するときの教示文が慢性的あるいは再発的な相互作用を表わしている場合には，深刻な問題が生じる。この場合，明らかに，ネガティブ性効果が生じやすい。

ポジティブな相互作用が潜在的な相互作用で測定され，ネガティブな相互作用が実際の相互作用で測定される場合にも，同じような問題が生じる (たとえば，Lepore, 1992; Rook, 1984)。この章で議論される研究が測定しているポジティブな相互作用の多くは，さまざまな種類のソーシャルサポートに対する調査参加者の利用可能性である (要点は後節で十分に議論される)。結果として，教示文は，調査参加者に対して，必要なときに援助を求めることができる人を想像させるような形で示されることが多い。たとえば，調査参加者は，「個人的な問題を相談する必要があるときに，頼れる人はいますか？」と質問される。対照的に，ネガティブな相互作用を測定するときの教示文は，進行している相互作用を表わしていることが多い (たとえば，「あなたが必要なときに援助を提供するのを拒否する人はいますか？」)。行われる可能性のある相互作用は，実際に行われる相互作用と比べると，心理的安寧に対する効果はより小さい (知覚されたサポートと実行されたサポートの健康に対する効果に関する別の見方については，Sarason et al., 1990; Sarason et al., 1987; Turner, 1992を参照)。

ポジティブな相互作用とネガティブな相互作用を測定するときの教示文の表現における上記のような系統だった非対称性は，2種類の相互作用の影響力を比較する分析の妥当性を低下させる。こうした非対称性は，従来の研究では重要な課題であるとは思われていなかったようである。しかし，それは，多かれ少なかれこれまで存在していたと考えられ，ネガティブ性効果を増大させる一因となっていた可能性がある。

結果変数の測定

● 次　元

ポジティブな相互作用とネガティブな相互作用の相対的な重要性を公正に検討するためには，それらの相互作用の影響力を評価する際に使用される結果変数の選択にも

注意を向ける必要がある。多くの研究では，抑うつや不安といった精神的苦悩を反映した結果変数が使用されてきた（Abbey et al., 1985; Finch & Zautra, 1992; Fiore et al., 1983; Kiecott-Glaser et al., 1988; Lepore, 1992; Pagel et al., 1987; Revenson et al., 1991; Schuster et al., 1990）。対照的に，心理的安寧の2要因仮説の提唱者は，精神的健康のポジティブな次元とネガティブな次元を基本的に区別すべきであると主張している（たとえば，Diener, 1984; Lawton, 1983; Zautra & Reich, 1983）。すなわち，これらの理論家は，精神的健康は苦悩がない状態だけではないと主張している。さらに，彼らは，異なる要因が精神的健康のポジティブな次元とネガティブな次元にそれぞれ影響を与えていると論じている（Lawton, 1983; Zautra & Reich, 1983）。たとえば，幸福感を高める要因は，抑うつを低減させる要因とは異なる可能性がある。何人かの研究者は，こうした理論をもとに，ポジティブな相互作用とネガティブな相互作用は，異なる次元の精神的健康がなければ，それぞれ同程度に重要であるだろうという仮説を立てた（Finch et al., 1989; Ingersoll-Dayton et al., 1997）。とりわけ，彼らは，ポジティブとネガティブの各相互作用は，対応する精神的健康の次元とそれぞれ関連するであろうと考えた。すなわち，ポジティブな相互作用はポジティブな感情を予測し，ネガティブな相互作用はネガティブな感情を予測するということである（**結果特有効果**）。こうした観点から考えると，対人関係における相互作用を精神的健康のネガティブな次元にのみ関連づける研究は，ネガティブ性効果の過大評価を引き起こしやすいといえる。

　ポジティブな相互作用とネガティブな相互作用の影響力を比較する際に，上記の区別を取り入れている研究はほんのわずかである。それらの研究は，一貫しない結果を見いだしている（Finch et al., 1989; Ingersoll-Dayton et al., 1997）。Ingersoll-Daytonらは，ある国の50歳以上の成人集団から得られたデータを分析した。そのデータには，ポジティブな相互作用，ネガティブな相互作用，ポジティブな感情，ネガティブな感情に関する調査参加者の回答が含まれていた。調査参加者の人口統計学的変数と健康状態を統制した分析の結果，（予測されたとおり）ポジティブな相互作用はポジティブな感情と関連しており，ネガティブな感情とは関連がなかった。ネガティブな相互作用に関しては，逆の結果が見いだされた。すなわち，ネガティブな相互作用はネガティブな感情と関連しており，ポジティブな感情とは関連がなかった。

　Finchらの研究（Finch et al., 1989）では，老人を対象にして，ポジティブな相互作用，ネガティブな相互作用，適応の2側面である精神的健康（知覚された生活の質）と心理的苦悩（精神科的症状）が測定されたが，分析結果はいくぶん異なるものであった。彼らは，ポジティブな相互作用が精神的健康と関連し，ネガティブな相互作用が心理的苦悩と関連するであろうと予測した。分析の結果，彼らの予測は部分的にのみ支持された。ポジティブな相互作用は精神的健康とだけ関連していたが，ネガティブな相互作用は精神的健康と心理的苦悩の両方と関連していた。Finchらは，ネガティブな

相互作用は，個人にとって非常に重大であるため，その効果はさまざまな精神領域にわたって拡がると結論づけた（**クロスオーバー効果**）。

ネガティブ性効果，結果特有効果，クロスオーバー効果のいずれが起こることが多いかを検討するには（Rook, 1992b），ポジティブな相互作用とネガティブな相互作用に加えて，ポジティブな次元とネガティブな次元の精神的健康が測定されなければならない。これまでのところ，こうした条件に適合した研究は，非常に数が少ない。

区別された精神的健康概念の使用によって，ポジティブな相互作用とネガティブな相互作用の相対的重要性を公正に検討できるという指摘は，精神的健康のポジティブな次元とネガティブな次元を区別することだけに限定される必要はなく，むしろ，これら2つの広範な次元内での区別にも拡張され得る。たとえば，何人かの研究者は，課題焦点型サポート（個人的な悩みに対する有益なアドバイスなど）は，苦悩の緩和を反映する結果変数（不安の低下）や自己評価の維持と最も強く関連するであろうと主張している（たとえば，Felton & Berry, 1992; Wills, 1985）。FeltonとBerry（1992）は，そうした課題焦点型サポートは，「補償的機能，あるいは，ストレス状況やそうした状況に付随しやすいネガティブな感情を相殺する機能」を持つと述べている (p.96)。対照的に，共有活動やその他の交友の役割は，補償的な機能を持っていない。交友は，生活満足感，幸福感，その他のポジティブな結果変数を維持したり，高めたりすることにおいてとくに重要なのであろう（Argyle, 1987; Rook, 1987）。より一般的には，精神的健康変数の理論的に確定された区別は，対人関係における相互作用と精神的健康との関連に関するより複雑な予測の基礎となる。それらの予測は，ポジティブ性効果とネガティブ性効果をより公正に評価する研究の実施につながるであろう。

●安定性

測定される結果変数の安定性も，これまでの研究結果に対して重要な意味を持つ。多くの人は時間の経過にともなってほんのわずかな精神的健康の変化しか示さないという証拠がある（たとえば，Costa et al., 1987; Monroe & Johnson, 1992）。つまり，個人の精神的健康は，一般的には，かなり安定した平均レベルの周辺をわずかに変動するだけである。ある研究者は，このような比較的安定した個人の精神的健康レベルは，ごく少数の心理的苦悩の症状にしか見られないと考え，また別の研究者は，多数の慢性的苦悩の症状で見られると考えている。アタッチメント理論家（Bowlby, 1969）や他の研究者（たとえば，Sarason et al., 1990; Sullivan, 1953）が指摘しているとおり，幼少期におけるサポートの利用可能性は，個人の精神的健康の平均レベルを決定する一因となっているであろう。対照的に，ネガティブな相互作用は，精神的健康の平均レベル周辺の変動を説明する上で非常に大きな役割を持っていると考えられる。もしそうであるならば，この章で議論される主要な研究手法は，援助的な関係が持つ発達的に重要な安

定化機能を追跡するのには不十分であるといえる。

　さらには，測定される臨床的結果変数のいくつか（たとえば，抑うつ）は，始まり，進展，悪化，軽快，再発といった多様な軌跡を描く（Monroe & Johnson, 1992）。それらは，一時点における精神的健康尺度の得点には反映されない。すなわち，ある2人の人の得点が同じであったとしても，その2つの得点は，質的に異なる多数の状態のいずれかをそれぞれ示している。たとえば，CES-D（the Center for Epidemiological Studies-Depression sale: Radloff, 1977）のような幅広く利用されている抑うつ尺度における25点は，臨床的に重大な抑うつ状態であることを示していると考えられている。しかし，そのような得点だけでは，現在の状態が，病気の初発なのか，あるいは再発なのか，すでに罹っている病気の軽快なのか，あるいは悪化なのかを知ることは不可能である。ポジティブな相互作用とネガティブな相互作用は，精神的疾病の始まりか維持かのどちらかに対して重要である可能性がある。しかし，本章で議論される主要な研究手法は，新たに病気に罹った人と以前から病気に罹っている人を区別せずに一緒くたにしているため，上記のような相互作用特有の役割（Monroe & Johnson, 1992）を明らかにすることはできないであろう。すなわち，測定される精神的健康変数の持続性や安定性，時間経過による精神的健康状態の変化の意味により注意を払うことで，精神的健康に対するポジティブとネガティブの各相互作用の相対的な重要性に関して異なる結果が見いだされる可能性がある（身体的疾患の経過の各時点で相互作用が果たす役割における同様の課題についての議論は，Cohen, 1988を参照）。

データの分析と結果の解釈

●非線型関係

　これまでほとんど注意が向けられていなかったデータ分析に関する重要な課題は，測定される精神的健康変数とポジティブまたはネガティブな相互作用のいずれかとの関係が非線型関係である可能性があるということである（Veiel, 1992）。何人かのサポート研究者は，サポートと精神的健康との関係を非線型関係としてとらえて検討すべきであると主張している。なぜならば，サポート関係を持っていない人と，少なくともひとつのサポート関係を持っている人を比較した際に，最も大きなサポートの効果が見いだされるからである（Coyne & DeLongis, 1986; House, 1981; Kahn & Antonucci, 1980）。すなわち，それ以上サポートが増加しても個人の精神的健康にほとんど影響を与えないような臨界閾値が存在する可能性がある。このことは，ポジティブな相互作用と精神的健康との間に単純な線型関係を仮定する従来の予測とは対照的である。同様の臨界閾値は，（不確実ではあるが）ネガティブな相互作用の影響に対しても想定することができる。すなわち，ネガティブな関係をまったく（またはごく少数しか）持っていない人と，1つ（またはそれ以上）のネガティブな関係を持っている人を比較した

際に，精神的健康の相異が最も顕著に表われるであろう。

上記のような非線型関係を検討した研究はほとんどない (Finch & Zautra, 1992)。このことは，非常に気がかりである。なぜならば，各研究者が報告している対象集団におけるポジティブとネガティブの各相互作用の分布を見ると，かなりの数の調査参加者がネガティブな相互作用がないと回答しているからである。たとえば，老人を対象としたいくつかの研究では，25〜30％もの参加者が，ネットワーク内のメンバーとネガティブな相互作用をしていないと回答している（たとえば，Rook, 1984）。対照的に，ポジティブな相互作用をしていないと回答している参加者はきわめて少数である。その他の研究でも，58％以上もの参加者がネガティブな相互作用がないと回答しているように (Okun et al., 1990)，非常に高い数値が報告されている。

ポジティブとネガティブの各相互作用の下端で参加者を分類した際に生じる上記のような相異によって，ネガティブな相互作用が精神的健康に対してより大きな影響を与えるという知見は，部分的には説明可能であろう。すなわち，上記の研究で収集されたデータは，ネガティブな相互作用に対する臨界閾値を（それが存在する限りでは）含んでいたと考えられる。一方で，ポジティブな相互作用に対する臨界閾値は含まれていなかったと考えられる。もしそうであるならば，このことは，ネガティブな相互作用の重要性を決して反証はしないが，ネガティブな相互作用がポジティブティな相互作用よりもより大きな影響力を持つという仮説に対して疑問を投げかけるであろう。

●累積効果

もう1つの重要な分析上の課題は，ポジティブ性効果とネガティブ性効果を検討する際に算出される回帰係数の解釈である。ネガティブな相互作用と測定される結果変数との間の回帰係数が，ポジティブな相互作用とその結果変数との間の回帰係数よりも有意に大きい場合に，ネガティブ性効果が存在すると通常は見なされる。こうした結果は，ネガティブな相互作用がポジティブな相互作用よりもより大きな影響力を持つと解釈される（つまり，ネガティブ性効果が存在する）。しかし，Morganと Schuster (1992) が最近指摘しているとおり，それらの回帰係数は，本来は，ネガティブな相互作用の追加とポジティブな相互作用の追加が精神的健康に与える平均的な影響を示している。多くの研究において，ネガティブな相互作用の追加による増分効果は，ポジティブな相互作用の追加による増分効果よりも大きくなっているが，先述したとおり，大多数の回答者は，ネガティブな相互作用がほとんどなく，ポジティブな相互作用が多いと報告している (Finch et al., 1989; Revenson et al., 1991; Rook, 1984; Schuster et al., 1990)。すなわち，ポジティブな相互作用の累積効果は，ネガティブな相互作用の累積効果よりも大きい可能性がある。このことは，ポジティブな相互作用が，

比較的弱い個々の（相互作用ごとの）効果を相殺するほど十分に数が多い場合に，当てはまるであろう。VinokurとVan Ryn (1993) は，この点に関して，「侵害行動の強力で不安定な効果と比べると，援助行動の効果は，弱いが安定しているようである」と述べている (p.350)。

MorganとSchuster (1992) は，複数の研究の回帰分析結果を再分析した。その結果，個々の効果は弱いが多数存在するポジティブな相互作用の累積効果を考慮すると，ネガティブ性効果として当初解釈されていた結果は，実際には，ポジティブ性効果を示す結果であることが明らかになった。現象学的観点から考えると，このことは以下のような意味を持つと思われる。ネガティブな相互作用が起こったときには，それらは，ポジティブな相互作用よりも協力で際だっているであろう (Rook & Pietromonaco, 1987)。しかし，ネガティブな相互作用がたび重なった場合には，それらが頻繁に起こるものではないからこそ，精神的健康に対してあまり重要ではなくなるだろう。すなわち，強力ではあるがめったに起こらないネガティブな相互作用は，比較的弱いが頻繁に起こるポジティブな相互作用よりも，精神的健康に対する累積効果が小さいと考えられる。このことは，従来の回帰分析によって得られるネガティブ性効果を解釈する際には，より慎重なる必要があることを示している。

ネガティブな相互作用の有害な効果を相殺するためには，どれくらいの量のポジティブな相互作用が必要であるかということは，非常に興味深い問題である。Gottman (1994) は，夫婦間の相互作用に関する彼自身の広範な研究をもとに，以下のことを指摘している。夫婦は，結婚満足感を維持するために，1つのネガティブな相互作用につき少なくとも5つのポジティブな相互作用という割合で行動する必要がある。結婚満足感が低い夫婦では，1つのネガティブな相互作用につき1つのポジティブな相互作用という割合となっていることが多かった (Gottman, 1994)。本書のいくつかの章では，明らかにネガティブな相互作用でさえも，時には，そのネガティブな相互作用や関係それ自体を持続させる機能を持つ場合があることが指摘されているが（たとえば，Le Poire et al., 原書第6章; Segrin, 本書第8章），快感情を生じさせる報酬やコストを相殺する報酬が非常に少ない対人関係は崩壊しやすい (Carstensen, 1993; Thibaut & Kelley, 1959)。

●時間経過にともなう影響力

最後に述べる分析上の課題は，時間経過にともなうネガティブとポジティブの各相互作用の相対的な影響力である。ネガティブな相互作用はポジティブな相互作用よりも精神的健康に対してより重要であるという研究者の指摘には，ネガティブな相互作用のより大きな影響が長期にわたって持続するという意味も含まれている。すなわち，図9-1の上側に示されているとおり，ネガティブな相互作用は精神的健康を変化させる効果が大きく，その効果は長期にわたって持続すると考えられている。（仮想デ

長期にわたって持続するネガティブな相互作用の効果

（縦軸：効果の大きさ、横軸：相互作用前／相互作用／相互作用後）
—— ポジティブな相互作用　　‥‥ ネガティブな相互作用

長期にわたって持続するポジティブな相互作用の効果

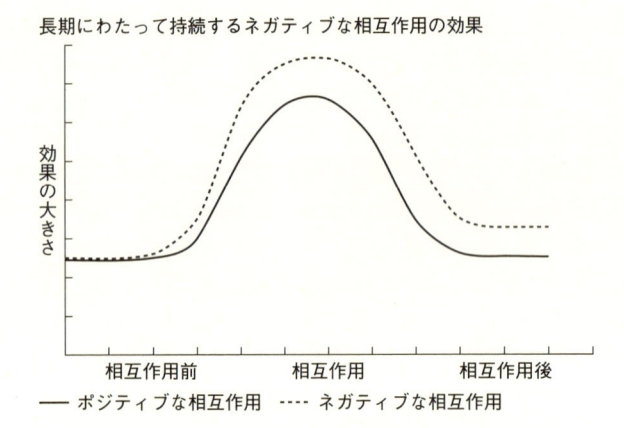

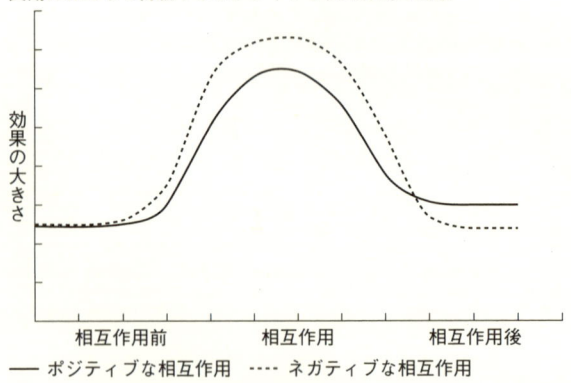

（縦軸：効果の大きさ、横軸：相互作用前／相互作用／相互作用後）
—— ポジティブな相互作用　　‥‥ ネガティブな相互作用

図9-1　時間経過にともなうポジティブとネガティブの各相互作用の相対的な影響力に関する2つのモデル

ータを示した）この図では，点線の曲線によって，ネガティブな相互作用は，ポジティブな相互作用よりも，精神的健康をより大きく変化させる効果を持っており，その効果は長期にわたって持続するということが示されている。しかし，ネガティブな相互作用が短期間においてのみより大きな影響を持つという可能性も考えられる（たとえば，Vinokur & Van Ryn, 1993）。この可能性は，図9-1の下側に示されている。このモデルでは，ネガティブな相互作用は，ポジティブな相互作用よりも，より大きな初期効果を持つ。しかし，ネガティブな相互作用の効果は，時間の経過にともなって劇的に衰退する。この2番目のモデルは，時間経過にともなうポジティブな生活出来事とネガティブの生活出来事の影響を検討したTaylor（1991）の研究結果を反映している。彼女の主張によると，ネガティブな生活出来事は強い初期心理反応を引き起こす

が，その出来事の影響を小さくしたり，消失させたりする方法が積極的に探索されるにつれて，それ以降，強い初期心理反応は徐々に弱まっていく。同様の減衰プロセスはポジティブな出来事には適用されない。したがって，ポジティブな出来事の長期的な影響力は間違いなく大きい。

ポジティブとネガティブの各相互作用の短期的効果と長期的効果を明確に比較した縦断的研究が実質的に不足しているために，これら2つの競合するモデルを評価することは難しい。LewisとRook (1991) は，ある成人集団から1年にわたって得られたデータを分析して，ネガティブな相互作用がより大きな短期的効果を持ち，ポジティブな相互作用がより大きな長期的な効果を持つという仮説をひとまず支持する結果を得た。一方，FinchとZautra (1992) は，数か月にわたる研究から，ネガティブな相互作用が短期的にも長期的にも大きな効果を持つという仮説を支持する結果を見いだした。VinokurとVan Ryn (1993) は，失業者を対象とした大規模な研究を行い，ネガティブな相互作用が調査参加者のベースライン時点の精神的健康に強力で有害な影響を与えること，そして，ネガティブな相互作用の減少は，2か月後と4か月後の精神的健康の改善と関連があることを明らかにした。彼らの研究では，ポジティブな相互作用は，ベースライン時点の精神的健康とのみ関連していた。

以上のように，入手できるデータは限られており，結果も一貫していない。しかし，ネガティブ性効果が，ポジティブとネガティブの各相互作用と精神的健康との同一時点での関連を検討してきた研究において，頻繁に実証されてきたということを心にとどめておくことは重要である。これらの横断的手法は，初期のネガティブ性効果は検討できるが，そうした効果が時間経過にともなって減少するかどうか，あるいはどれくらい早く減少するかを明らかにすることはできない。結果的に，従来の研究において横断的手法が優勢であったことは，ネガティブ性効果に関する結果を増大させやすかった可能性が高い。

提言と結論

この章で議論されてきた研究は，対人関係の「良い」側面と（「卑劣」ではないが）「悪い」側面が精神的健康に対して，結局のところ，どのような影響を与えるのかという問題に関心を向けている。この問題への関心は，一部には，健康に対する対人関係の効果を検討した研究に見られる明らかな矛盾によって，かき立てられてきた。親密な関係が健康や心理的安寧に影響を与えたり，それらにとって重要でさえあり得るということを示した研究 (Baumeister & Leary, 1995; House et al., 1988) がある一方で，親密な関係のネガティブな側面がポジティブな側面を打ち消したり，それらより影響力が強い傾向があることを示した研究 (Rook, 1992a) もある。この章で提示されてきた

議論が正しいならば,後者の見解は,これまでほとんど注意が払われてこなかったいくつかの方法論的制約を有する実証的基盤のもとで形成されていることになる。とりわけ,ネガティブ性効果に関する結果は,別の研究 (Cacioppo et al., 1997; Kahneman & Tversky, 1984; Kanouse & Hanson, 1972) における類似した結果との関連や意義は興味深いが,過大評価されてきた可能性がある。ネガティブな相互作用が実質的に精神的健康を低下させるという見解は,これまでに十分実証されてきた。一方,ネガティブな相互作用が一般的にポジティブな相互作用よりも精神的健康にとってより重要であるという見解は,さらに強い実証的な支持を必要とするようである。

方法論的制約に関する本章での議論から,将来の研究に向けて,いくつかの提言が得られる。第1に,サンプリング方法が生活ストレスや対人関係の得点分布に与える影響に注意を払うべきである。第2に,測定されるポジティブとネガティブの2種類の相互作用が,それぞれ適切な領域を含み,おおむね強度が等しく,同じ時間枠を示すものでなくてはならない。第3に,測定される精神的健康の結果変数が,精神的健康の内容を区別する見方や測定される結果変数の時間的進行に対する認識を反映したものでなくてはならない。第4に,データ分析や結果の解釈では,非線型関係の可能性を精査し,増分効果と累積効果の違いを認識し,短期効果と長期効果を区別しなくてはならない。こうした方法論的課題に注意を向けることで,ネガティブな相互作用が重大な心理的苦悩を引き起こすという結論が覆る可能性は低い。しかし,そうした注意を向けることで,ポジティブな相互作用とネガティブな相互作用の相対的な重要性について,より適切な結論を導く基礎が提供されることになるであろう。

これらの提言は,限られた範囲の研究を方法論的に眺めることで得られたものである。本書の他章で紹介されている見解や洞察をもとに,それらをじっくりと推敲することも可能である。本書の各章にわたって,多くの興味深いテーマが取り上げられている。それらは,ポジティブとネガティブの2種類の相互作用をめぐる対人関係のダイナミクス,個人差,認知行動プロセスについて理解を広めるためのいくつかの方向性を示している。たとえば,初期の魅力のもととなる特性や行動の多くが,後の葛藤や嫌悪の種を含んでいるという皮肉 (Bratslavsky et al., 本書第7章; Felmlee, 本書第1章) は,この章では,ほとんど検討されていない。初期の調和から後の不和や不満足に至るプロセスには,本書で詳細に議論されているような,弁証法的緊張,矛盾,曖昧さ,認知やコミュニケーションのゆがみなどが含まれている (LePoire et al., 原書第6章; Sillars, 原書第3章; Spitzberg & Cupach, 本書序章)。また,そうしたプロセスでは,問題のある行動が,単にいらいらするものから,ひどく心をかき乱したり,時として脅威を感じるものへと変容することも考えられる (Cupach & Spitzberg, 本書第5章)。この他にも,さらなる研究の方向性が,本書の執筆者らによって示されている。彼らは,見たところ

第9章　対人関係のポジティブな側面とネガティブな側面の検討：ダークなレンズを通して？　243

非機能的な相互作用が，（必ずしも適応的ではないが）対人関係やグループできちんと機能することを見いだした (Guerrero & Andersen, 本書第2章; Le Poire et al., 原書第6章; Segrin, 本書第8章)。結果として，非機能的な相互作用は，強化され，持続していく。また，そうした相互作用を変えようとすると，抵抗にあうことが多い (Le Poire et al., 原書第6章; Segrin, 本書第8章)。非機能的な相互作用と精神疾患 (Segrin, 本書第8章)，コミュニケーションのゆがみと心理的苦悩 (Sillars, 原書第3章) などの関係に見られる双方向的特徴は，この章ではほとんど議論されていない。いくつかの章では，歴史的・文化的文脈が，親密な関係で生じる問題行動のとらえ方や対処方法に影響を与えるということが示されている (Bratslavsky et al., 本書第7章; Guerro & Anderson, 本書第2章; Spitzberg & Cupach, 本書序章)。本書の各章は，対人関係のネガティブな側面に関する現在の理解を格段に高めるものであり，また，そうした理解をわれわれが今後どのように広げていけばよいかを明示している。

引用文献

〈序　章〉
Adams, R. M. (1977). *Bad mouth: Fugitive papers on the dark side.* Berkeley: University of California Press.
Allan, K., & Burridge, K. (1991). *Euphemism and dysphemism: Language used as shield and weapon.* New York: Oxford University Press.
Altman, I. (1993). Challenges and opportunities of a transactional world view. Case study of contemporary Mormon polygynous families. *American Journal of Community Psychology*, **21**, 135-163.
Anders, T. (1994). *The evolution of evil.* Chicago: Open Court.
Averill, J. R. (1993). Illusions of anger. In R. B. Felson & J. T. Tedeschi (Eds.), *Aggression and violence: Social interactionist perspectives* (pp. 171-193). Washington, DC: American Psychological Association.
Barnes, J. A. (1994). *A pack of lies: Towards a sociology of lying.* Cambridge, England: Cambridge University Press.
Batsche, G. M., & Knoff, H. M. (1994). Bullies and their victims: Understanding a pervasive problem in the schools. *School Psychology Review*, **23**, 165-174.
Baumeister, R. F. (1997). *Evil: Inside human violence and cruelty.* New York: W. H. Freeman.
Baumeister, R. F., Smart, L., & Boden, J. M. (1996). Relation of threatened egotism to violence and aggression: The dark side of high self-esteem. *Psychological Review*, **103**, 5-33.
Bavelas, J. B., Black, A., Chovil, N., & Mullett, J. (1990). *Equivocal communication.* Newbury Park, CA: Sage.
Becker, E. (1968). *The structure of evil.* New York: George Braziller.
Bergmann, J. R. (1993). *Discreet indiscretions: The social organization of gossip* (J. Bednarz, Jr., Trans.). New York: Aldine De Gruyter.
Berke, J. H. (1988). *The tyranny of malice: Exploring the dark side of culture.* New York: Summit Books.
Bernstein, J. Y., & Watson, M. W. (1997). Children who are targets of bullying: A victim pattern. *Journal of Interpersonal Violence*, **12**, 483-498.
Blount, F. (1982). *The subversive family: An alternative history of love and marriage.* London: Jonathan Cape.
Bochner, A. P. (1982). On the efficacy of openness. In M. Burgoon (Ed.), *Communication yearbook 5* (pp. 109-124). New Brunswick, NJ: Transaction/International Communication Association.
Burgoon, M. (1995). A kinder, gentler discipline: Feeling good about being mediocre. In B. R. Burleson (Ed.), *Communication yearbook 18* (pp. 480-497). Thousand Oaks, CA: Sage.
Canary, D. J., Spitzberg, B. H., & Semic, B. A. (1998). The experience and expression of anger in interpersonal settings. In P. A. Andersen & L. K. Guerrero (Eds.), *Handbook of communication and emotion* (pp. 189-213). San Diego, CA: Academic Press.
Cerullo, K. A. (1988). What's wrong with this picture? Enhancing communication through distortion. *Communication Research*, **15**, 93-101.
Chancer, L. S. (1992). *Sadomasochism in everyday life: The dynamics of power and powerlessness.* New Brunswick, NJ: Rutgers University Press.
Charny, I. W. (1996). Evil in human personality: Disorders of doing harm to others in family relationships. In F. W. Kaslow (Ed.), *Handbook of relational diagnosis and dysfunctional family patterns* (pp. 477-495). New York: Wiley.
Conger, J. A. (1990). The dark side of leadership. *Organizational Dynamics*, **19**, 44-55.
Connell, A., & Farrington, D. P. (1996). Bullying among incarcerated young offenders: Developing an interview schedule and some preliminary results. *Journal of Adolescence*, **19**, 75-93.
Coupland, N., Wiemann, J. M., & Giles, H. (1991). Talk as "problem" and communication as "miscommunication": An integrative analysis. *"Miscommunication" and problematic talk* (pp. 1-17). Newbury Park: Sage.
Crant, J. M. (1996). Doing more harm than good: When is impression management likely to evoke a negative response? *Journal of Applied Social Psychology*, **26**, 1454-1471.
Cupach, W. R., & Spitzberg, B. H. (Eds.). (1994). *The dark side of interpersonal communication.* Hillsdale, NJ: Lawrence Erlbaum Associates.
DePaulo, B. M., Kashy, D. A., Kirkendol, S. E., Wyer, M. M., & Epstein, J. A. (1996). Lying in everyday life. *Journal of Personality and Social Psychology*, **70**, 979-995.
Duck, S. (1994). Stratagems, spoils, and a serpent's tooth: On the delights and dilemmas of personal relationships. In

W. R. Cupach & B. H. Spitzberg (Eds.), *The dark side of interpersonal communication* (pp. 3–24). Hillsdale, NJ: Lawrence Erlbaum Associates.

Duck, S., & Wood, J. T. (1995). For better, for worse, for richer, for poorer: The rough and the smooth of relationships. In S. Duck & J. T Wood (Eds.), *Confronting relationship challenges* (pp. 1–21). Thousand Oaks, CA: Sage.

Dundes, A. (1987). *Cracking jokes: Studies of sick humor cycles and stereotypes.* Berkeley, CA: Ten Speed Press.

Emmons, R. A. (1984). Factor analysis and construct validity of the narcissistic personality inventory. *Journal of Personality Assessment,* **48**, 291–300.

Ewart, C. K., Taylor, C. B., Kraemer, H. C. & Agras, W. S. (1991). High blood pressure and marital discord: Not being nasty matters more than being nice. *Health Psychology,* **10**, 155–163.

Fehr, B. (1996). *Friendship processes.* Thousand Oaks, CA: Sage.

Ferraro, K. J., & Johnson, J. M. (1983). How women experience battering: The process of victimization. *Social Problems,* **30**, 325–339.

Festinger, L., Riecken, H. W., & Schachter, S. (1956). *When prophecy fails.* Minneapolis: University of Minnesota Press.

Fillion, K. (1996). *Lip service: The truth about women's darker side in love, sex, and friendship.* New York: Harper Collins.

Finkelhor, D., Gelles, R. J., Hotaling, G. T., & Straus, M. A. (Eds.). (1983). *The dark side of families: Current family violence research.* Newbury Park, CA: Sage.

Fitness, J., & Fletcher, G. J. O. (1993). Love, hate, anger, and jealousy in close relationships: A prototype and cognitive appraisal analysis. *Journal of Personality and Social Psychology,* **65**, 942–958.

Fox, S. A., & Giles, H. (1996). Interability communication: Evaluating patronizing encounters. *Journal of Language and Social Psychology,* **15**, 265–290.

Fromm, E. (1973). *The anatomy of human destructiveness.* New York: Holt, Rinehart, & Winston.

Galanter, M. (1989). *Cults: Faith, healing, and coercion.* New York: Oxford University Press.

Gemen, J. (1997). Dangerous liaisons: On the systematic self-production of codependent identities. *Journal of Applied Communication Research,* **25**, 132–149.

Gilmore, D. D. (1987). *Aggression and community: Paradoxes of Andalusian culture.* New Haven, CT: Yale University Press.

Goffman, E. (1963). *Stigma: Notes on the management of spoiled identity.* Englewood Cliffs, NJ: Prentice-Hall.

Goldberg, J. G. (1993). *The dark side of love: The positive role of our negative feelings-anger, jealousy, and hate.* New York: Putnam.

Gustafson, S. B., & Ritzer, D. R. (1995). The dark side of normal: A psychopathy-linked pattern called aberrant self-promotion. *European Journal of Personality,* **9**, 147–183.

Harper, R. (1968). *The path of darkness.* Cleveland, OH: Case Western Reserve University Press.

Hirschman, D. O. (1981). *Essays in trespassing: Economics to politics and beyond.* Cambridge: Cambridge University Press.

Huston, M., & Schwartz, P. (1995). The relationships of lesbians and of gay men. In J. T. Wood & S. Duck (Eds.), *Under-studied relationships: Off the beaten track* (pp. 89–121). Thousand Oaks, CA: Sage.

Janeway, E. (1987). *Improper behavior.* New York: Morrow.

Jenkins, R. (1994). *Subversive laughter: The liberating power of comedy.* New York: The Free Press.

Kasson, J. F. (1990). *Rudeness and civility: Manners in nineteenth-century urban America.* New York: Hill and Wang.

Katz, J. (1988). *Seductions of crime: Moral and sensual attractions in doing evil.* New York: Basic Books.

Keiser, T. W., & Keiser, J. L. (1987). *The anatomy of illusion: Religious cults and destructive persuasion.* Springfield, IL: Thomas.

Keough, W. (1990). *Punchlines: The violence of American humor.* New York: Paragon House.

Kursh, C. O. (1971). The benefits of poor communication. *Psychoanalytic Review,* **58**, 189–208.

LaGaipa, J. J. (1990). The negative effects of informal support systems. In S. Duck (Ed.), *Personal relationships and social support* (pp. 122–139). Newbury Park, CA: Sage.

Landman, J. (1993). *Regret: The persistence of the possible.* New York: Oxford University Press.

Lannamann, J. W. (1991). Interpersonal communication research as ideological practice. *Communication Theory,* **3**, 179–203.

Levitt, M. J., Silver, M. E., & Franco, N. (1996). Troublesome relationships: A part of human experience. *Journal of*

Social and Personal Relationships, **13**, 523-536.
Long, G. M., & McNamara, J. R. (1989). Paradoxical punishment as it relates to the battered woman syndrome. *Behavior Modification*, **13**, 192-205.
Lyman, S. M., & Scott, M. B. (1970). *A sociology of the absurd*. New York: Meredith Corporation.
Makau, J. M. (1991). The principles of fidelity and veracity: Guidelines for ethical communication. In K. J. Greenberg (Ed.), *Conversations on communication ethics* (pp. 111-120). Norwood, NJ: Ablex.
Mandeville, B. (1732/1924). *The fable of the bees* (Part I, A search into the nature of society). London: Oxford University Press.
Marshall, L. L. (1994). Physical and psychological abuse. In W. R. Cupach & B. H. Spitzberg (Eds.), *The dark side of interpersonal communication* (pp. 281-312). Hillsdale, NJ: Lawrence Erlbaum Associates.
McMillen, C., Zuravin, S., & Rideout, G. (1995). Perceived benefit from child sexual abuse. *Journal of Consulting and Clinical Psychology*, **63**, 1037-1043.
Miller, R. S. (1996). *Embarrassment: Poise and peril in everyday life*. New York: Guilford.
Miller, W. I. (1993). *Humiliation, and other essays on honor, social discomfort, and violence*. Ithaca, NY Cornell University Press.
Moltz, D. (1992). Abuse and violence: The dark side of the family-An introduction. *Journal of Marital and Family Therapy*, **18**, 223.
Moore, T. (1994). *Dark eros: The imagination of sadism* (2nd ed.). Woodstock, CT Spring Publications.
Mortensen, C. D. (1997). *Miscommunication*. Thousand Oaks, CA: Sage.
Nyberg, D. (1993). *The varnished truth: Truth telling and deceiving in ordinary life*. Chicago: University of Chicago Press.
Palazzoli, M. S., Boscolo, L., Cecchin, G., & Prata, G. (1978). *Paradox and counterparadox: A new model in the therapy of the family in schizophrenic transaction*. New York: Aronson.
Parks, M. (1982). Ideology in interpersonal communication: Off the couch and into the world. In M. Burgoon (Ed.), *Communication yearbook 5* (pp. 79-108). New Brunswick, NJ: Transaction.
Parks, M. R. (1995). Ideology in interpersonal communication: Beyond the couches, talk shows, and bunkers. In B. R. Burleson (Ed.), *Communication yearbook/18* (pp. 480-497). Thousand Oaks, CA: Sage.
Payne, D. (1989). *Coping with failure: The therapeutic uses of rhetoric*. Columbia: University of South Carolina Press.
Peak, K. J. (1996). "Things fearful to name" An overview of sex crimes and perversions. *Journal of Contemporary Criminal Justice*, **12**, 204-214.
Phillips, G. M. (1991). *Communication incompetencies: A theory of training oral performance behavior*. Carbondale: Southern Illinois University Press.
Pines, A., & Aronson, E. (1983). Antecedents, correlates, and consequences of sexual jealousy. *Journal of Personality*, **51**, 108-136.
Poster, M. (1978). *Critical theory of the family*. New York: Seabury.
Pratt, A. R. (1994). *The dark side: Thoughts on the futility of life from the ancient Greeks to the present*. New York: Carol Publishing Group.
Putney, M. J. (1992). Welcome to the dark side. In J. A. Krantz (Ed.), *Dangerous men and adventurous women* (pp. 99-105). Philadelphia: University of Pennsylvania.
Rawlins, W. K. (1992). *Friendship matters: Communication, dialectics, and the life course*. New York: Aldine De Gruyter.
Rawlins, W. K. (1997). Review: The dark side of interpersonal communication. *Communication Theory*, **7**, 89-93.
Ray, E. B. (1993). When the links become chains: Considering dysfunctions of supportive communication in the workplace. *Communication Monographs*, **60**, 106-111.
Rodriquez, N., & Ryave, A. (1990). Telling lies in everyday life: Motivational and organizational consequences of sequential preferences. *Qualitative Sociology*, **13**, 195-210.
Rook, K. S. (1989). Strains in older adults' friendships. In R. G. Adams & R. Blieszner (Eds.), *Older adult friendship: Structure and process* (pp. 166-194). Newbury Park, CA: Sage.
Rook, K. S., & Pietromonaco, P. (1987). Close relationships: Ties that heal or ties that bind? In W H. Jones & D. Perlman (Eds.), *Advances in personal relationships* (Vol. 1, pp. 1-35). Greenwich, CT JAI.
Pope, A. (1733/1966). *Pope poetical works* (Essay on man, Epistle 1). Oxford: Oxford University Press.
Rosen, K. (1996). The ties that bind women to violent premarital relationships: Processes of seduction and entrapment. In D. D. Cahn & S. A. Lloyd (Eds.), *Family violence from a communication perspective* (pp. 151-

176). Thousand Oaks, CA: Sage.
Rue, L. (1994). *By the grace of guile: The role of deception in natural history and human affairs*. New York: Oxford University Press.
Sabini, J., & Silver, M. (1982). *Moralities of everyday life*. Oxford, England: Oxford University Press.
Schoeck, H. (1966). *Envy: A theory of social behavior* (M. Glenny & B. Ross, Trans.). New York: Harcout Brace.
Schotter, A. (1986). On the economic virtues of incompetency and dishonesty. In A. Diekmann & P. Mitter (Eds.), *Paradoxical effects of social behavior* (pp. 235–241). Heidelberg, Germany: Physics Verlag Heidelberg Wein.
Schoenewolf, G. (1991). *The art of hating*. Northvale, NJ: Aronson.
Sedikides, C., Oliver, M. B., & Campbell, W. K. (1994). Perceived benefits and costs of romantic relationships for women and men: Implications for exchange theory. *Personal Relationships*, **1**, 5–21.
Spitzberg, B. H. (1993). The dialectics of (in) competence. *Journal of Social and Personal Relationships*, **10**, 137–158.
Spitzberg, B. H. (1994a). The dark side of (in) competence. In W. R. Cupach & B. H. Spitzberg (Eds.), *The dark side of interpersonal communication* (pp. 25–49). Hillsdale, NJ: Lawrence Erlbaum Associates.
Spitzberg, B. H. (1994b). The dark side metaphor. *International Society for the Study of Personal Relationships Bulletin*, **11**, 8–9.
Spitzberg, B. H. (1997). Intimate violence. In W. R. Cupach & D. J. Canary (Eds.), *Competence in interpersonal conflict* (pp. 174–201). New York: McGraw-Hill.
Stearns, C. Z., & Stearns, P. N. (1986). *Anger: The struggle for emotional control in America's history*. Chicago: University of Chicago Press.
Stearns, P. N. (1989). *Jealousy: The evolution of an emotion in American history*. New York: New York University Press.
Tedeschi, J. T., & Felson, R. B. (1994). *Violence, aggression, and coercive actions*. Washington, DC: American Psychological Association.
Tedeschi, J. T., & Rosenfeld, P. (1980). Communication in bargaining and negotiation. In M. E. Roloff & G. R. Miller (Eds.), *Persuasion: New directions in theory and research* (pp. 225–248). Beverly Hills, CA: Sage.
Tooke, W., & Camire, L. (1991). Patterns of deception in intersexual and intrasexual mating strategies. *Ethology and Sociobiology*, **12**, 345–364.
Tseëlon, E. (1992). What is beautiful is bad: Physical attractiveness as stigma. *Journal for the Theory of Social Behavior*, **22**, 295–310.
Twitchell, J. B. (1989). *Preposterous violence: Fables of aggression in modern culture*. New York: Oxford University Press.
Volkan, V. D. (1988). *The need to have enemies and allies: From clinical practice to international relationships*. Northvale, NJ: Aronson.
Watson, L. (1995). *Dark nature: A natural history of evil*. New York: HarperCollins.
Watson, P. J., & Biderman, M. D. (1993). Narcissistic personality inventory factors, splitting, and self-consciousness. *Journal of Personality Assessment*, **61**, 41–57.
Weeks, G. R., & L'Abate, L. (1982). *Paradoxical psychotherapy: Theory and practice with individuals, couples, and families*. New York: Brunner/Mazel.
Wiseman, J. P. (1986). Friendship: Bonds and binds in a voluntary relationship. *Journal of Social and Personal Relationships*, **3**, 191–212.
Wojciszke, B. (1994). Multiple meanings of behavior: Construing actions in terms of competence or morality. *Journal of Personality and Social Psychology*, **67**, 222–232.

〈第1章〉
Altman, I., Vinsel, A., Brown, B. B. (1981). Dialectic conceptions in social psychology: An application to social penetration and privacy regulation. In L. Berkowitz (Ed.), *Advances in experimental social psychology* (Vol. 14, pp. 107–160). New York: Academic Press.
Aron, A., & Aron, E. (1986). *Love and the expansion of self: Understanding attraction and satisfaction*. New York: Hemisphere.
Aronson, E., & Worchel, S. (1966). Similarity versus liking as determinants of interpersonal attractiveness. *Journal of Abnormal and Social Psychology*, **59**, 177–181.
Baxter, L. A. (1986). Gender differences in the heterosexual relationship rules embedded in break-up accounts.

Journal of Social and Personal Relationships, **3**, 289-306.
Baxter, L. A., & Montgomery, B. M. (1996). *Relating: Dialogues and dialectics*. New York: Guilford.
Bell, R. A., Tremblay, S. W., & Buerkel-Rothfuss, N. L. (1987). Interpersonal attraction as a communication accomplishment: Development of a measure of affinity-seeking competence. *The Western Journal of Speech Communication*, **51**, 1-18.
Berscheid, E. (1983). Emotion. In H. H. Kelley, E. Berscheid, A. Christensen, J. H. Harvey, T. L. Huston, G. Lavinger, E. McClintock, L. A. Peplau, & D. R. Peterson (Eds.), *Close relationships* (pp.110-168). Beverly Hills, CA: Sage.
Burleson, B. R., & Denton, W. H. (1992). A new look at similarity and attraction in marriage: Similarities in social-cognitive and communication skills as predictors of attraction and satisfaction. *Communication Monographs*, **59**, 268-287.
Buss, D. M. (1994). *The evolution of desire*. New York: Basic Books.
Byrne, D. (1971). *The attraction paradigm*. New York: Academic Press.
Byrne, D., & Clore, G. L. (1970). A reinforcement model of evaluative processes. *Personality: An International Journal*, **1**, 103-128.
Cupach, W. R., & Metts, S. (1986). Accounts of relational dissolution: A comparison of marital and non-marital relationships. *Communication Monographs*, **53**, 311-334.
Duck, S. W. (1977). *The study of acquaintance*. Farnborough, UK: Saxon House.
Duck, S. W. (1982). A topography of relationship disengagement and dissolution. In S. Duck (Ed.), *Personal relationships. 4: Dissolving personal relationships* (pp. 1-30). New York: Academic Press.
Duck, S. W. (1994a). *Meaningful relationships: Talking, sense and relating*. Newbury Park, CA: Sage.
Duck, S. W. (1994b). Stratagems, spoils, and a serpent's tooth: On the delights and dilemmas of personal relationship. In B. H. Spitzberg & W. Cupach (Eds.) *The dark side of interpersonal communication* (pp. 3-24). Hillsdale, NJ: Lawrence Erlbaum Associates.
Eagly, A. H., Ashmore, R. D., Makhijani, M. G., & Longo, L. C. (1991). What is beautiful is good, but ... : A meta-analytic review of research on the physical attractiveness stereotype. *Psychological Bulletin*, **110**, 109-128.
Feingold, A. (1988). Matching for attractiveness in romantic partners and same-sex friends: A meta-analysis and theoretical critique. *Psychological Bulletin*, **104**, 226-235.
Feingold, A. (1990). Gender differences in effect of physical attractiveness on romantic attraction: A comparison across five research paradigms. *Journal of Personality and Social Psychology*, **59**, 981-993.
Feingold, A. (1992). Good-looking people are not we think. *Psychological Bulletin*, **111**, 304-341.
Felmlee, D. H. (1995). Fatal attractions: Affection and disaffection in intimate relationships. *Journal of Social and Personal Relationships*, **12**, 295-311.
Felmlee, D. H. (1998a). "Be careful what you wish for..." : A quantitative and qualitative investigation of "fatal attractions", *Personal Relationships*, **5**, 235-253.
Felmlee, D. H. (1998b). Fatal attractions: Contradictions in Intimate Relationships. In L. Harvey (Ed.), *Perspectives on loss: A handbook* (pp. 113-124). Philadelphia: Brunner/Mazel.
Felmlee, D. H., & Greenberg, D. F. (1996). *The couple as a dynamic system: A formal model*. Paper presented at the Annual Meetings of the American Sociological Association, New York, August.
Festinger, L. (1951). Architecture and group membership. *Journal of Social Issues*, **7**, 152-163.
Festinger, L. (1957). *A theory of cognitive dissonance*. New York: Harper & Row.
Freeman, H. R. (1985). Somatic attractiveness: As in other things, moderation is best. *Psychology of Women Quarterly*, **9**, 311-322.
Gold, J. A., Ryckman, R. M., & Mosley, N. R. (1984). Romantic mood induction and attraction to a dissimilar other: Is love blind? *Personality and Social Psychology Bulletin*, **10**, 358-368.
Goldberg, J. G. (1993). *The dark side of love*. New York: Putnam.
Goode, W. J. (1956). *After divorce*. New York: The Free Press.
Harvey, J. H., Orbuch, T. L., & Weber, A. L. (1992). *Attributions, accounts, and close relationships*. New York: Springer-Verlag.
Hatfield, E., & Rapson, R. L. (1993). *Love, sex, and intimacy: Their psychology, biology, and history*. New York: HarperCollins.
Hatfield, E., & Sprecher, S. (1986). *Mirror, mirror ... The importance of looks in everyday life*. Albany: State University of New York Press.
Hill, C. T., Rubin, Z., & Peplau, L. A. (1976). Breakups before marriage: The end of 103 affairs. *Journal of Social*

Issues, **32**, 147–168.

Huston, T. L., McHale, S. M., & Crouter, A. C. (1986). When the honeymoon is over: Changes in the marriage relationship over the first year. In R. Gilmour & S. Duck (Eds.), *The emerging field of personal relationships.* Hillsdale, NJ: Lawrence Erlbaum Associates.

Jackson, L. A., Hunter, J. E., & Hodge, C. N. (1995). Physical attractiveness and intellectual competence: A meta-analytic review. *Social Psychology Quarterly*, **58**, 108–122.

Jung, C. B. (1973). *Memories, dreams, reflections.* Edited by (A. Jaffe, Ed. & R. Winston and C. Winston, Trans.). New York: Pantheon.

Kerchoff, A. C. (1974). The social context of interpersonal attraction. In T. Huston (Ed.), *Foundations of interpersonal attraction* (pp. 61–78). New York: Academic Press.

Kerchoff, A. C., & Davis, K. E. (1962). Value consensus and need complementarity in mate selection. *American Sociological Review*, **27**, 295–303.

Lewis, R. A. (1973). A longitudinal test of a developmental framework for premarital dyadic formation. *Journal of Marriage and the Family*, **35**, 16–25.

Marshall, L. L. (1994). Physical and psychological abuse. In B. H. Spitzberg & W. Cupach (Eds.) *The dark side of interpersonal communication* (pp. 281–311). Hillsdale, NJ: Lawrence Erlbaum Associates.

McClanahan, K. K., Gold, J. A., Lenny, E., Ryckman, R. M., & Kulberg, G. E. (1990). Infatuation and attraction to a dissimilar other: Is love blind? *The Journal of Social Psychology*, **130**, 433–445.

Moore, T. (1992). *Care of the soul: A guide for cultivating depth and sacredness in everyday life.* New York: Pantheon.

Murstein, B. I. (1970). Stimulus-value-role: A theory of marital choice. *Journal of Marriage and the Family*, **32**, 465–481.

Neimeyer, G. J. (1984). Cognitive complexity and marital satisfaction. *Journal of Social and Clinical Psychology*, **2**, 258–263.

Newcomb, T. M. (1961). *The acquaintance process.* New York: Holt, Rinehart & Winston.

Purdum, T. S. (1996, May 19). Facets of Clinton. *New York Times Magazine*, pp. 36–41, 62.

Rosenbaum, M. E. (1986). The repulsion hypothesis: On the nondevelopment of relationships. *Journal of Personality and Social Psychology*, **51**, 1156–1166.

Smith, E. R., Byrne, D., & Fielding, D. (1995). Interpersonal attractions as a function of extreme gender role adherence. *Personal Relationships*, **2**, 161–172.

Snyder, C. R., & Fromkin, H. L. (1980). *Uniqueness: The Human Pursuit of difference.* New York: Plenum.

Spanier, G., & Thompson, L. (1984). *Parting: The aftermath of separation and divorce.* Beverly Hills, CA: Sage.

Spitzberg, B. H. (1977). Intimate violence. In W. R. Cupach & D. J. Canary (Eds.), *Competence in interpersonal conflict.* New York: McGraw-Hill.

Sprecher, S. (1994). Two sides to the breakup of dating relationships. *Personal Relationships*, **1**, 199–222.

Sprecher, S., Sullivan, Q., & Hatfield, E. (1994). Mate selection preferences: Gender differences examined in a national sample. *Journal of Personality and Social Psychology*, **8**, 1074–1080.

Stephen, T. (1987). Attribution and adjustment to relationship termination. *Journal of Social and Personal Relationships*, **4**,. 47–61.

Sunnafrank, M. (1991). Interpersonal attraction and attitude similarity: A communication-based assessment. In J. A. Anderson (Ed.), *Communication yearbook* 14 (pp. 451–483). Newbury Park, CA: Sage.

Surra, C. A. (1991). Mate selection and premarital relationships. In A. Booth (Ed.), Contemporary families (pp. 54–75). Minneapolis, MN: National Council on Family Relations.

Tennov, D. (1979). *Love and limerence: The experience of being in love.* New York: Stein & Day.

Tseëlon, E. (1992). What is beautiful is bad: Physical attractiveness as stigma. *Journal for the Theory of Social Behavior*, **22**, 295–310.

Vaughan, C. (1986). *Uncoupling: How relationships come apart.* New York: Random House.

Whitehouse, J. (1981). The role of the initial attracting quality in marriage: Virtues and vices. *Journal of Marital and Family Therapy*, **7**, 61–67.

Winch, R. F. (1955). The theory of complementary needs in mate selection: A test of one kind of complementariness. *American Sociological Review*, **20**, 552–555.

Zajonic, R. B. (1968) . The attitudinal effects of mere exposure. *Journal of Personality and Social Psychology* (*Monograph Supplement No. 2*), **9**, 1–27.

〈第2章〉

Afifi, W. A., & Reichert, T. (1996). Understanding the role of uncertainty in jealousy experience and expression. *Communication Reports*, 9, 93-103.

Andersen, P.A., Eloy, S., V., Guerrero, L. K., & Spitzberg, B. H. (1995). Romantic jealousy and relational satisfaction: A look at the impact of jealousy experience and expression. *Communication Reports*, 8, 77-85.

Aristotle. (1886). *The Rhetoric* (J. E. C. Welldon, Trans.). London: Metheun (Original work published in 344 B. C.)

Arnold, M. B. (1960). *Emotion and personality*. New York: Columbia University Press.

Aune, K. S., & Comstock, J. (1996, May). *The effect of relationship length on the experience, expression, and perceived appropriateness of jealousy*. Paper presented at the annual meeting of the International Communication Association, Chicago.

Ausubel, D. P., Sullivan, E. V., & Ives, S. W. (1980). *Theory and problems of child development*. New York: Grune & Stratton.

Baumgart, H. (1988). A dialectical perspective on communication strategies in relational development. In S. W. Duck (Ed.), *Handbook of personal relationships: Theory, research, and interventions* (pp. 257-273). New York: Wiley.

Berke, J. H. (1988). *The tyranny of malice: Exploring the dark side of culture and character*. New York: Summit Books.

Bers, S. A., & Rodin, J. (1984). Social comparison jealousy: A developmental and motivational study. *Journal of Personality and Social Psychology*, 47, 766-769.

Bohm, E. (1961). Jealousy. In A. Ellis & A. Abarbanel (Eds.), *The encyclopedia of sexual behavior* (vol. 1, pp. 567-574). New York: Hawthorn Books.

Brehm, S. S. (1992). *Intimate relationships* (2nd ed). New York: McGraw-Hill.

Bringle, R. G. (1991). Psychosocial aspects of jealousy: A transactional model. In P. Salovey (Ed.), *The psychology of jealousy and envy* (pp. 103-131). New York: Guilford.

Bryson, J. B. (1976, September). *The nature of sexual jealousy: Am explanatory paper*. Paper presented at the annual meeting of the American Psychological Associaltion, Washington, DC.

Bryson, J. B. (1977, September). *Situational determinants of the expression of jealousy*. Paper presented at the annual meeting of the American Psychological Association, San Francisco, CA.

Bryson, J. B. (1991). Modes of responses to jealousy-evoking situations. In P. Salovey (Ed.). *The psychology of envy and jealousy* (pp. 1-45). New York: Guilford.

Burke, T., Genn-Bash, A., & Haines, B. (1988). *Competition in theory and practice*. London: Croom Helm.

Buss, D. M. (1988). From vigilance to violence: Tactics of mate retention in American undergraduates. *Ethology and Sociobiology*, 9, 291-317.

Buunk, B. P. (1991). Jealousy in close relationships: An exchange-theoretical perspective. In P. Salovey (Ed.), *The psychology of jealousy and envy* (pp. 148-177). New York: Guilford.

Campos, J. J., Barrett, K. C., Lamb, M. E., Goldsmith, H. H., & Stenberg, C. (1983). Socioemotional development. In M. M. Haith & J. J. Campos (Eds.), *Handbook of Child Psychology: Vol. 2. Infancy and developmental psychobiology* (4th ed., pp. 783-915). New York: Wiley.

Ciabattari, J. (1988, December). Will the '90s be the age of envy? *Psychology Today*, 47-50.

Clanton, G. (1989). Jealousy in American culture 1945-1985: Reflections from popular literature. In D. D. Franks & E. D. McCarthy (Eds.), *The sociology of emotions: Original essays and research papers* (pp. 179-193). Greenwich, CT: JAI.

Clanton, G., & Smith, L. G. (1977). *Jealousy*. Englewood Cliffs, NJ: Prentice-Hall.

Comstock, J., & Aune, K. S. (1995, May). *Is jealousy prescribed or against the rules: Comparisons among same-sex friends, cross-sex friends, and romantic partners*. Paper presented at the annual meeting of the International Communication Association, Albuquerque, NM.

Dakin, S., & Arrowood, A. J. (1981). The social comparison of ability. *Human Relations*, 34, 80-109.

Daly, M., & Wilson, M. (1983). *Sex, evolution, and behavior*. Boston, MA: Willard Grant Press.

Delgado, A. R., & Bond, R. A. (1993). Attenuating the attribution of responsibility: The lay perception of jealousy as a motive for wife battery. *Journal of Applied Social Psychology*, 23, 1337-1356.

Ekman, P., Friesen, W. V., & Ellsworth, P. (1972). *Emotions in the human face: Guidelines for research and integration of findings*. New York: Pergamon.

Farrell, D. M. (1980). Jealousy. *The Philosophical Review*, 89, 527-529.

Festinger, L. (1954). A theory of social comparison processes. *Human Relations*, 7, 11-140.

Fitness, J., & Fletcher, G. J. O. (1993). Love, hate, anger, and jealousy in close relationships: A prototype and cognitive appraisal analysis. *Journal of Personality and Social Psychology*, **65**, 942–958.

Guerrero, L. K., & Afifi, W. A. (1997, June). *Toward a functional approach to studying strategic communicative responses to jealousy*. Paper presented at the annual meeting of the International Network on Personal Relationships, Oxford, OH.

Guerrero, L. K., & Andersen, P. A. (1998). The experience and expression of romantic jealousy. In P. A. Andersen & L. K. Guerrero (Eds.), *The handbook of communication and emotion: Research, theory, applications, and contexts* (pp. 155–188). San Diego, CA: Academic Press.

Guerrero, L. K., Andersen, P. A., Jorgensen, P. F., Spitzberg, B. H., & Eloy, S. V. (1995). Coping with the green-eyed monster: Conceptualizing and measuring communicative responses to romantic jealousy. *Western Journal of Communication*, **59**, 270–304.

Guerrero, L. K., & Eloy, S. V. (1991). Relational satisfaction and jealousy across marital types. *Communication Reports*, **5**, 23–31.

Guerrero, L. K., Eloy, S. V., Jorgensen, P. F., & Andersen, P. A. (1993). Hers or his? Sex differences in the communication of jealousy in close relationships. In P. Kalbfleisch (Ed.), *Interpersonal communication: Evolving interpersonal relationships* (pp. 109–131). Hillsdale, NJ: Lawrence Erlbaum Associates.

Hansen, G. L. (1991). Jealousy: Its conceptualization, measurement, and integration with family stress theory. In P. Salovey (Ed.), *The Psychology of jealousy and envy* (pp. 211–230). New York: Guilford.

Hupka, R. B. (1991). The motive for the arousal of romantic jealousy. In P. Salovey (Ed.), *The psychology of jealousy and envy* (pp. 252–270). New York: Guilford.

Klein, M., & Riviere, J. (1964). *Love, hate, and reparation*. New York: Norton.

Korda, M. (1992). *The immortals*. New York: Poseidon Press.

Laner, M. R. (1990). Violence or its precipitators: Which is more likely to be identified as a dating problems? *Deviant Behavior*, **11**, 319–329.

Mathers, E. W., Adams, H. E., & Davies, R. M. (1985). Jealousy: Loss of relationship rewards, loss of self-esteem, depression, anxiety, and anger. *Journal of Personality and Social Psychology*, **48**, 1552–1561.

Mathers, E. W., & Verstraete, C. (1993). Jealous aggression: Who is the target, the beloved or the rival? *Psychological Reports*, **72**, 1071–1074.

Messman, S. J. (1995). *Competitiveness in close relationships: The role of communication competence*. Unpublished doctoral dissertation, Ohio University, Athens, OH.

Messman, S. J. (1996, February). *Competitiveness and communication: Conceptualization and operationalization*. Paper presented at the annual meeting of the Western States Communication Association, Pasadena, CA.

Messman, S. J., & Cupach, W. R. (1996, November). *Perceptions of competitive communication behavior in friendship: Associations with face predilections and solidarity*. Paper presented at the annual meeting of the Speech Communication Association, San Diego, CA.

Mowat, R. R. (1966). *Morbid jealousy and murder*. London: Tavistock.

Mullen, P. E., & Maack, L. H. (1985). Jealousy, pathological jealousy, and aggression. In D. P. Farrington & J. Gunn (Eds.), *Aggression and dangerousness* (pp. 103–126). New York: Wiley.

Panskeep, J. (1982). Towards a general psychological theory of emotions. *Behavioral and Brain Sciences*, **5**, 407–467.

Parker, R. G. (1994, November). *An examination of the influence of situational determinants upon strategies for coping with romantic jealousy*. Paper presented at the annual meeting of the Speech Communication Association, New Orleans, LA.

Parrott, W. G. (1991). The emotional experiences of envy and jealousy. In P. Salovey (Ed.), *The psychology of jealousy and envy* (pp. 3–30). New York: Guilford.

Parrott, W. G., & Smith, R. H. (1993). Distinguishing the experiences of envy and jealousy. *Journal of Personality and Social Psychology*, **64**, 906–920.

Paul, L., Foss, M. A., & Galloway, J. (1993). Sexual jealousy in young women and men: Aggressive responsiveness to partner and rival. *Aggressive Behavior*, **19**, 401–420.

Pfeiffer, S. M., & Wong, P. T. (1989). Multidimensional jealousy. *Journal of Social and Personal Relationships*, **6**, 181–196.

Pines, A. (1992). *Romantic jealousy. Understanding and conquering the shadow of love*. New York: St. Martin's Press.

Pines, A., & Aronson, E. (1983). Antecedents, correlates, and consequences of sexual jealousy. *Journal of Personality*, **51**, 108–136.

Pinto, R. P., & Hollandsworth, J. G., Jr. (1984). A measure of possessiveness in intimate relationships. *Journal of*

Social and Clinical Psychology, **6,** 505-510.
Plutchik, R. (1980). *Emotion: A psychoevolutionary theory of emotion.* New York: Harper & Row.
Rime, B., Mesquita, B., Philippot, P., & Boca, S. (1991). Beyond the emotional event: Six studies of the social sharing of emotion. *Cognition and Emotion,* **5,** 435-465.
Salovey, P., & Rodin, J. (1984). Some antecedents and consequences of social-comparison jealousy. *Journal of Personality and Social Psychology,* **47,** 780-792.
Salovey, P., & Rodin, J. (1985, September). The heart of jealousy. *Psychology Today,* 22-25, 28-29.
Salovey, P., & Rodin, J. (1988). Coping with envy and jealousy. *Journal Social and Clinical Psychology,* **7,** 15-33.
Salovey, P., & Rodin, J. (1989). Envy and jealousy in close relationship. In C. Hendrick (Ed.), *Close relationships* (pp. 221-246). Newbury Park: Sage.
Salovey, P., & Rothbaum, A. J. (1991). Envy and jealousy: Self and society. In P. Salovey (Ed.), *The psychology of jealousy and envy* (pp. 271-286). New York: Guilford.
Schaap, C., Buunk, B., & Kerkstra, A. (1988). Martial conflict resolution. In P. Noller & M. A. Fitzpatrick, (Eds.), *Perspective on marital interaction* (pp. 203-244). Philadelphia: Multilingual Matters.
Schoeck, H. (1969). *Envy: A theory of social behavior.* New York: Harcourt Brace.
Sharpsteen, D. J. (1991). The organization of jealousy knowledge: Romantic jealousy as a blended emotion. In P. Salovey (Ed.), *The psychology of jealousy and envy* (pp. 31-51). New York: Guilford.
Shaver, P. R., Schwartz, J., Kirson, D., & O'Conner, C. (1987). Emotion knowledge: Further explorations of a prototype approach. *Journal Personality and Social Psychology,* **52,** 1061-1086.
Smith, R. H. (1991). Envy and the sense of injustice. In P. Salovey (Ed.), *The psychology of jealousy and envy* (pp. 79-99). New York: Guilford.
Smith, R. H., Kim, S. H., & Parrott, W. G. (1988). Envy and jealousy: Semantic problems and experimental distinctions. *Personality and Social Psychology Bulletin,* **14,** 401-409.
Smith, R. H., Parrott, W. G., & Diener, E. (1990). *The development and validation of a scale for measuring enviousness.* Unpublished manuscript.
Solomon, R. C. (1976). *The Passions.* Garden City, NY: Doubleday.
Stearns, P. N. (1989). *Jealousy: The evolution of an emotion in American history.* New York: New York University Press.
Stets, J. E., & Pirog-Good, M. A. (1987). Violence in dating relationships. *Social Psychology Quartery,* **50,** 237-246.
Sugarman, D. B., & Hotaling, G. T. (1989). Dating violence: Prevalence, content, and risk markers. In M. A. Pirog-Good & J. E. States (Eds.), *Violence in dating relationships: Emerging social issues* (pp. 3-32). New York: Praeger.
Teisman, M. W., & Mosher, D. L. (1978). Jealous conflict in dating couples. *Psychological Reports,* **42,** 1211-1216.
Tesser, A. (1986). Some effects of self-evaluation maintenance on cognition and action. In R. M. Sorrentino & E. T. Higgins (Eds.), *Handbook of motivation and cognition* (pp. 435-464). New York: Guilford.
Tesser, A., & Campbell, J. (1982). Self-evaluation maintenance and the perception of friends and strangers. *Journal of Personality,* **50,** 261-279.
Texas executes man who killed his ex-girlfriend out of jealousy. (1995, August 15). *The New York Times,* p. A1.
Tracy, L. (1991). *The secret between us: Competition among women.* Boston, MA: Little, Brown.
White, G. L., Fishbein, S., & Rutstein, J. (1981). Passionate love and the misattribution of arousal. *Journal of Personality and Social Psychology,* **41,** 56-62.
White, G. L., & Mullen, P. E. (1989). *Jealousy: Theory, research, and clinical strategies.* New York: Guilford.

〈第3章〉
Anthony, S. (1973). Anxiety and rumor. *Journal of Social Psychology,* **89,** 91-98.
Ben-Ze'ev, A. (1994). The vindication of gossip. In R. F. Goodman & A. Ben-Ze'ev (Eds.), *Good gossip* (pp. 11-14). Lawrence: University of Kansas Press.
Bergmann, J. R. (1993). *Discreet indiscretions: The social organization of gossip.* New York: Aldine DeGruyter.
Bok, S. (1984). *Secrets: On the ethics of concealment and revelation.* New York: Vintage.
Crowne, D. P., & Marlowe, D. (1964). *The approval motive: Studies in evaluative dependence.* New York: Wiley.
Eagly, A. H. (1987). *Sex differences in social behavior: A social-role interpretation.* Hillsdale, NJ: Lawrence Erlbaum Associates.
Emler, N. (1994). Gossip, reputation, and social adaptation. In R. F. Goodman, & A. Ben-Ze'ev (Eds.), *Good gossip,*

(pp. 117-138). Lawrence: University of Kansas Press.
Festinger, L., Schachter, S., & Back, K. (1950). *Social pressures in informal groups*. New York: Harper & Row.
Gluckman, M. (1963). Gossip and scandal. *Current Anthropology,* **4**, 307-316.
Gottman, J., & Mettetal, G. (1986). Speculations about social and affective development: Friendship and acquaintance through adolescence. In J. Gottman, & J. Parker (Eds.), *Conversations of friends: Speculations on affective development* (pp. 192-237). New York: Cambridge University Press.
Heidegger, M. (1962). *Being and time*. New York: Harper & Row.
Jaeger, M. E., Anthony, S., & Rosnow, R. L. (1980). Who hears from whom and with what effect: A study of rumor. *Personality and Social Psychology Bulletin,* **6**, 473-478.
Jaeger, M. E., Skleder, A. A., Rind, B., & Rosnow, R. L. (1994). Gossip, gossipers, gossipees. In R. F. Goodman & A. Ben-Ze'ev (Eds.), *Good gossip* (pp. 154-168). Lawrence, KS: University of Kansas Press.
Levin, J., & Arluke, A. (1985). An exploratory analysis of sex differences in gossip. *Sex Roles,* **12**, 281-286.
Levin, J., & Arluke, A. (1987). *Gossip: The inside scoop*. New York: Plenum.
Morris, W. (Ed.). (1981). *American heritage dictionary of the English language*. Boston, MA: Houghton Mifflin Company.
Nevo, O., Nevo, B., & Derech-Zehavi, A. (1994). The tendency to gossip as a psychological disposition: Constructing a measure and validating it. In R. F. Goodman, & A. N. Ben-Ze'ev (Eds.), *Good gossip* (pp. 180-189). Lawrence: University of Kansas Press.
Rosenberg, M. J. (1965). *Society and the adolescent self-image*. Princeton, NJ: Princeton University Press.
Rosnow, R. L. (1991). Inside rumor: A personal journey. *American Psychologist,* **46**, 484-496.
Rosnow, R. L., & Georgoudi, M. (1985). Killed by idle gossip: The psychology of small talk. In B. Rubin (Ed.), *When information counts* (pp. 59-73). Lexington, MA: Heath.
Rosnow, R. L., & Rosenthal, R. (1996a). Computing contrasts, effect sizes, and counternulls on other people's publishe data: General procedures for research consumers. *Psychological Methods,* **1**, 331-340.
Rosnow, R. L., & Rosenthal, R. (1996b). Contrasts and interactions redux: Five easy pieces. *Psychological Science,* **7**, 253-257.
Rosnow, R. L., Wainer, H., & Arms, R. L. (1969). Anderson's personality trait-wards rated by mean and women as a function of stimulus sex. *Psychological Reports,* **24**, 787-790.
Rysman, A. R. (1977). How gossip became a woman. *Journal of Communication,* **27**, 176-180.
Sabini, J., & Silver, M. (1982). *Moralities of everyday life*. Oxford, England: Oxford University Press.
Schein, S. (1994). Used and abused: Gossip in medieval society. In R. F. Goodman, & A. Ben-Ze'ev (Eds.), *Good gossip*, (pp. 139-153). Lawrence: University of Kansas Press.
Simpson, J. A., & Weiner, E. S. C. [prepared by]. (1989). *The Oxford English dictionary* (2nd ed., Vol. 6). Oxford, UK: Clarendon Press.
Spacks, P. M. (1985). *Gossip*. New York: Knopf.
Spender, D. (1980). *Man made language*. London: Routledge & Kegan Paul.
Tannen, D. (1990). *You just don't understand: Women and men in conversation*. New York: Morrow.
Taylor, J. A. (1953). A personality scale of manifest anxiety. *Journal of Abnormal and Social Psychology,* **48**, 285-290.
Tebbutt, M. (1995). *Women's talk? A social history of 'gossip' in working-class neighbourhoods, 1880-1960*. Aldershot, UK: Scolar Press.
Thomas, L. (1994). The logic of gossip. In R. F. Goodman, & A. Ben-Ze'ev (Eds.), *Good gossip*, (pp. 47-55). Lawrence: University of Kansas Press.

〈第4章〉
Abramovitch, R., Corter, C., & Lando, B. (1979). Sibling interaction in the home. *Child Development,* **50**, 997-1003.
Abramovitch, R., Corter, C., & Pepler, D. J. (1980). Observations of mixed-sex sibling dyads. *Child Development,* **51**, 1268-1271.
Alberts, J. K. (1988). An analysis of couples' conversational complaints. *Communication Monographs,* **55**, 184-197.
Alberts, J. K., & Driscoll, G. (1992). Containment versus escalation: The trajectory of couples' conversational complaints. *Western Journal of Communication,* **56**, 394-412.
Banks, S., & Kahn, M. D. (1975). Sisterhood-brotherhood is powerful: Sibling subsystems and family therapy. *Family Process,* **14**, 311-337.
Bateson, G. (1935). Culture contact and schismogenesis. *Man,* 35, 178-183.

Bateson, G. (1979). *Mind and nature: A necessary unity*. New York: Dutton.
Billings, A. (1979). Conflict resolution in distressed and nondistressed married couples. *Journal of Consulting and Clinical Psychology*, **47**, 368-376.
Birchler, G. R., Weiss, R. L., & Vincent, J. P. (1975). Multimethod analysis of social reinforcement exchange between maritally distressed and nondistressed spouse and stranger dyads. *Journal of Personality and Social Psychology*, **31**, 349-360.
Bochner, A. P., & Eisenberg, E. M. (1987). Family process: Systems perspectives. In C. R. Berger & S. H. Chaffee (Eds.), *Handbook of communication science* (pp. 540-563). Newbury Park, CA: Sage.
Burggraf, C. S., & Sillars, A. L. (1987). A critical examination of sex differences in marital communication. *Communication Monographs*, **54**, 276-294.
Canary, D. J., Cupach, W. R., & Messman, S. J. (1995). *Relationship conflict: Conflict in parent-child, friendship, and romantic relationships*. Thousand Oaks, CA: Sage.
Cappella, J. N. (1987). Interpersonal communication: Fundamental questions and issues. In C. R. Berger & S. H. Chaffee (Eds.), *Handbook of communication science* (pp. 184-238). Newbury Park, CA: Sage.
Christensen, A., & Heavey, C. L. (1990). Gender and social structure in the demand/withdrawal pattern of marital conflict. *Journal of Personality and Social Psychology*, **59**, 73-81.
Circourel, A. V. (1980). Three models of discourse analysis: The role of social structure. *Discourse Processes*, **3**, 101-132.
Corsaro, W. A. (1981). Friendship in the nursery school: Social organization in a peer environment. In S. R. Asher & J. M. Gottman (Eds.), *The development of children's friendships* (pp. 207-241). London, England: Cambridge University Press.
Courtright, J. A., Millar, F. E., & Rogers, L. E. (1980). Message control intensity as a predictor of transactional redundancy. In D. Nimmo (Ed.), *Communication yearbook* (pp. 199-216). New Brunswick, NJ: Transaction Books.
Doane, J. A. (1978). Family interaction and communication deviance in disturbed and normal families: A review of research. *Family Process*, **17**, 357-376.
Dunn, J. (1983). Sibling relationships in early childhood. *Child Development*, **54**, 787-811
Dunn, J., & McGuire, S. (1992). Sibling and peer relationships in childhood. *Journal of Child Psychology and Psychiatry*, **33**, 67-105.
Dunn, J., & Munn, P. (1987). Development of justification in disputes with mother and sibling. *Developmental Psychology*, **23**, 791-798.
Eisenberg, A. R. (1992). Conflicts between mothers and their young children. *Merrill-Palmer Quarterly*, **38**, 21-43.
Fitzpatrick, M. A. (1988a). *Between husbands and wives: Communication in marriage*. Thousand Oaks, CA: Sage.
Fitzpatrick, M. A. (1988b). Negotiation, problem solving and conflict in various types of marriages. In P. Noller & M. A. Fitzpatrick (Eds.), *Perspectives on marital interaction* (pp. 245-270). Philadelphia: Multilingual Matters.
Fletcher, K. E., Fischer, M., Barkley, R. A., & Smallish, L. (1996). A sequential analysis of the mother-adolescent interactions of ADHD, ADHD/ODD, and normal teenagers during neutral and conflict discussions. *Journal of Abnormal Child Psychology*, **24**, 271-297.
Goffman, E. (1981). *Forms of talk*. Philadelphia: University of Pennsylvania Press.
Gottman, J. M. (1979). *Marital interaction: Experimental investigations*. New York: Academic Press.
Gottman, J. M. (1980). Temporal form: Toward a new language for describing relationships. *Journal of Marriage and the Family*, **44**, 943-962.
Gottman, J. M. (1982). Emotional responsiveness in marital conversations. *Journal of Communication*, **32**, 108-120.
Gottman, J. M. (1983). How children become friends. *Monographs of the Society for Research in Child Development*, **48**, (2, Serial No. 201).
Gottman, J. M. (1994). *What predicts divorce? The relationship between marital processes and marital outcomes*, Hillsdale, NJ: Lawrance Erlbaum Associates.
Grimshaw, A. D. (Ed.). (1990). *Conflict talk*. Cambridge, England: Cambridge University Press.
Hay, D. F., & Ross, H. S. (1982). The social nature of early conflict. *Child Development*, **53**, 105-113.
Heavey, C. L., Layne, C., & Christensen, A. (1993). Gender and conflict structure in marital interaction: A replication and extension. *Journal of Consulting and Clinical Psychology*, **61**, 16-27.
Kiecolt-Glaser, J. K., Malarkey, W. B., Chee, M. A., Newton, T., Cacioppo, J. T., Mao, H. Y., & Glase, R. (1993). Negative behavior during marital conflict is associated with immunological down-regulation. *Psychosomatic*

Medicine, 55, 395-409.
Labov, W., & Fanshel, D. (1977). *Therapeutic discourse: Psychotherapy as conversation.* New York: Academic Press.
Lawson, A., & Ingleby, J. D. (1974). Daily routines of per-school children: Effects of age, birth order, sex and social class, and developmental correlates. *Psychological Medicine,* 4, 399-415.
Lytton, H. (1979). Disciplinary encounters between young boys and their mothers and fathers: Is there a contingency system? *Developmental Psychology,* 15, 256-268.
Lytton, H., & Zwirner, W. (1975). Complince and its controlling stimuli observed in a natural setting. *Developmental Psychology,* 11, 769-779.
Margolin, G., & Wampold, B. E. (1981). Sequential analysis of conflict and accord in distressed and nondistressed marital partners. *Journal of Consulting and Clinical Psychology,* 49, 554-567.
Markman, H. J., & Notarius, C. L. (1987). Coding marital and family interaction: Current status. In T. Jacob (Ed.), *Family interaction and psychopathology: Theories, methods, and findings* (pp. 329-390). New York: Plenum.
Mikesell, R. (1996). *The use of humor in couple's conflict management.* Doctoral dissertation, School of Interpersonal Communication, Ohio University, Athens.
Millar, F. E., Rogers, L. E., & Bavelas, J. B. (1984). Identifying patterns of verbal conflict in interpersonal dynamics. *Western Journal of Speech Communication,* 48, 231-246.
Notarius, C., & Markman, H. (1981). Couples interaction scoring system. In E. E. Filsinger & R. A. Lewis (Eds.), *Assessing marriage: New behavioral approaches* (pp. 112-127). Beverly Hills, CA: Sage.
Paikoff, R. L., & Brooks-Gunn, J. (1991). Do parent-child relationships change during puberty? *Psychological Bulletin,* 110, 47-66.
Patterson, G. R., (1975). The aggressive child: Victim and architect of a coercive system. In L. A. Hamerlynck, E. J. Marsh, & L. C. Handy (Eds.), *Behavior modification and families* (pp. 260-301). New York: Brunner/Mazel.
Patterson, G. R., (1979). A performance theory for coercive family interaction. In R. B. Cairns (Ed.), *The analysis of social interactions* (pp. 119-162). Hillsdale, NJ: Lawrence Erlbaum Assciates.
Pepler, D. J., Abramovitch, R., & Corter, C. (1981). Sibling interaction in the home: A longitudinal study. *Child Development,* 52, 1344-1347.
Petronio, S. (1994). Privacy binds in family interactions: The case of parental privacy invasion. In W. R. Cupach & B. H. Spitzberg (Eds.), *The dark side of interpersonal communication* (pp. 241-258). Hillsdale, NJ: Lawrence Erlbaum Assciates.
Phinney, J. S. (1986). The structure of 5-year-olds'verbal quarrels with peers and siblings. *The Journal of Genetic Psychology,* 147, 47-60.
Poole, M. S., Folger, J. P., & Hewes, D. E. (1987). Analyzing interpersonal interaction. In M. E. Roloff & G. R. Miller (Eds.), *Interpersonal processes: New directions in communication research* (pp. 220-256). Newbury Park, CA: Sage.
Raush, H. L. (1965). Interaction sequences. *Journal of Personality and Social Psychology,* 2, 487-499.
Raush, H. L., Barry, W. A., Hertel, R. J., & Swain, M. A. (1974). *Communication, conflict, and marriage.* San Francisco: Jossey-Bass.
Revenstorf, D., Hahlweg, K., Schindler, L., & Vogel, B. (1984). Interaction analysis of marital conflict. In K. Hahlweg & N. S. Jacobson (Eds.), *Marital interaction: Analysis and modification* (pp. 159-181). New York: Guilford.
Rocissano, L., Slade, A., & Lynch. (1987). Dyadic synchrony and toddler compliance. *Developmental Psychology,* 23, 698-704.
Rogers, L. E. (1981). Symmetry and complementarity: Evolution and evaluation of an idea. In C. Widler-Mott & J. H. Weakland (Eds.), *Rigor and imagination: Essays from the legacy of Gregory Bateson* (pp. 231-251). New York: Praeger.
Rogers, L. E., Countright, J. A., & Miller, F. E. (1980). Message Control intensity: Rationale and preliminary findings. *Communication Monographs,* 47, 201-219.
Sagestrano, L. M., Heavey, C. L., & Christensen, A. (1998). Theoretical approaches to understanding sex differences and similarities in conflict behavior. In D. J. Canary & K. Dindia (Eds.), *Sex differences and similarities in communication* (pp. 287-302). Mahwah, NJ: Lawrence Erlbaum Associates.
Schaap, C. (1984). A comparison of the interaction of distressed and nondistressed married couples in a laboratory situation: Literature suevey, methodological issues, and an empirical investigation. In K. Hahlweg & N. S. Jacobson (Eds.), *Marital interaction: Analysis and modification* (pp. 133-158). New York: Guilford.
Selman, R. L. (1980). *The growth of interpersonal understanding: Developmental and clinical analyses.* New York:

Academic Press.
Shantz, C. U., & Hobart, C. J. (1989). Social conflict and development: Peers and siblings. In T. J. Berndt & G. W. Ladd (Eds.), *Peer relationships in child development* (pp. 71-94). New York: Wiley.
Sillars, A. L. (1980a). The sequential and distributional structure of conflict interactions as a function of attributions concerning the locus of responsibility and stability of conflicts. In D. Nimmo (Ed.), *Communication Yearbook 4* (pp. 217-235). New Brunswick, NJ: Transaction.
Sillars, A. L. (1980b). The sequential and distributional structure of conflict interactions as a function of attributions concerning the locus of responsibility and stability of conflicts. In D. Nimmo (Ed.), *Communication Yearbook 4* (pp. 217-235). New Brunswick, NJ: Transaction Books.
Sillars, A. L., & Weisberg, J. (1987). Conflict as a social skill. In M. E. Roloff & G. R. Miller (Eds.), *Interpersonal processes: New directions in communication research* (pp. 140-171). Newbury Park, CA: Sage.
Sillars, A. L., & Wilmot, W. W. (1994). Communication Strategies in conflict and mediation. In J. A. Daly & J. M. Wiemann (Eds.), *Strategic interpersonal communication* (pp. 259-280). Hillsdale, NJ: Lawrence Erlbaum Associates.
Stafford, L., & Dainton, M. (1994). The dark side of "normal" family interaction. In W. R. Cupach & B. H. Spitzberg (Eds.), *The dark side of interpersonal communication* (pp. 259-280). Hillsdale, NJ: Lawrence Erlbaum Associates.
Street, R. L., & Cappella, J. N. (Eds.). (1995). *Sequence and pattern in communicative behavior*. London, UK: Edward Arnold.
Sun Tzu, (1991). *The art of war* (T. Cleary, Trans.). Boston: Shambhala.
Ting-Toomey, S. (1983). An analysis of verbal communication patterns in high and low marital adjustment groups. *Human Communication Research*, **9**, 306-319.
Vuchinich, S. (1984). Sequencing and social structure in family conflict. *Social Psychology Quarterly*, **47**, 217-234.
Vuchinich, S. (1987). Starting and stopping spontaneous family conflicts. *Journal of Marriage and the Family*, **49**, 591-601.
Vuchinich, S., Emery, R. E., & Cassidy, J. (1988). Family members as third parties in dyadic family conflict: Strategies, alliances, and outcomes. *Child Development*, **59**, 1293-1302.
Watt, J. H., & Van Lear (Eds.) (1996). *Dynamic patterns in communication processes*. Thousand Oaks, CA: Sage.
Wiehe, V. R. (1990). *Sibling abuse: Hidden physical, emotional, and sexual, trauma*. New York: Lexington.
Wilmot, W. W. (1988). *Dyadic communication* (2nd ed.). New York: Random House.
Witteman, H., & Fitzpatrick, M. A. (1986). Compliance-gaining in marital interaction: Power bases, processes, and outcomes. *Communication Monographs*, **53**, 130-143.

〈第5章〉
American Psychiatric Association. (1994). *Diagnostic and statistical manual of mental disorders* (4th ed.). Washington, DC: Author.
Anderson, S. C. (1993). Anti-stalking laws: Will they curb the erotomanic's obsessive pursuit? *Law and Psychology Review*, **17**, 171-191.
Baumeister, R. F., Wotman, S. R., & Stillwell, A. M. (1993). Unrequited love: On heartbreak, anger, guilt, scriptlessness, and humiliation. *Journal of Personality and Social Psychology*, **64**, 377-394.
Baxter, L. A. (1990). Dialectical contradictions in relationship development. *Journal of Social and Personal Relationships*, **7**, 69-88.
Baxter, L. A., & Montgomery, B. M. (1996). *Relating: Dialogues & dialectics*. New York: Guilford.
Beck, M., Rosenberg, D., Chideya, F., Miller, S., Foote, D., Manly, H., & Katel, P. (1992, July 13). Murderous obsession. *Newsweek*, 60-62.
Berk, R. A., Berk, S. F., Loseke, D. R., & Rauma, D. (1983). Mutual combat and other family violence myths. In D. Finkelhor, R. J. Gelles, G. T. Hotaling, & M. A. Straus (Eds.), *The dark side of families: Current family violence research* (pp. 197-212). Newbury Park, CA: Sage.
Biden, J. R. (1993). *Antistalking proposals* (Hearing before the Committee on the Judiciary, United States Senate, Publication No. J-103-5). Washington, DC: U. S. Government Printing Office.
Bradburn, W. E., Jr. (1992). Stalking statutes. *Ohio Northern University Law Review*, **19**, 271-288.
Bureau of Justice Assistance. (1996). *Regional seminar series on developing and implementing antistalking codes* (Monograph, Publication No. NCJ 156836). Washington, DC: U. S. Department of Justice.

Burgoon, J. K., Parrott. R., LePoire, B. A., Kelley, D. L., Walther, J. B., & Parry, D. (1989). Maintaining and restoring privacy through communication in different types of relationships. *Journal of Social and Personal Relationships*, **6**, 131–158.

Carrier, L. (1990). Erotomania and senile dementia. *American Journal of Psychiatry*, **147**, 1092.

Chaudhuri, M., & Daly, K. (1992). Do restraining orders help? Battered women's experience with male violence and legal process. In E. S. Buzawa & C. G. Buzawa (Eds.), *Domestic violence; The changing criminal justice response* (pp. 227–252). Westport, CT Greenwood.

Clair, R. P., McGoun, M. J., & Spirek, M. M. (1993). Sexual harassment responses of working women: An assessment of current communication-oriented typologies and perceived effectiveness of the response. In G. L. Kreps (Ed.), *Sexual harassment: Communication implications* (pp. 209–233). Cresskill, NJ: Hampton Press.

Cohen, W S. (1993). *Antistalking proposals* (Hearing before the Committee on the Judiciary, United States Senate Publication No. J–103–5). Washington, DC: U. S. Government Printing Office.

Coleman, F. L. (1997). Stalking behavior and the cycle of domestic violence. *Journal of Interpersonal Violence*, **12**, 420–432.

Cousins, A. V (1997). *Profiles of stalking perpetrators*. Unpublished masters thesis, San Diego State University. San Diego, CA.

Cupach, W. R., & Spitzberg, B. H. (1997a, February). *The incidence and perceived severity of obsessive relational intrusion behaviors*. Paper presented at the Western States Communication Association convention, Monterey, CA.

Cupach, W. R. & Spitzberg, B. H. (1997b). *Profiles of obsessive relational intrusion*. Unpublished data, Illinois State University, Normal, IL.

de Becker, G. (1997). *The gift of fear*. Boston: Little, Brown.

de Clérambault, C. G. (1942). Les psychoses passionelles. In *Oeuvres psychiatriques* (pp. 315–322). Paris: Presses Universitaires.

Diacovo. N. (1995). California's anti-stalking statute: Deterrent or false sense of security? *Southwestern University Law Review*, **24**, 389–421.

Dietz, P., Matthews, D., Martell, D., Stewart, T., Hrouda, D., & Warren, J. (1991). Threatening and otherwise inappropriate letters to members of the United States Congress. *Journal of Forensic Sciences*, **36**, 1445–1468.

Dietz, P., Matthews, D., Van Duyne, C., Martell, D., Parry, C., Stewart, T., Warren, J., & Crowder, J. (1991). Threatening and otherwise inappropriate letters to Hollywood celebrities. *Journal of Forensic Sciences*, **36**, 185–209.

DiVasto, P. V., Kaufman, A., Rosner, L., Jackson, R., Christy, L., Pearson, S., & Burgett, T. (1984). The prevalence of sexually stressful events among females in the general population. *Archives of Sexual Behavior*, **13**, 59–67.

Doust, J. W. L., & Christie, H. (1978). The pathology of love: Some clinical variants of de Clerambault's syndrome. *Social Science Medicine*, **12**, 99–106.

Drevets, W. C., & Rubin, E. H. (1987). Erotomania and senile dementia of Alzheimer type. *British Journal of Psychiatry*, **151**, 400–402.

Dunlop, J. L. (1988). Does erotomania exist between women? *British Journal of Psychiatry*, **153**, 830–833.

Dutton, D. G. (1995). *The batterer: A psychological profile*. New York: Basic Books.

Dutton, D. G., Saunders, K., Starzomski, A., & Bartholomew, K. (1994). Intimacy anger and insecure attachment as precursors of abuse in intimate relationships. *Journal of Applied Social Psychology*, **24**, 1367–1386.

Dutton, D. G., van Ginkel, C., & Landolt, M. A. (1996). Jealousy, intimate abusiveness, and intrusiveness. *Journal of Family Violence*, **11**, 411–423.

El Gaddal, Y. Y. (1989). de Clérambault's Syndrome (erotomania) in organic delusional syndrome. *British Journal of Psychiatry*, **154**, 714–716.

Evans, D. L., Jeckel, L. L., & Slott, N. E. (1982). Erotomania: A variant of pathological mourning. *Bulletin of the Menninger Clinic*, **46**, 507–520.

Evans, R. (1994). Every step you take: The strange and subtle crime of stalking. *Law Institute Journal*, **68**, 1021–1023.

Fisher, K., & Rose, M. (1995). When "enough is enough" : Battered women's decision making around court orders of protection. *Crime and Delinquency*, **41**, 414–429.

Flowers, R. B. (1994). *The victimization and exploitation of women and children: A study of physical, mental and sexual maltreatment in the United States*. Jefferson, NC: McFarland & Company.

Folkes, V. S. (1982). Communicating the causes of social rejection. *Journal of Experimental Social Psychology*, **18**, 235–

252.
Follingstad, D. R., & DeHart, D. D. (1997, July). *Defining psychological abuse: Contexts, behaviors, and typologies.* Paper presented at International Network on Personal Relationships Conference, Oxford, OH.
Fremouw, W. J., Westrup, D., & Pennypacker, J. (1997). Stalking on campus: The prevalence and strategies for coping with stalking. *Journal of Forensic Sciences,* **42**, 664-667.
Gallagher, R. P., Harmon, W. W., & Lingenfelter, C. O. (1994). CSAOs perceptions of the changing incidence of problematic college student behavior. NASPA Journal, **32**(1), 37-45.
Geberth, V. J. (1992). Stalkers. *Law and Order,* **40**, 138-143.
Gillett, T., Eminson, S. R., & Hassanyeh, F. (1990). Primary and secondary erotomania: Clinical characteristics and follow-up. *Acta Psychiatrica Scandinavia,* **82**, 65-69.
Goldsmith, D. (1990). A dialectic perspective on the expression of autonomy and connection in romantic relationships. *Western Journal of Speech Communication,* **54**, 537-556.
Goldstein, R. L. (1987). More forensic romances: De Clérambault's syndrome in men. *Bulletin of the American Academy of Psychiatry and the Law,* **15**, 267-274.
Gondolf, E. W., McWilliams, J., Hart, B., & Stuehling, J. (1994). Court response to petitions for civil protection orders. *Journal of Interpersonal Violence,* **9**, 503-517.
Gross, L. (1994). *To have or to harm: From infatuation to fatal attraction.* New York: Warner Books.
Gruber, J. E. (1989). How women handle sexual harassment: A Literature review. *Sociology and Social Research,* **74**, 3-7.
Guerrero, L. K., Andersen, P. A., Jorgensen, P. F., Spitzberg, B. H., & Eloy, S. V. (1995). Coping with the green-eyed monster: Conceptualizing and measuring communicative responses to romantic jealousy. *Western Journal of Communication,* **59**, 270-304.
Hall, D. (1996, March). *Outside looking in: Stalkers and their victims.* Paper presented to the Academy of Criminal Justice Sciences Conference, San Francisco, CA.
Harmon, R. B., Rosner, R., & Owens, H. (1995). Obsessional harassment and erotomania in a criminal court population. *Journal of Forensic Sciences,* **40**, 188-196.
Harrell, A., Smith, B., & Newmark, L. (1993). *Court processing and the effects of restraining orders for domestic violence victims* (Executive summary). Washington, DC: Urban Institute.
Harrell, A., & Smith, B. E. (1996). Effects of restraining orders on domestic violence victims. In E. S. Buzawa & C. G. Buzawa (Eds.), *Do arrests and restraining orders work?* (pp. 212-242). Thousand Oaks, CA: Sage.
Herold, E. S., Mantle, D., & Zernitis, O. (1979). A study of sexual offenses against females. *Adolescence,* **14**, 65-72.
Holmes, R. M. (1993). Stalking in America: Types and methods of criminal stalkers. *Journal of Contemporary Criminal Justice,* **9**, 317-327.
Horton, A. L., Simonidis, K. M., & Simonidis, L. L. (1987). Legal remedies for spouse abuse: Victim characteristics, expectations and satisfaction. *Journal of Family Violence,* **2**, 265-279
Hosman, L. A., & Siltanen, S. A. (1995). Relationship intimacy, need for privacy, and privacy-restoration behaviors. *Communication Quarterly,* **43**, 64-74.
Hueter, J. A. (1994). Lifesaving legislation: But will the Washington stalking law survive constitutional scrutiny? *Washington Law Review,* **72**, 213-240.
Jason, L. A., Reichler, A., Easton, J., Neal, A., & Wilson, M. (1984). Female harassment after ending a relationship: A preliminary study. *Alternative Lifestyles,* **6**, 259-269
Jordan, T. (1995). The efficacy of the California stalking law: Surveying its evolution, extracting insights from domestic violence cases. *Hastings Women's Law Journal,* **6**, 363-383.
Kaci, J. H. (1994). Aftermath of seeking domestic violence protective orders: The victim's perspective. *Journal of Contemporary Criminal Justice,* **10**, 204-219.
Katz, J. E. (1994). Empirical and theoretical dimensions of obscene phone calls to women in the United States. *Human Communication Research,* **21**, 155-182.
Klein, A. R. (1996). Re-abuse in a population of court-restrained batterers: Why restraining orders don't work. In E. S. Buzawa & C. G. Buzawa (Eds.), *Do arrests and restraining orders work?* (pp. 192-213). Thousand Oaks, CA: Sage.
Kurt, J. L. (1995). Stalking as a variant of domestic violence. *Bulletin of the Academy of Psychiatry and the Law,* **23**, 219-223.
Landau, E. (1996). *Stalking.* New York: Grolier.

Lardner, G., Jr. (1995). *The stalking of Kristin*. New York: Atlantic Monthly Press.
Larkin, J., & Popaleni, K. (1994). Heterosexual courtship violence and sexual harassment: The private and public control of young women. *Feminism and Psychology*, 4, 213-227.
Lees-Haley, P. R., Lees-Haley, C. E., Price, J. R., & Williams, C. W (1994). A sexual harassment-emotional distress rating scale. *American Journal of Forensic Psychology*, 12, 39-54.
Leets, L., de Becker, G., & Giles, H. (1995). Fans: Exploring expressed motivations for contacting celebrities. *Journal of Language and Social Psychology*, 14, 102-123.
Leonard, R., Ling, L. C., Hankins, G. A., Maidon, C. H., Potorti, P. F., & Rogers, J. M. (1993). Sexual harassment at North Carolina State University. In G. L. Kreps (Ed.), *Sexual harassment: Communication implications* (pp. 170-194). Cresskill, NJ: Hampton Press.
Leong, G. B. (1994). De Clérambault syndrome (erotomania) in the criminal justice system: Another look at this recurring problem. *Journal of Forensic Sciences*, 39, 378-385.
Leong, G. B., & Silva, J. A. (1991, May). Lovesick: The erotomania syndrome. *VA Practitioner*, 39-43.
Levitt, M. J., Silver. M. E., & Franco. N. (1996). Troublesome relationships: A part of human experience. *Journal of Social and Personal Relationships*, 13, 523-536.
Lindsey, M. (1993). *The terror of batterer stalking, A guideline for intervention*. Gylantic Publishing.
Livingston, J. A. (1982). Responses to sexual harassment on the job: Legal, organizational and individual actions. *Journal of Social Issues*, 38(4), 5-22.
Lowney, K. S., & Best, J. (1995). Stalking strangers and lovers: Changing media typifications of a new crime problem. In J. Best (Ed.), *Images of issues Typifying contemporary social problems* (2nd ed., pp. 33-57). New York: Aldine de Gruyter.
Markman, R., & LaBrecque, R. (1994). *Obsessed: The anatomy of a stalker*. New York: Avon Books.
Maypole. D. (1986). Sexual harassment of social workers at work: Injustice within? *Social Work*, 31, 29-34.
McAnaney, K. G., Curliss, L., & Abeyta-Price, C. (1993). From imprudence to crime: Anti-stalking laws. *Notre Dame Law Review*, 68, 819-909.
McCann, J. T. (1995). Obsessive attachment and the victimization of children: Can antistalking legislation provide protection? *Law and Psychology Review*, 19, 93-112.
McCreedy, K. R., & Dennis. B. G. (1996). Sex-related offenses and fear of crime on campus. *Journal of Contemporary Criminal Justice*, 12, 69-80.
McReynolds, G. (1996, January-February). The enemy you know. *Sacramento Magazine*, 22(1), 39-42, 84.
Meloy, J. R. (1989). Unrequited love and the wish to kill: Diagnosis and treatment of borderline erotomania. *Bulletin of the Menninger Clinic*, 53, 477-492.
Meloy, J. R. (1992). *Violent attachments*. Northvale, NJ: Aronson.
Meloy, J. R. (1996a). A clinical investigation of the obsessional follower: "She loves me, she loves me not" In L. Schlesinger (Ed.). *Explorations in criminal psychopathology* (pp. 9-32). Springfield, IL: Thomas.
Meloy, J. R. (1996b). Stalking (obsessional following): A review of some preliminary studies. *Aggression and Violent Behavior*, 1, 147-162.
Meloy, J. R., Cowett, P. Y., Parker. S. B., Hofland, B., & Friedland, A. (1996, August). *Civil protection orders and the prediction of subsequent criminality and violence toward protectees*. Paper presented at the Threat Management Conference, Los Angeles. CA.
Meloy, J. R., & Gothard, S. (1995). Demographic and clinical comparison of obsessional followers and offenders with mental disorders. *American Journal of Psychiatry*, 152, 258-263.
Menzies, R. P. D., Fedoroff, J. P., Green, C. M., & Isaacson, K. (1995). Prediction of dangerous behavior in male erotomania. *British Journal of Psychiatry*, 166, 529-536.
Metts, S., Cupach, W. R., & Imahori, T. T. (1992). Perceptions of sexual compliance-resisting messages in three types of cross-sex relationships. *Western Journal of Communication*, 56, 1-17.
Morin, K. S. (1993). The phenomenon of stalking: Do existing state statutes provide adequate protection? *San Diego Justice Journal*, 1, 123-162.
Morton, T. L., Alexander, J. F., & Altman, I. (1976). Communication and relationship definition. In G. R. Miller (Ed.), *Explorations in interpersonal communication* (pp. 102-125). Beverly Hills, CA: Sage.
Moses-Zirkes, S. (1992). Psychologists question anti-stalking laws' utility. *APA Monitor*, 23, 53.
Mullen, P. E., & Pathé, M. (l994a). The pathological extensions love. *British Journal of Psychiatry*, 165, 614-623.
Mullen, P. E., & Pathé, M. (1994b). Stalking and the pathologies of love. *Australian and New Zealand Journal of*

Psychiatry, **28**, 469-477.
Murray, F. S. (1967). A preliminary investigation of anonymous nuisance telephone calls to females. *Psychological Record*, **17**, 395-400.
Murray, F. S., & Beran, L. C. (1968). A survey of nuisance telephone calls received by males and females. *Psychological Record*, **18**, 107-109.
National Institute of Justice. (1993). *Project to develop a model anti-stalking code for states* (Publication No. NCJ 144477). Washington, DC: U.S. Department of Justice.
National Institute of Justice. (1996). *Domestic violence, stalking, and anti-stalking legislation* (Annual Report to Congress under the Violence Against Women Act, Publication No. NCJ 160943). Washington, DC: U. S. Department of Justice.
Nelson, E. S., Hill-Barlow, D., & Benedict, J. O. (1994). Addiction versus intimacy as related to sexual involvement in a relationship. *Journal of Sex and Marital Therapy*, **20**, 35-45.
Nicastro, A. M. (1997). *The communicative phenomenon of stalking victimology: Exploring a practical application of coping responses and preventative measures*. Unpublished masters thesis. San Diego State University, San Diego, CA.
Nicastro, A. M., Cousins, A. V, & Spitzberg, B. H. (1997, November). *Validation of stalking and obsessive relational intrusion: Exploring the communicative phenomenon of stalking victimology*. Paper presented at the Speech Communication Association convention, Chicago. IL.
Olsen, J. (1991). *Predator Rape, madness, and injustice in Seattle*. New York: Delacorte Press.
Orion, D. (1997). *I know you really love me: A psychiatrist's journal of erotomania, stalking, and obsessive love*. New York: Macmillan.
Patterson, J., & Kim, P (1991). *The day America told the truth*. New York: Prentice-Hall.
Peele, S. (1981). *Love and addiction*. New York: Signet Books.
Perez, C. (1993). Stalking: When does obsession become a crime. *American Journal of Criminal Law*, **20**(2), 263-280.
Puente, M. (1992, Tuesday; July 21). Legislators tackling the terror of stalking, but some experts say measures are vague. *USA Today*, p. 9A.
Raskin, D. E., & Sullivan, K. E. (1974). Erotomania. *American Journal of Psychiatry*, **131**, 1033-1035.
Romans, J. S. C., Hays, J. R., & White, T. K. (1996). Stalking and related behaviors experienced by counseling center staff members from current or former clients. *Professional Psychology: Research and Practice*, **27**, 595-599.
Roscoe, B., Strouse, J. S., & Goodwin, M. P. (1994). Sexual harassment: Early adolescent self-reports of experiences and acceptance. *Adolescence*, **29**, 515-523.
Ross, E. S. (1995). E-mail stalking: Is adequate legal protection available? *Journal of Computer and Information Law*, **13**, 405-432.
Savitz, L. (1986). Obscene phone calls. In T. F. Hartnagel & R. A. Silvermamn (Eds.), *Critique and explanation: Essays in honor of Gwynne Nettler* (pp. 149-158). New Brunswick, NJ: Transaction.
Schaum, M., & Parrish, K. (1995). *Stalked: Breaking the silence on the crime of stalking in America*. New York: Pocket Books.
Seeman, M. (1978). Delusional loving. *Archives of General Psychiatry*, **35**, 1265-1267,
Segal, J. H. (1989). Erotomania revisited: From Kraepelin to DSM-III-R. *American Journal of Psychiatry*, **146**, 1261-1266.
Sheffield, C. J. (1989). The invisible intruder: Women's experiences of obscene phone calls. *Gender and Society*, **3**, 483-488.
Signer, S. (1989). Homo-erotomania. *British Journal of Psychiatry*, **154**, 729.
Signer, S. F., & Cummings, J. L. (1987). De Clerambault's syndrome in organic affective disorder: Two cases. *British Journal of Psychiatry*, **151**, 404-407.
Smith, M. D., & Morra, N. N. (1994). Obscene and threatening telephone calls to women: Data from a Canadian national survey. *Gender and Society*, **8**, 584-596.
Snow, D A., Robinson, C., & McCall, P. L. (1991). "Cooling out" men in singles bars and nightclubs: Observations on the interpersonal survival strategies of women in public places. *Journal of Contemporary Ethnography*, **19**, 423-449.
Sohn, E. F. (1994, May-June). Antistalking statutes: Do they actually protect victims? *Criminal Law Bulletin*, 203-241.
Sperling, M. B., & Berman, W. H. (1991). An attachment classification of desperate love. *Journal of Personality*

Assessment, **56**, 45-55.
Spitzberg, B. H., & Cupach, W. R. (1996, July). *Obsessive relational intrusion: Victimization and coping.* Paper presented at the International Society for the Study of Personal Relationships conference, Banff, Canada.
Spitzberg, B. H, Marshall, L., & Cupach, W. R. (1997). *Obsessive relational intrusion and sexual coercion vicrimization.* Unpublished manuscript, San Diego State University, San Diego, CA.
Stith, S. M., Jester S. B., & Bird, G. W. (1992). A typology of college students who use violence in their dating relationships. *Journal of College Student Development*, **33**, 411-421.
Strikis, S. A. (1993). Stopping stalking. *Georgetown Law Journal*, **81**, 2771-2813.
Stuckless, N., & Goranson, R. (1992). The vengeance scale: Development of a measure of attitudes toward revenge. *Journal of Social Behavior and Personality*, **7**, 25-42.
Taylor, P., Mahendra, B., & Gunn, J. (1983). Erotomania in males. *Psychological Medicine*, **13**, 645-650.
Timmreck, T. C. (1990). Overcoming the loss of a love: Preventing love addiction and promoting positive emotional health. *Psychological Reports*, **66**, 515-528.
Tjaden, P., & Thoennes, N. (1997). *Stalking in America: Findings from the National Violence Against Women survey.* Report to the National Institute of Justice and Centers for Disease Control and Prevention. Denver, CO: Center for Policy Research.
Wallace, H. (1995). A prosecutor's guide to stalking. *The Prosecutor*, **29**(1), 26-30.
Wallace, H., & Silverman, J. (1996). Stalking and post traumatic stress syndrome. *Police Journal*, **69**, 203-206.
Warner, P. K. (1988). Aural assault: Obscene telephone calls. *Qualitative Sociology*, **11**, 302-318.
Welch, J. M. (1995). Stalking and anti-stalking legislation: A guide to the literature of a new legal concept. *Reference Services Review*, **23**, 53-58, 68.
Werner, C. M., & Haggard, L. M. (1992). Avoiding intrusions at the office: Privacy regulation on typical and high solitude days. *Basic and Applied Social Psychology*, **13**, 181-193.
Williams, D., & Schill, T. (1994). Adult attachment, love styles, and self-defeating personality characteristics. *Psychological Reports*, **75**, 31-34.
Williams, W. L., Lane, J., & Zona, M. A. (1996, February). Stalking: Successful intervention strategies. *The Police Chief*, 24-26.
Wright, J. A., Burgess, A. G., Burgess, A. W., Laszlo, A. T., McCrary, G. O., & Douglas, J. E. (1996). A typology of interpersonal stalking. *Journal of Interpersonal Violence*, **11**, 487-502.
Wright, J. A., Burgess, A. G., Burgess, A. W., McCrary, G. O., & Douglas, J. E. (1995). Investigating stalking crimes. *Journal of Psychosocial Nursing*, **33**, 38-43.
Zona, M. A., Sharma, K. K., & Lane, J. (1993). A comparative study of erotomanic and obsessional subjects in a forensic sample. *Journal of Forensic Sciences*, **38**, 894-903.

〈第6章〉
Alien, W. (1982). *Four films of Woody Alien.* New York: Random House.
Altman, I., & Taylor, D. (1973). *Social penetration: The development of interpersonal relationships.* NewYork: Holt, Rinehart & Winston.
Baumeister, R. F., & Leary, M. R. (1995). The need to belong: Desire for interpersonal attachment as a fundamental human motivation. *Psychological Bulletin*, **117**, 497-529.
Baumeister, R. F., &Wotman, S. R. (1992). *Breaking hearts: The two side of unrequited love.* New York: Guilford.
Baxter, L. A. (1984). Trajectories of relationship disengagement. *Journal of Social and Personal Relationships*, **1**, 29-48.
Colgrove, M., Bloomfield, H. H., & McWilliams, P. (1991). *How to survive the loss of a love.* Los Angeles: Prelude Press.
Colwin, L. (1976). *Passion and affect.* New York-Avon Books
Davis, M. S. (1973). *Intimate relations.* New York: The Free Press.
Derlega, V. J. (1997). Creating a "big picture" of personal relationships: Lessons we can learn from 1970s-era theories. *Contemporary Psychology*, **42**, 101-105.
Duck, S. (Ed.). (1982). *Personal relationships 4: Dissolving personal relationships.* New York: Academic Press.
Ephron, N. (1983). *Heartburn.* New York: Knopf.
Ford, R. (1987). *Rock springs.* New York. Vintage Books.
Frankel, V, & Tien, E. (1993). *The heartbreak handbook.* New York. Fawcett/Columbine.

Greene-Pepper, D. (1980). *Hate poems for ex-lovers, or how to breakup laughing.* Secaucus, NJ: Citadel Press.
Groening, M. (1984). *Love is hell.* New York: Random House.
Harvey, J. H. (1996). *Embracing their memory.* Boston: Allyn & Bacon.
Harvey, J. H., Agostinelli, G., & Weber, A. L. (1989). Account-making and the formation of expectations about close relationships. *Review of Personality and Social Psychology*, **10**, 39-62.
Harvey, J. H., Orbuch, T. L, &Weber, A. L. (1990). A social psychological model of account-making in response to severe stress. *Journal of Language and Social Psychology*, **9**, 191-207.
Harvey, J. H., Weber, A. L., & Orbuch, T. L. (1990). *Interpersonal accounts: A social-psychological perspective.* Oxford, England: Basil Blackwell.
Harvey, J. H., Wells, G. H., & Alvarez, M. D. (1978). Attribution in the context of conflict and separation in close relationships In J. H. Harvey, W. Ickes, & R. F. Kidd (Eds.), *New directions in attribution research* (Vol. 2, pp. 235-259) Hillsdale, NJ: Lawrence Erlbaum Associates.
Heider, F. (1958). *The psychology of interpersonal relations.* New York: Wiley.
Hill, T, Rubin, Z., & Pepln, L. A. (1976). Breakups before marriage: The end of 103 affairs. *Journal of Social Issues*, **33**, 197-168. (訳注：正しい出典は, Hill, T, Rubin, Z., & Peplau, L. A. (1976). Breakups before marriage: The end of 103 affairs. *Journal of Social Issues*, **32**, 147-168.)
Holtzworth-Munroe, A., & Jacobson, N. J. (1985). Causal attributions of married couples. *Journal of Personality and Social Psychology*, **48**, 1399-1412.
Horowitz, M. J. (1986). *Stress response syndromes* (2nd ed.). Northvale, NJ: Aronson.
Ickes, W. (1994). Methods of studying close relationships In A. L. Weber & J. H. Harvey (Eds.), *Perspectives on close relationships.* (pp 18-44). Boston: Allyn & Bacon.
Jones, W. H., & Burdette, M. R. (1994). Betrayal in relationships. In A. L. Weber & J. H. Harvey (Eds.), *Perspectives on close relationships* (pp. 243-262). Boston: Allyn & Bacon.
Jourard, S. M. (1971). *The transparent self* (2nd ed.). New York: Van Nostrand.
Kelley, H. H. (1972). *Attribution: Perceiving the causes of behavior.* NewYork: General Learning Press.
Kingma, D. R. (1987). *Coming apart: Why relationships end and how to live through the ending of yours.* Berkeley, CA: Conari Press.
Lamott, A. (1994). *Bird by bird.* New York: Pantheon Books.
Lee, L. (1984). Sequences in separation: A framework for investigating endings of the personal (romantic) relationship. *Journal of Social and Personal Relationships*, **1**, 99-73. (訳注：正しい出典は, Lee, L. (1984). Sequences in separation: A framework for investigating endings of the personal (romantic) relationship. *Journal of Social and Personal Relationships*, **1**, 49-73.)
Leick, N., & Davidsen-Nielsen, M. (1991). *Healing pain: Attachment, loss, and grief therapy.* (David Stoner, Trans.). NewYork: Tavistock/Routledge.
Loren, L. (1984). Sequences in separation: A framework for investigating endings of the personal (romantic) relationship. *Journal of Social and Personal Relationships*, **1**, 49-73. (訳注：おそらくLoren は Lee の誤りだと思われる)
Morrell, D. (1988). *Fireflies.* New York: Dutton.
Neeld, E. H. (1990). *Seven choices: Taking the steps to new life after losing someone you love.* New York: Dell Publishing.
Orbuch, T. L. (1988). *Responses to and coping with nonmarital relationship terminations.* (Doctoral) dissertation, University of Wisconsin, Madison.
Overbeck, J. (1990). *Love stinks: The romantic's guide to breaking up without breaking down.* New York: Pocket Books.
Pennebaker, J. (1990). *Opening up: The healing power of confiding to others.* New York: Avon Books.
Phillips, D., & Judd, R. (1978). *How to fall out of love.* New York: Fawcett Popular Library.
Rapoport, N. (1994). *A woman's book of grieving.* New York: Morrow.
Rubin, Z. (1973). *Liking and loving: An invitation to social psychology.* New York: Holt, Rienhart & Winston.
Shadowlands. (1993-British). *Video, color, 130 min.* Richard Ottenborough, director.
Simpson, J. A. (1987). The dissolution of romantic relationships: Factors involved in relationship stability and emotional distress. *Journal of Personality and Social Psychology*, **53**, 684-692.
Sprecher, S. (1994). Two sides to the breakup of dating relationships. *Personal Relationships*, **1**, 199-222.
Sumrall, A. C. (1994). *Breaking up is hard to do: Stories by women.* Freedom, CA: The Crossing Press.
Tennov. D. (1979). *Love and limerence: The experience of being in love.* New York: Stein and Day.

Vaughan, D. (1986). *Uncoupling: Turning points in intimate relationships*. New York: Oxford University Press.
Weber, A. L. (1992a). The account-making process: A phenomenological approach. In T.L. Orbuch (Ed.), *Close relationship loss: Theoretical approaches* (pp. 174-191). New York: Springer-Verlag.
Weber, A. L. (1992b). A meta-account. In J.H. Harvey, T.L. Orbuch, & A.L. Weber (Eds.), *Attribution, accounts, and close relationships* (pp. 280-287). New York: Springer-Verlag.
Weil, A. (1997). *Eight weeks to optimum health*. New York: Knopf.
Weiss, R. S. (1975). *Marital separation*. New York: Basic Books.
Zeigarnik, B. (1938). On finished and unfinished tasks. In W.D. Ellis (Ed.), *A sourcebook of Gestalt psychology*. London: Routledge & Kegan Paul.

〈第7章〉

Aronson, E., & Linder, D. (1965). Gain and loss of esteem as determinants of interpersonal attractiveness. *Journal of Experimental Social Psychology*, **1**, 156-171.
Baumeister, R. F. (1991). *Meanings of life*. New York: Guilford.
Baumeister, R. F. (1997). The self. In D. T. Gilbert, S. T. Fiske, & G. Lindzey (Eds.), *Handbook of Social Psychology* (4th ed.). New York: McGraw-Hill.
Baumeister, R. F., & Leary, M. R. (1995). The need to belong: Desire for interpersonal attachment as a fundamental human motivation. *Psychological Bulletin*, **117**, 497-529.
Baumeister, R. F., Reis, H. T., & Delespaul, P. A. E. G. (1995). Subjective and experiential correlates of guilt in daily life. *Personality and Social Psychology Bulletin*, **21**, 1256-1268.
Baumeister, R. F., Stillwell, A., & Wotman, S. R. (1990). Victim and perpetrator accounts of interpersonal conflict: Autobiographical narratives about anger. *Journal of Personality and Social Psychology*, **59**, 994-1005.
Baumeister, R. F., Stillwell, A. M., & Heatherton, T. F. (1994). Guilt: An interpersonal approach. *Psychological Bulletin*, **115**, 243-267.
Baumeister, R. F., & Wotman, S. R. (1992). *Breaking hearts: The two sides of unrequited love*. New York: Guilford.
Baumeister, R. F., Wotman, S. R., & Stillwell, A. M. (1993). Unrequited love: On heartbreak, anger, guilt, scriptlessness, and humiliation. *Journal of Personality and Social Psychology*, **64**, 377-394.
Bellah, R. N., Madsen, R., Sullivan, W. M., Swidler, A., & Tipton, S. M. (1985). *Habits of the heart: Individualism and commitment in American life*. Berkeley, CA: University of California Press.
Fromm, E. (1956). *The art of loving*. New York: Harper & Row.
Greenberg, J., Pyszczynski, T., & Solomon, S. (1986). The causes and consequences of self-esteem: A terror management theory. In R. Baumeister (Ed.), *Public self and private self* (pp. 189-212). New York: Springer-Verlag.
Kelly, H. H., & Thibaut, J. W. (1978). *Interpersonal relations: A theory of interdependence*. New York: Wiley.
Levenson, R. W., & Gottman, J. M. (1985). Physiological and affective predictors of change in relationship satisfaction. *Journal of Personality and Social Psychology*, **49**, 85-94.
McClelland, D. C. (1987). *Human motivation*. Cambridge, England: Cambrige University Press.
McGraw, K. M. (1987). Guilt following transgression: An attribution of responsibility approach. *Journal of Personality and Social Psychology*, **53**, 247-256.
Rogers, C. R. (1959). A theory of therapy, personality, and interpersonal relationships, as developed in the client-centered framework. In S. Koch (Ed.), *Psychology: A study of science* (Vol. 3, pp. 184-256). New York: McGraw-Hill.
Sternberg, R. J. (1986). A triangular theory of love. *Psychological Review*, **93**, 119-135.
Sternberg, R. J., & Grajek, S. (1984). The nature of love. *Journal of Personality and Social Psychology*, **47**, 312-329.
Tangney, J. P. (1995). Shame and guilt in interpersonal relationships. In J. P. Tangney & K. W. Fischer (Eds.), *Self-conscious emotions: The psychology of shame, guilt, embarrassment, and pride* (pp. 114-142). New York: Guilford.
Taylor, S. E. (1989). *Positive illusions: Creative self-deception and the healthy mind*. New York: Basic Books.
Taylor, S. E., & Brown, J. D. (1988). Illusion and well-being: A social psychological perspective on mental health. *Psychological Bulletin*, **103**, 193-210.
Tennov, D. (1976). *Love and limerence: The experience of being in love*. New York: Stein and Day.
Vaughan, D. (1986). *Uncoupling*. New York: Oxford University Press.
Walster, E., Aronson, V., Abrahams, D., & Rottman, L. (1966). Importance of physical attractiveness in dating behavior. *Journal of Personality and Social Psychology*, **4**, 508-516.

Walster, E., Berscheid, E., & Walster, G. W. (1976). New directions in equity research. In L. Berkowitz (Ed.), *Advances in experimental social psychology* (Vol. 9, pp. 1–42). New York: Academic Press.

〈第8章〉

Abramson, L. Y., Alloy, L. B., & Metalsky, G. I. (1988). The cognitive diathesis-stress theories of depression: Toward an adequate evaluation of the theories' validities. In L. B. Alloy (Ed.), *Cognitive Processes in Depression* (pp. 3–30). New York: Guilford.

Ahmad, S., Waller, G., & Verduyn, C. (1994). Eating attitudes among Asian schoolgirls: The role of perceived parental control. *International Journal of Eating Disorders*, **15**, 91–97.

Alloy, L. B., & Abramson, L. Y. (1979). Judgment of contingency in depressed and nondepressed students: Sadder but wiser? *Journal of Experimental Psychology: General*, **108**, 441–485.

Alloy, L. B., & Abramson, L. Y. (1988). Depressive realism: Four theoretical perspectives. In L. B. Alloy (Ed.), *Cognitive processes in depression* (pp. 223–265). New York: Guilford.

American Psychiatric Association. (1994). *Diagnostic and statistical manual of mental disorders* (4th ed.). Washington, DC: Author.

Amstutz, D. K, & Kaplan, M. F. (1987). Depression, physical attractiveness, and interpersonal acceptance. *Journal of Social and Clinical Psychology*, **5**, 365–377.

Anderson, C. A., & Arnoult, L. H. (1985). Attributional models of depression, loneliness, and shyness. In J. H. Harvey & G. Weary (Eds.), *Attribution: Basic issues and application* (pp. 235–279). New York: Academic Press.

Anderson, C. M., Reiss, D. J., & Hogarty, G. E. (1986). *Schizophrenia and the family*. New York: Guilford.

Andersson, L., Mullins, L. C., & Johnson, D. P. (1990). Parental intrusion versus social isolation: A dichotomous view of the sources of loneliness. In M. Hojat & R. Crandall (Eds.), *Loneliness: Theory, research, and applications* (pp. 125–134). Newbury Park, CA: Sage.

Angst, J. (1992). Epidemiology of depression. *Psychopharmacology*, 106, S71–S74.

Anthony, J. C., Warner, L. A., & Kessler, R. C. (1994). Comparative epidemiology of dependence on tobacco, alcohol, controlled substances, and inhalants: Basic findings from the National Comorbidity Survey. *Experimental and Clinical Psychopharmacology*, **2**, 244–268.

Attie, I., & Brooks-Gunn, J. (1989). Development of eating problems in adolescent girls: A longitudinal study. *Developmental Psychology*, **25**, 70–79.

Bandura, A. (1977). *Social learning theory*. Englewood Cliffs, NJ: Prentice-Hall.

Basco, M. R., Prager, K. J., Pite, J. M., Tamir, L. M., & Stephens, J. J. (1992). Communication and intimacy in the marriages of depressed patients. *Journal of Family Psychology*, **6**,184–194.

Bateson, G., Jackson, D., Haley, J., & Weakland, J. (1956). Toward a theory of schizophrenia. *Behavioral Science*, **1**, 252–264.

Beach, S. R. H., Jouriles, E. N., & O'Leary, K. D. (1985). Extramarital sex: Impact on depression and commitment in couples seeking marital therapy. *Journal of Sex and Marital Therapy*, **11**, 99–108.

Beach, S. R. H., & O'Leary, K. D. (1993). Marital discord and dysphoria: For whom does the marital relationship predict depressive symptomatology? *Journal of Social and Personal Relationships*, **10**, 405–420.

Beach, S. R. H., Sandeen, E. E., & O'Leary, K. D. (1990). *Depression and marriage*. New York: Guilford.

Beattie, H. J. (1988). Eating disorders and the mother-daughter relationship. *International' Journal of Eating Disorders*, **7**,453–460.

Beglin, S. J., & Fairburn, C. G. (1992). Women who choose not to participate in surveys on eating disorders. *International Journal of Eating Disorders*, **12**, 113–116.

Belsher, G., & Costello, C. G. (1991). Do confidants of depressed women provide less social support that confidants of nondepressed women? *Journal of Abnormal Psychology*, **100**, 516–525.

Biglan, A., Hops, H., Sherman, L., Friedman, L. S., Arthur, J., & Osteen , V. (1985). Problem-solving interactions of depressed women and their husbands. *Behavior Therapy*, **16**, 431–451.

Billings, A., Kessler, M., Gomberg, C., & Weiner, S. (1979). Marital conflict-resolution of alcoholic and nonalcoholic couples during sobriety and experimental drinking. *Journal of Studies on Alcohol*, **3**, 183–195.

Blouin, A., Zuro, C., & Blouin, J. H. (1990). Family environment in bulimia nervosa: The role of depression. *International Journal of Eating Disorders*, **9**, 649–658.

Brage, D., Meredith, W, & Woodward, J. (1993). Correlates of loneliness among midwestern adolescents. *Adolescence*, **28**, 685–693.

Brookings, J. B., & Wilson, J. F. (1994). Personality and family-environment predictors of self-reported eating attitudes and behaviors. *Journal of Personality Assessment*, 63, 313–326.

Brown, G. W, & Harris, T. (1978). *Social origins of depression*. New York: The Free Press.

Brown, G. W., Monck, E. M., Carstairs, G. M., & Wing, J. K. (1962). Influence of family life on the course of schizophrenic illness. *British Journal of Preventative and Social Medicine*, 16, 55–68.

Bullock, R. C., Siegel, R., Weissman, M., & Paykel, E. S. (1972). The weeping wife: Marital relations of depressed women. *Journal of Marriage and the Family*, 34, 488–495.

Burns, D. D., Sayers, S. L., & Moras, K. (1994). Intimate relationships and depression: Is there a causal connection? *Journal of Consulting and Clinical Psychology*, 62, 1033–1043.

Calam, R., Waller, G., Slade, P., & Newton, T. (1990). Eating disorders and perceived relationships with parents. *International Journal of Eating Disorders*, 9, 479–485.

Carson, R. C. (1983). The social-interactional viewpoint. In M. Hersen, A. E. Kazdn, & A. S. Bellack (Eds.), *The clinical psychology handbook* (pp. 143–153). New York: Pergamon.

Clair, D. J., & Genest, M. (1992). The children of alcoholics screening test: Reliability and relationships to family environment, adjustment, and alcohol-related stressors of adolescent offspring of alcoholics. *Journal of Clinical Psychology*, 48, 414–420.

Cohn, J. F., Campbell, S. B., Matias, R., & Hopkins, J. (1990). Face-to-face interactions of postpartum depressed and nondepressed mother-infant pairs at 2 months. *Developmental Psychology*, 26, 15–23.

Cole, R. E., Grolnick, W, Kane, C. F., Zastowny, T., & Lehman, A. (1993). Expressed emotion, communication, and problem solving in the families of chronic schizophrenic young adults. In R. E. Cole & D. Reiss (Eds.), *How do families cope with chronic illness* (pp. 141–172). Hillsdale, NJ: Lawrence Erlbaum Associates.

Connolly, J., Geller, S., Marton, P, & Kutcher, S. (1992). Peer responses to social interaction with depressed adolescent. *Journal of Clinical Child Psychiatry*, 21, 365–370.

Costello, C. G. (1982). Social factors associated with depression: A retrospective community study. *Psychological Medicine*, 12, 329–339.

Coyne, J. C. (1976a). Depression and the response of others. *Journal of Abnormal Psychology*, 85, 186–193.

Coyne, J. C. (1976b). Toward an interactional description of depression. *Psychiatry*, 39, 28–40.

Coyne, J. C. (1990). Interpersonal processes in depression. In G. I. Keitner (Ed.), *Depression and families* (pp. 31–54). Washington, DC: American Psychiatric Press.

Coyne, J. C., Burchill, S. A. L., & Stiles, W B. (1990). An interactional perspective on depression. In C. R. Snyder & D. R. Forsyth (Eds.), *Handbook of social and clinical psychology* (pp. 327–349). New York: Pergamon.

Coyne, J. C., & DeLongis, A. (1986). Going beyond social support: The role of social relationships in adaptation. *Journal of Consulting and Clinical Psychology*, 54, 454–460.

Coyne, J. C., Kahn, J., & Gotlib, I. H. (1987). Depression. In T. Jacob (Ed.), *Family interaction and psychopathology* (pp. 509–533). New York: Plenum.

Coyne, J. C., Kessler, R. C., Tal, M., Turnbull, J., Wortman, C. B., & Greden, J. F. (1987). Living with a depressed person. *Journal of Consulting and Clinical Psychology*, 55, 347–352.

Dare, C., Le Grange, D., Eisler, I., & Rutherford, J. (1994). Redefining the psychosomatic family: Family process of 26 eating disorder families. *International Journal of Eating Disorders*, 16, 211–226.

Dinning, W. D., & Berk, L. A. (1989). The children of alcoholics screening test: Relationship to sex, family environment, and social adjustment in adolescents. *Journal of Clinical Psychology*, 45, 335–339.

Doane, J. A., Goldstein, M. J., Miklowitz, D. M., & Falloon, I. R. H. (1986). The impact of individual and family treatment on the affective climate of families of schizophrenics. *British Journal of Psychiatry*, 148, 279–287.

Doane, J. A., West, K. L., Goldstein, M. J., Rodnick, E. H., & Jones, J. E. (1981). Parental communication deviance and affective style: Predictors of subsequent schizophrenia spectrum disorders. *Archives of General Psychiatry*, 38, 679–685.

Docherty, N. M. (1995). Expressed emotion and language disturbances in parents of stable schizophrenia patients. *Schizophrenia Bulletin*, 21, 411–418.

Dolan, B. M., Lieberman, S., Evans, C., & Lacey, J. H. (1990). Family features associated with normal body weight bulimia. *International Journal of Eating Disorders*, 9, 639–647.

Domenico, D., & Windle, M. (1993). Intrapersonal and interpersonal functioning among middle- aged female adult children of alcoholics. *Journal of Consulting and Clinical Psychology*, 61, 659–666.

Downey, G., & Coyne, J. C. (1990). Children of depressed parents: An integrative review. *Psychological Bulletin*, 108,

50-76.
Dykman, B. M., Horowitz, L. M., Abramson, L. Y., & Usher, M. (1991). Schematic and situational determinants of depressed and nondepressed students' interpretation of feedback. *Journal of Abnormal Psychology*, **100**, 45-55.
Elliot, T. R., MacNair, R. R., Herrick, S. M., Yoder, B., & Byrne, C. A. (1991). Interpersonal reactions to depression and physical disability in dyadic interactions. *Journal of Applied Social Psychology*, **21**, 1293-1302.
Erickson, D. H., Beiser, M., Iacono, W G., Fleming, J. A. E., & Lin, T. (1989). The role of social relationships in the course of first-episode schizophrenia and affective psychosis. *American Journal of Psychiatry*, **146**, 1456-1461.
Evans, J., & le Grange, D. (1995). Body size and parenting in eating disorders: A comparative study of the attitudes of mothers towards their children. *International Journal of Eating Disorders*, **18**, 39-48.
Field, T. (1984). Early interactions between infants and their post-partum depressed mothers. *Infant Behavior and Development*, **7**, 517-522.
Fiske, V., & Peterson, C. (1991). Love and depression: The nature of depressive romantic relationships. *Journal of Social and Clinical Psychology*, **10**, 75-90.
Forehand, R., & Smith, K. A. (1986). Who depressed whom? A look at the relationship of adolescent mood to maternal and paternal depression. *Child Study Journal*, **16**, 19-23.
Foy, D. W, Massey, F. H., Duer, J. D., Ross, J. M., & Wooten, L. S. (1979). Social skills training to improve alcoholics' vocational interpersonal competency. *Journal of Counseling Psychology*, **26**, 128-132.
Freud, S. (1966). *Introductory lectures on psychoanalysis*. New York: Norton. (Original work published in 1917)
Fromm-Reichmann, F. (1960). *Principles of intensive psychotherapy*. Chicago, IL: Phoenix Books.
Garfinkel, P. E., Garner, D. M., Rose, J., Darby, P. L., Brandes, J. S., O'Hanlon, J., & Walsh, N. (1983). A comparison of characteristics in families of patients with anorexia nervosa and normal controls. *Psychological Medicine*, **13**, 821-828.
Gelfand, D. M., & Teti, D. M. (1990). The effects of maternal depression on children. *Clinical Psychology Review*, **10**, 329-353.
Gillberg, I. C., Rastam, M., & Gillberg, C. (1994). Anorexia nervosa outcome: Six-year controlled longitudinal study of 51 cases including a population cohort. *Journal of the American Academy of Child and Adolescent Psychiatry*, **33**, 729-739.
Goldstein, M. J. (1987). Family interaction patterns that antedate the onset of schizophrenia and related disorders: A further analysis of data from a longitudinal, prospective study. In K. Hahlweg & M. J. Goldstein (Eds.), *Understanding major mental disorder: The contribution of family interaction research* (pp. 11-32). New York: Family Process Press.
Goldstein, M. J., & Strachan, A. M. (1987). The family and schizophrenia. In T. Jacob (Ed.), *Family interaction and psychopathology: Theories, methods, and findings* (pp. 481-508). New York: Plenum.
Gorad, S. (1971). Communicational styles and interaction of alcoholics and their wives. *Family Process*, **10**, 475-489.
Gotlib, I. H., & Beatty, M. E. (1985). Negative responses to depression: The role of attributional style. *Cognitive Therapy and Research*, **9**, 91-103.
Gotlib, I. H., & Lee, C. M. (1989). The social functioning of depressed patients: A longitudinal assessment. *Journal of Social and Clinical Psychology*, **8**, 223-237.
Gotlib, I. H., Mount, J. H., Cordy, N. I., & Whiffen, V. E. (1988). Depression and perceptions of early parenting: A longitudinal investigation. *British Journal of Psychiatry*, **152**, 24-27.
Gotlib, I. H., & Robinson, L. A. (1982). Responses to depressed individuals: Discrepancies between self-report and observer-rated behavior. *Journal of Abnormal Psychology*, **91**, 231-240.
Gotlib, I. H., & Whiffen, V E. (1989). Depression and marital functioning: An examination of specificity and gender differences. *Journal of Abnormal Psychology*, **98**, 23-30.
Grissett, N. I., & Norvell, N. K. (1992). Perceived social support, social skills, and quality of relationshps in bulimic women. *Journal of Consulting and Clinical Psychology*, **60**, 293-299.
Gurtman, M. B. (1987). Depressive affect and disclosures as factors in interpersonal rejection. *Cognitive Therapy and Research*, **11**, 87-100.
Hadley, J. A., Holloway, E. L., & Mallinckrodt, B. (1993). Common aspects of object relations and self-presentations in offspring from disparate dysfunctional families. *Journal of Counseling Psychology*, **40**, 348-356.
Hamid, P. N. (1989). Contact and intimacy patterns of lonely students. *New Zealand Journal of Psychology*, **18**, 84-86.
Hamilton, E. B., Jones, M., & Hammen, C. (1993). Maternal interaction style in affective disordered, physically ill, and normal women. *Family Process*, **32**, 329-340.

Harnmen, C. L., Gordon, D., Burge, D., Adrian, C., Janicke, C., & Hiroto, D. (1987). Communication patterns of mothers with affective disorders and their relationship to children's status and social functioning. In K. Hahlweg & M. J. Goldstein (Eds.), *Understanding major mental disorder* (pp. 103-119). New York: Family Process Press.

Hammen, C. L., & Peters, S. D. (1977). Differential responses to male and female depressive reactions. *Journal of Consulting and Clinical Psychology*, **45**, 994-1001.

Hammen, C. L., & Peters, S. D. (1978). Interpersonal consequences of depression: Responses to men and women enacting a depressed role. *Journal of Abnormal Psychology*, **87**, 322-332.

Hautzinger, M., Linden, M., & Hoffman, N. (1982). Distressed couples with and without a depressed partner: An analysis of their verbal interaction. *Journal of Behavior Therapy and Experimental Psychiatry*, **13**, 307-314.

Havey, J. M., & Dodd, D. K. (1993). Variables associated with alcohol abuse among self-identified collegiate COAs and their peers. *Addictive Behaviors*, **18**, 567-575.

Head, S. B., & Williamson, D. A. (1990). Association of family environment and personality disturbances in bulimia nervosa. *International Journal of Eating Disorders*, **9**, 667-674.

Helzer, J. E., Canino, G. J., Yeh, E., Bland, R. C., Lee, C. K., Hwu, H., & Newman, S. (1990). Alcoholism-North America and Asia: A comparison of populations surveys with the diagnostic interview schedule. *Archives of General Psychiatry*, **47**, 313-319.

Henwood, P. G., & Solano, C. H. (1994). Loneliness in young children and their parents. *Journal of Genetic Psychology*, **155**, 35-45.

Herzog, D. B., Pepose, M., Norman, D. K., & Rigotti, N. A. (1985). Eating disorders and social maladjustment in female medical students. *Journal of Nervous and Mental Disease*, **173**, 734-737.

Hill, A., Weaver, C., & Blundell, J. E. (1990). Dieting concerns of 10-year-old girls and their mothers. *British Journal of Clinical Psychology*, **29**, 346-348.

Hinchliffe, M. K., Hooper, D., & Roberts, F. J. (1978). *The melancholy marriage*. New York: Wiley.

Hinchliffe, M. K., Hooper, D., Roberts, F. J., & Vaughan, P. W. (1978). The melancholy marriage: An inquiry into the interaction of depression. IV. Disruptions. *British Journal of Medical Psychology*, **51**, 15-24.

Hinchliffe, M. K., Vaughan, P. W., Hooper, D., & Roberts, F. J. (1978). The melancholy marriage: An inquiry into the interaction of depression. III. Responsiveness. *British Journal of Medical Psychology*, **51**, 1-13.

Hinson, R. C., Becker, L. S., Handal, P. J., & Katz, B. M. (1993). The heterogeneity of children of alcoholics: Emotional needs and help-seeking propensity. *Journal of College Student Development*, **34**, 47-52.

Hokanson, J. E., & Butler, A. C. (1992). Cluster analysis of depressed college students' social behaviors. *Journal of Personality and Social Psychology*, **62**, 273-280.

Hokanson, J. E., Hummer, J. T., & Butler, A. C. (1991). Interpersonal perceptions by depressed college students. *Cognitive Therapy and Research*, **15**, 443-457.

Hooley, J. M. (1985). Expressed emotion: A review of the critical literature. *Clinical Psychology Review*, **5**, 119-139.

Hooper, D., Vaughan, P. W., Hinchliffe, M. K., & Roberts, J. (1978). The melancholy marriage: An inquiry into the interaction of depression. V. Power. *British Journal of Medical Psychology*, **51**, 387-398.

Hops, H., Biglan, A., Sherman, L., Arthur, J., Friedman, L., & Osteen, V (1987). Home observations of family interactions of depressed women. *Journal of Consulting and Clinical Psychology*, **55**, 341-346.

Horowitz, L. M., & French, R. D. (1979). Interpersonal problems of people who describe themselves as lonely. *Journal of Consulting and Clinical Psychology*, **47**, 762-764.

Horowitz, L. M., French, R. D., & Anderson, C. A. (1982). The prototype of a lonely person. In L. A. Peplau & D. Perlman (Eds.), *Loneliness: A sourcebook of current theory, research and therapy* (pp. 183-205). New York: Wiley.

Horowitz, L. M., French, R. D., Lapid, J. S., & Weckler, D. A. (1982). Symptoms and interpersonal problems: The prototype as an integrating concept. In J. C. Achin & D. J. Kiesler (Eds.), *Handbook of interpersonal psychotherapy* (pp. 168-189). New York: Pergamon.

Hsu, L. K. G. (1989). The gender gap in eating disorders: Why are the eating disorders more common among women? *Clinical Psychology Review*, **9**, 393-407.

Humphrey, L. L. (1986). Family relations in bulimic-anorexic and nondistressed families. *International Journal of Eating Disorders*, **5**, 223-232.

Jacob, T., Ritchey, D., Cvitkovic, J., & Blane, H. (1981). Communication styles of alcoholic and nonalcoholic families when drinking and not drinking. *Journal of Studies on Alcohol*, **42**, 466-482.

Jacob, T., & Seilhamer, R. A. (1987). Alcoholism and family interaction. In T Jacob (Ed.), *Family interaction and psychopathology: Theories, methods, and findings* (pp. 535-580). New York: Plenum.

Jacobs, J., & Wolin, S. J. (1989). Alcoholism and family factors: A critical review. In M. Galanter (Ed.), *Recent developments in alcoholism* (Vol. 7, pp. 147–164). New York: Plenum.

Jacobson, N. S., & Bussod, N. (1983). Marital and family therapy. In M. Hersen, A. E. Kazdin, & A. S. Bellack (Eds.), *The clinical psychology handbook* (pp. 611–630). New York: Pergamon.

Joiner, T. E., Alfano, M. S., & Metalsky, G. I. (1992). When depression breeds contempt: Reassurance-seeking, self-esteem, and rejection of depressed college students by their roommates. *Journal of Abnormal Psychology, 101*, 165–173.

Jones, W. H. (1982). Loneliness and social behavior. In L. A. Peplau & D. Perlman (Eds.), *Loneliness: A sourcebook of current theory, research and therapy* (pp. 238–252). New York: Wiley.

Jones, W. H., Hobbs, S. A., & Hockenburg, D. (1982). Loneliness and social skills deficits. *Journal of Personality and Social Psychology, 42*, 682–689.

Jones, W. H., & Moore, T. L. (1990). Loneliness and social support. In M. Hojat & R. Crandall (Eds.), *Loneliness: Theory, research, and applications* (pp. 145–156). Newbury Park, CA: Sage.

Kahn, J., Coyne, J. C., & Margolin, G. (1985). Depression and marital disagreement: The social construction of despair. *Journal of Social and Personal Relationships, 2*, 447–461.

Klerman, G. L. (1986). Historical perspectives on contemporary schools of psychopathology. In T. Millon & G. L. Klerman (Eds.), *Contemporary directions in psychopathology: Toward the DSM-IV* (pp. 3–28). New York: Guilford.

Kog, E., & Vandereycken, W. (1985). Family characteristics of anorexia nervosa and bulimia: A review of the research literature. *Clinical Psychology Review, 5*, 159–180.

Kraus, L. A., Davis, M. H., Bazzini, D., Church, M., & Kirchman, C. M. (1993). Personal and social influences on loneliness: The mediating effect of social provisions. *Social psychology Quarterly, 56*, 37–53.

Kuiper, N. A., & MacDonald, M. R. (1983). Schematic processing in depression: The self-based consensus bias. *Cognitive Therapy and Research, 7*, 469–484.

Laing, R. D. (1965). Mystification, confusion, and conflict. In I. Boszormenyi-Nagy & J. L. Frano (Eds.), *Intensive family therapy* (pp. 343–363). New York: Harper-Collins.

Laseque, E. C. (1873). On hysterical anorexia. *Medical Times Gazette, 2*, 367–369.

Leary, T. (1957). *Interpersonal diagnosis of personality*. New York: Ronald.

Lee, C. M., & Gotlib, I. H. (1991). Adjustment of children of depressed mothers: A 10-month follow-up. *Journal of Abnormal Psychology, 100*, 473–477.

LeGrange, D., Eisler, I., Dare, D., & Hodes, M. (1992). Family criticism and self-starvation—A study of expressed emotion. *Journal of Family Therapy, 14*, 177–192.

Lewinsohn, P. M. (1974). A behavioral approach to depression. In R. J. Friedrnan & M. M. Katz (Eds.), *The psychology of depression: Contemporary theory and research* (pp. 157–185). Washington, DC: Wilston-Wiley.

Lewinsohn, P. M. (1975). The behavioral study and treatment of depression. In M. Hersen, R. M. Eisler, & P. M. Miller (Eds.), *Progress in behavior modification* (Vol. 1, pp. 19–64). New York: Academic Press.

Lewinsohn, P. M., Mischel, W, Chaplin, W, & Barton, R. (1980). Social competence and depression: The role of illusory self-perceptions. *Journal of Abnormal Psychology, 89*, 203–212.

Lewinsohn, P M., & Rosenbaum, M. (1987). Recall of parental behavior by acute depressives, remitted depressives, and nondepressives. *Journal of Personality and Social Psychology, 52*, 611–619.

Lidz, T., Cornelison, A., Fleck, S., & Terry, D. (1957). The intrafamilial environment of schizophrenic patients: 2. Marital schism and marital skew. *American Journal of Psychiatry, 114*, 241–248.

Linden, M., Hautzinger, M., & Hoffman, N. (1983). Discriminant analysis of depressive interactions. *Behavior Modification, 7*, 403–422.

Lively, S., Friedrich, R. M., & Buckwalter, K. C. (1995). Sibling perception of schizophrenia: Impact on relationships, roles, and health. *Issues in Mental Health Nursing, 16*, 225–238.

Lobdell, J., & Perlman, D. (1986). The Intergenerational transmission of loneliness: A study of college freshmen and their parents. *Journal of Marriage and the Family, 48*, 589–595.

Lucas, A. R., Beard, C. M., O'Fallon, W. M., & Kurland, L. T. (1988). Anorexia nervosa in Rochester, Minnesota: A 45-year study *Mayo Clinic Proceedings, 63*, 433–442.

Marcus, D. K., & Davis, K. K. (1993) Depression and interpersonal rejection: The role of anticipated interaction. *The Journal of Social Psychology, 134*, 251–252.

Marks, T., & Hammen, C. L. (1982). Interpersonal mood induction: Situational and individual determinants.

Motivation and Emotion, **6,** 387–399.

McCabe, S. B., & Gotlib, I. H. (1993). Interactions of couples with and without a depressed spouse: Self-report and observations of problems-solving interactions. *Journal of Social and Personal Relationships,* **10,** 589–599.

McCann, C. D. (1990). Social factors in depression: The role of interpersonal expectancies. In C. D. McCann & N. S. Endler (Eds.), *Depression: New directions in theory, research, and practice* (pp 27–47). Toronto: Wall & Emerson.

McCann, C. D., & LaLonde, R. N. (1993). Dysfunctional communication and depression. *American Behavioral Scientist,* **36,** 271–287.

McFarlane, W. R., & Beels, C. C. (1988). The family and schizophrenia: Perspectives from contemporary research. In E. W. Nunnally, C. S. Chilman, & F. M. Cox (Eds.), *Mental illness, delinquency, addictions, and neglect* (pp 17–38). Newbury Park, CA: Sage.

McMahon, R. C., Davidson, R. S., Gersh, D., & Flynn, P., (1991). A comparison of continuous and episodic drinkers using the MCMI, MMPI, and ALCEVAL—R. *Journal of Clinical Psychology,* **47,** 148–159.

McNiel, D. E., Arkowitz, H. S., & Pritchard, B. E. (1987). The response of others to face-to-face interaction with depressed patients. *Journal of Abnormal Psychology,* **96,** 341–344.

Medora, N., & Woodward, J. C. (1986). Loneliness among adolescent college students at a midwestern university. *Adolescence,* **82,** 391–402.

Meyer, A. (1957). *Psychobiology: A science of man.* Springfield, IL: Thomas.

Miklowitz, D. J. (1994). Family risk indicators in schizophrenia. *Schizophrenia Bulletin,* **20,** 137–149.

Miklowitz, D. J., Goldstein, M. J., & Neuchterlein, K. H. (1995). Verbal interactions in the families of schizophrenic and bipolar affective patients. *Journal of Abnormal Psychology,* **104,** 268–276.

Miklowitz, D. J., Strachan, A. M., Goldstein, M. J., Doane, J. A., Snyder, K. S., Hogarty, G. E., & Falloon, I. R. (1986). Expressed emotion and communication deviance in the families of schizophrenics. *Journal of Abnormal Psychology,* **95,** 60–66.

Miklowitz, D. J., Velligan, D. I., Goldstein, M. J., Nuechterlein, K. H., Gitlin, M. J., Ranlett, G., & Doane, J. A. (1991). Communication deviance in families of schizophrenic and manic patients. *Journal of Abnormal Psychology,* **100,** 163–173.

Minuchin, S., Rosman, B. L., & Baker, L. (1978). *Psychosomatic families: Anorexia nervosa in context.* Cambridge, MA: Harvard University Press.

Monroe, S. M., & Simons, A. D. (1991). Diathesis-stress theories in the context of life stress research: Implications for the depressive disorders. *Psychological Bulletin,* **110,** 406–425.

Moore, D., & Schultz, N. R. (1983). Loneliness at adolescence: Correlates, attributions, and coping. *Journal of Youth and Adolescence,* **12,** 95–100.

Morrison, H. L. (Ed.). (1983). *Children of depressed parents: Risk, identification, and intervention.* New York: Grune & Stratton.

Mueser, K. T., Bellack, A. S., Wade, J. H., Sayers, S. L., Tierney, A., & Haas, G. (1993). Expressed emotion, social skill, and response to negative affect in schizophrenia. *Journal of Abnormal Psychology,* **102,** 339–351.

Neeliyara, T., Nagalakshmi, S. V., & Ray, R. (1989). Interpersonal relationships in alcohol dependent individuals. *Journal of Personality and Clinical Studies,* **5,** 199–202.

Nelson, G. M., & Beach, S. R. H. (1990). Sequential interaction in depression: Effects of depressive behavior on spousal aggression. *Behavior Therapy,* **21,** 167–182.

Nezlek, J. B., Imbrie, M., & Shean, G. D. (1994). Depression and everyday social interaction. *Journal of Personality and Social Psychology,* **67,** 1101–1111.

Notarius, C. I., & Herrick, L. R. (988). Listener response strategies to a distressed other. *Journal of Social and Personal Relationships,* **5,** 97–108.

Olson, D. H. (1993). Circumplex model of marital and family systems: Assessing family functioning. In F. Walsh (Ed.), *Normal family processes* (2nd ed., pp. 104–137). New York: Guilford.

O'Mahony, J. F., & Hollwey, S. (1995). Eating problems and interpersonal functioning among several groups of women. *Journal of Clinical Psychology,* **51,** 345–351.

Palmer, R. L., Oppenheimer, R., & Marshall, P. D. (1988). Eating-dsordered patients remember their parents: A study using the parental bonding instrument. *International Journal of Eating Disorders,* **7,** 101–106.

Patterson, B. R., & Bettini, L. A. (1993). Age, depression, and friendship: Development of a general friendship inventory. *Communication Research Reports,* **10,** 161–170.

Paxton, S. J., Wertheim, E. H., Gibbons, K., Szmukler, G. I., Hillier, L., & Petrovich, J. L. (1991). Body image satisfaction, dieting beliefs, and weight loss behaviors in adolescent girls and boys. *Journal of Youth and Adolescence*, 20, 361-379.

Peplau, L. A., Russell, D., & Heim, M. (1979). The experience of loneliness. In I. H. Frieze, D. Bar-Tal, & J. S. Caroll (Eds.), *New approaches to social problems* (pp. 53-78). San Fransisco: Jossey-Bass.

Peterson, L., Mullins, L. L., & Ridley-Johnson, R. (1985). Childhood depression: Peer reactions to depression and life stress. *Journal of Abnonnnl Child Psychology*, 13, 597-609.

Pierce, J. W., & Wardle, J. (1993). Self-esteem, parental appraisal and body size in children. *Journal of Child Psychology and Psychiatry*, 34, 1125-1136.

Pike, K. M., & Rodin, J. (1991). Mothers, daughters, and disordered eating. *Journal of Abnormal Psychology*, 100, 198-204.

Pollock, V. E., Schneider, L. S., Garielli, W. F., & Goodwin, D. W (1987). Sex of parent and offspring in the transmission of alcoholism: A meta-analysis. *Journal of Nervous and Mental Disease*, 173, 668-673.

Pyle, R. L., Neuman, P. A., Halvorson, P. A., & Mitchell, J. E. (1991). An ongoing cross-sectional study of the prevalence of eating disorders in freshmen college students. *International Journal of Eating Disorders*, 10, 667-677.

Rabinor, J. R. (1994). Mothers, daughters, and eating disorders: Honoring the mother-daughter relationship. In P. Fallon, M. A. Katzman, & S. Wooley (Eds.), *Feminist perspectives on eating disorders* (pp. 272-286). New York: Guilford.

Raciti, M., & Hendrick, S. S. (1992). Relationship between eating disorder characteristics and love and sex attitudes. *Sex Roles*, 27, 553-564.

Reich, W., Earls, F., Frankel, O., & Shayka, J. J. (1993). Psychopathology in children of alcoholics. *Journal of the American Academy of Child and Adolescent Psychiatry*, 32, 995-1002.

Revenson, T. A., & Johnson, J. L. (1984). Social and demographic correlates of loneliness in late life. *American Journal of Community Psychology*, 12, 71-85.

Rhodes, B., & Kroger, J. (1992). Parental bonding and separation-individuation difficulties among late-adolescent eating disordered women. *Child Psychiatry and Human Development*, 22, 249-263.

Rich, A. R., & Bonner, R. L. (1987). Interpersonal moderators of depression among college students. *Journal of College Student Personnel*, 28, 337-342.

Rich, A. R., & Scovel, M. (1987). Causes of depression in college students: A cross-lagged panel correlational analysis. *Psychological Reports*, 60, 27-30.

Roscoe, B., & Skomski, G. G. (1989). Loneliness among late adolescents. *Adolescence*, 96, 947-955.

Rosenfarb, I. S., Goldstein, M. J., Mintz, J., & Nuechterlein, K. H. (1995). Expressed emotion and subclinical psychopathology observable with the transactions between schizophrenic patients and their family members. *Journal of Abnormal Psychology*, 104, 259-267.

Rotenberg, K. J., & Hamel, J. (1988). Social interaction and depression in elderly individuals. *International Journal of Aging and Human Development*, 27, 305-318.

Rounsaville, B. J., Weissman, M. M., Prusoff, B. A., & Herceg-Baron, R. L. (1979). Marital disputes and treatment outcome in depressed women. *Comprehensive Psychiatry*, 20, 483-490.

Rudolph, K. D., Hammen, C., & Burge, D. (1994). Interpersonal functioning and depressive symptoms in childhood: Addressing the issues of specificity and comorbidity. *Journal of Abnormal Child Psychology*, 22, 355-371.

Ruscher, S. M., & Gotlib, I. H. (1988). Marital interaction patterns of couples with and without a depressed partner. *Behavior Therapy*, 19, 455-470.

Sacco, W. P., Milana, S., & Dunn, V. K. (1985). Effect of depression level and length of acquaintance on reactions of others to a request for help. *Journal of Personality and Social Psychology*, 49, 1728-1737.

Schmaling, K. B., & Jacobson, N. S. (1990). Marital interaction and depression. *Journal of Abnormal Psychology*, 99, 229-236.

Schulz, R. (1976). The effects of control and predictability on the physical and psychological well-being of the institutionalized aged. *Journal of Personality and Social Psychology*, 33, 563-573.

Segrin, C. (1990). A meta-analytic review of social skill deficits in depression. *Communication Monographs*, 57, 292-308.

Segrin, C. (1992). Specifying the nature of social skill deficits associated with depression. *Human Communication Research*, 19, 89-123.

Segrin, C. (1993a). Interpersonal reactions to depression: The role of relationship with partner and perceptions of rejection. *Journal of Social and Personal Relationships*, **10**, 83-97.

Segrin, C. (1993b). Social skills deficits and psychosocial problems: Antecedent, concomitant, or consequent? *Journal of Social and Clinical Psychology*, **12**, 336-353.

Segrin, C. (1996). The relationship between social skills deficits and psychosocial problems: A test of a vulnerability model. *Communication Research*, **23**, 425-450.

Segrin, C. (1998). Interpersonal communication problems associated with depression and loneliness. In P. A. Anderson & L. A. Guerrero (Eds.), *Handbook of communication and emotion. Research, theory, applications, and context* (pp. 215-242). New York: Academic Press.

Segrin, C., & Abramson, L. Y. (1994). Negative reactions to depressive behaviors: A communication theories analysis. *Journal of Abnormal Psychology*, **103**, 655-668.

Segrin, C., & Dillard, J. P. (1991). (Non) depressed persons' cognitive and affective reactions to (un) successful interpersonal influence. *Communication Monographs*, **58**, 115-134.

Segrin, C., & Dillard, J. P. (1992). The interactional theory of depression: A meta-analysis of the research literature. *Journal of Social and Clinical Psychology*, **11**, 43-70.

Segrin, C., & Fitzpatrick, M. A. (1992). Depression and verbal aggressiveness in different marital couple types. *Communication Studies*, **43**, 79-91.

Segrin, C., & Kinney, T. (1995). Social skills deficits among the socially anxious: Loneliness and rejection from others. *Motivation and Emotion*, **19**, 1-24.

Segrin, C., & Menees, M. M. (1995). The impact of coping styles and family communication on the social skills of children of alcoholics. *Journal of Studies on Alcohol*, **57**, 29-33.

Seilhamer, R. A., & Jacob, T. (1990). Family factors and adjustment of children of alcoholics. In M. Windle & J. S. Searles (Eds.), *Children of alcoholics: Critical perspectives* (pp. 168-188). New York: Guilford.

Shean, G. (1978). *Schizophrenia: An introduction to research and theory*. Cambridge, MA: Winthrop.

Sher, K. J. (1991). *Children of alcoholics: A critical appraisal of theory and research*. Chicago: University of Chicago Press.

Sher, K. J., Walitzer, K. S., Wood, P. K., & Brent, E. E. (1991). Characteristics of children of alcoholics: Putative risk factors, substance use and abuse, and psychopathology. *Journal of Abnormal Psychology*, **100**, 427-448.

Sheridan, M. J., & Green, R. G. (1993). Family dynamics and individual characteristics of adult children of alcoholics: An empirical analysis. *Journal of Social Service Research*, **17**, 73-97.

Siegel, S. J., & Alloy, L. B. (1990). Interpersonal perceptions and consequences of depressive-significant other relationships: A naturalistic study of college roommates. *Journal of Abnormal Psychology*, **99**, 361-373.

Sights, J. R., & Richards, H. C. (1984). Parents of bulimic women. *international Journal of Eating Disorders*, **3**, 3-13.

Silverstein, B., & Perlick, D. (1995). *The cost of competence: Why inequality causes depression, eating disorders, and illness in women*. New York: Oxford University Press.

Singer, M., Wynne, L., & Toohey, M. (1978). Communication disorders and the families of schizophrenics. In L. C. Wynne, R. L. Cromwell, & S. Matthysse (Eds.), *The nature of schizophrenia: New approaches to research and treatment* (pp. 499-511). New York: Wiley.

Solano, C. H., & Koester, N. H. (1989). Loneliness and communication problems: Subjective anxiety or objective skills. *Personality and Social Psychology Bulletin*, **15**, 126-133.

Spitzberg, B. H., & Canary, D. J. (1985). Loneliness and relationally competent communication. *Journal of Social and Personal Relationships*, **2**, 387-402.

Stafford, L., & Dainton, M. (1994). The dark side of "normal" family interaction. In W. R. Cupach & B. H. Spitzberg (Eds.), *The dark side of interpersonal communication* (pp. 259-280). Hillsdale, NJ: Lawrence Erlbaum Associates.

Steiger, H., Puentes-Neuman, G., & Leung, F. Y. K. (1991). Personality and family features of adolescent girls with eating symptoms: Evidence for restricter/binger differences in a nonclinical population. *Addictive Behaviors*, **16**, 303-314.

Steiger, H., Stotland, S., Trottier, J., & Ghadirian, A. M. (1996). Familial eating concerns and psychopathological traits: Causal implications of transgenerational effects. *International Journal of Eating Disorders*, **19**, 147-157.

Steinglass, P. (1979). The alcoholic family in the interaction laboratory. *Journal of Nervous and Mental Disease*, **167**, 428-436.

Steinglass, P. (1981). The impact of alcoholism on the family. *Journal of Studies on Alcohol*, **42**, 288-303.

Steinglass, P., & Robertson, A. (1983). The alcoholic family. In B. Kissin & H. Begleiter (Ed.) *The biology of alcoholism: Vol. 6. The pathogenesis of alcoholism: Psychosocial factors* (pp. 243-307). New York: Plenum.
Steinglass, P., Weiner, S., & Mendelson, J. H. (1971). A systems approach to alcoholism: A model and its clinical application. *Archives of General Psychiatry,* **24,** 401-408.
Strober, M., & Humphrey, L. L. (1987). Familial contributions to the etiology and course of anorexia nervosa and bulimia. *Journal of Consulting and Clinical Psychology,* **55,** 654-659.
Sullivan, H. S. (1953). *The interpersonal theory of psychiatry.* New York: Norton.
Suman, L. N., & Nagalakshmi, S. V. (1993). Personality dimensions of alcohol dependent individuals and their spouses. *NIMHANS Journal,* **11,** 95-98.
Thomas, A. M., & Forehand, R. (1991). The relationship between parental depressive mood and early adolescent parenting. *Journal of Family Psychology,* **4,** 260-271.
Thompson, J. M., Whiffen, V. E., & Blain, M. D. (1995). Depressive symptoms, sex, and perceptions of intimate relationships. *Journal of Social and Personal Relationships,* **12,** 49-66.
Vandereycken, W., Kog, E., & Vanderlinden, J. (Eds.). (1989). *The family approach to eating disorders.* New York: PMA Publishing.
van Furth, E. F., van Strien, D. C., Martina, L. M. L., van Son, M. J. M., Hendrickx, J. J. P., & van Engeland, H. (1996). Expressed emotion and the prediction of outcome in adolescent eating disorders. *International Journal of Eating Disorders,* **20,** 19-31.
Vanger, P., Summerfield, A. B., Rosen, B. K., & Watson, J. P. (1991). Cultural differences in interpersonal responses to depressives' nonverbal behaviour. *The International Journal of Social Psychiatry,* **37,** 151-158.
Vaughn, C., & Leff, J. P. (1976). The measurement of expressed emotion in the families of psychiatric patients. *British Journal of Clinical and Social Psychology,* **15,** 157-165.
Vaughn, C. E., & Leff, J. P. (1981). Patterns of emotional response in relatives of schizophrenic patients. *Schizophrenia Bulletin,* **7,** 43-44.
Vaux, A. (1988). Social and emotional loneliness: The role of social and personal characteristics. *Personality and Social Psychology Bulletin,* **14,** 722-734.
Vitousek, K., & Manke, F. (1994). Personality variables and disorders in anorexia nervosa and bulimia nervosa. *Journal of Abnormal Psychology,* **103,** 137-147.
Waller, G. (1994). Borderline personality disorder and perceived family dysfunction in the eating disorders. *Journal of Nervous and Mental Disease,* **182,** 541-546.
Waller, G., & Calam, R. (1994). Parenting and family factors in eating problems. In L. Alexander-Mott & D. B. Lumsden (Eds.), *Understanding eating disorders: Anorexia nervosa, bulimia nervosa, and obesity* (pp. 61-76). Philadelphia: Taylor & Francis.
Waller, G., Slade, P., & Calam, R. (1990) Family adaptability and cohesion: Relation to eating attitudes and disorders. *International Journal of Eating Disorders,* **9,** 225-228.
Warner, V, Weissman, M. M., Fendrich, M., Wickramaratne, P., & Moreau, D. (1992). The course of major depression in the offspring of depressed parents: Incidence, recurrence, and recovery. *Archives of General Psychiatry,* **49,** 795-801.
Watts, W. D., & Ellis, A. M. (1992). Drug abuse and eating disorders: Prevention implications. *Journal of Drug Education,* **22,** 223-240.
Watzlawick, P., Bavelas, J. B., & Jackson, D. D. (1967). *Pragmatics of human communication.* New York: Norton.
Weeks, D. G., Michela, J. L., Peplau, L. A., & Bragg, M. E. (1980). Relation between loneliness and depression: A structural equation analysis. *Journal of Personality and Social Psychology,* **39,** 1238-1244.
Weiss, R. (1974). The provisions of social relationships. In Z. Rubin (Ed.), *Doing unto others* (pp. 17-26). Englewood Cliffs, NJ: Prentice-Hall.
Weissman, M. M., Klerman, G. L., Rounsaville, B. J., Chevron, E. S., & Neu, C. (1982). Short-term interpersonal psychotherapy (IPT) for depression: Description and efficacy. In J. C. Anchin & D. J. Kiesler (Eds.), *Handbook of interpersonal psychotherapy* (pp. 296-310). New York: Pergamon.
Whiffen, V. E., & Gotlib, I. H. (1989). Infants of postpartum depressed mothers: Temperament and cognitive status. *Journal of Abnormal Psychology,* **98,** 274-279.
Windle, M., & Searles, J S. (1990) *Children of alcoholics: Critical perspectives.* New York : Guilford.
Wittenberg, M. T, & Reis, H. T. (1986). Loneliness, social skills, and social perception. *Personality and Social Psychology Bulletin,* **12,** 121-130.

Wonderlich, S. (1992). Relationship of family and personality factors in bulimia. In J. H. Crowther, D. L. Tennenbaum, S. E. Hobfoll, & M. A. P. Stephens (Eds.), *The etiology of bulimia nervosa: The individual and familial context* (pp. 103-126). Washington, DC: Hemisphere.

Wonderlich, S. A., & Swift, W. J. (1990a). Borderline versus other personality disorders in the eating disorders: Clinical description. *International Journal of Eating Disorders*, **9**, 629-638.

Wonderlich, S. A., & Swift, W J. (1990b). Perceptions of parental relationships in the eating disorders: The relevance of depressed mood. *Journal of Abnormal Psychology*, **99**, 353-360.

Wonderlich, S., Ukestad, L., & Perzacki, R. (1994). Perceptions of nonshared childhood environment in bulimia nervosa. *Journal of the American Academy of Child and Adolescent Psychiatry*, **33**, 740-747.

Wright, D. M., & Heppner, P. P. (1991). Coping among nonclinical college-age children of alcoholics. *Journal of Counseling Psychology*, **38**, 465-472.

Wynne, L. C. (1981). Current concepts about schizophrenics and family relationships. *Journal of Nervous and Mental Disease*, **169**, 82-89.

〈第9章〉

Abbey, A., Abramis, D. J., & Caplan, R. D. (1985). Effects of different sources of social support and social conflict on emotional well-being. *Basic and Applied Social Psychology*, **6**, 111-129.

Abbey, A., Andrews, F. M., & Halman, J. (1995). Provision and receipt of social support and disregard: What is their impact on the marital life and quality of infertile and fertile couples? *Journal of Personality and Social Psychology*, **68**, 455-469.

Argyle, M. (1987). *The psychology of happiness*. London: Methuen.

Barrera, M. (1981). Social support and the adjustment of pregnant adolescents: Assessment issues. In B. H. Gottlieb (Ed.), *Social networks and social support* (pp. 69-96). Beverly Hills, CA: Sage.

Baumeister, R. F., & Leary, M. R. (1995). The need to belong: Desire for interpersonal attachments as a fundamental human motivation. *Psychological Bulletin*, **117**, 497-529.

Berscheid, E. (1983). Emotion. In H. H. Kelley, E. Berscheid, A. Christensen, J. H. Harvey, T. L. Huston, G. Levinger, E. McClintock, L. A. Peplau, & D. R. Peterson (Eds.), *Close relationships* (pp. 110-168). New York: Freeman.

Bolger, N., DeLongis, A., Kessler, R. C., & Schilling, E. A. (1989). Effects of daily stress on negative mood. *Journal of Personality and Social Psychology*, **57**, 808-818.

Bolger, N., & Eckenrode, J. (1991). Social relationships, personality, and anxiety during a major stressful event. *Journal of Personality and Social Psychology*, **61**, 440-449.

Bowlby, J. (1969). *Attachment and loss: Vol. 1. Attachment*. New York: Basic Books.

Buunk, B. (1990). Affiliation and helping interactions within organizations: A critical analysis of the role of social support with regard to occupational stress. In W Stroebe & M. Hewstone (Eds.), *European review of social psychology* (vol. 1., pp. 293-322). Chichester, UK: Wiley.

Burman, B., & Margolin, G. (1992). Analysis of the association between marital relationships and health problems: An interactional perspective. *Psychological Bulletin*, **112**, 39-63.

Cacioppo, J. T., Gardner, W. L., & Bernston, G. G. (1997). Beyond bipolar conceptualizations and measures: The case of attitudes and evaluative space. *Personality and Social Psychology Review*, **1**, 3-25.

Campbell, A., Converse, P. E., & Rodgers, W. L. (1976). *The quality of American life*. New York: Russell Sage.

Carstensen, L. L. (1993). Motivation for social contact across the life span: A theory of socioemotional selectivity. *Nebraska Symposium on Motivation*, **40**, 209-254.

Cobb, S. (1976). Social support as a moderator of life stress. *Psychosomatic Medicine*, **38**, 300-314.

Cohen, S. (1988). Psychosocial models of the role of social support in the etiology of physical disease. *Health Psychology*, **7**, 269-297.

Cohen, S., & Wills, T. A. (1985). Stress, social support, and the buffering hypothesis. *Psychological Bulletin*, **98**, 310-357.

Costa, P. T, Jr., Zonderman, A. B., McCrae, R. R., Cornoni-Huntley, J., Locke, B. Z., & Barbano, H. E. (1987). Longitudinal analyses of psychological well-being in a national sample: Stability of mean levels. *Journal of Gerontology*, **42**, 50-55.

Coyne, J. C., & DeLongis, A. M. (1986). Going beyond social support: The role of social relationships in adaptation. *Journal of Consulting and Clinical Psychology*, **54**, 454-460.

Coyne, J. C., Ellard, J. H., & Smith, D. A. F. (1990). Social support, interdependence, and the dilemmas of helping. In

B. R. Sarason, I. G. Sarason, & G. R. Pierce (Eds.), *Social support: An interactional view* (pp. 129-149). New York: Wiley.

Coyne, J. C., Wortman, C. B., & Lehman, D. R. (1988). The other side of support: Emotional overinvolvement and miscarried helping. In B. H. Gottlieb (Ed.), *Marshaling social support: Formats, processes, and effects* (pp. 305-330). Newbury Park, CA: Sage.

Cupach, W. R., & Spitzberg, B. H. (Eds.). (1994). *The dark side of interpersonal communication.* Hillsdale, NJ: Lawrence Erlbaum Associates.

Dakof, G. A., & Taylor, S. E. (1990). Victims' perceptions of social support: What is helpful from whom? *Journal of Personality and Social Psychology, 58*, 80-89.

Davis, R. C., Brickman, E., & Baker, T. (1991). Supportive and unsupportive responses of others to rape victims: Effects on concurrent victim adjustment. *American Journal of Community Psychology, 19*, 443-451.

Diener, E. (1984). Subjective well-being. *Psychological Bulletin, 95*, 542-575.

Ditto, P H., & Lopez, D. F. (1992). Motivated skepticism: Use of differential decision criteria for preferred and nonpreferred conclusions. *Journal of Personality and Social Psychology, 63*, 569-584.

Duck, S. (1994). Stratagems, spoils, and a serpent's tooth: On the delights and dilemmas of personal relationships. In W. R. Cupach & B. H. Spitzberg (Eds.), *The dark side of interpersonal communication* (pp. 3-24). Hillsdale, NJ: Lawrence Erlbaum Associates.

Dunkel-Schetter, C. (1984). Social support and cancer: Findings based on patient interviews and their implications. *Journal of Social Issues, 40*, 77-98.

Ewart, C. K., Taylor, C. B., Kraemer, H. C., & Agras, W. S. (1991). High blood pressure and marital discord: Not being nasty matters more than being nice. *Health Psychology, 10*, 155-163.

Felton, B. J., & Berry, C. A. (1992). Do the sources of the urban elderly's social support determine its psychological consequences? *Psychology and Aging, 7*, 89-97.

Finch, J. F., Okun, M. A., Barrera, M., Jr., Zautra, A. J., & Reich, J. W. (1989). Positive and negative social ties among older adults: Measurement models and the prediction of psychological distress and well-being. *American Journal of Community Psychology, 17*, 585-605.

Finch, J. F., & Zautra, A. J. (1992). Testing latent longitudinal models of social ties and depression among the elderly: A comparison of distribution-free and maximum likelihood estimates with nonnormal data. *Psychology and Aging, 7*, 107-118.

Finney, J. W., Mitchell, R. E., Cronkite, R. C., & Moos, R. H. (1984). Methodological issues in estimating main and interactive effects: Examples from coping/social support and stress field. *Journal of Health and Social Behavior, 25*, 85-98.

Fiore, J., Becker, J., & Coppel, D. B. (1983). Social network interactions: A buffer or a stress? *American Journal of Community Psychology, 11*, 423-439.

Gottman, J. M. (1994). *What predicts divorce? The relationship between marital processes and marital outcomes.* Hillsdale, NJ: Lawrence Erlbaum Associates.

Heller, K. (1979). The effects of social support: Prevention and treatment implications. In A. P. Goldstein & F. H. Kanfer (Eds.), *Maximizing treatment gains: Transfer enhancement in psychotherapy* (pp. 353-382). New York: Academic Press.

Hobfoll, S. E. (1989). Conservation of resources: A new attempt at conceptualizing stress. *American Psychologist, 44*, 513-524.

Holahan, C. J., Moos, R. H., Holahan, C. K., & Brennan, P. L. (1997). Social context, coping strategies, and depressive symptoms: An expanded model with cardiac patients. *Journal of Personality and Social Psychology, 72*, 918-928.

Homans, G. G. (1974). *Social behavior* (2nd ed.). New York: Harcourt Brace.

Horowitz, L. (1986). The interpersonal basis of psychiatric symptoms. *Clinical Psychology Review, 6*, 443-469.

House, J. S. (1981). *Work stress and social support.* Reading, MA: Addison-Wesley.

House, J. S., Landis, K., & Umberson, D. (1988). Social relationships and health. *Science, 241*, 540-545.

House, J. S., Umberson, D., & Landis, K. (1988). Structures and processes of social support. *Annual Review of Sociology, 14*, 293-318.

Ingersoll-Dayton, B., Morgan, D., & Antonucci, T. C. (1997). The effects of positive and negative social exchanges on aging adults. *Journal of Gerontology: Social Sciences, 52*, S190-S200.

Kahn, R. L., & Antonucci, T. C. (1980). Convoys over the life course: Attachment, roles, and social support. In P. B. Baltes & O. G. Brim (Eds.), *Life-span development and behavior* (pp. 253-286). New York: Academic Press.

Kahneman, D., & Tversky, A. (1984). Choice, values, and frames. *American Psychologist*, **39**, 341–350.

Kanouse, D. E., & Hanson, R. L. (1972). Negativity in evaluations. In E. E. Jones, D. E. Kanouse, H. H. Kelley, R. E. Nisbett, S. Valins, & B. Weiner (Eds.), *Attribution: Perceiving the causes of behavior* (pp. 47–62). New York: General Learning Press.

Kiecolt-Glaser, J. K., Dyer, C. S., & Shuttleworth, E. C. (1988). Upsetting social interactions and distress among Alzheimer's disease family caregivers: A replication and extension. *American Journal of Community Psychology*, **16**, 825–837.

Kiecolt-Glaser, J. K., Malarkey, W. B., Chee, M., Newton, T., Cacioppo, J. T., Mao, H.-Y, & Glaser, R. (1993). Negative behavior during marital conflict is associated with immunological down-regulation. *Psychosomatic Medicine*, **55**, 395–409.

Klinger, E. (1977). *Meaning and void: Inner experiences and the incentives in people's lives.* Minneapolis: University of Minnesota Press.

Lakey, B., Tardiff, T. A., & Drew, J. B. (1994). Negative social interactions: Assessment and relations to social support, cognition, and psychological distress. *Journal of Social and Clinical Psychology*, **13**, 42–62.

Lawton, M. P. (1983). The varieties of well-being. *Experimental Aging Research*, **9**, 65–72.

Lepore, S. J. (1992). Social conflict, social support, and psychological distress: Evidence of cross-domain buffering effects. *Journal of Personality and Social Psychology*, **63**, 857–867.

Lewis, M. A., & Rook, K. S. (1991, November). *Positive and negative social ties: Short-term vs. long-term effects on psychological distress.* Paper presented at the annual meeting of the Gerontological Society of America, San Francisco, CA.

Manne, S., & 'Zautra, A. J. (1989). Spouse criticism and support: Their association with coping and psychological adjustment among women with rheumatoid arthritis. *Journal of Personality and Social Psychology*, **56**, 608–617.

Monroe, S. M., & Johnson, S. L. (1992). Social support, depression, and other mental disorders: In retrospect and toward future prospects. In H. O. F. Veiel & U. Baumann (Eds.), *The meaning and measurement of social support* (pp. 93–105). Washington, DC: Hemisphere.

Morgan, D., & Schuster, T. L. (1992, July). *Assessing the impact of positive and negative relationships in social networks.* Paper presented at the biennial meeting of the International Society for the Study of Personal Relationships, Orono, ME.

Morgan, D. L., Neal, M. B., & Carder, P. C. (1997). Both what and when: The effects of positive and negative aspects of relationships on depression during the first three years of widowhood. *Journal of Clinical Geropsychology*, **3**, 73–91.

Okun, M. A., Melichar, J. F., & Hill, M. D. (1990). Negative daily events, positive and negative social ties, and psychological distress among older adults. *Gerontologist*, **30**, 193–199.

Pagel, M. D., Erdly, W. W., & Becker, J. (1987). Social networks: We get by with (and in spite of) a little help from our friends. *Journal of Personality and Social Psychology*, **53**, 793–804.

Peplau, L. A., & Perlman, D. (Eds.), (1982). *Loneliness: A sourcebook of current theory, research and therapy.* New York: Wiley.

Pilisuk, M., & Minkler, M. (1980). Supportive networks: Life ties for the elderly. *Journal of Social Issues*, **36**, 95–116.

Pinsker, H., Nepps, P., Redfield, J., & Winston, A. (1985). Applicants for short-term dynamic psychotherapy. In A. Winston (Ed.), *Clinical and research issues in short-term dynamic psychotherapy* (pp. 104–116). Washington, DC: American Psychiatric Association.

Radloff, L. S. (1977). The CES-D scale: A self-report depression scale for research in the general population. *Applied Psychology and Measurement*, **1**, 385.

Revenson, T. A., Schiaffino, K. M., Majerovitz, D., & Gibofsky, A. (1991). Social support as a double-edged sword: The relation of positive and problematic support to depression among rheumatoid arthritis patients. *Social Science and Medicine*, **33**, 807–813.

Rook, K. S. (1984). The negative side of social interaction: Impact on psychological well-being. *Journal of Personality and Social Psychology*, **46**, 1097–1108.

Rook, K. S. (1987). Social support versus companionship: Effects on life stress, loneliness, and evaluations by others. *Journal of Personality and Social Psychology*, **52**, 1132–1147.

Rook, K. S. (1990a). Parallels in the study of social support and social strain. *Journal of Social and Clinical Psychology*, **9**, 118–132.

Rook, K. S. (1990b). Stressful aspects of older adults' social relationships: An overview of current theory and research. In M. A. P. Stephens, J. H. Crowther, S. E. Hobfoll, & D. L. Tennenbaum (Eds.), *Stress and coping in later life families* (pp. 173-192). Washington, DC: Hemisphere.

Rook, K. S. (1992a). Detrimental aspects of social relationships: Taking stock of an emerging literature. In H. O. F. Veiel & U. Baumann (Eds.), *The meaning and measurement of social support* (pp. 157-169). New York: Hemisphere.

Rook, K. S. (1992b, April). *Social relationships and emotional health: A reconsideration of positivity and negativity effects*. Invited address presented at the annual meeting of the Western Psychological Association, Portland, OR.

Rook, K. S., & Pietromonaco, P. (1987). Close relationships: Ties that heal or ties that bind? In W. H. Jones & D. Perlman (Eds.), *Advances in personal relationships* (Vol. 1, pp. 1-35). Greenwich, CT: JAI.

Ruehlman, L. S., & Karoly, P. (1991). With a little flak from my friends: Development and preliminary validation of the Test of Negative Social Exchange (TENSE). *Journal of Consulting and Clinical Psychology*, **3**, 97-104.

Sarason, B. R., Pierce, G. R., & Sarason, I. G. (1990). Social support: The sense of acceptance and the role of relationships. In B. R. Sarason, I. G. Sarason, & G. R. Pierce (Eds.), *Social support: An interactional view* (pp. 97-128). New York: Wiley.

Sarason, B. R., Shearin, E. N., Pierce, G. R., & Sarason, I. G. (1987). Interrelations of social support measures: Theoretical and practical implications. *Journal of Personality and Social Psychology*, **52**, 813-832.

Schuster, T. L., Kessler, R. C., & Aseltine, R. H., Jr. (1990). Supportive interactions, negative interactions, and depressed mood. *American Journal of Community Psychology*, **18**, 423-438.

Shinn, M., Lehmann, S., & Wong, N. W. (1984). Social interaction and social support. *Journal of Social Issues*, **40**, 5-76.

Skowronski, J. J., & Carlston, D. E. (1989). Negativity and extremity biases in impression formation: A review of explanations. *Psychological Bulletin*, **105**, 131-142.

Stafford, L., & Dainton, M. (1994). The dark side of "normal" family interaction. In W. R. Cupach & B. H. Spitzberg (Eds.), *The dark side of interpersonal communication* (pp. 259-280). Hillsdale, NJ: Lawrence Erlbaum Associates.

Stroebe, M., Stroebe, W., & Hansson, R. (Eds.), (1993). *Handbook of bereavement: Theory, research, and intervention*. Cambridge, England: Cambridge University Press.

Sullivan, H. S. (1953). *The interpersonal theory of psychiatry*. New York: Norton.

Taylor, S. E. (1991). Asymmetrical effects of positive and negative events: The mobilization-minimization hypothesis. *Psychological Bulletin*, **105**, 131-142.

Thibaut, J. W., & Kelley, H. H. (1959). *The social psychology of groups*. New York: Wiley.

Thompson, E. H., Futterman, A. M., Gallagher-Thompson, D., Rose, J. M., & Lovett, S. B. (1993). Social support and caregiving burden in family caregivers of frail elders. *Journal of Gerontology: Social Sciences*, **48**, S245-S254.

Turner, R. J. (1992). Measuring social support: Issues of concept and method. In H. O. F. Veiel & U. Baumann (Eds.), *The meaning and measurement of social support* (pp. 217-233). New York: Hemisphere.

Veiel, H. O. F. (1992). Some cautionary notes on buffer effects. In H. O. F. Veiel & U. Baumann (Eds.), *The meaning and measurement of social support* (pp. 272-289). New York: Hemisphere.

Veroff, J., Douvan, E., & Kulka, R. A. (1981). *Mental health in America: Patterns of help-seeking from 1957 to 1976*. New York: Basic Books.

Vinokur, A. D., & Van Ryn, M. (1993). Social support and undermining in close relationships: Their independent effects on the mental health of unemployed persons. *Journal of Personality and Social Psychology*, **65**, 350-359.

Vinokur, A. D., & Vinokur-Kaplan, D. (1990). "In sickness and in health" : Patterns of social support and undermining in older married couples. *Journal of Aging and Health*, **2**, 215-241.

Vonk, R. (1993). The negativity effect in trait ratings in open-ended descriptions of persons. *Personality and Social Psychology Bulletin*, **19**, 269-278.

Wills, T. A. (1985). Supportive functions of interpersonal relationships. In S. Cohen & S. L. Syme (Eds.), *Social support and health* (pp. 61-82). Orlando, FL: Academic Press.

Wojciszke, B., Brycz, H., & Borkenau, P. (1993). Effects of information content and evaluative extremity on positivity and negativity biases. *Journal of Personality and Social Psychology*, **64**, 327-335.

Wortman, C., & Lehman, D. R. (1985). Reactions to victims of life crises: Support attempts that fail. In I. G. Sarason & B. R. Sarason (Eds.)., *Social support: Theory, research, and application* (pp. 463-489). The Hague, The Netherlands: Martinus Nijhoff.

Zautra, A. J., Burleson, M. H., Matt, K. S., Roth, S., & Burrows, L. (1994). Interpersonal stress, depression, and disease activity in rheumatoid arthritis and osteoarthritis patients. *Health Psychology,* **13**, 139–148.

Zautra, A. J., & Reich, J. W. (1983). Life events and perceptions of life quality: Developments in a two-factor approach. *Journal of Community Psychology,* **11**, 121–132.

事項索引

●あ
愛着への固執　150
アカウント　141
悪意のある競争　66
アルコール依存症　212
アルコール依存症システム　213

●い
一般的不安　65

●う
うつ病　204
うつ病の行動理論　204
うつ病の相互作用モデル　204
裏切り　145
うわさの機能　71
うわさ話　69

●お
思い出の埋葬段階　157
親からの切り離し　216

●か
回想の皮肉　190
回避　130
画策　65
片思い　179
カップル相互作用評定システム　99
関係所有　37
関係段階　157
感情的な荒廃　47
感情表出　201

●き
技術　130
既存運命モデル　32
求愛者　179
境界例的恋愛妄想者　122
競争の行動　62
強迫的な回顧　147
強迫的な関係侵害　111

強迫的な知人　123
強迫的な元恋人　123
拒絶者　180
拒否　145
距離　129

●く
クロスオーバー効果　236

●け
系列分析　90
結果特有効果　235
嫌悪仮説　10
原型論　49
幻滅　11

●こ
攻撃性　64
行動的嫉妬　54
交流反復　97
孤独　148
孤独感　209
コミュニケーションの逸脱　201

●さ
罪悪感　187

●し
自己依拠　62
自己支援　62
自己焦点づけ　65
自己評価維持理論　61
自尊心　185
嫉妬　37
嫉妬による怒り　49
嫉妬による恐怖　48
自動的失敗　154
社会的学習理論　219
社会的孤独　148
社会的疎隔　65
社会的段階　157

社会的比較理論　61
社会不安　211
遮断と回避　129
情緒的孤独　148
所属要求　145
神経性大食症　215
神経性無食欲症　215
神秘化　200

●す
ストーキング　112
ストレス悪化仮説　230
ストレス緩衝仮説　230

●せ
先在する悲運　154
選択的無視　62
羨望の妬み　66

●そ
素因ストレスモデル　220
相互依存性理論　183
相互作用のコントロール　129
喪失過程　155

●た
対決　129
対象集団のストレスレベル　230
対人アプローチ　198
高望み恋愛　182

●ち
地形学的モデル　154
直接的な相互作用　130
沈黙の申し合わせ　184

●つ
追跡者のタイプ　120

●と
統合失調症　199
統合的コミュニケーション　60
同類交配　12
突然の死　155

●な
内的取り組み段階　156
内罰傾向　53

●に
二者間の親密性方略　129
二重拘束説　200
認知的嫉妬　54

●ね
ネガティブ感情の喚起　129
ネガティブ性効果　225
ネガティブな相互作用　230
妬み　38
妬みによる恐怖　48

●は
剥奪された悲嘆　169
パターン　84
罰方略　58
破滅をもたらす魅力　9

●ひ
非協力的努力　65
非婚の離愛　138
否定的反動　97

●ふ
夫婦相互作用記号化システム　99
服従と格下げ　61
不正行為　63
不誠実　64
不貞妄想　49

●へ
返報性　84, 181

●ほ
防衛性　65
報復　130
保護　130
ポジティブな相互作用　229
補償的回復行動　60

● ま
マッチング仮説　10
マルコフ分析　92

● ら
ライバル意識　64
ラグ　84

● り
リメランス　31

● れ
恋愛関係　96
恋愛嫉妬　39
恋愛嗜癖　124
恋愛妄想者　120

人名索引

●A
Abramovitch, R.　87
Andersen, P. A.　60

●B
Bandura, A.　219
Bateson, G.　199
Baumeister, R. F.　154, 182, 185
Billings, A.　97
Brown, J. D.　185
Bryson, J. B.　47
Buss, D. M.　54

●C
Clanton, G.　42
Coyne, J. C.　204
Cupach, W. R.　66

●D
de Clérambault, C. G.　121
Duck, S.　154
Dutton, D. G.　125

●E
Eisenberg, A. R.　92

●F
Felmlee, D. H.　16
Fitzpatrick, M. A.　101
Fletcher, K. E.　92

●G
Goldberg, J. G.　13
Gottman, J. M.　99

●H
Hill, T.　151
Hinchliffe, M. K.　207

●K
Kelley, H. H.　183

●L
Laseque, E. C.　216
Leary, M. R.　185
Leary, T.　198
Lewinsohn, P. M.　204
Lytton, H.　91

●M
Meloy, J. R.　122
Menzies, R. P. D.　122
Messman, S. J.　63, 66
Miklowitz, D. J.　202
Minuchin, S.　216
Mullen, P. E.　36

●P
Parrott, W. G.　36, 40
Phinney, J. S.　89

●R
Revenstorf, D.　105
Rocissano, L.　90
Rodin, J.　35

●S
Salovey, P.　35
Schaap, C.　84
Sillars, A. L.　106
Smith, R. H.　40
Sprecher, S.　139
Steinglass, P.　213
Sullivan, H. S.　198

●T
Taylor, S. E.　185
Thibaut, J. W.　183
Ting-Toomey, S.　103

●V
Vuchinich, S.　96

●**W**

Weiss, R. S.   147
White, G. L.   36
Whitehouse, J.   11
Wilmot, W. W.   106

Wotman, S. R.   154, 182

●**Z**

Zona, M. A.   122

監訳者紹介

谷口 弘一（たにぐち　ひろかず）
  2001年　広島大学大学院生物圏科学研究科環境計画科学専攻博士課程後期修了
  現　在　同志社大学文学部心理学科講師　博士（学術）
  主　著　対人関係と適応の心理学―ストレス対処の理論と実践―（共編）　北大路書房　2006年
  　　　　対人関係のダークサイド（共編）　北大路書房　2008年

加藤　　司（かとう　つかさ）
  2002年　関西学院大学文学研究科心理学専攻博士課程後期課程修了
  現　在　東洋大学社会学部社会心理学科准教授　博士（心理学）
  主　著　対人ストレス過程における対人ストレスコーピング　ナカニシヤ出版　2007年
  　　　　対人ストレスコーピングハンドブック　ナカニシヤ出版　2008年
  　　　　対人関係のダークサイド（共編）　北大路書房　2008年

訳者一覧（執筆順）

　　吉田　綾乃（東北福祉大学社会福祉学部専任講師）　　　　　　　　1章
　　一言　英文（関西学院大学大学院総合心理科学科研究員）　　　　　2章
　　畑中　美穂（名城大学人間学部助教）　　　　　　　　　　　　　　3章
　　太幡　直也（日本学術振興会特別研究員（筑波大学））　　　　　　4章
　　串崎　真志（関西大学文学部准教授）　　　　　　　　　　　　　　5章
　　中村　隆行（関西大学大学院心理学研究科院生）　　　　　　　　　5章
　　加藤　　司（東洋大学社会学部准教授）　　　　　　　　監訳，6章
　　橋本　　剛（静岡大学人文学部准教授）　　　　　　　　　　　　　7章
　　中山　　真（静岡大学大学院人文社会科学研究科院生）　　　　　　7章
　　大対香奈子（関西学院大学文学部助手）　　　　　　　　　　　　　8章
　　谷口　弘一（同志社大学文学部専任講師）　　　　　　　　監訳，9章

親密な関係のダークサイド

| 2008年9月10日 | 初版第1刷印刷 | 定価はカバーに表示 |
| 2008年9月20日 | 初版第1刷発行 | してあります。 |

編　者　B. H. スピッツバーグ
　　　　W. R. キューパック

監訳者　谷口弘一
　　　　加藤　司

発行所　㈱北大路書房
〒603-8303 京都市北区紫野十二坊町12-8
電　話　(075) 431-0361㈹
FAX　 (075) 431-9393
振　替　01050-4-2083

ⓒ2008
印刷・製本／㈱シナノ
検印省略　落丁・乱丁本はお取り替えいたします。
ISBN978-4-7628-2620-7　Printed in Japan

関連本紹介

対人関係のダークサイド
加藤　司・谷口弘一　編著
A5・194頁・定価1890円

　対人関係の影の部分（ダークサイド）は，日常，誰もが経験しうる身近な出来事。自身や親しい人が，過去に経験したり，現在渦中にいるときには，それが何であるかを知りたくなるだろう。本書では，浮気・うそ・嫉妬・責任転嫁・いじめ・DV・苦手意識・失恋などを取り上げ，社会心理学の知見をベースに平易に解説する。

【目　次】
第1部　疑　念
　第1章　なぜ，浮気をするのか
　第2章　人をだます
　第3章　人をうらやむ
　第4章　人のせいにする
第2部　銷　沈
　第5章　人とのかかわりから抑うつになる
　第6章　人を苦手になる
　第7章　恋を失う
第3部　暴　力
　第8章　怒りを感じる
　第9章　人をおいつめるいじめ
　第10章　ドメスティック・バイオレンス
第4部　統　合
　第11章　対人関係のダークサイドとブライトサイド